예수는 역사다

The Case for Christ, Updated and Expanded Edition
Copyright © 1998, 2016 by Lee Strobel

Originally published in English by Zondervan, Nashville, TN, U.S.A.
All rights reserved.

This Korean translation edition © 2000, 2002, 2021 by Duranno Ministry, Seoul, Republic of Korea
Published by arrangement with Zondervan a division of HarperCollins Christian Publishing, Inc.
through rMaeng2, Seoul, Republic of Korea

이 한국어판의 저작권은 알맹2를 통하여 Zondervan과 독점 계약한 두란노서원에 있습니다.
신 저작권법에 의하여 한국 내에서 보호받는 저작물이므로 무단 전재와 무단 복제를 금합니다.

예수는 역사다

지은이 | 리 스트로벨
옮긴이 | 윤관희 · 박중렬
초판 발행 | 2002. 11. 7.
개정1판 1쇄 발행 | 2021. 10. 6.
개정1판 10쇄 발행 | 2025. 3. 28.
등록번호 | 제1988-000080호
등록된 곳 | 서울특별시 용산구 서빙고로65길 38
발행처 | 사단법인 두란노서원
영업부 | 02)2078-3333 FAX | 080-749-3705
출판부 | 02)2078-3330

책값은 뒤표지에 있습니다.
ISBN 978-89-531-4049-3 03230

독자의 의견을 기다립니다.
tpress@duranno.com www.duranno.com

두란노서원은 바울 사도가 3차 전도 여행 때 에베소에서 성령 받은 제자들을 따로 세워 하나님의 말씀으로 양육
하던 장소입니다. 사도행전 19장 8-20절의 정신에 따라 첫째 목회자를 돕는 사역과 평신도를 훈련시키는 사역,
둘째 세계선교™와 문서선교단행본·잡지 사역, 셋째 예수문화 및 경배와 찬양 사역, 그리고 가정·상담 사역 등을 감
당하고 있습니다. 1980년 12월 22일에 창립된 두란노서원은 주님 오실 때까지 이 사역들을 계속할 것입니다.

누가 예수를 신화라 하는가

예수는 역사다

리 스트로벨 지음
윤관희 · 박중렬 옮김

두란노

이 책의 저자는 법률적 배경을 지닌 언론인으로서 성경의 진리를 뒷받침하는 증거를 찾기 위해 아주 용감하고 끈질긴 조사를 했다. 이 박진감 넘치는 책을 통해 믿는 자들과 불가지론자 모두 많은 것들을 배울 것이다.

브루스 메츠거_ 미국성서협회 이사장, 프린스턴신학교 교수

리 스트로벨은 완고한 회의론자가 물어볼 만한 질문을 던진 후에 설득력 있는 답변을 제시한다. 그의 책은 매우 탁월해서 나는 저녁 식사 후 아내에게 큰 소리로 그 내용을 여러 번 읽어 주었다. 모든 구도자들이 가지고 있어야 할 책이다.

필립 E. 존슨_ UC 버클리 법학 교수

경험 많은 취재 기자만큼 허구에서 진실을 가려내는 법을 아는 사람은 없다. 그리고 예일 법과대학에서 교육받은 사람만큼 소송 사건을 잘 논의하는 방법을 아는 사람도 없다. 저자는 두 가지 자격을 모두 갖추고 있다. 그는 무신론자에서 그리스도인이 된 자신의 엄청난 간증 이외에도 예수 그리스도를 위한 철저한 변론을 확증하기 위해, 저명한 '전문가적 증인들'의 반박할 수 없는 증언을 제시한다. 이 책이 당대의 변증론 책들 가운데서 새로운 표준을 제시한다는 생각에 동의한다.

D. 제임스 케네디_ 코럴릿지장로교회 담임목사

내가 이 책 속에 등장한 것을 보고 감동을 받았다. 이 책은 시중에 나와 있는 기독교의 증거를 다룬 책 중에서 가장 재미있게 읽을 만하고 분명 광범위한 영향을 끼칠 것이다. 기독교의 역사적 기초에 흥미가 있는 사람이라면 누구나 이 책을 읽어야 할 것이다.

J. P. 모어랜드_ 탈봇신학교 철학 석좌교수

법률과 언론 교육을 받은 저자는 13명의 뛰어난 권위자들과 인터뷰를 하면서 예수와 그의 생애를 다룬 성경 기록에 대한 난해한 질문들을 제기한다. 그는 예수님을 믿는 것보다 실은 무신론자가 무신론을 주장하는 것이 훨씬 더 많은 믿음이 필요한 일이라는 결론을 내린다. 나는 그의 말이 옳다고 믿는다. 이 책은 예수님이 자신이 주장한 바로 그분이라는 놀랄 만한 역사적 증거를 제시한다.

루이스 팔라우_ 미국복음전도자

설득력 있는 주장을 펼치는 흥미진진한 책이다.

피터 크리프트_ 보스턴대학 철학 교수

저자는 총명한 연구자로서 사실을 충실히 반영하는 보도 자세를 취하며 그리스도의 주장을 뒷받침하는 놀랄 만한 증거들을 빈틈없이 수집한다. 이 책은 모든 그리스도인의 참고서로 도서관에 반드시 비치되어야 한다.

빌 브라이트_ 대학생선교회(C.C.C.) 창시자, 영화 〈예수〉 제작

우리 세대에서 저자만큼 현대 회의론자들의 사고방식을 이해하는 사람은 없다. 이 뛰어난 작품은 기독교 변증론을 다룬 책인 동시에 예수의 주장을 조사하는 사람들이 제기하는 근본적인 질문에 대답해 준다. 설득력이 있으며 매우 흥미롭다.

로버트 콜먼_ 고든콘웰신학교 전도와 제자훈련 특임교수

저자는 확실히 가장 많이 읽히는 변증서 중의 하나가 될 만한 책을 썼다. 그는 십여 명의 뛰어난 복음주의 학자들과 토론을 하기 위해 법률과 언론 분야에서의 배경을 활용한다. 과거 자신이 무신론자였기 때문에 적절한 질문을 던지는 방법을 알고 있다. 이 책의 증거는 설득력이 있다.

톰 레이너_ 라이프웨이크리스천리소스 CEO

저자의 글은 항상 창조적이고 매력적이고 설득력이 있다. 이 책은 억지로 조작하지 않으면서 설득력 있고, 따분하지 않으면서 흥미롭고, 애매모호하지 않으면서 명쾌하다. 이 책을 강력히 추천한다.

게리 콜린스_ 기독교상담학계 대부, 《New 크리스천 카운슬링》 저자

CONTENTS

기록물 검토

사건번호X,
나사렛 예수

~~~~~~~~~~~~~

PART 2

예수 분석
예수는 정말
메시아인가

PART 3

부활 연구

부활, 예수가 하나님이라는
최고의 증거

선입견을 버리고
역사적 예수와
마주하다

제임스 딕슨(James Dixon)이 범한 살인 미수 사건은 종종 검사들이 사용하는 전문 용어로 '완벽한 총기 살인'에 해당된다. 그것은 명백한 살인 미수였다. 조금만 조사해 보아도 딕슨이 경찰관 리처드 스캔런(Richard Scanlon)의 복부에 총을 쏘았다는 점을 입증하기에 충분했다.

여러 증언과 증거들이 딕슨을 궁지에 몰아넣었다. 지문과 무기가 발견되었고, 목격자들과 동기가 제시되었다. 거기에는 부상을 당한 경찰관과 폭력 전과가 있는 피고인이 얽혀 있었다. 이제 사법 체계는 딕슨에게 형량 선고를 내릴 준비가 되어 있었다.

사실 관계는 아주 단순했다. 스캔런 경사는 총을 소지한 남자가 있다는 신고 전화를 받고 즉시 현장으로 달려갔다. 스캔런이 도착하자 딕슨이 여자 친구와 다투고 있는 모습이 그녀의 집 현관문을 통해 보였다. 딕슨은 경찰관을 보고 밖으로 나오는 편이 안전하다고 생각했다. 그때 여자친구의 아버지가 나타났다.

갑자기 딕슨과 그녀의 아버지 사이에 몸싸움이 일어났다. 경사는 재빨리 끼어들어서 싸움을 중단시키려고 했다. 바로 그 순간 총성이 울렸다. 경사는 복부에 총상을 입은 채로 비틀거리며 쓰러졌다. 곧 이어 두 대의 경찰차가 도착했고, 경찰관들이 달려와서 딕슨을 제지했다.

딕슨의 22구경 총이 사건의 현장 근처에서 발견되었는데 그 총에는 그의 지문이 잔뜩 묻어 있었고 탄환 하나가 발사된 상태였다. 그가 총을 쏜 후 총을 버린 게 틀림없었다. 그녀의 아버지는 무기를 소지하지 않은 상태였고, 스캔런 경사의 연발 권총은 총집에 그대로 꽂혀 있었다. 경사의 피부에 화약 폭발로 인한 화상이 있는 것으로 보아 아주 가까운 거리에서 총에 맞은 것 같았다.

하지만 다행스럽게도 경사의 부상은 생명에 큰 위협이 될 정도는 아니었다. 오히려 부상 덕분에 그는 용감한 경찰관 메달을 받았다. 그것도 경찰 총경이 직접 그의 가슴에 달아 주었다. 그는 무척 자랑스러웠다. 한편 경찰이 딕슨의 전과 기록에서 그가 과거에 총기를 발사한 전력으로 유죄 판결을 받았던 것을 발견했다. 분명 그에게는 폭력적인 성향이 있었다.

마침내 일 년 후 법정에서 딕슨은 15년 된 베테랑 경찰관에게 총을 쏜 죄를 공식적으로 인정했다. 그때 〈시카고 트리뷴〉 지 기자인 나도 그곳에 앉아서 메모를 하고 있었다. 앞서 제시한 모든 증거에다 덧붙여진 자백 때문에 그 사건은 그렇게 결말이 났다. 판사는 딕슨에게 구금 명령을 내리고 난 후 그 사건이 종결되었음을 알리기 위해 의사봉을 두드렸다. 드디어 정의가 온전히 실현되었다.

다음날 편집장이 이 사건을 싣기 위해 많아야 세 문단 정도를 줄 것이라고 생각하며 나는 주머니 속에 취재 수첩을 넣고 신문 기자실이 있는 아래층으로 천천히 걸어 내려왔다. 확실히 그 정도면 충분했다. 왜냐하면 이야깃거리가 많지 않았기 때문이었다.

어느 제보자의 밀고

기자실에서 전화 한 통을 받았다. 목소리를 듣자 누구인지 즉시 알아차렸다. 그는 내가 형사 법원 담당 기자였을 때 친분을 쌓아 두었던 제보자였다. 그는 굉장히 빠른 속도로 속삭이며 최근에 알게 된 정보를 말했다.

"딕슨 사건을 알고 있으시죠?"

"물론이죠." 나는 대답했다. "바로 이틀 전에 기사로 다루었죠. 매우 평범한 사건이었어요."

"그렇게 확신하지는 마세요. 소문에 의하면, 그 총기 발사 사건이 일어나기 몇 주 전에 스캔런 경사가 파티에서 펜총을 자랑하고 다녔다는데요."

"뭘 자랑했다고요?"

"펜총말입니다. 만년필처럼 생긴 작은 22구경 권총이에요. 경찰은 물론이고 누구든지 소지하면 불법이죠."

그 총이 이 사건과 무슨 관계가 있는지 이해가 안 된다고 말하자 그의 목소리는 더 활기를 띠었다. "그게 바로 중요한 점인데요, 딕슨이 경사를 쏘지 않았다는 겁니다. 경사가 부상을 입은 것은 펜총이 우연히 셔츠 속에서 발사되었기 때문이에요. 자신이 불법 무기를 소지했기 때문에 딕슨에게 죄를 뒤집어씌운 거예요. 딕슨은 무죄입니다!"

당황한 나는 "그럴 리가 없어요!"라고 고함쳤다.

"직접 증거를 조사해 보시죠. 증거가 진실을 말해 줄 거예요"라고 그는 말했다.

나는 전화를 끊고 곧바로 검사실로 올라갔다. 잠시 멈춰 서서 숨을 가다듬고 안으로 들어갔다. "딕슨 사건을 아십니까?" 나는 조급하게 속내를 보이고 싶지 않아서 지나가듯 물었다. "괜찮으시다면 제가 다시 한 번 그 사건을 상세히 조사해 보고 싶은데요."

그러자 그는 안색이 바뀌었다. "음, 뭐라 할 말이 없군요." 그는 말을 더듬거리며 "아무것도 할 말이 없소"라고 답했다.

나중에 알고 보니 제보자는 이미 검찰을 의심하고 있었다. 그리고 은밀히 증거를 재고하기 위해 대배심이 소집되었다. 놀랍게도 빈틈이 없어 보였던 딕슨 소송 사건이 다시 시작되었다.

새로운 사실로 재조사가 시작되다

그와 동시에 나도 직접 조사에 착수했다. 범죄 현장을 조사하고, 목격자들과 면담도 하고, 딕슨과도 이야기해 보았으며, 물리적 증거들도 검토했다. 그 사건을 다시 철저하게 조사하기 시작했을 때 이상한 일이 일어났다. 내가 발견한 새로운 사실이 모두 - 심지어 한때는 딕슨의 유죄를 확실히 증명했던 증거조차도 - 펜총 이론에 꼭 맞아 들어갔다.

- 목격자들의 증언에 따르면, 스캔런 경사가 사건 현장에 도착하기 전에 이미 딕슨이 현관문을 향해 총을 쏘고 있었다. 그 총알은 아래쪽을 향해 발사되었다. 현관의 시멘트에 탄환의 충격으로 생긴 자국이 있었다. 이로써 딕슨의 총에서 발사된 탄환을 설명할 수 있게 되었다.

- 딕슨의 말에 의하면, 자신은 총을 소지한 채로 체포되고 싶지 않아서 경찰이 도착하기 전에 맞은편 거리에 있는 잔디 속에 그것을 숨겼다고 했다. 한참 후에 나는 그것을 증명할 수 있는 목격자를 찾아냈다. 이런 사실로 딕슨이 총을 버리는 장면을 본 사람이 아무도 없었는데, 왜 총이 발사 현장에서 약간 떨어진 곳에서 발견되었는지 설명할 수 있었다.

- 화약 폭발로 인한 화상이 경사의 셔츠 주머니 위쪽이 아니라 안쪽에서 발견되었다. 탄환 구멍이 주머니 아래쪽에 있었다. 결론을 내리자면 무기가 주머니 내부에서 어떤 식으로든지 발사되었던 것이다.

- 경찰 보고서의 진술과는 반대로 탄도는 하향 각을 이루고 있었다. 총알이 살을 뚫고 지나간 후에 박혔던 경사의 셔츠 주머니 밑에 피 묻은 상처가 있었다.
- 딕슨의 전과 기록에 따르면, 이전에 발생한 총기 사건 때문에 3년 간 감옥에 간 것은 사실이지만, 항소 법원에서 유죄 판결이 잘못된 것으로 판명이 나서 석방되었다. 경찰이 변호인 측의 핵심 증인을 숨겼고 검사 측 증인은 거짓말을 했기 때문이었다. 딕슨의 폭력에 대한 기록은 그 정도밖에 안 되었다.

무죄로 석방되다

이윽고 나는 딕슨에게 다음과 같은 중요한 질문을 했다. "당신은 무죄인데 왜 유죄라고 인정했습니까?"

딕슨은 한숨을 내쉬었다. "유죄 답변 거래였죠." 그것은 피고인이 유죄를 인정해서 모든 사람을 위해 재판 시간과 비용을 절감해 주면, 검사들이 구형을 감소시켜 주는 일종의 거래였다.

"그들은 내가 유죄를 인정하면 징역 1년을 구형해 주겠다고 제의했어요. 저도 재판을 기다리면서 감옥에서 362일을 보냈습니다. 그래서 죄만 인정하면 며칠 후에는 집에 돌아갈 수 있었어요. 하지만 제가 재판을 하겠다고 고집을 부리다가 배심원이 유죄 판결을 내리면, 글쎄요, 엄하게 처벌했을 겁니다. 경찰관에게 총기를 발사했기 때문에 적어도 20년은 구형했을 거예요. 그것은 해볼 만한 도박이 아니죠. 나는 빨리 집에 돌아가고 싶었어요."

"그래서 하지도 않은 일을 했다고 인정했군요." 딕슨은 고개를 끄덕이며 "맞아요"라고 말했다.

결국 딕슨의 무죄가 입증되어 경찰 측에 승소했다. 스캔런 경사는 메달을 박탈당했고 대배심에 의해 기소를 당하고 공무원 위법 행위로 유죄가 인정되었을 뿐만 아니라 경찰직마저 잃었다.[1] 이 사건은 신문의 메인 기사로 실렸다. 또한 이 사건을 통해 돈으로도 살 수 없는 젊은 기자로서 중요한 교훈을 배웠다. 가장 중요한 교훈은 증거들을 잘 정리함으로써 사건을 다각도로 해석할 수 있다는 점이다. 예를 들면, 딕슨에게 그 총기 발사로 유죄를 내릴 수 있을 만큼 증거는 충분했다. 하지만 다음과 같은 중요한 질문이 필요했다. 정말로 철저한 증거 수집이 이루어졌는가? 그리고 어떤 설명이 총체적인 사실에 가장 잘 들어맞는가? 일단 펜총 이론이 제안되자마자 이 시나리오는 가장 적절한 방법으로 모든 증거를 명백히 설명하고 있었다.

또 다른 교훈은 선입견을 버리고 상황을 봐야 한다는 것이다. 딕슨은 내가 보기에 분명히 문제를 일으키는 골칫덩이였고 실패자였으며 결손 가정에서 자란 사회에 별 도움이 안 되는 사람이었다. 반면, 나에게 경찰은 선한 사람들이었고 검사들은 실수를 하지 않는 사람들이었다. 그런 편견적 시각에서, 초기의 모든 증거들은 깔끔하게 맞아떨어지는 것처럼 보였다. 앞뒤가 잘 맞지 않는 모순이나 빈틈이 보였을 때도 큰 문제가 되지 않았다. 경찰이 그 사건은 완벽하다고 말했을 때 그대로 믿었기 때문에 더 이상 파고들지 않았다. 그러나 시각을 바꾸어서 선입관을 버리고 객관적인 입장을 택했을 때, 완전히 새로운 관점에서 그 사건을 바라보게 되었다. 그럴 때 증거들이 마침내 나를 진실에 도달하도록 이끌어 주었다.

나에게 예수는 거짓이라는 충분한 증거가 있었다

이 특별한 사건을 다시 살펴본 이유는, 어떤 면에서 나의 영적인 여정이 제임스 딕슨 사건의 경험과 상당히 유사했기 때문이다. 나는 오랫동안 기독교를 믿지 않았다. 사실 나 자신은 무신론자라고까지 생각했다. 내가 보기에 하나님은 단지 사람들의 소망과 고대의 신화와 원시적인 미신 때문에 인위적으로 만들어진 존재라는 증거가 너무도 많았다. 단지 믿지 않는다고 사람들을 지옥에 던져 버리는 하나님이 어떻게 사랑의 하나님인가? 어떻게 자연의 기본 법칙에 위배되는 기적이 일어날 수 있는가? 인간의 기원이라면 진화론이 만족스러운 설명을 제공하고 있지 않는가? 초자연적인 믿음은 과학적 사고로 이미 사라지지 않았는가?

예수도 자신이 하나님이라고는 주장한 적이 없다는 사실을 알지 않는가? 그는 단지 혁명가요, 현인이요, 인습 타파를 주장하는 유대인에 불과했다. 그런데 하나님이라고? 아니다. 예수는 결코 그와 같이 말한 적이 없다! 신뢰할 만한 많은 대학 교수들이 그같이 말한다는 것을 알지 않는가. 그것을 직접 살펴보도록 하겠다. 약간의 증거 조사로도, 예수가 비록 특별한 친절과 지혜의 소유자이지만 당신이나 나 같은 인간에 지나지 않았음을 증명할 수 있을 것이다.

하지만 그게 내가 제시한 증거의 전부였다. 피상적인 조사였다. 나의 의심을 뒷받침하기 위해 철학과 역사에 관한 책을 이미 많이 읽었다. 이 책 저 책에서 명백한 사실, 과학적 이론, 명쾌한 인용문, 뛰어난 주장을 찾아보았다. 물론 약간의 차이점이나 모순이 보였지만 그런 점을 무시하고 싶은 마음이 강했다. 혹시라도 생각이 바뀌어 내가 예수의 추종자라도 된다면 그동안의 이기적이고 비도덕적인 생활을 완전히 포기해야 할지도 몰랐기 때문이다.

나는 이미 예수 사건을 폐기시켜 버린 상태였다. 나에게 예수는 미신적인 사람들이 상상으로 지어낸 인물에 지나지 않는다고 결론을 내릴 만큼 충분한 증거가 있었다. 어쨌든 그 정도로 생각하고 있었다.

한 사람의 생애에 대한 재조사

내가 예수를 다시 조사하게 된 것은 제보자의 전화가 아니라 아내 때문이었다. 아내 레슬리(Leslie)가 1979년 가을 그리스도인이 되었다고 선포했을 때 너무 놀라 두 눈이 휘둥그레졌다. 최악의 상황에 대비해야 했다. 마치 있지도 않은 싸구려 상품을 미끼삼아 고가의 상품으로 손님에게 바가지를 씌우는 상술에 걸려든 기분이었다. 아내는 재미있고 걱정거리가 없고 때로는 모험을 즐기는 유쾌한 사람이었다. 그런데 이제 걱정이 되었다. 혹시 그녀가 성적 충동을 억제하는 금욕적 여자가 되지나 않을지, 철야 기도에만 참석하고 무료 급식소에서 자원 봉사 활동만 하지 않을지 두려웠다.

하지만 그런 두려움이 사라지고 즐거운 비명을 지르게 되었다. 오히려 매력까지 느끼게 되었다. 바로 그녀의 성격과 개인적인 확신에 근본적인 변화가 일어났기 때문이다. 아내의 태도에 일어난 미묘하고도 중요한 변화의 원인이 무엇인지 철저하게 조사하고 싶은 마음이 생겼다. 그래서 기독교의 핵심 사건을 둘러싸고 있는 사실에 대해 조사하기 시작했다.

나는 가능한 개인적인 이해관계와 선입관을 제쳐 두고 많은 책을 읽고 전문가들을 만나 이야기를 나누었다. 그리고 역사를 분석하고 고고학을 연구하며 고대 문학을 공부했다. 처음으로 성경을 한 구절 한 구절씩 연구했다. 이제껏 다룬 어떤 사건보다도 더 열정을 가지고 그 사건에 뛰어들었다. 〈시카고 트리뷴〉 지의 법률 문제 기자로서의 경험뿐만 아니라 예일 법과대학에서 배운 훈련을 예수 사건 수사에 적용했다. 그런데 시간이 지날수록 세상의 모든 증거들 다시 말해 역사, 과학, 철학, 심리학의 모든 증거들을 모아 보니 사건은 생각지도 못한 쪽으로 흘러가기 시작했다. 그것은 마치 딕슨의 사건과도 같았다.

나사렛 예수, 그는 정말로 어떤 사람이었을까

아마도 이 책을 읽고 있는 독자들 역시 지금까지는 주변에서 관찰한 증거들과 책 그리고 대학 교수 및 가족이나 친구들로부터 얻은 증거에 근거해서 영적인 생각을 형성해 왔을 것이다. 하지만 당신이 내린 결론은 정말로 그 증거를 가장 잘 설명하고 있는가? 만약 좀 더 깊이 파고 들어가서 선입관을 버리고 체계적으로 우리가 제시한 증거들을 살펴본다면 어떤 사실을 알게 될까?

그것이 바로 이 책을 쓴 목적이다. 사실 나는 거의 2년간의 영적인 여정을 다시 돌이켜보고 확장시키고자 한다. 우리는 학문적인 신뢰에 있어 흠잡을 데 없는 13명의 최고 권위자들과 대화를 나누게 될 것이다. 나는 미네소타에서 조지아까지, 버지니아에서 캘리포니아까지 이곳저곳을 횡단하였다. 그것은 전문가들의 의견을 들어보고, 불신자로서 가졌던 나의 의견을 그들에게 제시하고, 분명한 자료와 설득력 있는 주장으로 그들의 입장을 방어하며, 기회가 주어진다면 당신이 질문했을 법한 질문을 가지고 그들을 시험해 보기 위해서였다.

이렇게 진리를 탐구하기 위해 노력하는 동안, 법률 기자로서의 경험을 빌어 다음과 같은 다양한 범주의 증거들을 조사했다. 목격자들의 증언, 기록상의 증거, 확증할 만한 증거, 반증, 과학적 증거, 심리학적 증거, 정황 증거, 그리고 지문상의 증거 등을 살폈다. 이런 분류는 법정의 분류와 동일하다. 아마도 배심원의 입장에서 법률적 관점을 견지하는 것이 앞으로의 과정을 마음속으로 전개해 나가는 데 가장 좋은 방법일 것이다.

만약 당신이 실제 재판에서 배심원으로 선출된다면 관련 사건에 대해 전혀 선입관이 없음을 증언하라고 요청받을 것이다. 또한 편견없이 공정하게 판단하고, 일시적 기분이나 선입관이 아니라, 사실의 경중에 근거해서 결론을 내리겠다고 맹세해야 할 것이다. 목격자들의 진실성을 신중하게 고려하고, 증거를 주의 깊게 분별하며, 상식과 논리에 근거해서 엄격하게 증거를 처리해야 할 것이다. 당신이 이 책을 읽는 동안 이와 같은 태도를 취하기를 바란다.

궁극적으로 평결을 내리는 것은 배심원의 몫이다. 그렇다고 배심원들이 100퍼센트 정확하다는 말은 아니다. 인생에서 어떤 것도 절대적 증거를 가질 수는 없기 때문이다. 사실 재판에서 배심원들은 증거의 경중을 따져서 가능한 가장 좋은 결론에 도달한다. 다시 말해 앞서 언급한 딕슨 사건을 예로 든다면 어떤 시나리오가 사실에 가장 잘 맞을까?

당신이 해야 할 일은 바로 이런 질문에 답하는 것이다. 나는 당신이 이 일을 진지하고 심각하게 받아들이기를 바란다. 왜냐하면 이 일은 단지 심심해서 호기심으로 덤벼들기에는 너무나 중요하기 때문이다. 만약 예수를 믿어야만 한다면 - 그리고 이 상황에서 그것은 당신에게 중요한 일이 될 수 있는데 - 당신이 그에게 어떻게 반응해야 하는지가 가장 중요한 문제로 대두된다.

그렇다면 예수는 정말로 어떤 사람이었을까? 그는 자신을 누구라고 주장했는가? 도대체 그의 주장을 뒷받침할 만한 증거가 있는가? 그 문제가 바로 우리가 첫 번째 인터뷰를 위해 비행기를 타고 덴버로 가면서 결정해야 할 일이다.

THE CASE FOR
CHRIST

Part 1

기록물 검토

사건번호X,
나사렛 예수

Chapter 1

목격자들의 증언

예수 사건의
증언을 담은 사복음서,
신뢰할 만한가

크레이그 블롬버그 교수와 인터뷰

처음 레오 카터(Leo Carter)를 만났을 때 그는 다소 수줍어하고 온화하게 말하는 편이었다. 하지만 열일곱 살에 불과한 그는 시카고에서 가장 용기 있는 사람들 중 한 명이었다. 그의 증언 덕분에 세 명의 살인자들이 감옥에 들어갔다. 그의 머리에는 38구경 권총의 탄환이 박혀 있는데, 그것은 엘리야 뱁티스트(Elijah Baptist)가 식료품 가게 주인에게 총을 쏘는 것을 목격해서 일어난 끔찍한 사건 때문이었다.

레오는 친구 레슬리 스콧(Leslie Scott)과 함께 농구를 하다가 강도 엘리야가 식료품 가게 주인 샘 블루(Sam Blue)를 살해하는 장면을 목격했다. 강도인 엘리야는 당시 16세로 이전에 30번이나 체포된 전과가 있었다. 목격자 레오는 어렸을 때부터 그 가게 주인을 알고 있었다. "그는 우리가 먹을 것이 떨어졌을 때 이것저것을 챙겨 주었어요." 레오는 조용히 나에게 설명했다. "그래서 병원에 가서 그가 죽었다는 얘기를 들었을 때 본 것을 똑바로 증언해야겠다고 생각했어요."

목격자들의 증언은 강력하다. 재판에서 가장 극적인 순간은, 증인이 목격한 범죄에 대해 상세히 묘사한 후 피고인이 바로 범인이라고 지목하는 때이다. 엘리야 입장에서는 교도소에 가지 않으려면 레오와 레슬리가 증언하는 것을 어떻게든 막아야 했다. 그래서 엘리야는 공범 둘과 함께 레오와 친구를 찾아다녔다. 한편 레오와 레슬리는 레오의 형 헨리(Henry)와 함께 거리를 거닐고 있었다. 잠시 후에 엘리야와 공범들은 그들 뒤를 쫓아가서 그들에게 총을 겨누어 근처 어두컴컴한 선적 부두로 끌고 갔다. "나는 네가 맘에 들어"라고 엘리야의 사촌이 레오에게 말했다. "하지

25

만 어쩔 수 없어." 그리고는 레오의 콧마루에 총구를 갖다 대고 방아쇠를 당겼다. 총성이 울려 퍼졌다. 탄환이 완만한 각도로 관통해서 그의 오른쪽 눈을 멀게 하고 머릿속에 박혔다. 그가 땅에 넘어졌을 때 총알이 한 방 더 발사되어 척추 근처에 박혔다.

레오는 죽은 척하면서 손발을 쭉 뻗은 채 엎드려 지켜보고 있었다. 그는 형과 친구가 무자비하게 처형당하는 장면을 보았다. 엘리야와 악당이 도망가자 레오는 간신히 기어 나와 구출되었다.

살아 있을 가능성이 거의 없었지만, 레오는 살아남았다. 그의 머리에 박힌 총알을 제거하는 일은 너무 위험했기 때문에 총알은 그대로 남겨 두었다. 그로 인해 극심한 두통에 시달려야만 했다. 그러나 그는 식료품 가게 주인을 죽인 사건에 범인을 본 유일한 목격자였다. 배심원은 레오의 말을 신뢰했고 엘리야는 80년형을 선고받았다. 또한 레오는 엘리야와 두 명의 공범이 형과 친구를 살해했다고 증언할 수 있는 유일한 목격자이기도 했다. 그의 증언만으로도 세 명을 종신형에 처하게 할만큼 강력한 것이다.

레오 카터는 바로 나의 영웅이다. 그는 엄청난 대가를 지불했지만 정의가 살아 있음을 확인시켜 주었다. 심지어 이 모든 세월이 지난 오늘날까지도 목격자의 증언에 대해 생각할 때면 여전히 그의 얼굴이 떠오르곤 한다.[1]

목격자의 증언만큼 중요한 것은 없다

목격자들의 증언은 청중을 압도하는 힘과 설득력이 있다. 어떤 증인에게 범죄 현장을 관찰할 기회가 있었고 어떤 편견이나 은밀한 동기도 없다고 가정해 보자. 그 증인이 진실하고 공정하다면, 법정에서 피고인이 범인이라고 지목하는 행위를 통해 그 사람을 얼마든지 감옥에 보내거나 아니면 그 이상의 형을 받게 할 수 있다. 목격자의 증언은 역사적인 문제를 조사할 때도 역시 중요하다. 예수 그리스도가 유일하신 하나님의 아들인가 하는 논쟁과 관련해서도 말이다.

그렇다면 우리에게는 예수를 본 목격자들의 설명이 있는가? 예수와 개인적으로 교제하고, 그의 가르침을 들었고, 그의 기적을 보았고, 그의 죽음을 목격했고, 부활 후에 그를 만난 사람의 증언이 우리에게 있는가? 목격자들과 직접 이야기를 하고 거친 질문을 퍼부으며 증인들이 양심적으로 진실이라고 얘기한 내용을 충실하게 기록해 둔 1세기 저널리스트의 기록이 있는가? 또한 이런 증인들의 설명은 불신자들이 면밀히 조사해 보고도 무너지지 않을 만큼 견고한 것인가?

레오 카터의 증언 덕분에 세 명의 짐승만도 못한 살인자들이 유죄를 확정받은 것처럼, 안개처럼 먼 과거에 있었던 목격자들의 설명이 가장 중요한 영적인 논쟁을 해결하는 데 도움이 될 수 있다는 것을 알고 있었다. 그래서 해답을 얻기 위해 바로 그 문제를 문자 그대로 정확하게 다룬 《복음서의 역사적 신빙성》(*The Historical Reliability of the Gospel*)의 저자인 크레이그 블롬버그(Craig Blomberg) 교수를 찾아갔다.

미국 신약학자로 저명한 그는 외모조차 전형적인 학자였다. 그는 190센티미터의 키에 다소 여윈 편이었다. 짧은 갈색 웨이브 머리에 곱슬 턱수염에다 테가 없는 두꺼운 안경을 끼고 있었다. 외모로 보아 고등학교 졸업식에서 졸업생 대표 연설을 맡았을 타입이었는데, 실제로 그랬다. 그리고 국가 장학생처럼 보였는데, 실제로 그랬다. 또한 일류 신학교의 우등 졸업생처럼 보였는데, 실제로 트리니티신학교를 우등으로 졸업했다.

그러나 내게는 단지 영리하거나 교육받은 사람 이상이 필요했다. 나는 미묘한 차이도 그냥 넘어가지 않으며 기독교의 기록에 대한 나의 도전을 존중하며 무시하지 않을 전문가를 찾고 있었다. 성실하고 신앙에 관한 강한 비평과 씨름해 본 적이 있어서 그 말에 권위가 있는 사람을 원했다. 하지만 중요한 논쟁거리를 다루기보다 숨기고 은폐하려는 사람은 원치 않았다. 블롬버그 교수가 바로 내가 찾고 있었던 사람이라는 얘기를 듣고, 그가 과연 그런 자격을 갖춘 사람인지 궁금해 하면서 덴버로 갔다.

첫 번째 인터뷰: 크레이그 블롬버그 교수

크레이그 블롬버그 교수는 예수의 전기, 다시 말해서 사복음서에 관한 한 미국에서 가장 권위 있는 학자 중의 한 명이라고 널리 알려져 있다. 그는 스코틀랜드의 애버딘대학에서 신약 박사 학위를 받았다. 그 후에는 영국의 케임브리지대학의 틴데일하우스에서 수석 연구원으로 지내며 예수에 관한 책들을 집필했다. 또한 지난 십여 년 동안 매우 명망 높은 덴버신학교에서 신약학 교수로 활동했다.

《복음서의 역사적 신빙성》(*The Historical Reliability of the Gospels*) 외에도, 그의 저서에는 *The Reliability of John's Gospel*(요한복음의 역사적 신뢰성), 《예수와 복음서》(*Jesus and the Gospels*), 《비유 해석학》(*Interpreting the Parables*), 《복음주의 성경론》(*Can We still Believe the Bible?*) 등이 있고, 마태복음과 고린도전서에 대한 주석서가 있다. 그는 또한 예수의 기적에 관해 상세히 다루고 있는 총 6권의 *Gospel Perspectives*(복음서의 관점)란 책을 편집하는 데도 도움을

주었으며,《성경 해석학 총론》(Introduction to Biblical Interpretation)과《신약성경 석의방법》(A Handbook of New Testament Exegesis)을 공저했다. 그는 복음서의 역사성에 관한 내용을 수상작 Jesus under Fire (공격받는 예수)에도 실었다. 그는 현재 신약연구협회, 성경문학협회, 성경연구협회의 회원으로 활동하고 있다.

예상했던 대로 그의 사무실에는 책장에 꽂힌 학술 서적 외에도 많은 자료들이 있었다. 책장에 주로 고대 역사가들이 쓴 먼지 쌓인 큼지막한 책뿐만 아니라 어린 딸들이 만든 예술 작품들로 가득 차 있음을 알았다. 라마(낙타과에 속하는 동물)와 집과 꽃들을 그린 그림들은 아무렇게나 벽에 걸어 둔 게 아니었다. 그 그림들은 딸아이들의 그림이었다. 그래서 이 사람은 분명히 뛰어난 지성과 따뜻한 가슴을 지니고 있을 것이라 짐작했다.

그는 이전에 수학을 가르쳤다고 들었는데, 아니다 다를까 매우 정확하게 말한다. 단어를 신중하게 선택해서 증거가 없으면 단 하나의 미묘한 차이도 그냥 무시하지 않았다. 바로 내가 찾던 바였다.

그가 손에 커피를 들고 의자에 앉았을 때 나도 콜로라도의 한기를 녹이려고 커피를 조금씩 마셨다. 그가 바로 핵심을 찌르는 사람이라는 것을 감지했기 때문에 논쟁의 핵심으로 인터뷰를 시작하기로 마음먹었다.

1세기 저널리스트들을 찾아서

나는 문제제기로 대화를 시작했다. "지적이고 비평적인 사고를 지닌 사람이라면 사복음서가 저자의 이름으로 제목을 삼았다는 것을 믿을 수 있을까요?"

교수는 책상 가장자리에 커피잔을 놓으면서 주의 깊게 나를 바라보며 확신에 찬 표정으로 "제 대답은 '예'입니다"라고 말했다. 그는 약간 뒤로 앉아서 이야기를 계속했다. "엄밀히 말해서 복음서가 작자 미상이라는 점을 인정하는 것은 중요합니다. 하지만 초대 교회에 널리 퍼져 있는 증언에 따르면, 세리이면서 예수님의 열두 제자 중의 한 명인 레위라고 불리는 마태가 신약성경의 첫 번째 복음서의 저자입니다. 또한 베드로의 동료인 마가 요한 역시 마가복음의 저자입니다. 또한 '바울의 사랑하는 의사'인 누가도 누가복음과 사도행전의 저자입니다."

나는 "그들을 저자라고 확신하십니까"라고 물었다.

"방금 말한 세 명의 복음서 저자가 다른 사람들이라고 알려진 바가 없습니다. 분명히 그 문제는 논쟁의 대상이 아니었습니다." 내 물음에 그는 답했다. 하지만 그 문제를 좀 더 검토해 보고 싶었다. "저의 의심을 너그러이 받아 주셨으면 합니다. 하지만 그들이 실제로는 복음서를 쓰지 않았는데, 누군가가 그들이 썼다고 거짓 주장을 할 만한 이유는 없었을까요?" 나는 계속 물었다.

그는 고개를 저었다. "아마 그렇지 않을 겁니다. 한번 생각해 보세요. 이 사람들은 그럴 만한 인물들이 아니었습니다." 그는 웃으면서 말했다. "마가와 누가는 열두 제자도 아니었고, 마태는 열두 제자 중 한 명이었지만 이전에는 사람들이 미워하는 세리였습니다. 아마 예수를 배반한 가룟 유다 다음으로 악명 높은 사람이었을 겁니다. 이러한 사실을 염두에 두고, 가상의 외경 복음서들이 훨씬 나중에 쓰였을 경우 일어날 일을 대비시켜 봅시다. 사람들은 가짜 작가들을 만들기 위해 유명하고 훌륭한 인물들의 이름, 예를 들어 빌립, 베드로, 마리아, 야고보 등을 선택할 겁니다. 그런 이름들이 마태나 마가나 누가보다 훨씬 더 높은 지명도를 가졌거든요. 그래서 기자님의 질문에 대답을 해 보자면, 만약에 사복음서의 저자가 가짜라면 저작권을 이 세 명처럼 덜 유명한 사람들에게 부여할 이유가 없었을 겁니다."

그의 말은 논리적으로 여겨졌다. 하지만 분명한 사실은 그가 편의상 복음서의 저자 한 명을 생략했다는 점이다. "요한은 어떻게 된 것이죠? 요한은 상당히 뛰어난 사람이었습니다. 사실 단순히 열두 제자 가운데 하나가 아니라 야고보와 베드로와 함께 예수가 가장 아끼는 사람이었지 않습니까?"

"예, 그렇습니다. 그는 예외에 속하죠"라고 말하면서 고개를 끄덕였다. "흥미롭게도 요한복음이 저작권에 약간 의심이 가는 유일한 복음서입니다."

"그 점에 관해 정확히 어떤 논쟁이 있습니까?"

"저자의 이름이 분명히 요한이라는 것에는 의심의 여지가 없어요. 문제는 그가 사도 요한인가 아니면 다른 요한인가 하는 점입니다. 당신도 알다시피, AD 125년경 파피아스(Papias)라는 기독교 작가의 증언에 따르면 장로 요한과 사도 요한 두 사람이 있습니다. 하지만 문맥으로 볼 때, 그가 한 사람을 두 가지 관점에서 언급하고 있는지 아니면 두 명의 다른 사람을 언급하고 있는지가 분명하지 않습니다. 그러나 그의 증언을 예외로 간주한다면, 초대 교회 시대의 나머지 증언들은 요한복음의 저자가 세베대의 아들, 곧 사도 요한이라는 점에 있어서는 일치합니다."

나는 그의 말이 확실한지 더 분명히 알기 위해 물었다. "당신도 사도 요한이 저자라고 확신합니까?"

"그렇습니다. 상당히 많은 증거가 사도 요한이 저자라는 사실을 뒷받침하고 있어요." 그는 이어서 대답했다. "그러나 그 복음서를 주의깊게 읽어 본다면 마지막의 결론 구절이 편집자에 의해 쓰여졌다는 것을 알 수 있습니다. 개인적인 생각인데 아마도 사도 요한과 밀접한 관계가 있는 사람이 그 역할을 감당했다고 믿습니다. 그래서 마지막 구절을 쓰고 난 후 전체 기록과 문체의 일관성을 맞추었을 겁니다. 그러나 어쨌든 요한복음은 다른 세 복음서와 마찬가지로 분명히 목격자의 자료에 근거를 두고 있습니다." 그의 답변은 확고했다.

사복음서의 저자들이 확실한가

지금까지 교수의 설명을 들으면서 무엇에 대해 더 질문해야 할지 결정하지 못했다. 복음서의 저자가 누구인가의 문제는 굉장히 중요해서 특정한 세부 사항들 곧 이름, 날짜, 인용문이 필요했다. 나는 커피를 다 마신 후에 잔을 그의 책상 위에 놓았다. 펜을 똑바로 잡고 그 문제를 더 심층적으로 파고들 준비를 했다.

"마가, 마태, 누가의 문제로 되돌아갔으면 합니다." 나는 계속 말을 이어갔다. "그들이 복음서의 저자라는 특별한 증거가 있습니까?"

교수는 자세를 앞으로 당기면서 말했다. "다시 얘기하자면, 가장 오래된 증언은 아마도 파피아스의 말일 겁니다. 그는 AD 180년경 베드로가 목격한 내용들을 마가가 신중하고도 정확하게 기록했다고 증언했습니다. 사실 그에 따르면 마가는 어떤 실수도, 어떤 거짓 진술도 하지 않았습니다. 게다가 파피아스는 마태 역시 예수의 가르침을 그대로 보존했다고 말했습니다. 그 당시 이레니우스(Irenaeus)가 AD 180년경 쓴 글에서는 전통적인 저작권이 옳다고 확인되고 있습니다. 사실 여기에…." 그는 책 한 권을 집어 재빨리 펼쳐서 읽었다.

마태는 히브리 언어로 자신의 복음서를 출간했고 그때 베드로와 바울은 로마에서 그 복음서를 설교하면서 교회를 세우고 있었다. 그들이 로마를 떠난 후에 베드로의 제자요 통역자였던 마가는 직접 베드로의 설교 내용을 우리에게 넘겨 주었다. 바울의 제자인 누가는 자신의 선생이 설교한 복음서를 책에 기록했다. 그리고 주의 가슴에 기댄 적이 있는 주의 제자 요한은 아시아의 에베소에 사는 동안 직접 복음서를 썼다.[2]

나는 취재 수첩을 보며 말했다. "좋습니다. 제가 이것을 한번 증명해 보죠. 만일 예수의 제자인 마태와 요한, 베드로의 동료인 마가, 바울의 동료이자 역사가인 누가 또는 1세기의 어떤 저널리스트가 복음서를 썼다는 확신이 있다면, 그들이 기록한 사건들이 직접 혹은 간접적인 목격자들의 증언에 근거를 두고 있다는 점을 확신할 수 있겠죠."

이 말을 하는 동안 교수는 마음속으로 내 말을 정리하며 생각하고 있었다. 그러다가 내 말이 끝나자 고개를 끄덕였다. "당신 말이 정확히 맞습니다." 그는 힘있게 대답했다.

1세기 저널리스트들의 전기 쓰기 방식에 대하여

하지만 여전히 복음서에는 증명이 필요한 문제점들이 있었다. 특히 복음서의 문학적 장르에 관해 더 잘 이해하고 싶었다. "서점에 가서 전기가 있는 진열대를 찾아보면 복음서와 같은 종류의 글은 찾을 수 없습니다. 누군가의 전기를 쓴다고 하면 그 사람의 일생에 관해 철저한 조사가 필요합니다. 마가복음을 보세요. 예수의 탄생이나 예수의 초기 성인 시절에 대해서는 아무 언급도 없잖아요. 오히려 마가는 3년간의 공생애에 초점을 맞추고 있고 예수의 마지막 한 주까지의 사건에만 복음서의 반을 할애하고 있어요. 여기에 대해 어떻게 설명하시겠습니까?"

교수는 손가락 두 개를 들어 보이면서 대답했다. "두 가지 이유가 있습니다. 하나는 문학적인 것이고 다른 하나는 신학적인 것입니다. 문학적인 이유를 들자면 고대 세계의 사람들은 그런 방식으로 전기를 썼습니다. 그들은 오늘날처럼 개인의 일생 전부가 중요하다고 생각하지 않았습니다. 전기에서 언급하는 내용의 핵심만 유지된다면 굳이 연대기적인 순서로 말한다거나 사람들의 말을 그대로 인용할 필요가 없다고 생각했습니다. 고대 헬라어와 히브리어에는 인용 부호조차 없었습니다. 그들이 역사를 기록할 가치가 있다고 생각했던 유일한 목적은 묘사되는 인물들로부터 어떤 교훈을 배우고자 하는 데 있었습니다. 그러므로 전기 작가는 그 개인의 일생 중에서 역사에 의의를 부여하고, 다른 사람들에게 도움이 되는 모범적 사례만 상세히 설명하기를 원했습니다."

"그렇다면 신학적인 이유는 무엇이죠?" 나는 두 번째 이유를 물었다.

"그것은 제가 방금 말씀드린 내용과 일맥상통합니다. 그리스도인들은 예수의 일생과 그의 가르침과 그가 일으킨 기적이 놀라운 것이라고 믿고 있습니다. 뿐만 아니라 그리스도가 죽고 다시 부활함으로써 인간의 죄가 용서함을 받은 것 곧 구속이 역사적 사실이 아니라면, 그와 같은 가르침과 기적들이 아무 의미가 없다고 믿고 있습니다. 그래서 가장 초기에 쓰인 마가복음은 특히 그리스도의 죽음과 부활에서 절정을 이루는 마지막 주간과 그때까지의 사건에 절반을 할애했을 것으로 보입니다. 십자가에 못 박히는 사건의 중요성을 고려해 볼 때 이 같은 사실은 고대 문헌에서 쉽게 볼 수 있습니다."

사복음서 외의 Q문서의 미스터리

사복음서 외에도 학자들은 종종 독일어의 쿠엘레(Quelle), 곧 '근원'이란 뜻의 첫 글자를 따서 지은 Q문서를 언급한다.[3] 언어와 내용의 유사성 때문에 전통적으로 마태복음과 누가복음은 마가의 초기 복음서에 의존했다고 생각되었다. 게다가 학자들에 의하면, 마태와 누가는 이 신비스런 Q문서에서 마가복음에 없는 어떤 자료를 택해서 포함시켰다고 한다. "그러면 Q문서의 정확한 내용은 무엇입니까?" 나는 교수에게 물어보았다.

그는 "그건 단지 하나의 가설일 뿐입니다"라고 대답하면서 다시 의자에 편안히 기대어 앉았다. "약간의 예외는 있지만 그것은 한때 독립된 별개의 기록으로 존재했을 가능성이 있는 예수님의 말씀이나 가르침에 불과합니다. 아시겠지만 당시에는 존경하는 선생의 말들을 한데 모으는 것이 일반적인 문학 장르였습니다. 마치 요즘 인기 가수의 음악을 편집해서 베스트 앨범을 만드는 것과 같죠. Q문서도 그와 같은 종류였을 가능성이 있습니다. 적어도 이론상으론 그렇죠."

그러나 Q문서가 마태와 누가 이전에 존재했다면 예수에 관한 초기 저작이 되었을 것이다. 생각건대 아마 그것은 예수의 삶과 참 모습을 아는 데 신선한 참고 자료가 될 수 있을 것이다. "또 다른 질문이 있는데요. 만약 그 자료를 Q문서로부터 분리한다면 예수의 어떤 모습을 알 수 있을까요?"

교수는 턱수염을 쓰다듬고 잠시 동안 천장을 뚫어지게 쳐다보면서 그 질문에 대해 곰곰이 생각했다. "글쎄요. 이 점을 염두에 두어야만 합니다. Q문서는 단지 말씀을 모아 둔 어록에 불과하기 때문에 예수의 전체적인 모습을 묘사하는 이야기체 형식의 자료가 아니라는 점입니다."

그는 한마디 한마디를 신중하게 선택하면서 천천히 대답했다.

"그렇다 하더라도 예수는 자신의 주장을 명확하게 하고 있음을 볼 수 있어요. 예를 들어, 그는 자신이 인격화된 지혜이며 자신을 통해서만 하나님이 모든 인류를 심판한다고 주장합니다. 사람들이 자신을 인정하느냐 부인하느냐에 따라서요. 최근에 발행된 중요한 학술 서적에 의하면, 만약 Q문서에 있는 모든 말씀들을 따로 분리해서 살펴보면 실제로 자신에 대해 대담한 주장을 편 예수와 동일한 모습을 얻을 수 있다는 주장이 제기되고 있습니다. 그것은 바로 복음서에서 일반적으로 발견하는 그 예수의 모습과 같습니다."

나는 이 점에 대해 좀 더 물어보고 싶어서 "예수를 기적을 일으킨 사람으로 볼 수 있습니까?"라고 질문해 보았다.

그는 "다시 말씀드리지만 Q문서 자체에서는 기적에 관한 이야기를 많이 발견할 수 없습니다. 왜냐하면 기적은 보통 이야기체 문학에서 발견되는데 Q문서는 주로 말씀을 모아 둔 기록물이기 때문입니다"라고 대답해 주었다.

그는 잠시 말을 멈추고 책상 쪽으로 손을 뻗어 가죽 성경 한 권을 집어 들었다. 그리고는 너무 많이 보아서 거의 닳아 버린 쪽을 찾았다. "그렇지만 누가복음 7장 18-23절과 마태복음 11장 2-6절에 보면, 세례 요한이 제자들을 보내 예수가 그들이 찾고 있었던 바로 그 메시아인지 알아보게 했습니다. 그때 예수는 핵심을 찔러 이렇게 대답했습니다. '예수께서 대답하여 이르시되 너희가 가서 듣고 보는 것을 요한에게 알리되 맹인이 보며 앉은뱅이가 걸으며 나병환자가 깨끗함을 받으며 귀머거리가 들으며 죽은 자가 살아나며 가난한 자에게 복음이 전파된다 하라 누구든지 나로 말미암아 실족하지 아니하는 자는 복이 있도다 하시니라.'"

그는 결론적으로 다음과 같이 말했다. "물론 Q문서 안에도 그런 내용이 있습니다. 분명히 예수의 기적 사역을 알고 있다는 말이 됩니다."

교수의 마태에 관한 언급을 듣고 도대체 복음서들이 어떻게 합쳐지게 되었는가 하는 또 다른 질문이 마음속에 떠올랐다. "대부분의 사람이 마가는 예수의 증인이 아니라고 인정하는데, 예수의 목격자라고 주장하는 마태는 왜 마가가 쓴 복음서의 일부를 포함했습니까? 마태복음이 정말로 목격자에 의해 쓰였다면 마태 자신의 관찰을 바탕으로 해야 하지 않을까요?"

그는 미소를 지으며 말했다. "만약에 마가가 예수의 목격자인 베드로의 회고록을 토대로 자신의 설명을 제시했다면 설명이 됩니다. 당신도 말했듯이, 베드로는 예수의 측근이어서 다른 제자들이 보거나 듣지 못한 은밀한 일들도 알고 있었어요. 그러므로 마태 역시 목격자였지만 마가를 통해 전달된 사건에 대한 베드로의 해석에 의존하는 것이 이치에 맞지요."

나도 그 말이 옳다고 생각했다. 내가 기자 시절에 경험했던 비슷한 일이 마음속에 떠올랐다. 시카고의 유명한 정치 원로였던 고(故) 리처드 데일리(Richard J. Daley) 시장이 경찰국에서 벌어진 스캔들로 여러 기자들에게 질문을 받고 궁지에 몰린 적이 있었다. 나도 그 기자들 중 하나였는데, 그는 몇 마디 대답을 하고는 차를 타고 도망치듯 빠져 나갔다. 나도 일어난 일을 직접 목격했지만, 나보다 더 데일리 시장 가까이에 있었던 라디오 방송 기자에게 가서 데일리의 말을 녹음한 테이프를 다시 들려 달라고 부탁했다.

생각해 보니 마태와 마가 역시 분명히 그와 같은 방식을 사용했을 것이다. 곧 마태는 예수의 제자로서 자신의 회고록을 썼지만, 정확성을 더하기 위해 예수의 측근인 베드로에게 직접 얻은 자료를 이용했을 것이다.

요한만 가진 관점이 공관복음과 상충되지는 않은가

처음 세 개의 복음서 - 개관이 유사하고 상호 관련성이 있기 때문에 '공통된 관점을 지닌 복음서'라는 의미로 공관복음이라고 불린다 - 에 대한 블룸버그 교수의 답변에 만족했다.[4] 다음으로 자연스럽게 요한복음에 관심이 갔다. 사복음서를 모두 읽으면 누구든지 공관복음과 요한복음 사이에 명백한 차이가 있다는 사실을 알아챌 것이다. 그래서 이런 차이점이 혹시 복음서들 간의 상충되는 모순을 입증하는 것은 아닌지 알고 싶어졌다. "공관복음과 요한복음 사이에 어떤 차이점이 있는지 좀 더 명확히 설명해 주시겠습니까?"

그의 눈썹이 힘 있게 올라가더니 "굉장히 중요한 질문입니다"라고 답했다. "저도 그 주제에 관한 책을 써 보고 싶습니다." 내가 알고자 하는 바는 철저한 논의가 아니라 본질적 핵심 사항이라고 확인시켜 주었더니 그는 다시 의자에 앉았다.

"글쎄요. 사실 요한복음은 공관복음과 유사한 점보다는 다른 점이 많습니다." 그는 계속해서 말했다. "요한복음에는 다른 세 복음서에 나오는 주요 사건들 중에서 단지 몇 가지만 나오는 차이점이 있습니다. 하지만 예수 생애의 마지막 주간에 관한 부분은 달라집니다. 그 시점부터는 오히려 유사한 부분이 훨씬 많아지죠. 그런데 언어적 문체는 매우 다른 것처럼 보입니다. 요한복음에서는 예수가 사용하는 용어들이 다르고 비교적 긴 설교들이 실려 있기 때문입니다. 게다가 한 차원 높은 그리스도론이 보입니다. 다시 말해 예수는 자신이 아버지와 하나이고, 하나님 자신이며, 길이요 진리요 생명일 뿐 아니라 부활이요 생명이라고 단도직입적으로 말하고 있습니다."

"그와 같은 차이점에 대해서는 어떻게 이해해야 합니까?" 나는 다시 물어보았다.

"지난 몇 년 동안 '요한이 마태와 마가와 누가가 기록한 모든 사실을 알고 있었으며, 그래서 의식적으로 내용을 보충하기 위해 특정 내용을 선택해서 썼다'는 가정이 받아들여졌어요. 보다 최근에는 요한복음이 다른 세 개의 복음서와는 독립적이라는 가정이 우세했습니다. 그러므로 자료를 다르게 선택했다는 사실뿐만 아니라 요한의 관점이 다르다고 할 수 있습니다."

예수로부터 나온 가장 대담한 주장

나는 계속 말을 이어 나갔다. "요한복음에는 신학적인 특수성도 있지 않습니까?"

"물론입니다. 하지만 모순이 있다고 말할 수 있을까요? 저는 그렇지 않다고 생각합니다. 요한복음에 나타난 모든 주제나 특수성의 측면이 마태복음과 마가복음과 누가복음에도 그리 많지는 않지만 분명히 발견되기 때문입니다."

그것은 대담한 주장이었다. 나는 재빨리 공관복음과 요한복음의 차이점에 대하여 가장 중요한 논쟁을 제기함으로써 그 점을 시험해 보기로 했다. "요한은 예수가 하나님이라고 분명한 주장을 하는데, 그 점에 대해 어떤 사람들은 요한이 다른 사람들보다 나중에 기록해서 사실들을 각색했기 때문이라고 말합니다." 나는 말을 계속했다. "공관복음에도 예수의 신성이 언급되어 있습니까?"

그는 "예"라고 대답했다. "암시적이지만 분명히 그 주제가 담겨져 있습니다. 마태복음 14장 22-23절과 마가복음 6장 45-52절을 보면, 예수가 물 위로 걸어가는 이야기가 나옵니다. 대부분의 영어 번역본에는 '두려워 말라 내니라'(Fear not, it is I)라고 표현되어 있습니다. 사실 헬라어로는 문자 그대로 '두려워 말라. 내가 있다'(Fear not, I am)라고 표현되어 있습니다. 마지막 두 단어는 예수가 요한복음 8장 58절에서 자신에게 하나님의 이름을 가리키는 표현, 곧 '나는 스스로 있는 자'(I AM)에서 사용했던 것과 동일한 표현입니다. 그 표현은 하나님이 출애굽기 3장 14절에서 불타는 떨기나무 속에서 모세에게 자신을 계시하실 때 사용한 방법입니다. 그래서 예수는 그 이름을 사용함으로써 구약의 하나님 여호와와 동등한 신성과 능력의 소유자임을 드러내고 있습니다."

나는 고개를 끄덕이며 동의했다. "참 좋은 예군요. 또 다른 예는 없습니까?"

"물론 많이 있습니다." 교수는 계속했다. "예를 들어 예수는 처음 세 개의 복음서에서 자신을 가리키기 위해 '인자'(Son of Man)라는 호칭을 사용했습니다. 그리고…."

나는 손을 들어 잠시 그의 말을 가로막았다. "잠시만요." 나는 가방에서 책 한 권을 꺼냈다. 그리고 책장을 빠르게 넘겨서 인용할 부분을 찾았다. "카렌 암스트롱(Karen Armstrong)은 베스트셀러 《신의 역사》(History of God)에서 '인자'라는 용어는 연약하고 죽을 수밖에 없는 인간의 상태를 강조한 것에 불과하다고 말했습니다. 그래서 예수는 그 용어를 사용함으로써

'자신은 언젠가 고난을 받고 죽을 수밖에 없는 연약한 인간[5]이라는 측면을 강조했다고 주장합니다. 만약 그게 사실이라면 그 말은 신성에 관한 자신의 주장과는 맞지 않는 것처럼 보이는군요."

교수는 조금 불쾌한 표정을 지었다. 하지만 그는 단호하게 말했다. "잠깐만요, 인자라는 표현은 보통 사람들의 생각과는 반대로 예수의 인간적인 측면을 주로 가리키는 말이 아닙니다. 오히려 다니엘 7장 13-14절에 인자에 대한 직접적인 언급이 있습니다."

그는 즉시 구약을 펴서 선지자 다니엘의 말을 읽었다.

> 내가 또 밤 환상 중에 보니 인자 같은 이가 하늘 구름을 타고 와서 옛적부터 항상 계신 이에게 나아가 그 앞으로 인도되매 그에게 권세와 영광과 나라를 주고 모든 백성과 나라들과 다른 언어를 말하는 모든 자들이 그를 섬기게 하였으니 그의 권세는 소멸되지 아니하는 영원한 권세요 그의 나라는 멸망하지 아니할 것이니라(단 7:13-14).

교수는 말씀을 다 읽은 후 성경을 덮고 계속 말했다. "그러면 이제 예수께서 자신에게 '인자'라는 용어를 사용함으로써 어떤 의미를 전달하고 싶으셨는지 보겠습니다. 여기서 인자는 하늘의 보좌에 앉아 있는 하나님께 나아가서 전 우주적인 권세와 지배권을 부여받는 이를 말합니다. 인자는 단순히 인간의 칭호가 아니라 위대함과 고상함을 나타내는 칭호입니다."

그 후에 나는 우연히도 이 책을 쓰기 위해 곧 인터뷰를 하게 될 윌리엄 레인 크레이그(William Lane Craig)라는 학자도 그와 유사한 언급을 했다는 사실을 알게 되었다.

'하나님의 아들'이 그의 신성을 나타내는 표현인 것처럼 '인자'(Son of Man)라는 말은 종종 예수의 인간성을 나타낸다고 추정한다. 그런데 실은 정반대이다. 구약의 다니엘서에서 인자는, 말세에 인류를 심판하고 영원히 통치하기 위해 이 땅에 올 신성한 존재라고 표현된다. 그래서 자신이 인자라고 주장하는 것은 사실상 자신의 신성을 주장하는 것과 진배없다.[6]

교수는 계속했다. "게다가 예수는 공관복음에서 죄를 용서하는 권세가 있다고 주장하는데 그 일은 하나님만이 할 수 있습니다. 뿐만 아니라 예수는 다른 사람들의 기도와 경배를 받습니다. 그리고 예수는 '누구든지 나를 시인하는 자는 하늘에 계신 내 아버지 앞에서 나도 그를 시인할 것이요'라고 말했습니다. 최후의 심판이 누군가에 대한 반응에 달려 있다면 그분은 어떤 분이겠습니까? 단지 인간에 불과한 존재일까요?

그렇지 않을 겁니다. 만약 그렇다면 대단히 오만한 주장이겠죠. 그러므로 최후의 심판은 바로 예수를 하나님으로 인정하느냐의 여부에 달려 있습니다. 당신도 아시겠지만 공관복음에도 온갖 증거들이 그리스도의 신성을 뒷받침하고 있어요. 요한복음에는 그리스도의 신성이 더욱 분명하게 드러나 있을 뿐입니다."

신학적인 이유로 사실을 왜곡할 가능성은 없는가

요한에게는 마지막 복음서를 저술하면서 신학적인 논쟁에 대해 오랫동안 심사숙고할 시간이 있었다는 이점이 있었다. 그래서 교수에게 물어보았다. "신학적인 성향이 강한 요한이 복음서를 썼다는 사실 때문에 그가 사용한 역사적 자료가 왜곡되었을 가능성이 있다거나, 그래서 신뢰도가 좀 떨어지지는 않았을까요?"

"요한복음이 신학적인 경향이 더 강하다고는 보지 않아요"라고 교수는 강조했다. "단지 그의 신학적 강조점이 다를 뿐입니다. 마태와 마가와 누가 역시 각각 강조하고자 하는 신학적 관점이 독특합니다. 어떤 의미에서 마태는 기독교와 유대교의 관계를 이해하려고 노력하는 신학자입니다. 반면에 마가는 예수를 고난받는 종으로 묘사하고 있어요. 그 외에도 마태와 마가와 누가의 독특한 신학적 특색을 많이 열거할 수 있습니다."

교수가 보다 광범위한 관점을 놓칠까 봐 염려되어 말을 가로막았다. "좋아요. 하지만 그들이 지닌 신학적인 동기 때문에 과연 사실을 정확하게 묘사할 수 있었는지에 대해 의심이 들지 않습니까? 그들이 지닌 신학적 명제 때문에 기록한 역사적 사실이 변질되거나 왜곡되었을 가능성은 없습니까?"

"물론 우리는 그럴 가능성을 고려해야만 합니다. 때로는 자신들의 이념을 정당화하려고 역사를 왜곡하는 잘못된 심성을 가진 사람들도 있습니다. 불행하게도 사람들은 그런 일은 으레 일어나는 법이라고 결론짓는데 그것은 잘못된 일입니다. 고대 세계에는 아무런 이념적인 목적 없이 단지 사건을 연대기적으로 기록하기 위해서 객관적이고 공평하게 역사를 서술해야 한다는 생각 자체를 하지 않았습니다. 교훈이나 이유가 없으면 아무도 역사를 쓰지 않았습니다."

나는 미소를 지으며 넌지시 말했다. "교수님 말씀은 모든 것을 의심해볼 수 있다는 이야기인 것 같군요."

"그렇죠. 어떤 단계에서는 그런 셈입니다. 그렇지만 다른 종류의 고대 자료를 바탕으로 이성적으로 정확한 역사를 재구성할 수 있다면, 복음서들도 어느 정도는 이념적 성격을 띤다 할지라도 복음서를 통해 정확한 역사를 재구성할 수 있습니다."

교수는 잠시 생각을 하면서 자신의 주장을 납득시킬 만한 적절한 비유를 찾았다. 이윽고 그는 이렇게 말했다. "제가 최근에 유대인 마을에서 겪었던 비슷한 경험을 들어 보시면 제 말의 의미를 알 수도 있겠군요. 어떤 사람들은 유대인 대학살을 인정하지 않거나 경시해 버립니다. 하지만 많은 유대인 학자들이 유대인 대학살에 관련된 박물관을 짓고 책을 쓰고 유물을 보존하고 목격자들의 증언을 기록해 두었습니다. 그러니까 현재 그들은 매우 이념적인 목적을 가진 셈이죠. 그런 잔악한 행위가 다시는 일어나서는 안 된다는 목적입니다. 하지만 그들은 가장 충실하고도 객관적으로 역사적 진실을 기록했습니다.

마찬가지로 기독교 신앙 역시 하나님이 나사렛 예수의 몸을 입고 독특한 방법으로 시간과 공간 속으로 들어오셨다는 역사적 주장을 바탕으로 하고 있습니다. 따라서 그리스도인들이 그 이념을 전파하기 위해서라도 가능한 한 신중한 역사적 작업이 필요했습니다."

그는 자신의 주장을 나에게 충분히 이해시켰다. 그러고 나서 내 얼굴을 똑바로 바라보면서 물었다. "제 말을 이해하시겠어요?" 나는 이해가 되었다고 고개를 끄덕이며 답례했다.

복음서, 흥미진진한 역사적 사실의 집합체

복음서가 목격자들의 직간접적인 증언에 근거를 두고 있다고 말하는 것과 복음서의 내용이 몇 년이 지난 후에 마침내 기록될 때까지 신뢰할 만하게 보존되었다는 주장은, 별개의 문제로 다루어야 한다. 이 점이 논쟁의 중요한 부분이라는 것을 알았다. 그래서 가능한 솔직하게 이 문제에 대해 교수에게 답변을 요구하고 싶었다.

나는 다시 암스트롱의 유명한 책《신의 역사》를 집어 들고 물었다. "여기 그녀가 써 놓은 또 다른 말을 들어 보시죠."

> 우리는 예수에 대해 아는 바가 거의 없다. 그의 생애에 대한 첫 번째 완전한 기록은 마가복음이다. 그 책은 그가 죽은 후 약 40년이 지난 뒤인 AD 70년경에 비로소 쓰였다. 당시에는 역사적 사실에 신화적 요소가 가미되어 있었다. 이 신화적 요소는 예수가 그의 추종자들한테서 획득한 의미를 표현하고 있다. 마가가 주로 전달하는 바는 예수에 대해 신뢰할 만한 사실이라기보다는 바로 이런 '의미'이다.[7]

나는 그 책을 다시 가방 속에 넣고 교수 쪽으로 돌아서서 말을 계속했다. "어떤 학자들은 복음서가 실제 일어난 사건보다 훨씬 뒤에 기록되어서 전설 따위가 발전하고 마침내는 원래 내용도 왜곡시켰다고 합니다. 그래서 단지 지혜로운 선생이었던 예수의 모습을 하나님의 아들이라는 신화적 인물로 변화시켰다는 겁니다. 이 얘기는 합리적인 가정입니까? 아니면 전설 때문에 마지막으로 기록된 내용이 완전히 순수성을 잃어버리기 전에 복음서가 더 일찍 기록되었다는 충분한 증거가 있습니까?'

이 말에 교수의 눈이 가늘어지고 목소리는 단호해졌다. "이 점에 관해서는 별개의 논점이 관련되어 있기 때문에 그 두 논점을 구분하는 일이 중요합니다. 제 생각으로는 복음서를 기록한 시기가 더 빨랐다고 제안할 수 있는 증거가 충분합니다. 그러나 설령 증거가 불충분하더라도 어쨌든 암스트롱의 주장은 이치에 맞지 않아요."

"왜 그렇습니까?"라고 나는 물었다.

"심지어 자유주의 학자들 사이에서 받아들여지고 있는 표준 시기 결정의 측면에서 볼 때도 마가복음은 70년대에, 마태복음과 누가복음은 80년대에, 요한복음은 90년대의 기록입니다. 하지만 잘 들어 보세요. 그 시기는 예수의 일생을 지켜본 많은 목격자들이 살았던 시기와 비슷합니다. 심지어 예수에 관한 잘못된 가르침이 유포되었다면 즉시 고쳤을지도 모르는 적대적인 목격자들도 생존했던 시기입니다. 그러므로 복음서를 기록한 시기가 다소 늦은 듯이 보이지만, 사실은 그렇게 늦은 것이 아닙니다. 실제로 그와 비교해 볼 만한 유익한 이야기가 있습니다.

가장 초기의 알렉산더 대왕의 전기 두 편은 BC 323년 그가 죽은 지 무려 400년 이상이 지난 후에야 아리안(Arrian)과 플루타크(Plutarch)에 의해 쓰여진 것입니다. 놀랍게도 지금의 역사가들은 그 자료를 일반적으로 신뢰할 만하다고 여기고 있습니다. 보세요. 알렉산더 대왕에 관한 전설적 이야기들이 오랜 세월 동안 발전했지만 그 시기는 이 두 명의 작가가 죽은 지 수세기밖에 안 된 때입니다.

다시 말해서 처음 500년 동안에는 알렉산더의 이야기가 손상되지 않은 채로 보존되었습니다. 그 후 500년이 지나면서 전설적인 내용들이 나타나기 시작했던 거죠. 그렇기 때문에 복음서가 예수의 생애가 끝난 후 30년 혹은 60년 뒤에 기록되었을지라도 알렉산더의 경우와 비교해 볼 때 그 정도의 시간은 문제가 되지 않습니다. 그 점은 논쟁의 여지가 거의 없습니다."

나는 교수의 의도를 이해할 수 있었다. 하지만 동시에 여전히 그 점에 관한 의혹도 남아 있었다. 어떤 사건과 그 사건이 기록된 시간적인 공백이 짧을수록 전설이나 잘못된 기억의 영향을 받을 가능성은 적다.

"당분간은 교수님의 주장에 동의하기로 하죠. 그러면 다시 복음서의 기록 연대의 문제를 살펴보았으면 합니다." 나는 말을 이어 나갔다. "교수님은 복음서가 교수님이 언급한 날짜보다 더 이른 시기에 기록되었다고 믿고 있다고 하셨죠?"

"그렇습니다. 분명히 더 이른 시기에 기록되었습니다. 사도행전을 보면 그 점을 입증할 수 있죠. 사도행전은 분명히 이야기가 끝나지 않은 채로 기록되어 있어요. 바울이 그 책의 중심인물인데 그는 로마에서 수감된 상태입니다. 그 부분에서 책의 내용이 갑자기 끝납니다. 그 후에 바울에게 어떤 일이 일어났을까요? 사도행전으로는 그 후의 일을 알 수 없습니다. 아마도 그 책이 바울이 죽음을 당하기 전에 쓰였기 때문일 것입니다."

교수는 갈수록 점점 더 흥분하고 있었다. "그 말은 사도행전이 기록된 시기가 AD 62년보다 늦을 수 없다는 뜻이죠. 그 사실을 바탕으로 이전의 기록 연대를 추정해 볼 수 있습니다. 사도행전은 원래 누가복음과 함께 두 부분으로 구성되어 있는 책의 두 번째 부분이기 때문에 첫 번째 부분인 누가복음은 사도행전보다 먼저 기록된 것이 틀림이 없습니다. 또한 누가복음에는 마가복음의 일부가 포함되어 있기 때문에 마가복음은 누가복음보다 훨씬 더 일찍 기록되었다고 볼 수 있습니다.

만약 각각의 복음서를 기록하는 데 약 1년의 기간이 걸린다면 마가복음은 아마도 50년대 말기, 곧 AD 60년경에 기록되었다고 추정할 수 있지요. 예수가 처형당한 사건이 AD 30년 또는 33년경쯤 된다면 기록 연대와 차이는 최대 30년가량이 됩니다."

그는 의기양양하게 자리에 다시 앉으면서 말했다. "특히 알렉산더 대왕과 비교해서 본다면 그건 놀랄 만한 속보(速報)인 셈입니다."

이는 정말로 인상적이었다. 왜냐하면 예수의 생애 기간 중에 일어난 사건과 그 사건에 관한 복음서의 기록 시기의 공백이 역사적인 표준에 비추어 볼 때, 무시할 만한 정도까지 줄었기 때문이었다. 그러나 나는 여전히 그 논쟁을 더 조사하고 싶었다. 나의 목표는 예수에 관한 가장 초기의 정보를 얻을 때까지 가능한 시대로 시계를 거꾸로 돌려놓는 것이었다.

더, 더 과거로!

나는 자리에서 일어나서 책장 쪽으로 걸어갔다. "이제 시간적으로 얼마나 초기까지 거슬러 올라갈 수 있는지 보죠." 나는 교수 쪽으로 돌아서면서 말했다. "예수의 구속과 부활 및 하나님과의 독특한 교제에 대한 근본적인 믿음이 있었던 출발점은 언제입니까?"

"우선 신약을 구성하는 많은 책들이 연대기 순으로 배치되어 있지 않다는 점을 기억하는 것이 중요합니다." 그는 말을 시작했다. "복음서들은 사도 바울의 모든 서신들이 쓰인 후에야 기록되었습니다. 바울은 아마도 40년대 말기에 서신 사역을 시작했죠. 대부분의 주요한 서신들은 50년대에 각 지역으로 보내졌습니다. 그러므로 가장 초기의 사실이나 정보를 알기 위해서는 바울의 편지를 읽어 보고 나서 '그 편지들을 쓸 때 그보다 훨씬 이전의 자료들을 이용했다는 증거가 있는가?'라는 질문을 던져 보아야 합니다."

나는 계속 재촉했다. "그래서 무엇을 찾았죠?"

"바울은 가장 초기 시대의 교회에서 약간의 교리와 신앙 고백과 찬송가를 채택해서 서신에 포함시킨 것 같습니다. 그와 같은 자료의 출처는 예수의 부활 후 곧바로 생겨난 교회의 시작 지점까지 거슬러 올라갑니다.

가장 유명한 교리는 빌립보서 2장 6-11절에서 보듯이 예수를 '하나님의 본체'라고 언급하는 부분입니다. 또 한 가지는 골로새서 1장 15-20절에서 묘사하는 예수의 모습입니다. 예수는 '보이지 아니하시는 하나님의 형상이며 만물을 창조하신 분'이고 그를 통하여 만물이 하나님과 화목케 되는데 그 일은 '십자가의 피로 화평을 이룸'으로써 가능해진다고 합니다.

그런 교리들은 초기 그리스도인들이 예수에 관해 어떤 점을 확신하고 있는가를 설명하는 데 있어 굉장히 중요합니다. 그러나 역사적인 예수의 관점에서 가장 중요한 교리는 고린도전서 15장일 것입니다. 거기에서 바울은 전문적인 용어를 사용함으로써 자신이 비교적 정착된 형태로서의 구전을 처리하고 있음을 암시했습니다."

교수는 관련된 성경 구절을 찾아서 나에게 읽어 주었다.

> 내가 받은 것을 먼저 너희에게 전하였노니 이는 성경대로 그리스도께서 우리 죄를 위하여 죽으시고 장사 지낸 바 되셨다가 성경대로 사흘 만에 다시 살아나사 게바에게 보이시고 후에 열두 제자에게와 그 후에 오백여 형제에게 일시에 보이셨나니 그중에 지금까지 대다수는 살아 있고 어떤 사람은 잠들었으며 그 후에 야고보에게 보이셨으며 그 후에 모든 사도에게와(고전 15:3-7).

"이 구절이 핵심인데요." 교수는 말했다. "예수의 십자가 죽음이 AD 30년경이었다면 바울의 회심은 32년쯤이었어요. 바울은 회심한 후 즉시 다메섹으로 인도되었는데, 거기서 아나니아라고 하는 그리스도인과 다른 제자들을 만났습니다. 그리고 예루살렘에 있는 사도들과의 첫 번째 만남은 AD 35년쯤 됩니다. 그 무렵에 바울은 이 교리를 받았는데, 그 교리는 초대 교회에서 이미 확립되어 사용되고 있었습니다."

"자, 보세요. 여기에는 예수가 우리 죄를 위해 죽으셨다는 핵심적 사실과 더불어 그가 부활한 몸으로 자기를 나타내 보인 사람들의 구체적인 목록이 있습니다. 위에서 제시된 모든 사람들이 예수를 목격한 사건은 예수의 죽음과 부활 사건이 있은 지 2년 내지는 5년 사이에 일어났습니다. 그것은 암스트롱이 제안한 것처럼 사건이 일어난 후 50년 혹은 그 이상의 시간이 지난 후에야 만들어 낸 신화가 아닙니다. 기독교의 부활 신앙이 생겨난 시기를 아직까지 정확히 기록할 수는 없지만 부활 사건 이후 2년 이내라고 말해도 좋을 것입니다. 이 점은 대단히 중요합니다."

그가 강한 어조로 말하자 목소리가 약간 올라갔다. "이제는 다른 역사적 자료를 인정하는 데도 일반적으로 500년은 가능한데 30년이나 60년과는 비교할 수 없겠지요. 그런데 제가 예수의 사건과 관련해서 고작 2년이라고 말하는 것을 보세요."

나는 그가 제시한 증거의 중요성을 부인할 수 없었다. 이제는 그리스도인들이 예수의 신성에 대한 최고의 증거로 인용하는 부활이 단지 오랜 세월이 흐르는 동안 신화 및 예수의 일생을 직접 목격한 증인들의 왜곡된 이야기 때문에 생긴 신화적인 생각에 불과하다는 비난은 더이상 설 자리가 없는 것 같았다. 기독교에 대해 품었던 가장 큰 반대 요소였던 이 점은 이제 비기독교인 나에게 치명상을 입힐 정도로 충격을 주었다.

나는 책장에 몸을 기대었다. 우리는 지금까지 많은 자료를 다루었다. 블룸버그 교수가 목소리 높여 펼친 주장은 우리가 마음을 가다듬고 휴식하기에 좋은 기회였다.

잠깐의 쉼

날이 저물었다. 이제까지 쉼없이 꽤 오랜 시간 이야기를 나누었다. 그러나 나는 목격자들의 증언을 변호사나 언론인이 제기할 만한 기준으로 시험해 보지도 않고 이야기를 끝내고 싶지 않았다. 다음과 같은 질문을 계속하고 싶었다. 목격자들의 증언을 면밀히 조사하더라도 끝까지 견뎌낼 것인가, 아니면 잘해 봤자 의심스러울 정도이고 최악의 경우는 전혀 신뢰하지 못할 정도로 판명될 것인가?

지금까지의 논의를 통해서 필요한 기초는 어느 정도 다졌기 때문에, 이제 교수에게 자리에서 일어나서 다리를 쭉 뻗어보라고 했다. 그리고 난 후 다시 토론을 하기 위해 자리에 앉았다.

———

Chapter 2

목격자들의 증언 검사

목격자들의
증언,
조작된 것은 아닌가

크레이그 블롬버그 교수와 인터뷰

16세인 마이클 맥컬로(Michael McCullough)의 목소리가 너무 약하고 희미해서 배심원들은 그의 목숨을 지탱해 주고 있는 인공호흡 장치 소리 외에는 거의 들을 수 없었다. 입술 모양을 보고 말을 알아듣는 전문가가 마이클의 침대에 허리를 구부린 채로 그가 무슨 말을 하는지 식별한 후 임시 법정에서 그의 증언을 말해 주어야만 하는 상황이었다.

마이클은 총알에 맞아 척수 신경이 손상을 입어 목 아래가 모두 마비된 상태였다. 이런 상태로는 그를 공격한 두 명의 청년에 대한 피해자로 법정에 출두할 수 없었다. 그래서 판사, 배심원, 피고인 두 명, 변호인단, 기자, 방청객들은 법정이 아닌 마이클의 병실로 모여들었고, 그곳은 즉시 임시 쿡 카운티순회법정(Cook County Circuit Court)으로 선포되었다.

마이클은 검사의 질문을 받고 어떤 상태에서 호주머니에 2달러를 가지고 시카고 주택 단지에 있는 아파트를 나서게 되었는지 회상했다. 그는 두 명의 피고인이 계단에서 말을 건 후에 돈을 빼앗기 위해 고의로 얼굴에 총을 쏘았다고 말했다. 공포 속에서 그 총격을 지켜보았던 두 명의 목격자들이 그의 말을 입증했다.

피고인들은 총을 쏜 사실은 부인하지 않았다. 대신에 총을 이리저리 흔들다가 우연히 발사된 것뿐이라고 주장했다. 피고인 측 변호사들은 의뢰인들의 형량을 줄이기 위해서 총기 발사에 악의가 있다거나 사전에 모의한 폭력 행위였다는것을 부정해야만 했다.

그들은 목격자들의 진술에 의문을 품게 하려고 최대한 공을 들였다. 그래서 사건을 관찰하는 증인의 능력에 의혹을 제기하거나 증인의 진술에 일관성이 없다는 점을 이용해 보려 했지만, 헛수고였다. 그리고 더 많은 보강 증거를 요구했지만 추가 증거는 필요하지 않았다.

또한 피해자와 목격자들의 성격을 문제 삼으려고도 했지만 역시 녹록치 않았다. 그들은 전과가 없었고 법을 준수한 젊은이들이었다. 목격자들이 편견의 소유자라는 점을 보여 주려 해 보았지만 그런 특성을 발견하지 못했다. 키이스(Keith)라는 아홉 살밖에 안 된 목격자가 과연 법정에서 진실만을 말하겠다고 선서하는 행위가 시사하는 바에 대해 의문을 제기했지만 모든 사람의 눈에 그에게는 그럴 만한 능력이 분명히 있었다.

피고인 측 변호인단은 피해자와 목격자들의 신뢰성을 도저히 흔들 수 없었다. 결국 피고는 살인 미수로 유죄 판결을 받고 50년형을 선고받았다. 마이클은 그 재판이 끝나고 18일 만에 세상을 떠났다.[1]

보통 피고인 측 변호사들은 도전적인 일을 한다. 가령 질문을 던지고 의심을 불러일으켜 목격자의 이야기 속에서 허점이나 약점을 찾는다. 이처럼 다양한 방법을 통해 증언을 시험해 본다. 그러한 시험의 밑바탕에는 정직하고 정확한 증언이라면 면밀한 검사를 통과한 후에 살아남지만, 거짓되고 과장되거나 혼란스런 증언은 결국 거짓으로 판명된다는 생각이 깔려 있다.

마이클의 경우 정의가 승리했다. 왜냐하면 배심원들이 피해자와 증인들이 자신의 경험을 진실하고 정확하게 진술했다고 판단했기 때문이었다. 이제는 예수에 관한 역사적 증거를 조사할 차례이다. 블롬버그 교수의 증언이 약점이나 허점을 드러낼지 아니면 진실하고 정확한 것일지 확인해 볼 때가 되었다. 지금부터 해 볼 검사는 수년 전에 있었던 마이클의 소송 사건에서 피고인 측 변호사들이 사용한 것과 동일한 테스트이다.

"8개의 검사를 가지고 질문하고 싶습니다." 우리가 15분 동안 휴식을 취한 후에 다시 자리에 앉았을 때 내가 말했다. 블롬버그 교수는 김이 모락모락 나는 따뜻한 커피가 담긴 잔을 들고 몸을 뒤로 기대었다. 확실하지는 않았지만 아마도 새로운 도전을 기대하는 눈치였다. "계속 이야기해 보세요."

1. 의도 검사(Intention Test)

의도 검사는 역사를 정확히 보존하려는 '저자의 의도'가 명시적인 것인지 아니면 암시적인 것인지를 결정하기 위한 것이다. "1세기의 저자들은 실제 일어난 사건을 기록하는 데 흥미를 느꼈습니까?"

교수는 그렇다고 끄덕였다. "그렇습니다. 당신도 알다시피 누가복음의 초반부는 상당히 많이 읽혀지고 있습니다. 마치 일반적으로 신뢰할 수 있는 고대의 역사서나 전기의 서문처럼 말이죠."

교수는 성경을 집어 들고 누가복음의 서두를 읽어 주었다.

> 우리 중에 이루어진 사실에 대하여 처음부터 목격자와 말씀의 일꾼 된 자들이 전하여 준 그대로 내력을 저술하려고 붓을 든 사람이 많은지라 그 모든 일을 근원부터 자세히 미루어 살핀 나도 데오빌로 각하에게 차례대로 써 보내는 것이 좋은 줄 알았노니 이는 각하가 알고 있는 바를 더 확실하게 하려 함이로라(눅 1:1-4).

교수는 말을 이어 갔다. "누가는 자신이 조사한 결과와 많은 증인들이 입증한 일을 정확하게 기록할 의도가 있었다고 분명히 말하고 있습니다."

"다른 복음서는 어떻습니까? 다른 복음서 서두에는 그와 유사한 선언이 없잖아요. 그렇다면 그 복음서의 저자들은 동일한 의도가 없었다는 말입니까?"

"사실 마가와 마태는 이처럼 명백한 진술을 하고 있지 않습니다. 그러나 장르의 관점에서 보면 누가복음과 가깝습니다. 그래서 누가의 역사적 의도가 그들의 의도를 잘 반영해 준다고 보는 것이 합리적입니다."

"그러면 요한은 어떻습니까?"

"복음서에 나와 있는 또 다른 유일한 기록 목적은 요한복음 20장 31절에 잘 표현되어 있습니다. '오직 이것을 기록함은 너희로 예수께서 구세주이며 하나님의 아들임을 믿게 하려 함이요 또 너희로 믿고 그 이름을 힘입어 생명을 얻게 하려 함이니라.'"

나는 즉시 반대 의견을 제시했다. "그 말은 역사적인 진술이라기보다는 신학적인 언급같군요."

"인정합니다. 그러나 당신이 믿음을 가질 정도로 확신이 선다면 신학이라고 하는 것은 정확한 역사적 사실을 근원으로 삼아야 한다는 것을 알아야 합니다. 게다가 간과할 수 없는 중요한 암시적 증거가 있어요. 복음서들이 기록된 방식을 잘 생각해 보세요. 진지하고도 책임 있는 태도, 정확한 세부 사실, 그리고 세심한 주의와 정확성을 보세요. 고대의 다른 기록에서 많이 보이는 이상한 미사여구나 노골적인 신화적 요소는 찾아볼 수 없습니다."

"그 점이 의미하는 바가 무엇일까요?" 그는 스스로 이 질문을 한 후에 답변했다. "복음서를 기록한 저자들의 목적은 분명히 실제로 일어난 사실을 기록하는 것이었다는 점이죠."

그러나 정말로 그런 일이 일어났을까? 어떤 비평가들은 상반되는 시나리오를 제기하였다. 그들의 말에 의하면 초기 그리스도인들은 예수가 역사를 완성하기 위해 자신들이 살아 있는 동안 재림할 것이라고 확신했다. 그래서 예수의 생애나 가르침에 대한 어떤 역사적 기록도 보존할 필요가 없었다. 결국에는 예수가 다시 와서 역사를 종결할 텐데 사서 고생할 필요가 없었다.

나는 계속 이어 나갔다. "그래서 수년 후에 예수가 즉시 돌아오지 않는다는 사실이 분명해지자 사람들은 복음서를 기록할 때 마땅히 의존할 역사적 자료가 없다는 것을 알게 되었습니다. 역사적인 목적을 위해 남겨 둘 필요가 없었기 때문이죠. 이 상황이 실제 일어난 바가 아닐까요?"

교수는 이렇게 답변했다. "물론 역사상에는 종교적인 집단을 포함해서 그런 주장을 하는 분파나 단체가 있습니다. 하지만 초기 기독교에 관해서는 그런 주장이 맞지 않습니다."

나는 그에게 도전적으로 질문했다. "왜 맞지 않나요? 기독교는 어떤 차이점이 있죠?"

"첫째는 그 전제가 약간 과장된 것 같아요. 예수의 대부분의 가르침은 세상의 끝이 오기 전에 상당한 시간이 남아 있다는 전제가 깔려 있습니다. 둘째로 몇몇 제자들이 예수가 굉장히 빨리 재림할 것이라고 생각했더라도 기독교가 유대교에서 생겨났다는 점을 생각해 보세요. 유대인들은 8세기 동안 '주의 날이 가까이 왔다'는 선지자들의 반복된 선포와 지속되는 이스라엘의 역사 사이의 긴장 속에서 살았습니다. 이런 선지자들의 추종자들은 스승의 말을 기록하고 평가하고 보존했습니다. 만약에 예수의 제자들이 그를 선지자보다 위대한 사람으로 생각했다면 그들 역시 동일한 일을 했다고 보아도 무방합니다."

그의 말이 합리적이었지만 여전히 어떤 학자들은 내가 블롬버그 교수에게 하고 싶은 제2의 반대 질문을 제기했다. "어떤 학자들의 말에 의하면 초기 그리스도인들은 이 세상에 육신이 남지 않은 예수가 교회를 위해 '예언'을 했다고 믿는 경우가 많았다고 해요. 이런 예언은 예수가 이 땅에 살아 있을 때 한 말만큼이나 권위가 있었죠. 그래서 초기 그리스도인들은 역사적 예수의 본래의 말과 새로운 예언의 말을 구별하지 않았습니다. 그 결과 복음서에는 이 두 종류의 자료가 혼합해 기록되어 있어요. 시간이 흘러 어떤 말이 원래 역사적 예수의 말인지 모르게 되었습니다. 그것은 많은 사람들에게 골치 아픈 문제입니다. 이 문제에 대해 어떻게 답변하시겠습니까?"

"그 주장은 이전 주장보다 역사적인 타당성이 더욱 희박합니다." 그는 미소를 지으며 말했다. "사실 신약성경을 들여다보면 그 가설이 틀렸다는 증거가 있습니다. 어떤 부분에는 초기 그리스도인의 예언이 언급되어 있죠. 하지만 주님이 직접 하신 말씀과는 항상 구분되어 있습니다.

예를 들어, 고린도전서 7장에 보면 바울은 주께로부터 직접 말씀을 받은 때와 역사적 예수의 말을 인용하는 때를 명백히 구분합니다. 요한계시록을 보더라도 예수가 전통적으로 사도 요한으로 간주하는 이 선지자에게 직접 말하는 경우와 요한이 자신의 영감을 통해 이상을 말하는 경우를 명백히 구분할 수 있습니다.

또 고린도전서 14장에서는 바울이 참된 예언과 거짓 예언을 구분하는 기준을 얘기하면서 지역 교회가 예언을 시험해 볼 책임이 있다고 말하고 있습니다. 유대인의 배경을 근거로 볼 때 참된 예언의 기준에는 그 예언이 실현되느냐와 그 예언이 이전에 계시된 주의 말씀과 일관성을 이

루느냐 하는 점이 포함되어 있습니다.

그러나 가장 강력한 주장은 복음서에서는 발견할 수 없는 것입니다. 예수께서 승천한 후에 초대 교회는 많은 논쟁거리들 때문에 위협을 받았습니다. 예를 들면 믿는 사람들이 할례를 받아야만 하는지, 방언을 어떻게 사용할 것인지, 유대인과 이방인을 어떻게 연합시킬 것인지, 교회 사역에서 여성의 역할은 무엇인지, 믿는 사람들이 비기독교인 배우자와 이혼을 해야 할지 말아야 할지 등의 문제가 생겼습니다.

만약에 초기 그리스도인들이 예수가 세상 저편에서 말씀하신 것을 다시 복음서에 포함시켜 해석했더라면, 이런 문제들은 편리하게 해결되었을 겁니다. 그러나 이런 일은 결코 일어나지 않았어요. 오히려 이런 논쟁이 계속된다는 사실은 그리스도인들이 예수의 생애 동안 실제 일어났던 사실과 나중에 교회에서 토론했던 문제를 구별하는 데 관심을 가졌다는 것을 증명해 줍니다."

2. 능력 검사(Ability Test)

심지어 저자들이 의도를 가지고 역사를 신뢰할 수 있는 수준으로 기록했더라도 과연 그들에게 그럴 만한 능력이 있었을까? 예수의 생애와 가르침에 관한 자료가 복음서에 기록될 때까지 30년 동안 잘 보존되었다고 어떻게 확신할 수 있을까? 교수에게 이 문제에 대해 질문했다. "복음서를 기록하기 전에 있었던 잘못된 기억이나 희망적 사고(현실의 사실에 근거를 두지 않고 오로지 감정이나 욕구에 근거를 두는 비현실적 사고-역주), 그리고 전설의 와전 때문에 예수에 대한 이야기가 불가항력적으로 훼손되었을 가능성은 없습니까?"

그는 먼저 우리가 처한 상황을 제시함으로써 답변을 시작했다. "우리가 얘기하는 곳은 분명히 시간적·공간적으로 멀리 떨어진 이국땅이고, 컴퓨터나 인쇄기조차 발명되지 않은 문화 수준이라는 사실을 고려해야 합니다. 그 당시에는 책이라고 해 봐야 파피루스 두루마리였지만, 그것도 거의 없었어요. 그러므로 교육, 학습, 예배, 종교적 공동체에서의 가르침은 모두 구두로 행해졌습니다. 랍비들은 구약을 전부 암기하는 것으로 유명했습니다. 그래서 예수의 제자들의 능력을 고려할 때, 그들은 사복음서에 나오는 모든 사실을 합친 양보다 훨씬 많은 사실들을 잘 기억하고 정확하게 전수했을 것입니다."

"잠깐만요." 나는 잠시 끼어들었다. "솔직히 그렇게 많이 기억한다는 것은 믿을 수 없군요. 어떻게 그게 가능합니까?"

"물론 오늘날에는 그렇다고 보기 어렵지요." 그는 내 말에 동의했다. "하지만 그 당시는 기억을 상당히 강조하는 구전 문화가 지배했습니다. 그리고 예수님의 말씀 중에서 80-90퍼센트가 원래는 시적인 형태입니다. 그 말은 시를 짓는 재료라는 뜻이 아니라 예수의 말이 시적인 운율과 균형 잡힌 시행과 대구법을 가지고 있다는 의미입니다. 그래서 훨씬 많은 양을 기억하는 데 도움이 되었을 겁니다.

언급할 필요가 있는 또 한 가지 점은 당시에는 기억에 대한 정의가 지금보다 훨씬 융통성 있게 적용되었습니다. 구전 문화를 연구해 보면 어느 정도 가변적임을 알 수 있습니다. 곧 어떤 부분은 포함시키고 어떤 부분은 생략하고 어떤 내용은 알기 쉽게 풀어서 말하고 어떤 부분은 자세히 설명하는 등 다양한 요인들 때문에 분량에 차이가 있었습니다.

어떤 연구에 따르면 고대 중동 지방에서 신성한 전통을 다시 이야기하는 경우 내용의 10-40퍼센트 정도가 다음 단계로 넘어갈 때 차이를 보일 가능성이 있었다고 합니다. 그러나 항상 고칠 수 없는 고정된 부분이 있었습니다. 그리고 공동체는 이야기를 전하는 사람이 중요한 부분에서 틀릴 경우 중간에 끼어들어서 수정할 권리가 있었습니다."

"참 흥미롭군요." 그는 이 말을 하고 난 후 적절한 말을 찾기 위해 잠시 멈추었다. "10-40퍼센트는 어떤 본문에 대하여 공관복음서들이 서로 차이를 보여 주는 일관된 비율인데요. 우연의 일치라고 보기에는…."

교수는 뭔가를 암시하는 듯했다. 나는 그가 좀 더 명확히 설명해 주기를 바랐다. "정확히 무슨 말씀입니까?"

"그러니까 공관복음서에 보이는 많은 유사점과 차이점은 아마도 제자들과 초기의 그리스도인들이 예수의 말씀과 행적을 많이 기억했다가 나중에 원래의 가르침과 행적의 중요한 부분만 보존하면서 다양한 형식으로 자유롭게 이야기했기 때문에 발생했을 가능성이 많다는 말입니다."

그래도 과연 초기의 그리스도인들이 구전을 정확한 상태로 보존하는 능력이 있었는지 의심이 갔다. 어렸을 때 말의 세부 사항을 왜곡시켜 전달하는 게임을 했던 기억이 났다.

전화 놀이 같다는 비판에 대한 답변

아마 전화 놀이를 해 본 적이 있을 것이다. 한 아이가 귓속말로 옆에 있는 아이에게 속삭인다. 예를 들어 "너는 '절친'(best friend)이야." 그러면 둥글게 앉아 있는 아이들에게 이 말이 전달됩니다. 그래서 맨 마지막에 있는 사람에게 도착하면 내용이 크게 달라지기도 합니다. "너는 '잔인한 악마'(brutish fiend)야."

"솔직히 말해서." 교수에게 말했다. "예수에 관한 구전에도 이와 비슷한 일이 일어나지 않았을까요?"

"아니, 사실은 그렇지 않습니다. 왜 그런지 볼까요. 어떤 내용을 세심하게 기억한 후 올바로 이해할 때까지 다른 사람에게 전달하지 않으려고 조심한다면 방금 얘기하신 전화 놀이와는 상황이 매우 달라집니다.

전화 놀이는 내용을 제대로 이해하지 못했거나 처음부터 제대로 듣지 못했을 가능성이 있기 때문에 재미가 있어요. 그리고 듣는 사람도 내용을 반복해 달라고 부탁하지 않잖아요. 그런 상태에서 곧바로 다른 사람에게, 그것도 속삭이며 전달하죠. 그래서 다음 사람도 실수하며 망쳐버릴 가능성이 더 커지는 거죠. 그런 식으로 한 방에 있는 30명에게 그 내용이 전달되면 결과는 정말 엉뚱하게 나오게 마련입니다."

나는 다시 질문했다. "그렇다면 고대의 구전을 전달할 때도 같은 일이 일어나지 않을까요?"

교수는 커피를 한 모금 마신 후에 대답했다. "1세기의 공동체가 유지했던 '견제와 균형'의 관점에서 그 비유를 바라보도록 하죠. 당시에는 내용을 전달받은 세 번째 사람이 그 내용을 전해 준 첫 번째 사람에게 크고 분명한 목소리로 '제가 내용을 올바로 이해했습니까?'라고 물었을 것입니다. 그래서 그가 잘못되었다고 하면 내용을 바로잡아야만 합니다. 그 공동체는 전달한 내용을 지속적으로 감시하고 동일한 방향을 따라 수정하곤 했습니다. 그래서 메시지의 충실성을 보존하게 됩니다. 그 결과 유치한 전화 놀이와는 매우 다르게 나타납니다."

3. 성격 검사(Character Test)

이 검사는 저자가 진실한 성격의 소유자인지를 알아보기 위한 것이다. 역사를 정확하게 전달하려는 의지나 능력에 흠집을 낼 만한 부정직하거나 부도덕한 증거가 있는가를 판별하기 위한 것이다.

교수는 고개를 저었다. "저자들이 성실한 사람이 결코 아니었다고 암시할 만한 어떤 증거도 없습니다. 우리가 보건대 저자들은 자신들을 발탁한 사람의 말과 행동을 충실하게 보고하고 있습니다. 그런데 그 사람은 다른 어떤 종교보다 더 엄격한 성실성을 요구했습니다. 게다가 박해, 궁핍, 고난을 받았음에도 불구하고 자신들의 믿음을 끝까지 지키려는 강한 의지가 있었습니다. 그 점은 바로 그들이 지닌 위대한 인품을 보여 줍니다.[2] 정직과 진실성과 미덕과 도덕성을 논하자면 이들은 부러워할 정도의 인생을 살았습니다."

4. 일관성 검사(Consistency Test)

이제 무신론자들이 복음서가 실패했다고 비난하는 검사에 대해 살펴보겠다. 절망적이게도 복음서 상호간에 모순이 있지 않은가? 복음서의 다양한 설명에는 치명적인 불일치가 존재하지 않는가? 만약 그런 모순점이 있다면 어떻게 그들의 말을 신뢰할 수 있겠는가?

교수는 겉으로 보기에 일치하지 않는 점들이 복음서에 많이 있다는 사실을 인정했다. "그 범위는 표현의 사소한 차이에서부터 크게는 외관상의 차이 등 다양합니다. 제가 확신하는 바는 이렇습니다. 일단 지난번에 말씀드린 여러 가지 요인들 즉 알기 쉽게 바꾸어 말하기, 생략, 부연설명, 선택, 탈락 등을 참작한다면, 복음서는 고대의 기준으로 볼 때 상호간에 긴밀한 일관성을 이루고 있습니다. 물론 그 기준들은 복음서를 판단하는 데 공정한 것들이죠."

나는 중요한 점을 지적했다. "역설적인 얘긴데요, 만약 복음서의 모든 표현들이 똑같았다면 저자들끼리 공모해서 이야기를 사전에 조정했다는 비난을 받을 것이고, 저자들도 의심을 받았겠지요."

"옳은 지적입니다." 교수는 동의했다. "복음서가 지나치게 일관적이었다면 그 자체로 독립적인 증거로서 무효화될 수도 있습니다. 그런 경우에 사람들은 앵무새처럼 기계적으로 모방하는 하나의 증언만 존재한다고 말할 겁니다."

그때 순간적으로 마음속에 하버드 법대의 시몬 그린리프(Simon Greenleaf)의 말이 떠올랐다. 그는 바로 역사상 가장 유명한 법률가이며 증거에 관한 영향력 있는 논문의 저자이다. 그는 사복음서의 저자들 사이에서 보이는 일관성을 연구한 후에 다음과 같은 평가를 내렸다. "그들 사이에 사전의 합의 같은 것은 있을 수 없었음을 보여 주는 충분한 불일치가 있다. 그리고 동시에 그들 모두 같은 위대한 거래의 독립적인 내레이터였다는 것을 보여 줄 만큼 실질적인 합의는 있다."[3]

독일의 학자 한스 스티어(Hans Stier)는 고전 역사가의 관점에서, 기본적 자료가 일치하고 세부 사항에서 차이를 보인다는 것은 오히려 신빙성을 가졌다는 의미라는 데 동의했다. 왜냐하면 거짓으로 꾸민 이야기는 완전한 일관성과 조화를 갖추려는 경향이 있기 때문이다. 그는 다음과 같이 말했다. "모든 역사가들이 의심을 하는 순간은 바로 특별한 사건이 어떤 모순점도 없는 이야기의 형태로 보고될 때입니다."[4]

그 말은 사실이지만 복음서에서 보이는 겉으로 드러나는 모순 때문에 발생하는 어려운 문제점을 무시하고 싶지는 않았다. 그래서 이 문제를 좀 더 파고들고 싶었다. 무신론자들이 복음서를 신뢰할 수 없음을 보여 주는 예로서 제시하는 분명한 표면상의 모순점을 교수에게 들이대면서 압박했다.

일관성 오류에 대한 답변

나는 유명한 치유 사건에 관한 이야기를 시작했다. "마태복음에 보면 백부장이 하인을 고쳐 달라고 예수께 직접 부탁한 이야기가 나옵니다. 그러나 누가복음에는 그 백부장이 유대인의 장로 몇 명을 보냈다고 되어 있습니다. 명백한 오류 아닙니까?"

"저는 그렇게 생각하지 않아요. 이런 식으로 생각해 볼 수 있지요. 만약 '오늘 대통령이 다음과 같이 발표했습니다…'라는 뉴스 기사를 듣습니다. 그런데 사실은 그 연설문은 원고 작성자가 대신 작성한 것이고, 발표도 대통령 공보관이 한 것이죠. 그나마 다행이라면 대통령이 중간에 내용을 한 번 대강 보고 지나쳤을 수도 있죠. 그렇다고 아무도 그 방송이 잘못되었다고 비난하지 않잖아요. 그와 비슷하게 고대 세계에서도 어떤 행동이 사실은 하인이나 전갈을 통해 일어났더라도 종종 주인에게 일어난 일이라고 여기는 것은 충분히 이해할 만하다고 용인되었습니다. 특히 이 경우에는 유대인 장로들을 통해 이루어진 것뿐이죠."

"그래서 마태복음과 누가복음의 기록은 둘 다 옳다는 말씀인가요?"

"그렇죠. 제가 말하려던 바입니다."

또 다른 예를 제시했다. "마가복음과 누가복음에서는 예수가 거라사(Gerasa) 지방에서 귀신들을 돼지 떼에 들어가게 한 사건이 나오는데, 마태복음에는 그 사건이 가다라(Gadara) 지방에서 일어났다고 되어 있습니다. 사람들은 이것을 회복 불능의 명백한 모순이라고 지적합니다. 장소가 완전히 다른 두 곳이 언급되어 있으니까요."

교수는 빙그레 웃으며 말했다. "가능한 답변이 있습니다. 한 곳은 마을 이름이고 다른 곳은 지역 이름이었습니다."

그 설명은 약간 그럴듯하게 들렸다. 그런데 그는 이 논쟁이 야기한 실제적인 문제들을 피상적으로 대하는 듯했다.

"그 문제는 생각보다 복잡하답니다." 나는 계속 이어 나갔다. "거라사라는 마을은 갈릴리 호수 근처에는 없습니다. 그곳은 귀신들이 돼지 떼에게 들어간 후 그 돼지들이 몰살된 곳이잖아요."

"좋은 지적입니다. 하지만 한 마을의 유적이 갈릴리 호수의 동쪽 해안가 정확히 바로 그 지점에서 발굴되었습니다. 그 마을은 영어로 종종 '커사'(Khersa)라고 발음됩니다. 헬라어로 그대로 번역된 히브리 단어를 보면 '거라사'와 매우 유사하게 들렸을 겁니다. 그래서 그곳은 커사였을 가능성이 있으며 헬라어로는 가다라(Gadara) 지방에 있는 거라사였습니다."

"훌륭한 설명이군요." 나는 미소를 머금고 동의했다. "그 점에 대해서는 당신의 말에 기꺼이 동의합니다. 하지만 쉽지 않은 문제가 또 있습니다. 마태복음과 누가복음에 나오는 예수의 족보는 왜 다른가요? 무신론자들은 종종 그 부분을 정말 설명 불가한 모순이라고 지적하고 있습니다."

"그 문제는 다중 선택의 문제군요."

"구체적으로 예를 들어 주시겠습니까?"

"가장 일반적인 두 가지 접근법이 있는데요. 첫 번째 의견은 마태복음이 요셉의 혈통을 보여 준다는 입장입니다. 왜냐하면 마태복음의 서문은 요셉의 관점에서 진술되고 있고, 요셉은 양아버지로서 예수의 왕족 혈통을 추적할 경우 법적인 조상이었을 수도 있습니다. 이 문제는 마태복음의 중요한 주제입니다. 그리고 누가복음은 마리아의 혈통을 따라서 족보를 추적했을 것입니다. 마리아와 요셉의 조상은 둘 다 다윗이기 때문에 일단 과거를 거슬러 올라가면 두 혈통은 일치하게 됩니다.

또 다른 입장은, 두 족보는 모두 필요한 정당성을 부여하기 위해 요셉의 혈통을 반영하고 있다는 생각입니다. 그러나 하나는 누가복음에 나오는 요셉의 인간적 혈통이고, 다른 하나는 요셉의 법적인 혈통인데 그 둘은 그 가계의 혈통 중에 누군가가 직계 자손을 갖지 못한 지점에서 차이가 나게 됩니다. 그래서 구약의 다양한 관습에 따라서 법적인 상속인을 세워야만 했습니다.

몇 명의 이름이 생략되면 문제는 더 커집니다. 그렇지만 이름이 종종 빠지는 것은 고대의 기준으로 볼 때, 문제가 되지 않습니다. 또 본문이 차이가 날 수도 있습니다. 곧 한 언어에서 다른 언어로 번역될 때 이름이 종종 다른 철자를 가지게 되어 완전히 다른 사람의 이름과 쉽게 혼동이 되곤 했습니다."

교수는 자신의 논점을 충분히 입증했다. 적어도 몇 가지는 합리적인 설명이었다. 그의 설명이 완벽하지는 않았지만 적어도 복음서의 이야기를 합리적으로 조화시켰다.

대화를 '난처한 질문 게임'으로 만들고 싶지 않아서 계속 진행하기로 마음먹었다. 그러는 동안에 교수와 나는 한 가지 일치된 생각에 이르렀다. 곧 복음서에서 눈에 띄는 표면상의 모순을 해결하는 합리적인 방법이 있는지를 알아보는 최선의 통합적 접근법은 각각의 논점을 개별적으로 연구해야 한다는 점이었다. 복음서의 차이를 어떻게 조화롭게 설명할 것인가에 대해 철저히 그리고 때로는 아주 상세하게 조사한 권위 있는 책들이 이미 충분히 있다.[5]

교수는 말했다. "우리가 대부분의 텍스트에서 합리적인 판단을 내리고 신뢰할 수 있다고 판단했기 때문에, 세부 사항에 대해 확신이 서지 않을 때 기꺼이 의심해 볼 만하다고 단순히 말할 필요가 있습니다."

5. 편견 검사(Bias Test)

이 테스트는 복음서 저자들의 편견이 작품에 영향을 미쳤는지를 분석하기 위한 것이다. 그들에게 기록한 자료를 왜곡할 수 있는 기득권이 있었는가?

"우리는 저자들이 예수를 사랑했다는 사실을 과소평가해서는 안 됩니다"라고 나는 지적했다. "이런 점에서 그들은 중립적 관찰자들이 아니었죠. 그들은 헌신된 제자들이었잖아요. 그렇다면 예수를 보기에 그럴싸하게 포장하려는 속셈으로 사실을 변조할 가능성이 있지 않았을까요?"

"음, 그 생각에는 저도 동의합니다. 편견이 있다면 그렇게 할 수도 있죠. 그러나 다른 한편으로는 누군가를 매우 존경한다면 그의 일생을 굉장히 충실하게 기록하게 됩니다. 그런 방법이 아마도 그를 사랑한다는 표시가 되기 때문입니다. 복음서 저자들도 마찬가지로 이 경우에 해당된다고 생각합니다.

게다가 제자들은 비난과 추방과 순교 이외에는 얻은 게 추호도 없었습니다. 확실히 재정적인 이익도 전혀 없었죠. 만약 조그마한 이득이라도 챙겼다면, 입을 다물고 예수를 부인하거나 그를 경시하고 심지어 그를 만난 사실조차도 잊어버렸을 것입니다. 하지만 그들은 고난과 죽음을 무릅쓰고라도 자신들이 본 것을 선포했습니다."

6. 은폐 검사(Cover-up Test)

사람들은 자신이 본 사건을 증언할 때 종종 설명하기 어렵거나 당황스런 세부 사항을 자신의 편의대로 언급하지 않음으로써 자신이나 남을 보호하려는 경향이 있다. 그 결과 전체 증언의 진실성에 의심을 불러일으킨다.

나는 교수에게 물어보았다. "복음서 저자들이 기록하며 당황할 만한 자료는 없었습니까? 혹시 자신들을 좋게 보이게 하려고 내용을 감추지는 않았습니까? 설명하기에 불편하거나 어려운 내용을 담고 있지는 않나요?"

"사실은 그런 내용이 상당히 많습니다. 예수의 엄격한 가르침으로 일컫는 말들이 상당히 많습니다. 도덕적으로 큰 요구를 하는 말씀들도 있어요. 내가 만일 상상력을 발휘해서 종교를 하나 만든다면 하늘에 계신 내 아버지처럼 완전한 자가 되라든지 또는 마음속에 음욕을 품으면 이미 간음한 것이나 마찬가지라든지 하는 말은 하지 않았을 겁니다."

나는 다소 항의하듯이 말했다. "그렇지만 다른 종교에도 비슷하게 엄격한 요구를 하는 말이 있잖아요?"

"그렇습니다. 그래서 보다 설득력 있는 엄격한 말들은 교회가 예수에 관해 가르치고 싶었던 내용으로서는 당황스러운 것이었죠."

그 대답은 아리송한 것 같았다. 그래서 "몇 가지 예를 들어 주시겠습니까?"라고 말했다.

교수는 잠시 생각한 후에 말했다. "예를 들어 마가복음 6장 5절에서는 예수가 나사렛 지방 사람들이 자신을 불신했기 때문에 기적을 행하지 않았다고 합니다. 그런데 그 점은 예수의 능력을 제한하는 것처럼 보이죠. 또 마가복음 13장 32절에서 예수는 자신이 다시 올 날이나 시간을 모른다고 말했는데, 이 점 역시 그의 전지적 능력을 제한하는 것처럼 보입니다. 그런데 오늘날 신학적으로 이 진술을 다루는 데 아무런 문제가 없습니다. 왜냐하면 바울이 빌립보서 2장 5-8절에서 하나님이 그리스도 안에서 자신의 신성을 독립적으로 사용하는 것을 자발적, 의식적으로 제한한다고 말하고 있기 때문입니다.

하지만 제가 복음서의 역사를 마음대로 늘리거나 줄일 수 있다면 그와 같이 애매한 자료는 몽땅 빼 버리는 편이 훨씬 편리할 것입니다. 굳이 설명의 혼란을 자초할 필요가 없을 테니까요. 또 다른 예로 예수가 세례를 받은 사건이 있습니다. 죄가 없는 예수가 왜 세례를 받도록 허락했는지 설명할 수는 있어요. 하지만 왜 그런 내용을 전부 생략해서 일을 더 쉽게 만들지 않았을까요? 예수는 십자가상에서 '나의 하나님, 나의 하나님, 어찌하여 나를 버리셨나이까?'라고 외쳤습니다. 그 부분도 너무 많은 문제를 야기하기 때문에 빼 버렸다면 저자들에게 더 유리했을 겁니다."

"물론입니다. 제자들에 관해서도 혼란스런 자료들이 많이 있습니다" 라고 나는 덧붙였다.

"그렇고 말고요." 교수가 말했다. "마가는 상당히 일관되게 베드로를 바라보는 관점을 유지하고 있습니다. 그는 수제자입니다. 제자들은 반복해서 예수를 오해했어요. 야고보와 요한은 예수의 오른편과 왼편에 한 자리씩 차지하고 싶었지만 예수님은 그들에게 섬기는 종으로서의 지도자에 관한 교훈을 가르쳐 주셨죠. 그들은 번번히 이기적이고 자기중심적이고 어리석은 사람들처럼 보입니다.

우리는 이미 복음서 저자들이 내용을 선택적으로 기록했다는 사실을 알고 있습니다. 요한복음은 약간의 과장으로 끝을 맺습니다. 예수의 일을 다 기록한다면 이 세상에서 그 모든 정보들을 다루기에 부족하다고 말합니다. 그러므로 몇몇 내용을 생략했더라도 그 자체로서는 반드시 거짓으로 이야기를 꾸몄다고 볼 수는 없습니다.

하지만 핵심은 다음과 같습니다. 만약 저자들이 골치가 덜 아프고 도움이 될 만한 자료를 자유롭게 생략할 마음이 없었다면 과연 역사적인 편견이 전혀 없는 상태에서 노골적으로 어떤 자료를 첨가하거나 조작했다고 믿을 수 있을까요?"

교수는 자신의 질문에 대해 잠시 생각한 후에 확신 있게 결론을 내렸다. "아니라고 말할 수 있습니다."

7. 보강 증거 검사(Corroboration Test)

이 검사를 하기 위해 교수에게 다음과 같이 질문했다. "복음서에 언급되어 있는 사람들과 장소와 사건을 개별적으로 증명할 경우 정확한 것이라고 확인할 수 있습니까?" 그러한 진실을 뒷받침하기 위한 보강 증거는 종종 저자가 과연 정확성을 기했는가를 평가할 때 매우 가치가 있다.

"그렇습니다. 이 문제를 더 오래 조사할수록 세부 사항은 더욱 확증을 얻습니다. 지난 100년 동안 고고학은 복음서에 나오는 특정한 언급을 확인해 주는 증거들을 여러 차례 반복해서 발굴했습니다. 그것도 역설적으로 매우 의심을 받는 요한복음의 내용에 대해서 말이죠! 그렇지만 아직 해결하지 못한 문제들도 있어요. 몇몇 경우에는 고고학이 문제점을 새롭게 밝혀 낸 적도 있답니다. 그러나 그런 경우는 보강 증거의 수에 비하면 극소수에 불과합니다.

게다가 비기독교인의 자료에서도 예수의 생애에 설파했던 중요한 가르침과 사건을 확증시켜 주는 많은 사실을 발견할 수 있습니다. 그리고 고대의 역사가들이 대부분 정치 지도자나 황제, 왕, 군사 전쟁, 공적인 종교인, 주요한 철학적 동향 등을 다루었다는 사실을 고려할 때, 예수의 행적이 당시 역사가들이 기록하던 범주에서 벗어남에도 불구하고 예수와 제자들에 관한 기록이 그토록 많다는 점은 굉장히 놀랄 만한 일이지요."

교수의 말은 간결하고도 유익한 답변이었다. 그의 평가를 의심할 이유는 없었지만 이 논점에 관해 더 조사할 만한 가치가 있다고 결정했다. 그래서 펜을 집어 들고 취재 노트의 여백에 다음과 같이 적어 두었다. '고고학자와 역사가들로부터 전문적 의견을 들을 것!'

8. 반대 증인 검사(Adverse Witness Test)

이 검사는 다음과 같은 질문을 통해 이루어진다. 복음서의 내용이 왜곡되었거나 틀렸다면 반대하거나 수정할 만한 사람들이 있었는가? 다시 말해 예수와 동시대에 살았던 사람들 중에서 복음서의 내용이 명백히 틀렸다고 이의를 제기할 수준을 지닌 특정한 사람들이 있는가?

"당연히 많은 사람들이 이런 기독교 운동을 의심할 이유가 충분했기에, 그들이 역사를 더 잘 기술할 수 있었다면 그렇게 했을 겁니다"라고 교수는 말했다.

"하지만 반대 세력의 말을 들어 보세요. 이후에 나온 유대인의 글에는 예수가 이스라엘을 잘못 인도하여 타락시킨 마술사라고 기록되어 있습니다. 다시 말해 능력의 근원에 대해서는 논쟁을 벌이지만 그가 놀랄 만한 기적을 일으켰다는 사실 자체는 인정하는 셈이지요.

'그리스도인들은 예수가 기적을 일으켰다고 말할지 모르나 그는 기적을 만들지 않았다'라고 말할 수 있는 절호의 기회가 주어졌는데도 예수의 반대 세력들이 그런 말을 하는 것을 결코 들어본 적이 없다는 점이 중요합니다. 대신에 오히려 그들은 예수가 기적을 행했다는 복음서의 기록이 사실이라고 암묵적으로 인정하고 있답니다."

나는 이렇게 물었다. "만약 예수를 아는 사람들이 제자들이 예수의 행적을 과장하거나 왜곡시켰다는 사실을 알았다고 가정해 보죠. 그러면 이런 기독교 운동이 예수가 많은 사역을 하고 십자가에 못 박히고 매장되고 부활한 장소, 곧 예루살렘에 뿌리를 내렸을까요?"

"그렇지 않았겠지요." 교수가 대답했다. "우리는 초기에 박해를 받았던 매우 취약한 운동이 어떤 모습을 갖추었는지 알고 있습니다. 만약 비평가들이 그 운동이 거짓과 왜곡으로 가득 차 있다고 비난할 수 있었다면 그렇게 했을 것입니다."

그는 강조하면서 결론을 맺었다. "그러나 우리가 알고 있는 바에 의하면 그들은 그렇게 하지 않았습니다."

사실을 바탕으로 한 믿음

어쨌든 블롬버그 교수에게서 깊은 인상을 받았다고 고백해야겠다. 그는 지식을 구비하고 생각이 분명하며 학자답고 말솜씨가 조리 있는 사람이었다. 그는 복음서의 신뢰성을 지지하는 강력한 변론을 펼쳤다. 복음서의 전통적 저작권에 대한 증거와 예수에 관한 근본적 믿음이 발생했던 가장 초기 연대에 대한 분석, 구전의 정확성에 대한 합리적인 방어, 표면상의 모순점에 대한 신중한 검사 등 그의 모든 증언은 나의 주장을 확립할 수 있는 탄탄한 기초가 되었다.

그러나 예수가 유일한 하나님의 아들인지 결정하려면 아직도 갈 길이 멀다. 블롬버그 교수와 이야기를 나눈 후 다음에 해야 할 일이 명확해졌다. 곧 교수가 신뢰할 수 있다고 판단한 이 복음서가 수세기가 지난 후에는 믿을 만하게 전수되었느냐 하는 문제이다.

오늘날 읽는 본문이 1세기에 처음 기록된 내용과 유사점이 있다고 어떻게 확신할 수 있는가? 복음서가 예수에 관한 완전한 이야기를 기록하고 있다는 것을 어떻게 알 수 있는가?

나는 시계를 들여다보았다. 교통 상황이 순조롭다면 비행기를 타고 시카고로 돌아갈 수 있을 것 같았다. 그동안 기록한 취재 노트를 모으고 필기도구를 정리하면서 벽에 걸린 블롬버그 교수의 딸들의 그림을 한 번 더 쳐다보았다. 그런데 갑자기 그가 학자나 저자나 교수가 아니라 밤이면 딸들의 침대 곁에 앉아서 인생에서 중요한 이야기 보따리를 조용하게 풀어 주는 아버지라는 생각이 들었다. 그가 딸들한테 무슨 말을 해 주었을지 궁금했다. 성경과 하나님, 그리고 자신에 관해 담대한 주장을 펼친 이 예수에 관해서 어떤 말을 해 주었을까? 나는 참을 수 없어서 마지막 질문을 던졌다. "교수님 자신의 믿음에는 어떤 일이 일어났습니까? 모든 연구 결과가 개인적인 신앙에 어떤 영향을 미쳤습니까?"

그가 대답했다. "분명히 저의 믿음은 더욱 좋아졌습니다. 연구 결과 복음서 기록의 신뢰성에 대한 매우 강력한 증거가 있음을 알게 되었죠." 그는 잠시 말이 없다가 계속했다. "아시겠지만 참 역설적인 부분이 있습니다. 성경은 증거를 요구하지 않는 믿음이 훌륭하다고 합니다. 예수께서 의심하는 도마에게 어떻게 대답했는지 생각해 보세요. '너는 나를 본고로 믿느냐 보지 못하고 믿는 자들은 복되도다'라고 하셨어요. 증거를 가지고 억지로 믿음을 강요할 수 없다는 점을 압니다. 증거는 이와 같은 문제를 토론할 때 종종 그리스도인의 관심사가 되는 성령의 역할을 대체할 수는 없습니다. 하지만 이런 점을 말씀드려야겠군요. 처음에는 그리스도인이 아니었지만 연구를 통해 그리스도에 대한 믿음을 갖게 된 신약 분야 학자들이 많이 있습니다. 그리고 이미 신앙을 확립한 수많은 학자들도 증거 덕택에 믿음이 더 강해지고 견고해지고 더 튼튼한 기초를 쌓게 되었죠. 저도 그런 부류에 속합니다."

나도 처음에는 블룸버그 교수와 도마와 같은 부류에 속하는 사람이었다. 물론 나는 학자가 아니라 무신론자였고 구습 타파주의자였다. 그리고 자신을 길이요 진리요 생명이라고 주장한 이 예수에 관한 진실을 파헤쳐보려고 달려든 고집 센 기자였다. 나는 가방을 정리하고 일어나 교수에게 감사를 표했다. 다시 한 번 나의 영적인 탐구가 좋은 출발을 했다는 데 만족하며 집으로 돌아올 수 있었다.

Chapter 3

기록상의 증거

예수의 전기는
신뢰할 만한 상태로
보존되었는가

브루스 메츠거 교수와 인터뷰

나는 〈시카고 트리뷴〉지의 기자로서 마치 기록을 수색하는 쥐처럼 최선을 다해 각종 사건, 사고의 궁금증을 풀려고 노력했다. 다시 말해 법원 서류철을 뒤적거리고 짧은 뉴스도 놓치지 않으려고 무수한 시간을 보냈다. 그 일은 시간과 인내가 많이 필요했지만 충분히 의미있는 일이었다. 왜냐하면 정기적으로 일면 기사를 써야 하는 경쟁에서 특종 거리를 올릴 수 있었기 때문이다.

예를 들어, 한때 공문서 철 속에 무심코 끼워져 있던 일급비밀이 될 만한 대배심의 사본을 우연히 발견한 적이 있다. 나는 후속 신문 기사에서 주요한 고속도로 건설을 포함하여, 시카고에서 가장 큰 공공사업 계획 뒤에 감추어진 거대한 담합 입찰을 폭로했다.

그러나 지금까지 내가 잡은 특종 가운데 가장 놀랄 만한 문서는 다음의 획기적인 사건에서 나왔다. 곧 세 명의 십대 아이들이 소형 자동차 핀토(Pinto) 안에서 끔찍하게 죽음을 당한 사고로 포드 자동차 회사가 부주의한 살인죄로 기소된 사건이었다. 그 사건은 미국 회사가 소위 위험한 제품을 판매했다는 사실 때문에 기소된 첫 번째 사건이었다.

비슷한 사건이 인디애나 주에 있는 위나막(winamac)이란 조그마한 도시에서 법원 서류철을 조사했을 때도 있었다. 나는 어떤 차가 약 시속 30Km로 뒤에서 들이받았을 때 핀토가 폭발할 수 있다는 점을 자동차 회사가 이미 알고 있었다는 사실을 폭로하는 포드 회사의 비밀 메모 수십 개를 찾아냈다. 그 문서 기록을 보면, 회사는 차 한 대당 몇 달러라는 비용을 절약하고 짐 싣는 공간을 늘리기 위해 자동차의 안전 상태를 개선하지 않기로 결정했다는 것을 알 수 있었다.

포드 측 변호사는 우연히 법원 주변을 산책하다가 그 문서들을 찍고 있는 나를 발견했다. 그는 미친 듯이 법정 안으로 달려 들어가 그 서류철을 공적으로 열람하지 못하게 밀봉하도록 재판부에 요청했다. 그러나 이미 늦었다. "비밀 메모 발견, 포드가 핀토 폭발 위험 무시"라는 제목의 내 기사는 〈시카고 트리뷴〉 지에 보도되었고 순식간에 전국으로 퍼졌다.[1]

비밀 문서와 증명

법인 조직의 비밀 메모를 입수하는 것과 그 메모의 출처를 증명하는 일은 별개의 문제이다. 저널리스트가 기사 내용을 발표하거나, 검사가 재판에서 어떤 문서를 증거로 인정하려면 먼저 그 문서가 진짜인지 확인하는 과정이 필요하다.

핀토 서류를 예로 들면 그 서류에 기록된 포드의 회사명이나 주소 따위가 가짜일 가능성은 없는가? 서명은 위조된 것이 아닌가? 내용의 정확성을 확신할 수 있는가? 그리고 그 메모는 분명히 여러 차례 사진으로 복사되었는데, 내용이 함부로 변경되지 않았다는 것을 어떻게 알 수 있는가? 다시 말해, 복사된 개별 문서가 나에게 없었던 원래의 메모와 똑같다고 어떻게 장담할 수 있는가? 게다가 이 메모가 사건의 전부를 말해 준다고 보장할 수 있는가?

결국 그 메모는 포드 회사 내부 연락 문서의 일부에 지나지 않았다. 만약에 폭로할 경우 그 사건에 관해 완전히 다른 관점을 제시할 수 있는 다른 메모가 일반 사람들이 열람하지 못하도록 감추어져 있다면 어떻게 될 것인가? 이 중요한 질문들은 신약성경을 조사할 때도 매우 타당하다.

내 손에 성경책이 있다면 그것은 본질적으로 고대 역사를 기록한 복사본일 뿐이다. 마태복음, 마가복음, 누가복음, 요한복음과 같이 예수의 전기를 기록한 원본과 구약과 신약성경의 다른 책들은 오래전에 먼지가 되었다. 그렇다면 현대의 성경 번역본은 오랜 세월에 걸쳐 수없이 복사한 결과물인데 저자들이 본래 기록한 내용과 같다고 어떻게 확신할 수 있는가?

게다가 이 네 개의 전기가 어떻게 사건 전체를 기술한다고 말할 수 있는가? 묘사하는 예수의 모습이 초기 교회의 마음에 들지 않아서 검열하거나 삭제한 다른 전기가 있지는 않는가? 마침내 신약성경에 포함된 사복음서만큼 정확하고, 논쟁의 여지가 있는 나사렛 목수의 말과 행동을 밝힐 중요하고도 새로운 해명을 제시할 수 있는 다른 예수의 전기가 있었다고 가정한다면 혹시 교회의 정략적 이해 때문에 그것을 폐기하지 않았다고 확신할 수 있는가?

이 두 가지 문제, 곧 예수의 전기가 신뢰할 만한 상태로 지금까지 보존되어 왔느냐와 복음서만큼 정확한 다른 전기가 교회에 의해서 은폐되지 않았는가의 문제는 신중하게 고려할 만한 가치가 있다. 나는 이런 문제를 다루는 데 훌륭한 권위가 있는 학자가 있음을 알게 되었다. 그래서 비행기를 타고 뉴어크(Newark)로 가서 곧바로 그가 있는 프린스턴신학교로 차를 몰았다.

두 번째 인터뷰: 브루스 메츠거 교수

토요일 오후, 프린스턴신학교 도서관에서 84세의 브루스 메츠거(Bruce Metzger) 교수를 만났다. 그곳은 그에게는 집과 같은 곳이었다. 그는 미소를 지으며 "책 먼지를 털어 내는 게 좋아요"라고 말했다.

그는 신약성경 본문을 주제로 매우 훌륭한 책들을 썼다. 모두 합쳐서 50권의 책을 저술하고 편집했다. 그중에는 다음과 같은 책들이 있다. The New Testament: Its Background, Growth, and Content(신약성경의 배경, 성장, 그리고 내용), 《사본학》(The Text of the New Testament), The Canon of the New Testament(신약성경의 정경), Manuscripts of the Greek Bible(그리스어 성경의 원고), 《신약 그리스어 본문 주석》(Textual Commentary on the Greek New Testament), 《외경 입문》(Introduction to the Apocrypha), Oxford Companion to Bible(옥스포드 성경 지침서) 그리고 여러 권의 책이 독일어, 중국어, 일본어, 한국어, 마다가스카르어와 다른 언어로 번역되었다. 그는 또한 The New Oxford Annotated Bible with the Apocrypha(외경을 포함한 신 옥스퍼드 주석 성경)의 공저자이고 신학성경에 대한 25권 이상의 연속간행물을 출판한 편집장이기도 하다.

그는 프린스턴신학교에서 석사 학위를 받았고 프린스턴대학교에서 석사와 박사 학위를 받았다. 스코틀랜드의 세인트앤드루스대학교, 독일의 뮌스터대학교, 남아프리카의 포체프스트롬대학교를 포함한 5개의 대학에서 명예 박사 학위를 받았다.

1969년에는 영국 케임브리지대학의 틴데일 하우스에서 초빙 학자로 봉사했다. 1974년에는 케임브리지대학교의 클레어 홀에서 초빙 연구원으로 있었고, 1979년에는 옥스퍼드의 울프슨대학에서 연구했다. 현재는 46년간 신약성경을 가르쳐 온 프린스턴신학교의 명예 교수이다.[2]

그는 신개정표준번역성경위원회의 위원장이며 영국학사원의 통신연구원이다. 독일의 부에론수도원에 있는 고대라틴어협회 감사국에서도 봉사하고 있다. 뿐만 아니라 성경문학협회와 국제신약성경연구협회, 그리고 북미교부협회의 회장을 역임했다.

신약성경 본문에 관한 권위 있는 책들의 주석을 대강 훑어보면 그의 말이 여러 차례 인용되어 있음을 알 수 있다. 그의 책들은 세계 도처에 있는 대학의 필수 교재이며, 광범위한 신학적 신념을 지닌 많은 학자들로부터 깊은 존경을 받고 있다.

여러 면에서 볼 때, 1914년생인 교수는 한 세대 이전의 사람같아 보인다. 그는 최근에는 보기 힘든 오래된 차를 타고 다녔다. 어두운 회색 양복에 푸른색 페이즐리 무늬(깃털이 휘어진 모양의 무늬)의 넥타이를 매고 있었다. 그는 항상 어디든 그런 차림으로 다닌다. 백발은 단정하게 빗겨져 있고 밝고 영리하고 민첩한 눈에는 무테 안경을 쓰고 있다. 지금은 옛날보다 느려졌지만 계단을 오르는 데도 어려움이 없었다. 그는 2층에 있는 약간 어둡고 꾸미지 않은 사무실에서 연구를 수행한다. 게다가 그는 유머 감각을 잃지 않았다. 그는 개혁표준역성경위원회의 위원장으로서 물려받았던 작은 상자를 보여 주었다. 상자를 열자 1952년 어느 근본주의 설교자가 항의를 하면서 횃불에 태워 버린 RSV(개혁표준역, Reyised Standard Bible Version) 성경의 재가 들어 있었다.

"그는 아마 킹제임스(KJV) 성경 번역본에서 히브리서 1장 9절의 '동류'(fellows)를 '동지'(comrades)로 바꾼 것이 마음에 들지 않는 것 같았어요." 메츠거 교수는 빙그레 웃으며 말했다. "그는 성경위원들을 공산주의자로 고발했어요!"

교수의 말투는 때로 주저하는 듯하고, '정말 그렇군요' 같은 독특한 표현을 사용하는 경향이 있었다. 하지만 그는 신약성경학의 지도자급 인물이다. 내가 몇 가지 통계에 대해 물어보았을 때 그는 신약성경에 관해 쓴 오래된 책에서 자료를 찾지 않았다. 그는 끊임없이 연구하며 가장 최신의 자료를 가지고 있었다. 그는 명석해서 사람과 장소에 관한 세부 사항을 기억하는 데 전혀 어려움이 없었다. 또한 신약성경의 전문가들이 벌이는 모든 시사적 논쟁도 잘 알고 있었다.

그의 연구실은 감방 크기 정도였는데, 창문이 없고 관례적으로 회색으로 칠해져 있다. 또 두 개의 나무 의자가 있었다. 그는 나에게 더 편한 의자를 권했다. 매우 친절하고 대단히 겸손하며 자기를 내세우지 않는 모습이 매력적이었다. 나도 나이가 들면 그처럼 부드러운 고상함을 가졌으면 좋겠다고 생각할 정도로 온화한 성품의 소유자였다.

우리는 잠시 소개하는 시간을 가진 후 내가 물어보고 싶었던 첫 번째 문제로 화제를 돌렸다. 곧 예수의 전기가 신뢰할 만한 방법으로 우리에게 전해졌다는 것을 어떻게 확신할 수 있는가에 대한 질문이었다.

사본의, 사본의, 사본

메츠거 교수에게 말했다. "정직하게 말씀드리면요, 신약성경의 원본이 남아 있지 않다는 것을 처음 알았을 때 매우 회의적이었습니다. 지금 우리에게 사본의, 사본의, 사본들밖에 없다면 현재의 신약성경이 처음 기록된 내용과 유사성을 지닌다고 어떻게 확신할 수 있을까요? 이 점에 대해 어떻게 생각하십니까?"

"이 점은 성경에만 해당되는 문제가 아닙니다. 고대로부터 전해 내려온 다른 문서들에 관해서도 제기할 수 있는 질문입니다." 그는 대답했다. "그러나 특히 고대의 다른 기록과 비교해 볼 때 신약성경의 장점은 전례가 없을 정도로 사본이 많이 남아 있다는 사실입니다."

"그 점이 왜 중요합니까?" 나는 물어보았다.

"글쎄요, 서로 일치하는 사본들이 많을수록, 특히 그것들이 서로 다른 지리적 장소에서 발견된 것이라면, 사본들끼리 더 많이 교차 검토함으로써 본래 문서가 어떤 내용을 갖추고 있었는지 확인할 수 있습니다. 사본이 일치를 보이는 유일한 방식은 원고의 족보를 나타내는 가계도상에서 족보상 다시 돌아가는 지점입니다."

"좋습니다. 다양한 장소에서 많은 사본들이 나왔다는 점은 유익한 증거가 될 수 있겠군요. 그러나 문서의 기록 연도에 관한 문제는 어떻게 생각하십니까? 확실히 그 점도 중요한 문제가 아닙니까?"라고 나는 말했다.

"그렇고말고요." 그는 대답했다. "이 점 또한 신약성경에 유리하게 작용하는 부분입니다. 다시 말해 성경은 원본 기록 후 몇 세대 이내에 기록된 사본들이 많이 있어요. 반면, 다른 고대의 본문은 원본과 현존하는 가장 초기의 사본 사이에 5-8세기, 혹은 10세기 가량의 시간 차이가 있습니다.

헬라어로 쓰인 원고 외에도 비교적 이른 시기에 라틴어, 시리아어, 콥트어와 같이 다른 언어로 번역된 성경들이 많이 있지요. 게다가 아르메니와 고트어로 번역된, 약간 나중에 만들어진 2차 번역본이라 불리는 성경도 있습니다. 그리고 그루지야어와 에티오피아어로 번역된 성경들도 많이 있답니다."

"그 점이 어떤 도움이 되죠?" 나는 다시 물었다.

"오늘날 헬라어 사본이 없다고 하더라도 비교적 이른 시기에 쓰인 이런 번역본으로부터 정보를 조금씩 모아 보면 신약성경의 내용을 사실상 재구성할 수 있기 때문에 도움이 됩니다. 게다가 헬라어 사본과 이른 시기의 번역본을 모두 잃어버린다고 해도 초기 교부들의 주석과 설교와 편지 등의 다양한 인용문에서 신약성경의 내용을 재생할 수 있습니다."

그의 말은 인상적인 것처럼 보였지만 이 증거만 따로 분리해서 판단하는 일은 매우 어려웠다. 신약성경의 특이성을 더 잘 이해하기 위해서는 다른 문맥이 필요했다. 나는 신약성경을 고대의 다른 유명한 작품들과 어떻게 비교해 볼 수 있을지 궁금해졌다.

산더미같이 많은 사본들

"상당히 많은 사본들이 있다고 얘기하시는데, 학자들이 일반적으로 신뢰할 만하다고 인정하는 다른 고대의 책들과 어떤 차이점이 있습니까? 예를 들어 예수와 거의 동시대에 기록된 저자의 작품을 예로 들어 주시면 좋겠습니다"라고 나는 물었다.

그는 그 질문을 기다렸다는 듯이 손으로 쓴 노트를 가져왔다. "AD 116년경 *Annals of Imperial Rome*(로마 제국의 역사)를 쓴 로마의 역사가 타키투스에 대해 살펴보도록 하죠." 그는 말을 시작했다. "그가 쓴 첫 6권의 책은 오늘날 사본이 하나밖에 없는데, 그 사본은 AD 850년경에 복사되었습니다. 11권부터 16권까지는 11세기경 쓰였다는 다른 사본이 있어요. 7권부터 10권까지는 분실되었습니다. 그래서 타키투스가 정보를 수집해서 기록한 시기와 지금 현존하는 사본 사이에는 현격한 시기상의 차이가 있는 거죠.

1세기의 역사가 요세푸스가 쓴 *The Jewish War*(유대인의 전쟁)은 9개의 헬라어 사본이 있습니다. 이 사본들은 10세기, 11세기, 12세기에 쓰였습니다. 4세기에 라틴어로 번역된 기록물이 있고 11세기나 12세기경으로 보이는 중세 러시아 사본들도 있습니다."

그런 고대의 작품들을 현대 세계와 연결시켜 주는 사본들의 끈이 너무 빈약할 정도로 적다는 점에 놀랐다. 나는 이어 질문을 했다. "그와 비교해 볼 때 현존하는 신약성경의 헬라어 사본들은 얼마나 됩니까?"

교수의 눈이 휘둥그레졌다. "오천개 이상의 목록이 있습니다." 그는 목소리를 한 옥타브 올리며 정열적으로 말했다.[3] 그 양을 비교해 볼 때, 타키투스와 요세푸스의 사본들이 개미집과 같았다면 신약성경의 사본은 가히 산더미처럼 많았다! "그 정도면 고대 세계에서는 정말 특별한 것 아닙니까? 신약성경 다음으로 많은 사본을 가진 기록이 무엇인지 아세요? 그것은 호머의 《일리아드》(Iliad)인데 고대 희랍인들에게는 성경과 같은 책이었습니다. 오늘날 그 책의 헬라어 사본은 650개에 조금 못 미치지요. 어떤 사본들은 단편적으로 수집되어 있습니다. 그 사본들은 AD 2세기와 3세기를 거쳐 오늘에 이르렀죠. 호머가 그 서사시를 BC 800년경에 썼다고 볼 때 굉장히 오랜 시간의 간격이 있는 셈이죠."

오히려 '오랜 시간'이란 표현은 상당히 줄여서 말한 것이었다. 그 간격이 무려 1천년이었으니까! 감히 비교할 수 없는 긴 시간이었다. 현대의 학자들이 진짜라고 여기는 데 주저하지 않는 고대의 다른 기록들과 나란히 놓고 보았을 때도 신약성경 사본상의 증거는 가히 압도적으로 확실했다.

신약성경의 사본에 대한 호기심이 더 커졌기 때문에 그에게 좀 더 설명해 달라고 부탁했다. "가장 초기의 것은 파피루스 조각입니다. 그것은 바로 이집트의 나일강 삼각주의 습지에서 자란 파피루스라는 식물로 만든 용지입니다. 지금은 99개의 파피루스 조각들이 있는데, 그 안에는 한 구절 또는 그 이상의 신약 본문이나 몇몇 신약성경이 포함되어 있습니다.

현재 드러난 것 중에서 가장 중요한 사본은 1930년경 발견된 체스터 베티 성경 파피루스 사본입니다. 이 중에서 베티 성경 파피루스 1번에는 사복음서의 일부와 사도행전이 포함되어 있는데 3세기경에 베낀 것으로 보입니다. 파피루스 2번에는 바울의 8개의 편지 가운데 많은 부분과 히브리서의 일부가 포함되어 있는데 200년경 기록되었습니다. 파피루스 3번은 3세기쯤으로 거슬러 올라가는데 꽤 많은 양의 요한계시록이 수록되어 있습니다.

또 다른 중요한 파피루스 사본은 스위스의 서적 수집가 마르틴 보드머(Martin Bodmer)가 구입했습니다. 그중 가장 초기의 사본은 200년경의 작품으로 요한복음의 3분의 2가량이 포함되어 있습니다. 3세기경의 다른 파피루스 사본에는 누가복음과 요한복음의 일부가 담겨져 있죠."

이 지점에서 볼 때 예수의 전기를 기록한 시기와 가장 초기의 사본이 만들어진 시기 사이의 간격은 현저히 좁았다. 현재 가장 오래된 사본은 무엇인가? 시간적으로 볼 때 전문가들이 '자필로 쓴 것'이라고 부르는 원래의 기록과 얼마나 가까이 갈 수 있는가 하는 점이 궁금했다.

역사를 바꾼 사본

"전체 신약성경 가운데 오늘날 소유하고 있는 가장 초기의 것은 어떤 것입니까?"

교수는 주저하지 않고 말했다. "그것은 요한복음 18장부터의 내용을 포함하는 사본입니다. 그 사본에는 5개의 구절이 있는데 한쪽에 세 개, 다른 쪽에 두 개가 있습니다. 크기는 6.4X8.9센티미터입니다."

"어떻게 발견되었나요?"

"1920년에 이집트에서 발견된 것입니다. 비슷한 파피루스 사본 조각들 사이에 묻혀 수년 동안 발견되지 않은 채 있었죠. 1934년 옥스퍼드의 성요한대학의 로버츠(C. H. Roberts)가 영국의 맨체스터에 있는 존 라일랜즈(John Rylands) 도서관에서 파피루스 사본을 분류하고 있었습니다. 그는 즉시 이 사본이 요한복음의 일부를 그대로 보존하고 있다는 것을 알아차렸습니다. 초본의 필체를 보고 기록 연대를 짐작할 수 있었던 거죠.”

“그때 그는 어떤 결론을 내렸죠? 기록 연대가 언제쯤으로 나왔나요?”

“AD 100년에서 150년대 사이의 사본이라고 결론지었어요. 프레데릭 케넌(Frederic Kenyon) 경과 헤롤드 벨(Harold Bell) 경, 아돌프 다이스만(Adolf Deissmann), 윌리엄 해치(William H.P. Hatch), 울리히 윌켄(Ulrich Wilcken)을 포함한 많은 뛰어난 고문서 학자들이 그의 평가에 동의했습니다. 다이스만은 그 사본의 기록 연대가 적어도 하드리아누스 황제의 통치 시기인 AD 117-138년이나 트라야누스 황제의 통치 시기인 AD 98-117년까지 거슬러 올라간다고 확신했습니다.”

그것은 위대한 발견이었다. 19세기 독일의 회의론자들은 네 번째 복음서가 적어도 160년경까지는 기록조차 되지 않았다고 강력히 주장하고 있었다. 곧 그 시기는 예수의 일생에 일어난 사건들과 시간상 너무 떨어져 있기에 역사적인 효용이 크지 않다는 점을 지적했던 것이다. 그들은 여러 세대에 걸쳐 학자들에게 영향을 미쳤기 때문에 결과적으로 이 복음서의 신뢰성을 조롱하도록 만들었다.

“이 점은 확실히 그런 의견을 꼼짝 못하게 만드는군요”라고 나는 언급했다.

“그렇습니다. 우리에게는 초기에 쓰인 요한복음의 사본이 있습니다. 그것은 그 복음서가 처음 기록되었을 소아시아의 에베소에서 멀리 떨어진 이집트의 나일 강변에 위치한 마을 부근에서 발견되었죠.”

이 발견은 역사에 대한 일반적인 관점을 다시 쓰게 만들었다. 또한 요한복음의 기록 시기를 예수가 이 땅을 거닐었던 시대에 훨씬 가까이 다가가게 했다. 나는 이 네 번째 복음서에 대한 증거를 강화시키는 증거들이 또 있는지 고고학자들과 같이 확인해 보리라 마음먹었다.

풍부한 증거

파피루스 사본들이 신약성경의 가장 초기 사본들을 보여 주지만 소, 양, 염소, 영양의 가죽으로 만든 양피지 위에 기록한 다른 사본들도 있다.

"소위 언셜(uncial) 사본이라는 것도 있습니다. 모두 헬라어의 대문자로 쓰인 것이죠." 교수는 설명했다. "오늘날 이런 사본은 306개가 있는데 그중 몇 개는 기록 연대가 3세기까지 거슬러 올라갑니다. 가장 중요한 사본으로는 유일하게 신약성경 전체가 언셜 자체로 기록된 시내산 사본과 신약 전체가 아닌 일부분만 담고 있는 바티칸 사본이 있습니다. 둘 다 AD 350년경 기록이지요.

대략 AD 800년경에는 보다 흘림체의 성격을 띤 새로운 문체가 등장했습니다. 그것은 소문자체라고 부르는데 그 문체로 된 사본은 2,856개 있습니다. 그리고 그해에 적절한 때 초기 교회에서 읽은 순서대로 신약성경을 포함하고 있는 성구집도 있습니다. 총 2,403개입니다. 이 두 종류를 모두 합치면 총 5,664개의 헬라어 사본이 있는 셈입니다."

헬라어 문서 이외에도 다른 언어로 된 수천 개의 고대 신약성경 사본이 있다고 그는 말했다. 라틴어 벌게이트(Vulgate) 사본이 8천 개에서 1만 개에 이르고, 에티오피아어, 슬라브어, 아르메니아어 사본이 총 8천 개가 된다. 모두 합쳐 약 2만 4천 개의 사본이 현존하고 있는 셈이다.

"교수님의 생각은 어떻습니까?" 나는 그의 말을 분명히 확인하고 싶어서 물었다.

"사본이 다수라는 점과 원본과 최초의 사본의 기록 시간의 차이가 적다는 관점에서 신약성경을 고대의 다른 유명한 작품들과 비교하면 어느 쪽이 나을까요?"

"신약성경이 훨씬 뛰어나죠. 특히 고대의 다른 문학 작품들과 비교해 볼 때 신약성경의 자료가 더 충실하게 전해 내려왔다고 자신 있게 말할 수 있습니다."

그 결론은 전 세계의 저명한 학자들도 공감하는 바이다. 지금은 고인이 된 F. F. 브루스(Bruce)는 영국의 맨체스터대학 교수이자 《신약성경, 신뢰할 만한가?》(New Testament: Are They Reliable?)의 저자로서 다음과 같이 말했다. "세계 고대 문학 중에서 신약성경만큼이나 본문에 대한 증거를 풍부하게 확보한 책은 없다."[4]

메츠거 교수는 전(前) 대영 박물관 관장이자 The Palaeography of Greek Papyri(헬라어 파피루스 사본의 고문서학) 저자인 프레데릭 케년(Frederic Kenyon) 경을 언급한 바 있다. 케년은 "책의 기록 시기와 가장 초기 사본의 기록 시기 사이의 시간 간격이 신약성경만큼 짧은 경우는 없다"라고 말했다.[5]

그가 내린 결론은 다음과 같다. "성경이 기록될 당시만큼이나 견고하게 전해 내려왔다는 데 의심을 품을 마지막 근거가 이제는 완전히 제거되었습니다."[6]

그러나 다양한 사본들 사이에서 발견되는 모순점은 어떻게 바라볼 것인가? 요즘같이 전광석화처럼 빠른 속도를 지닌 사진 복제 기계가 없던 그 당시에는 서기관들이 글자 하나, 단어 하나, 줄 하나까지도 손으로 힘들게 필사하면서 사본을 만들었는데 그 과정에서 오류를 범하기 십상이었다. 그래서 나는 이러한 과정에서 나타난 실수 때문에 우리가 가지고 있는 현대 성경이 돌이킬 수 없을 정도로 부정확한 오류투성이가 되지 않았는가에 대해 초점을 맞춰 질문했다.

사소한 오류가 덮을 수 없는 진리

"헬라어 철자가 기록되는 방식의 유사성과 서기관들이 작업하는 원시적인 환경으로 인해, 필사하는 가운데 오류가 발생할 가능성은 피할 수 없어 보이는데요"라고 나는 말했다.

"그렇고 말고요." 교수는 동의했다.

"그렇다면 현존하는 고대 사본들 간에는 수만 개의 차이가 있지 않습니까?"

"그렇고 말고요."

"그렇다면 사본을 신뢰할 수 없다는 말이 아닙니까?" 나는 질문하는 어조라기보다는 다소 비난하는 투로 말했다.

"그렇지는 않아요." 교수는 단호하게 대답했다. "먼저 이 점을 말씀드려야겠군요. 안경은 1373년 베니스에서 발명되었습니다. 그런데 고대 서기관들 중에는 난시가 있는 사람도 있었습니다. 잉크 자국이 벗겨져 나간 희미한 사본을 읽는 일이 힘든 일이었다는 것도 사실입니다. 게다가 다른 위험성도 있었죠. 예를 들면 서기관들의 부주의함 같은 요소입니다. 그래서 대부분의 서기관들이 꼼꼼하게 주의를 기울였다 하더라도 알게 모르게 오류가 발생했습니다."

그리고는 재빨리 덧붙였다. "하지만 그런 생각을 반박할 만한 여러 가지 요인들이 있습니다. 예를 들면, 서기관들은 때로 자신의 기억력 때문에 혼란을 일으켰습니다. 종종 본문을 먼저 본 후에 단어를 써 내려가는 사이에 말의 순서가 뒤바뀌는 경우가 있었습니다. 각각의 단어는 정확히 기록하지만 배열 순서가 잘못될 가능성이 있다는 말입니다. 그렇지만 이 점에 대해 놀랄 필요가 없습니다. 왜냐하면 헬라어는 영어와 달리 굴절어에 속하기 때문입니다."

"그 말은 무슨 뜻이죠?" 나는 그를 재촉했다.

"영어에서는 '개가 사람을 문다'(Dog bites man)라고 말하는 것과 '사람이 개를 문다'(Man bites dog)라고 말하는 것 사이에는 의미상 엄청난 차이가 있습니다. 영어는 배열 순서가 중요하기 때문이죠. 하지만 헬라어는 그렇지 않습니다. 한 단어는 문장의 배열 순서 상에서 어디에 위치하는가에 상관없이 문장의 주어로서 기능을 수행합니다. 따라서 단어가 원래의 순서대로 배열되어 있지 않다고 해도 문장의 의미는 변하지 않습니다. 사본들 사이에 약간의 차이가 있다는 점은 사실입니다. 그러나 일반적으로 보면 별로 중요하지 않은 차이입니다. 철자의 차이도 그와 같은 또 다른 예가 될 수 있죠."

"그 수는 큰 것처럼 보이지만 차이점을 계산하는 방법 때문에 약간의 오해가 있습니다." 그는 2천 개의 사본에서 한 단어만 철자가 달라도 2천 개의 차이점으로 계산한다고 설명해 주었다.[7] 나는 가장 중요한 문제에 초점을 맞추었다. "사본에 나타나는 차이 때문에 위기에 처한 교회의 교리는 얼마나 됩니까?"

"제가 알기로는 어떤 교리도 위험에 빠진 경우는 없습니다." 그는 확신 있게 대답했다.

"없다고요?"

"그렇습니다." 그는 반복했다. "여호와의증인이 문 앞에 와서 종종 이렇게 말하죠. '당신이 가지고 있는 킹제임스 성경의 요한일서 5장 7-8절,

'아버지와 말씀과 성령이라: 이 셋은 하나니라'(the Father, the Word, and the Holy Ghost: and these three are one)라고 되어 있는 부분은 잘못되었어요. 가장 초기의 사본에는 없는 내용이거든요.' 물론 맞는 말입니다. 생각건대 이 말들은 7개 내지 8개의 사본에서만 포함되었는데 모두 15세기나 16세기경에 기록된 것이죠. 요한일서의 저자가 원래 영감을 받아서 쓰려고 했던 내용이 아니라는 것을 인정합니다. 그러나 그 점 때문에 성경에 있는 삼위일체 교리의 확실한 증거가 없어지지는 않습니다. 예수께서 세례를 받을 때 하나님 아버지가 말씀하시고, 그의 사랑하는 아들은 세례를 받고, 동시에 성령이 그에게 임했습니다. 고린도후서 끝부분에서 바울은 '주 예수 그리스도의 은혜와 하나님의 사랑과 성령의 교통하심이 너희 무리와 함께 있을지어다'라고 말하고 있습니다. 그밖에도 많은 부분에서 삼위일체 교리가 나타납니다."

"그렇다면 사본들에서 보이는 차이점은 본질적인 것이라기보다는 사소한 문제라는 것입니까?"

"맞습니다. 학자들은 원문의 의미를 찾아서 그 문제를 해결하려고 매우 신중하게 노력합니다. 보다 중요한 차이가 있다고 해도 교회의 어떤 교리도 뒤엎을 정도는 아니죠. 좋은 성경책이라면 독자에게 영향을 미칠 만한 해석에 대해 경고하는 주석이 덧붙여져 있습니다. 그러나 다시 말하자면 이런 경우는 드물어요."

그러나 신약성경이 최고의 신뢰도를 유지하면서 역사를 통해 전수되었다는 점이 사실이라 할지라도 현재의 신약성경이 전체의 모습을 담고 있다는 것은 어떻게 알 수 있는가?

교회 회의가 그 속에 표현된 예수의 모습이 마음에 들지 않아서 동일하게 합법적인 지위를 가진 문서들을 없애 버렸다는 주장은 일리가 있지 않는가? 27권으로 된 신약성경이 가장 뛰어나고 신뢰할 만한 정보를 제시한다는 사실을 어떻게 아는가? 왜 우리가 가진 성경책에는 마태복음, 마가복음, 누가복음, 요한복음은 있는데, 고대의 다른 복음서들 예를 들어 빌립복음, 이집트복음, 진리의 복음, 마리아탄생복음은 빠져 있는가?

이제 정경(canon)의 문제를 살펴볼 때가 되었다. 이것은 헬라어로 '규칙', '규범', '표준'을 의미하는 단어에서 나왔으며 오늘날 교회 안에서 공식적으로 인정되어 신약성경 안에 포함된 책들을 가리키는 용어이다.[8] 교수는 그 분야에서 최고의 권위를 가진 사람으로 알려져 있다.

높은 수준의 일치

"초대 교회의 지도자들은 권위 있는 책과 버려야 할 책을 어떻게 결정했습니까?"라고 교수에게 질문했다. "신약성경에 어떤 책을 포함할지 결정할 때 세운 기준은 무엇입니까?"

"기본적으로 세 가지의 기준이 있었습니다." 그는 말했다. "첫째, 그 책들은 사도의 권위가 있어야 합니다. 기록 내용을 목격한 사도들이 직접 썼거나 사도들의 제자들이 썼습니다. 그래서 마가와 누가는 열두 제자가 아니었지만 초기 전승에 의하면 마가는 베드로의 협력자였고 누가는 바울의 동료였습니다. 둘째, 소위 신앙의 규범이라고 부르는 내용에 어느 정도 일치하는가에 달렸습니다. 그 문서가 교회가 규범이라고 간주하는 기본적인 기독교 전통과 일치하는가의 문제였습니다. 셋째, 어떤 문서가 당시 교회에 의해 일반적으로 계속 받아들여져 사용되고 있는가와 관련된 기준입니다."

"그렇다면 단지 그 기준만 적용하면 결과야 어찌 되었든 상관없단 말입니까?"라고 나는 물어보았다.

"글쎄요. 이 기준들만 가지고 기계적인 방법으로 적용했다고 말하는 것은 정확하다고 볼 수 없을 것입니다. 분명히 어떤 기준을 더 중요하게 다루어야 할지에 관해 다른 의견들이 있었죠. 하지만 주목할 것은 심지어 정경의 부차적인 측면이 잠시 동안 해결되지 않은 상태로 남아 있었다고 해도, 사실은 처음 2세기 동안은 대부분의 신약성경에 대해 상당히 수준 높은 일치가 있었습니다. 그리고 넓은 지역에 흩어져 있었던 다양한 교회의 성도들 사이에서도 이 점은 사실이었습니다."

"그래서 오늘날 신약성경에 있는 사복음서는 이 기준을 만족시키지만 다른 것들은 그렇지 않았다는 말인가요?"라고 물었다.

"그렇습니다. 이런 식으로 설명하자면 그건 '적자생존'의 한 예라고 할 수 있죠. 아서 다비 노크(Arthur Darby Nock)는 하버드대학에서 학생들에게 정경에 대해 다음과 같은 말을 하곤 했습니다. '유럽에서 가장 많이 이용하는 여행로가 가장 좋은 길입니다.' 그것은 좋은 비유이죠. 영국의 주석가 윌리엄 바클레이(William Barclay)는 그 점을 이렇게 표현했어요. '신약성경의 책들이 정경이 된 이유이자 단순한 진리는 아무도 그렇게 되는 것을 막을 수 없었기 때문이다.'

기독교 역사나 교리의 중요성이라는 관점에서 볼 때, 신약성경에 맞먹는 고대의 책은 없다고 확신할 수 있습니다. 정경의 초기 역사를 연구해 보면 신약성경에 예수의 역사에 대한 가장 좋은 자료가 포함되어 있다고 확신하게 됩니다. 정경의 범위를 판별한 사람들은 그리스도의 복음에 대해 분명하고도 균형 잡힌 시각을 소유하고 있었습니다.

직접 다른 문서들을 읽어 보세요. 사복음서보다 나중에 쓰인 것들인데 2세기, 3세기, 4세기, 5세기, 심지어는 예수가 죽은 지 오랜 시간이 지난 후인 6세기에 쓰인 것도 있습니다. 그 기록들은 일반적으로 매우 평범한 내용을 담고 있죠. 이름도 베드로복음(the Gospel of Peter)이나 마리아복음(the Gospel of Mary)이지만 실제 저작권과는 관계가 없죠. 반면 신약성경에 있는 사복음서에 담긴 이야기의 진실성은 놀랄 만한 동의를 얻었고 기꺼이 받아들여졌습니다."

그러나 널리 알려진 예수세미나(Jesus Seminar-1985년에 설립된 약 200여명에 달하는 연구 모임으로 성서비평학 분야에서 활동하는 연구 그룹 중 하나)에서 두드러진 활동을 하는 몇몇 자유주의 학자들은 도마복음(The Gospel of Thomas)이 전통적인 사복음서와 같은 성경적 지위를 가져야 한다고 주장한다. 이 신비의 복음이 교회 안의 정치적 싸움 때문에 희생되어 마침내는 인기 없는 교리라는 구실을 삼아 제외되지는 않았는가? 나는 이 점에 대해 교수에게 더 자세히 물어보는 게 좋겠다고 생각했다.

예수의 비밀 어록

"교수님, 1945년 이집트에서 발견된 나그 하마디(Nag Hammadi) 문서 중 하나인 도마복음에는 '도마(Didymus Judas Thomas)가 예수가 살아 있는 동안 말한 내용을 기록해 둔 신비의 말씀'이 포함되어 있다는 주장이 있는데, 교회가 도마복음을 제외한 이유는 무엇입니까?"

교수는 그 작품에 대해 철저히 알고 있었다. "도마복음은 콥트어로 된 5세기 사본으로 드러났습니다. 제가 영어로 번역했답니다." 그는 말했다. "예수의 말씀 114개가 있고 예수의 행적에 대한 이야기는 없습니다. 아마도 AD 140년경 시리아에서 헬라어로 기록된 것으로 보입니다.[9] 몇몇 경우에 이 복음은 예수의 말씀을 정확하게 보고하고 있지만 약간 변형된 내용도 있는 것 같습니다."

그것은 흥미로운 말이었다. 그래서 "좀 더 자세히 설명해 주세요"라고 말했다.

"예를 들어 도마복음에서 예수는 '높은 언덕 위에 세운 도시는 감출 수 없다'라고 말씀합니다. 이 부분에서 '높은'이란 형용사가 첨가되어 있고 나머지는 마태복음과 똑같습니다. 그리고 '가이사의 것은 가이사에게, 하나님의 것은 하나님에게, 나의 것은 나에게 바쳐라'라는 예수의 말이 있는데, 이 경우에는 마지막 구절이 첨가되었습니다.

그러나 도마복음에는 정경으로 채택된 나머지 사복음서와 조화되지 않는 몇 가지 점이 있습니다. 예를 들어, 예수의 말씀 중에 '나무를 쪼개어 보라. 내가 거기에 있다. 돌을 들어 올려 보아라. 거기에서도 나를 찾을 수 있다'라는 구절은 예수를 이 세상의 물질과 동일한 의미로 간주하는 범신론적 생각이죠. 정경과는 정반대의 내용입니다.

도마복음은 '마리아에게 우리 곁을 떠나게 하라. 여자는 생명의 가치가 없기 때문이다'라는 말로 끝나고 있어요. 예수가 '그러므로 내가 그녀를 인도하여 남자로 만들어 줄 것이다. 그러면 그녀도 너희 남자들처럼 살아 있는 영이 될 것이다. 왜냐하면 남자가 되는 모든 여자마다 하나님 나라에 들어갈 수 있기 때문이다'라는 말을 했다고 인용되고 있습니다."

교수는 자신이 한 말이 매우 놀랍다는 표정을 보였다. "정경인 사복음서에 있는 예수의 모습이 분명히 아니죠!" 그는 강조하며 말했다.

"도마복음을 없애려는 일종의 음모 때문에 교회협의회에서 일부러 제외시켰다는 비난에 대해서는 어떻게 생각하십니까?"

"그것은 역사적으로 볼 때 정확한 말이 아닙니다. 5세기와 그 후에 교회 회의나 종교 회의가 한 일은 바로 지위 고하를 막론하고 그리스도인들이 동일하게 인정했던 것을 그대로 비준하는 것이었습니다. 따라서 교회 회의 명령에 따라 도마복음이 제외되었다고 말하는 것은 옳지 않습니다. 있는 그대로 말하자면 도마복음은 스스로 제외된 것이나 마찬가지입니다! 다시 말해, 초기 그리스도인들이 신뢰할 만하다고 인정했던 예수에 관한 다른 증언과 부조화를 이루었기 때문입니다."

나는 확인하듯이 물었다. "그래서 도마복음을 사복음서와 같은 정경의 지위로 끌어올리는 데 반대하신다는 말씀이죠?"

"네. 초기 교회가 그 복음을 제외한 것은 현명했다고 생각합니다. 지금 그것을 인정한다면 다른 복음서보다 타당성이 낮은 것을 받아들이는 결과가 됩니다." 그는 이어서 "제 말을 오해하지는 마세요. 도마복음이 흥미로운 문서지만 제 말을 이해하신다면 범신론적 진술과 반여성 해방론적 진술이 마구 혼합되어 있음을 아실 것입니다.

정경이 교회의 정치와 관련된 일련의 논쟁의 결과가 아니었다는 점을 이해해야 합니다. 정경은 오히려 그리스도인들의 직관적 통찰력에 의해 따로 분리된 것입니다. 그들은 요한복음에서는 선한 목자의 음성을 들을 수 있었어요. 반면 도마복음에서는 혼합된 내용이 많아서 가려지고 희미한 상태에서 왜곡된 방식으로만 그 음성을 들을 수 있었습니다.

정경에 대해 선포했을 때, 그것은 교회의 일반적 분별력에 의해 이미 결정한 바를 단지 인준한 것에 불과했습니다. 아시다시피 정경은 책에 대한 권위 있는 목록이라기보다는 권위 있는 책들에 대한 목록입니다. 정경에 속하는 문서들의 권위는 선택되었다는 사실에서 나오지 않았습니다. 오히려 그 책들을 모으기 전에 이미 각각의 권위 있는 책이었던 거죠. 초대 교회는 단지 이 책들이 권위 있는 기록물이었다는 점을 듣고 알았습니다.

만약 정경이 교회 회의와 종교 회의의 발표 이후에 등장했다고 말한다면 그것은 다음과 같이 말하는 것과 같아요. '여러 협회의 음악가들로 하여금 바하와 베토벤의 음악이 훌륭하다고 선포하도록 합시다'라고 말이죠. 그러면 저는 이렇게 말할 겁니다. '아무런 도움이 안 되는 발표로군요! 저는 벌써 알고 있었거든요.' 우리는 각자 지닌 감수성 때문에 어떤 것이 좋은 음악이고 그렇지 않은 음악인지에 대해 이미 알고 있습니다"라고 말했다.

그럼에도 불구하고 나는 신약성경에 포함된 몇 권의 책, 특히 야고보서, 히브리서, 요한계시록이 서서히 정경으로 인정된 사실을 지적했다. "그렇다면 그 책들은 의심해도 됩니까?"라고 물어보았다.

"그 점은 오히려 초기 교회가 얼마나 신중했는가를 보여 준다고 생각합니다." 그는 대답했다. "그들은 예수에 관한 내용이 조금이라도 발견되는 문서라면 이유를 불문하고 죄다 끌어모으는 충성파가 아니었습니다. 이 점은 그들이 얼마나 심사숙고하고 신중하게 분석했는지를 보여 줍니다. 물론 오늘날에도 일부 시리아 교회에서는 요한계시록을 인정하지 않습니다. 하지만 그 교회에 소속된 사람들은 분명 그리스도인입니다. 제가 보는 관점은 요한계시록이 성경의 훌륭한 일부라는 것입니다."

그는 머리를 가로 저으며 말했다. "그들은 그 책을 인정하지 않음으로써 스스로 넘치는 은혜를 받을 기회를 놓쳤다고 생각합니다."

타의 추종을 불허하는 신약성경

교수의 말은 설득력이 있었다. 그 앞에서는 신약성경이 수세기 동안 신뢰할 만한 상태로 보존되어 왔는지에 대한 모든 강력한 의심이 사라져 버렸다. 프린스턴신학교에서 메츠거 교수 이전에 있었던 뛰어난 전임자 중의 한 사람인 벤자민 워필드(Benjamin Warfield)는 네 개의 박사 학위를 가지고 있으며 1921년 죽을 때까지 조직 신학을 가르쳤는데 다음과 같은 말을 했다.

> 현재 보존되어 있는 신약성경의 본문과 고대의 다른 기록을 비교해 본다면, 신약성경은 믿기 놀라울 정도로 정확하다. 신약성경은 굉장히 신중하게 기록되었는데 그런 신중함은 의심할 여지없이 성경의 거룩한 말씀에 대한 진실된 경외감 때문에 생겨났다. … 실제로 전해 내려와서 사용되고 있는 고대의 기록물 가운데서 본문의 순수성을 따져 본다면 신약성경에 견줄 만한 것은 아무것도 없다.[10]

각 문서를 신약성경으로 용인한 관점에서 볼 때 일반적으로 신약성경 27권 중에서 20권의 권위에 대해서는 어떤 심각한 논쟁의 여지도 없었다. 즉 마태복음에서 빌레몬서, 게다가 베드로전서, 요한일서에 이르기까지 그렇다. 이 가운데는 물론 예수의 전기를 대표하는 사복음서도 포함되어 있다.[11] 나머지 7권의 책은 초기 교회 지도자들에 의해 잠시 의심을 받았지만 가이슬러(Geisler)와 닉스(Nix)에 의하면 "결국에는 교회에 의해 일반적으로 완전히 인정을 받게 되었다."[12]

예수의 죽음 이후 처음 몇 세기 동안에 쓰인 '위경'도 많이 있다. 니고데모복음, 바나바복음, 바돌로매복음, 안드레복음과 기타 여러 책을 포함해서 많은 복음서와 서신들과 묵시록들이 여기에 속한다. 그런 책들은 '공상적인 요소와 이단적인 요소가 많으며, 전반적으로 진실성도 없고 가치도 없는 것들'이다. 게다가 '사실상 어떤 정통 교부나 교회법 및 교회 회의'에서도 그것들이 신약성경에 포함될 수준의 권위나 가치가 있다고 간주하지 않았다.[13]

나는 직접 그런 책을 많이 읽어 봄으로써 메츠거 교수의 도전을 받아들였다. 마태, 마가, 누가, 요한이 보여 준 목격자의 특성, 곧 신중함과 진지함과 정확성과 비교해 볼 때 위경들은 초기 교회 역사가인 유세비우스가 말한 대로 '완전히 터무니없고 불경스러운' 기록물이었다.[14] 그것들은 5세기나 6세기경에 기록되었는데 예수의 사역 시기로부터 너무 멀리 떨어져 있다. 그래서 조사해 볼 만한 가치가 거의 없었다. 자주 등장하는 신화적 특성 때문에 역사적인 신뢰성을 담보하기에 부적합하다.

관련 사실을 모두 증명했기 때문에 다음 단계로 조사를 진전시킬 때가 왔다. 이제 궁금한 점은 기적을 행한 1세기의 목수에 대해 복음서 외부의 증거가 많이 있는가 하는 문제이다. 고대 역사가들은 예수의 생애와 가르침과 기적에 관한 신약성경의 주장을 확증하는가 아니면 반박하는가? 이 질문에 대한 답을 얻기 위해 그 분야에서 뛰어난 학자를 만나러 오하이오로 여행할 필요가 있었다.

이야기를 마치고 교수에게 시간을 내어 전문가적인 의견을 들려준 것에 대해 감사를 드렸다. 그는 따뜻한 미소를 머금고 배웅해 주었다. 더이상 그의 토요일 오후 시간을 빼앗고 싶지 않았지만, 호기심 때문에 한 가지 남아 있는 문제에 만족할 만한 답을 얻고서야 그를 떠날 수 있었다.

"교수님, 수십 년 동안 학식을 쌓고 연구하고 교재를 쓰고 신약성경의 본문을 상세히 조사해 본 결과, 개인적인 신앙에는 어떤 영향이 있었나요?"

그는 그 주제에 관해 토론이 즐거웠다는 듯이 말했다. "이 성경의 자료들이 때로는 아주 오래된 많은 사본들과 함께 견고하게 전해 내려왔다는 사실을 알게 됨으로써 제 신앙의 기초는 더욱 튼튼해졌습니다."

"그렇다면 학문 때문에 개인적인 믿음이 약화되지 않았다…." 그는 내 말이 채 끝나기도 전에 말을 가로챘다. "오히려 정반대입니다. 그것은 나의 믿음을 확실히 세워 주었죠. 나는 평생 질문을 하고 본문을 깊이 파고들고 철저히 연구했습니다. 그래서 오늘날 예수님에 대한 신뢰가 더욱 확고해졌다고 자신 있게 말할 수 있습니다."

그의 어조는 강했다. 그는 말없이 내 얼굴을 천천히 훑어보았다. 그리고는 다시금 강조하며 덧붙였다. "아주 확고해졌어요."

Chapter 4

확증적 증거

성경 외에
예수의 존재에 관한
증거가 있는가

에드윈 야마우치 교수와 인터뷰

해리 알만(Harry Alman)은 돌아서서 손가락으로 나를 찌르듯이 가리켰다. "당신!" 그는 혐오감을 가지고 흥분해서 내뱉듯 말했다. "왜 나에 대해 그런 기사를 계속 쓰는 거요?" 그러고 나서 휙 돌아서서 법원에서 그를 계속 쫓아다니는 기자들을 피하기 위해 뒤쪽 계단으로 사라졌다.

사실 1970년대 시카고의 범죄 보도 기자로서 해리 알만에 대한 기사를 쓰지 않을 수는 없었다. 그는 범죄 집단의 핵심 암살자였고 시카고 사람들은 심술궂게도 갱단에 대한 기사를 좋아했다.

검사들은 알만이 범죄단의 보스들을 위해 피도 눈물도 없을 법한 수법으로 범행을 저지른 것으로 의심하고 있었는데, 그중 하나의 혐의를 씌워 그를 필사적으로 감옥에 넣으려고 했다. 물론 문제는 무서운 악명을 지닌 갱단원인 알만에게 불리한 증언을 할 사람을 찾기 어렵다는 점이었다.

그 시점에서 그들에게 중대한 전환점이 찾아왔다. 알만의 옛 친구인 루이스 알메이다(Louis Almeida)가 펜실베니아에서 노동부 관리를 살해하려다가 체포된 것이다. 그는 무기 소지 혐의로 유죄 판결을 받고 10년형을 선고받았는데 시카고에서 트럭운송노동조합의 대표가 살해된 미해결 사건에서 알만에게 불리한 증언을 맡기로 동의했다. 거기에는 검사들이 알메이다에게 관용을 베푼다는 조건이 있었다.

이것은 알메이다에게 협력할 동기가 있다는 것을 의미했고, 어느 정도 알만에게 결정적인 손상을 입힐 가능성이 있었다. 검사들은 유죄 판결을 확실히 이끌어 내기 위해서 그의 증언을 보강할 필요가 있다고 인식했기 때문에 알메이다의 이야기를 확증할 사람을 찾으러 다녔다.

웹스터 사전에는 '확증하다'(corroborate)의 정의가 이렇게 나와 있다. "보다 확실하게 하다, 확인하다; 그는 그 사고에 대한 나의 진술을 확증했다."

확증적 증거는 다른 증언을 입증해 준다. 곧 목격자 증언의 핵심적 요소를 확인하거나 뒷받침해 준다. 그것은 공공 기록이나 사진이 될 수도 있고 제2, 제3의 인물이 내놓는 부가적 증언일 수도 있다. 그것은 전체 증언 또는 그 증언의 핵심적 요소를 증명할 수 있다.

효과 면에서 확증적 증거는 높이 솟은 안테나를 움직이지 않게 똑바로 지탱시켜 주는 전선과 같은 작용을 한다. 확증적 증거가 많을수록 논거는 더 강해지고 안전하게 된다.

그러나 검사들이 알메이다의 이야기에 대한 확증을 어디서 찾아낼 것인가? 그것은 기가 막힌 데서 나왔다. 조용한 성격이고 법을 잘 준수하는 바비 로우(Bobby Lowe)란 사람이 자기 개를 데리고 산책하다가 알만이 그 노조 대표를 살해하는 장면을 목격했다고 수사관들에게 진술한 것이다. 알만은 간담을 서늘하게 할 정도로 악명이 높았지만 로우는 그 폭력배에게 불리한 증언을 함으로써 알메이다의 이야기를 지지하는 데 동의했다.

증언을 더 확인해 주는 확증의 힘

알만의 재판에서 배심원들은 로우와 알메이다의 이야기에 매료되었다. 도주 차량을 운전했다는 알메이다의 이야기는 1972년 9월 27일 저녁, 알만이 인도 위에서 희생자를 살해하는 장면을 목격했다는 로우의 직접적인 진술과 꼭 들어맞았다.

검사들은 그들이 무서워하는 암살자에게 불리한 주장을 완벽하게 제시했다고 생각했지만 재판 도중에 무언가가 잘못되었다는 것을 감지했다. 알만이 배심 재판을 하지 않고 대신에 판사가 그의 변론을 듣는 것을 선택했을 때 그들이 의심했던 바가 드러났다. 재판 끝에 가서 검사들이 우려한 최악의 상황이 현실로 다가왔다. 로우와 알메이다의 압도적인 증언에도 불구하고, 결국에 판사는 알만에게 무죄를 선고하고 석방시켰다.

도대체 어떻게 된 일인가? 이 사건이 부패한 일이 종종 은밀히 일어나는 일리노이 주의 쿡 카운티에서 발생했다는 점을 염두하라. 수년이 지난 후에 그 판사는 무죄 방면의 대가로 1만 달러를 받아 챙겼다는 사실이 드러났다. 미국 연방수사국의 정보 제공자가 그 뇌물 사건을 폭로했을 때 그 판사는 이미 은퇴한 후였고, 심지어 목숨을 끊었다. 검사들은 알만을 살인 혐의로 다시 기소했다.

두 번째 재판이 열렸을 때는 법이 바뀌어서 검사들은 배심원이 소송을 심리하도록 요청할 수 있었다. 그리고 마침내 살인 사건이 일어난 지꼭 25년이 지난 후에 알만은 유죄 판결을 받고 감옥형을 선고받은 후에, 옥중에서 생을 마감했다.[2]

사건 종결이 지연되었음에도 불구하고, 알만의 이야기는 확증적 증거가 얼마나 중요한지를 보여 준다. 그 점은 역사적 문제를 다룰 때도 동일하다. 크레이그 블룸버그 교수의 증언을 통해 이미 예수의 생애, 가르침, 죽음, 부활에 관한 목격자들의 뛰어난 증거가 복음서에 나타나 있다고 들었다. 그러나 그 점을 확증할 만한 다른 증거가 있는가? 복음서 이외에 예수와 초기 기독교에 관한 핵심적 사항을 확인 또는 뒷받침해 주는 기록이 있는가?

다시 말해, 바비 로우의 증언이 해리 알만에게 불리하도록 확증했듯이 예수 사건을 확증하는 데 도움이 되는 다른 부수적인 문서가 있는가? 우리가 만나 볼 다음 증인에 의하면 대답은 예이다. 그리고 그 증거의 양과 질을 보면 놀라움을 금치 못할 것이다.

세 번째 인터뷰: 에드윈 야마우치 교수

에드윈 야마우치(Edwin M. Yamauchi)의 사무실은 오하이오 주의 그림같이 아름다운 옥스퍼드 지방에 있는 마이애미대학에 있었다. 나는 그의 연구실을 가기 위해 인상적인 벽돌로 지어진 건물에 들어가서 석조로 된 둥근 천장 아래를 걸었다. 그 천장 아래에는 다음과 같은 비문이 새겨져 있었다. "진리를 알지니 진리가 너희를 자유케 하리라." 고대 역사 분야의 뛰어난 전문가인 야마우치 교수는 역사적 진리를 탐구하는 데 생애의 많은 시간을 보냈다.

그의 부모는 오키나와에서 이민왔으며 그는 1937년에 하와이에서 태어났다. 그가 태어났을 때 가정 형편은 좋지 않았다. 아버지는 일본군의 진주만 공격이 있기 바로 전에 돌아가셨고, 어머니는 부유한 집의 가정부 일을 하면서 어렵게 생계를 꾸려 나갔다. 어머니는 공식적인 교육을 받지 못했지만 자녀에게는 책을 읽고 공부를 하도록 격려했다. 아름다운 삽화가 있는 책을 자주 읽도록 해서 그의 일생 동안 공부를 좋아하게 만들었다.

그의 학문적 업적은 확실히 인상적이었다. 유대인과 헬레니즘 분야에서 학사 학위를 받은 후에 브랜다이스대학교에서 지중해 연구로 석사 학위와 박사 학위를 받았다. 럿거스연구협회, 국립인문과학기금, 미국철학학회와 다른 단체들로부터 8개의 연구원 지위를 부여받았다. 또한 아랍어, 중국어, 이집트어, 러시아어, 시리아어, 우가릿어와 심지어 코만치어(인디언의 한 부족-역주)까지 포함해서 20개의 언어를 공부했다.

그는 학회에서 71편의 논문을 발표했다. 100개의 이상의 세미나와 예일, 프린스턴, 코넬대학을 포함한 여러 대학에서 강연을 했다. 또한 성경연수협회의 의장과 회장, 신앙과역사협의회의 회장직을 역임했다. 37개의 학술 저널에 80편의 논문을 발표했다.

1968년에는 예루살렘에 있는 헤롯 성전의 첫 발굴 작업에 참여해서 성전이 AD 70년에 파괴되었다는 증거를 찾아내기도 했다. 그는 고고학의 주제에 대해서도 여러 권의 책을 썼는데, *Stones and the Scriptures*(암석과 성경), 《성경과 고고학》(*The Scriptures and Archaeology*), *The World of the First Christians*(최초의 그리스도인의 세계)와 같은 책이 있다.

그의 부모는 불교 신자였으나 그는 내가 태어난 해인 1952년부터 예수를 믿었다. 나는 그리스도에 대한 오랜 헌신 때문에 역사적 증거에 대한 그의 평가가 영향을 받지 않았는가에 대해 특히 알고 싶었다. 다시 말해서, 철저하게 사실에만 충실했는가 아니면 증거에 의해 확인되는 범위를 넘어서 어떤 결론을 도출하려는 유혹을 받지 않았는가에 관한 문제였다.

그는 온화하고 겸손한 태도를 지닌 사람이었다. 평소에는 부드럽게 말하고 모든 일에 매우 집중력을 발휘하는 사람이었다. 질문에 대해 철저하고 세부적인 대답을 제시하며 종종 잠시 생각을 한 후에 자신이 쓴 주제와 관련된 학술적 논문의 복사 사진을 제시함으로써 말을 보충하기도 했다. 훌륭한 학자라면 나와 같은 사람들에게 자료가 그렇게 많지 않다는 점을 알고 있는 법이다.

나무가 울창한 교정이 가을의 색깔로 빛나는 가운데 책이 흐트러져 있는 그의 연구실에서 마주했다. 그리고 수년간의 연구와 교육에 전념했지만 여전히 그의 눈을 반짝반짝 빛나게 만드는 주제에 대해 이야기를 나누었다.

복음서에 대한 확신

블롬버그 교수와 인터뷰를 했기 때문에 예수에 관한 신뢰할 만한 증거를 찾기 위해 복음서의 범위를 넘어설 필요가 있다고 제시하고 싶지 않았다. 그래서 다음의 질문으로 이야기를 시작했다. "역사가의 입장에서 복음서의 역사적 신뢰성에 대해 평가해 주시겠습니까?"

"전체적으로 복음서는 뛰어난 자료입니다." 그는 대답했다. "사실 복음서는 가장 믿을 수 있고 완전하며, 예수에 관한 신뢰할 만한 자료입니다. 부차적인 자료들은 세부적인 정보를 많이 첨가해 주지는 않습니다. 그러나 확증적 증거로서는 매우 가치가 있습니다."

"좋습니다. 그게 바로 제가 토론하고 싶은 주제입니다. 확증적 증거에 대해서 말입니다"라고 나는 말을 이었다. "솔직히 말해서 어떤 사람들은 그런 증거가 정말로 얼마나 많은지에 대해 비웃고 있는 형편입니다. 예를 들면 1979년 찰스 템플턴(Charles Templeton)은 *Act of God*(하나님의 역사)라는 소설을 썼는데, 그 책 속의 어떤 고고학자가 많은 사람들이 믿고 있는 바를 반영하는 말을 했습니다." 나는 그 책을 꺼내어 관련 본문을 읽었다.

기독교는 주로 자신이 메시아라고 주장하는 세상에 알려지지 않은 유대인 청년의 가르침에 기초를 두고 있다. 알고 보면 그는 살아 있는 동안에 많은 흔적을 남기지 않았다. 역사에는 그에 대한 단 한마디의 언급도 없다. 심지어 요세푸스조차 언급하고 있지 않다.[3]

나는 분명히 말했다. "이 말은 성경 외부에서는 예수의 생애에 관한 확증적인 증거가 많지 않다는 말로 들립니다."

그는 미소를 지으며 고개를 가로저었다. "템플턴의 소설에 나오는 고고학자가 실수한 것입니다." 그는 다소 부정하는 어조로 대답했다. "요세푸스와 타키투스는 예수에 관해 중요한 언급을 했습니다. 복음서에도 나와 있듯이 예수님의 말씀을 들은 많은 사람들, 특히 예수님의 가족들조차도 그가 살아 있는 동안에는 믿지 않았어요. 하지만 예수님은 굉장한 감동을 주어서 오늘날 모든 곳에서 기억되고 있는 반면에, 혜롯 대왕, 본디오 빌라도, 고대의 많은 통치자들은 그만큼 널리 알려지지 않았습니다. 예수님은 확실히 자신을 믿은 사람들에게 대단한 인상을 심어 주었습니다."

그는 잠시 멈춘 후에 덧붙였다. "물론 자신을 믿지 않았던 사람들 사이에서는 그렇지 않았죠."

배신자의 증언

템플턴과 야마우치 교수가 언급한 1세기 역사가인 요세푸스는 오늘날 학자들 사이에서는 잘 알려져 있지만 대부분의 사람들에게는 친숙하지 않은 인물이다. "그의 배경에 대해 이야기해 주십시오. 그리고 그의 증언이 어떻게 예수를 더 확증하는지에 대해서도 말씀해 주세요"라고 부탁했다.

"물론이죠." 그는 대답을 하면서 다리를 포개고 의자 깊숙이 앉았다. "요세푸스는 1세기에 살았던 중요한 유대인 역사가입니다. AD 37년에 태어났는데 1세기 말경에 네 개의 작품을 썼습니다.

자서전에서 AD 66년에서 74년 사이에 일어났던 유대-로마 전쟁에서 취한 자신의 행동을 변호했죠. 알다시피 요타파타가 함락되었을 때 동료들은 항복하지 않고 자살했지만 그는 로마의 장군 베스파시안에게 항복했습니다."

그는 빙그레 웃으며 말했다. "요세푸스는 자살이 하나님의 뜻이 아니라고 생각했습니다. 그 후에 그는 로마를 변호하는 사람이 되었습니다."

요세푸스는 다채로운 성격의 인물처럼 보였다. 그래서 그의 동기와 편견을 더 잘 이해하기 위해 그에 대해 알고 싶었다. "그에 대해 상세히 설명해 주세요."

"그는 제사장이고 바리새인이며 자기중심적인 인물이었습니다. 그의 가장 야심적인 작품은 《고대사》(The Antiquities)인데, 창세부터 그의 시대까지 유대인의 역사를 기록한 책입니다. AD 93년경에 완성했죠.

당시 유대인들이 미워하는 로마인에게 협력했던 행적으로 미루어 짐작할 수 있듯이 동료 유대인들로부터 극단적인 미움을 받았습니다. 그러나 그리스도인들 사이에서는 대단히 인기가 있었죠. 책에서 예수의 형제인 야고보와 예수를 직접 언급했기 때문입니다."

드디어 복음서 밖에 있는 예수에 관한 확증적인 증거가 나왔다. "거기에 언급된 부분에 대해 말씀해 주십시오."

그의 대답이 이어졌다. "《고대사》에 보면 대제사장 아나니아가 야고보를 죽이기 위해 신약성경에도 언급되어 있는 로마의 총독 베스도를 어떻게 이용했는가에 대해 기록되어 있습니다."

그는 책장에 몸을 기대어 두꺼운 책 한 권을 꺼냈다. 그리고는 어느 한 곳을 펼쳤는데, 그 위치를 이미 알고 있었던 것처럼 보였다. "아, 여기 있군요." 그는 말을 계속했다. "대제사장 아나니아는 산헤드린 공회를 소집한 후에 당시 그리스도라고 불린 예수의 형제인 야고보와 어떤 사람들을 그들 앞에 데리고 왔습니다. 그리고 율법을 어겼다고 고소를 하고 돌로 쳐 죽이도록 넘겨 주었습니다."[4]

그는 확신 있게 주장했다. "제가 알기로 이 본문에 대해 성공적으로 논의한 학자는 아무도 없습니다. 루이스 펠드먼(Louis H. Feldman)은 이 부분이 나중에 그리스도인이 본문에 첨가한 것이었다면 야고보에 대해 더 칭찬할 가능성이 많았을 것이라고 언급했습니다. 여기에서 예수의 형제에 대한 언급을 찾아볼 수 있죠. 요한복음 7장 5절과 고린도전서 15장 7절을 비교해 본다면, 그는 분명히 부활하신 예수의 출현을 접하고 기독교로 개종한 사람이라는 사실을 알 수 있습니다. 뿐만 아니라 어떤 사람들은 예수를 그리스도, 곧 기름 부음 받은 자 또는 '메시아'라고 생각했다는 사실에 대해 확증한 부분도 발견한 셈이죠."

"예수라는 사람이 살았는데…"

나는 요세푸스가 예수에 관한 훨씬 긴 분량의 책 *Testimonium Flavianum*(플라비우스의 증언)을 썼다는 것을 알고 있었다. 뿐만 아니라 그 책은 표면적으로 예수의 삶과 기적과 죽음과 부활에 대해 철저히 확증하고 있기 때문에 고대 문학 중에서 가장 격렬한 논쟁을 불러일으키고 있다는 것도 알았다. 그러나 그 점이 진실인가? 아니면 예수에 대해 호의적인 사람들이 수년에 걸쳐 변조한 것은 아닐까?

야마우치 교수의 의견을 물어보았는데, 그는 꽤 흥미로운 듯했다. 그는 다시 다리를 풀고 의자에 똑바로 앉았다. "그것은 매우 재미있는 본문입니다." 책을 손에 쥐고 몸을 앞으로 구부리면서 열정적으로 말했다. "그러나 아주 논쟁의 여지가 많은 부분이기도 하죠." 그러고는 책을 읽어 주었다.

이 무렵에 예수라는 사람이 살았는데, 만약 그를 사람이라고 불러야만 한다면 지혜로운 사람이라고 할 수 있다. 그 이유는 놀랄 만한 기적을 행했고 진리를 기꺼이 받아들인 사람들의 선생이었기 때문이다. 그는 많은 유대인들과 헬라인들을 자기 편으로 끌어들였다. 그는 그리스도였다. 빌라도가 우리 중에서 높은 지위에 있는 사람들이 예수를 고소하는 말을 듣고 난 후 즉시 십자가에 처형하라는 선고를 내렸을 때 처음부터 그를 사랑한 사람들은 끝까지 애정을 버리지 않았다. 죽은 지 사흘째 되는 날에 부활해서 나타났는데, 이는 하나님의 선지자들이 이미 무수히 놀랄 만한 일들을 예언한 바와 같다. 그의 이름을 따라 소위 그리스도인이라고 부르는 무리들이 생겼고 오늘날까지 사라지지 않고 있다.[5]

예수에 대한 풍부한 확증은 쉽게 분명해졌다. "이 부분이 논쟁의 여지가 있다는 데 동의하셨죠. 학자들은 이 본문에 대해 어떤 결론을 내렸습니까?"

"그 점에 관해서는 세 가지 학문적 경향이 있습니다." 나의 질문에 그가 대답했다. "여러 가지 분명한 이유 때문에 초기 그리스도인들은 그 부분이 예수와 부활에 대한 놀랍고도 아주 진실한 증명이라고 생각했습니다. 그들은 그 부분을 좋아했습니다. 그러고 나서 전체 본문은 계몽주의 시대에 적어도 몇몇 학자들의 의심을 받았죠. 그러나 오늘날에는 유대인과 그리스도인 학자들 사이에는 약간의 변조나 가필이 있을지도 모르지만 대체적으로 그 본문이 진실하다는 데 놀랄 만한 일치를 보이고 있습니다."

나는 눈썹을 치켜 올렸다. "가필이라고요. 그게 무슨 말입니까?"

"성경을 필사하는 일을 한 초기의 그리스도인들이 요세푸스와 같은 유대인 작가가 쓰지 않았을 수도 있는 어떤 구절을 첨가했다는 뜻입니다." 그가 대답했다.

그는 그 책 속의 한 문장을 가리켰다. "예를 들어 첫째 줄에 보면 '이 무렵 예수라고 하는 지혜로운 사람이 살았다'라는 말이 나옵니다. 그 구절은 그리스도인들이 예수에 대해 사용하는 말이 아닙니다. 그래서 요세푸스한테는 진실인 것처럼 보이죠. 그러나 다음 구절에는 '정말로 그를 사람으로 불러야 한다면'이라는 표현이 있습니다. 그 말은 예수가 사람 이상의 존재였다는 것을 암시하는데 이 부분이 아마 가필된 부분으로 보입니다."

지금까지 그가 한 말을 이해했음을 나타내기 위해 고개를 끄덕였다.

"계속 이어지는 내용을 보도록 하죠. '그 이유는 놀랄 만한 기적을 행했고 진리를 기꺼이 받아들인 사람들의 선생이었기 때문이다. 그는 많은 유대인들과 헬라인들을 자기 편으로 끌어들였다.' 이 부분은 요세푸스가 다른 곳에서 사용하는 어휘와 상당히 일치하는 것처럼 보입니다. 그래서 일반적으로 진실하다고 간주되고 있습니다. 그러나 여기에 보면 아주 명확한 진술이 있어요. '그는 그리스도였다.' 이 부분은 가필처럼 보입니다."

"왜냐하면 요세푸스가 야고보를 언급하면서 예수는 '그리스도라고 불렸다'라고 말했기 때문이죠"라고 나는 끼어들었다.

"맞습니다." 그가 말했다. "요세푸스가 다른 곳에서는 예수가 추종자들에 의해 메시아로 간주되었다라고 말하면서 여기서는 메시아라고 단호하게 말했을 가능성은 적습니다.

그 다음 본문에는 예수에 대한 재판과 십자가에 못 박히는 장면과 제자들이 여전히 그를 사랑했다는 사실이 언급되어 있는데, 이 부분은 일반적이며 진실된 부분이라고 여겨집니다. 다음으로 이런 구절이 나옵니다. '죽은 지 사흘째 되는 날에 부활해서 나타났다.' 다시 말해서 이 부분도 부활 신앙에 대한 명백한 선포입니다. 그래서 요세푸스가 그것을 기록했을 가능성은 적습니다. 따라서 이 세 부분은 가필처럼 보입니다."

"요점이 무엇인가요?"

"제가 언급한 세 부분이 없다 해도 요세푸스의 본문은 원래 예수에 관해 쓰였을 것입니다. 요세푸스는 예수에 관한 중요한 정보를 확증해 주고 있습니다. 곧 예수는 예루살렘 교회의 순교한 지도자라는 사실입니다. 그리고 몇몇 유대인 지도자들의 선동 때문에 빌라도의 결정으로 십자가에서 못 박혀 죽음을 당했다는 사실에도 불구하고 광범위하고도 지속적인 추종자들을 가진 지혜로운 선생이라는 점입니다."

요세푸스가 본 예수

이런 언급이 예수에 관한 몇 가지 중요한 독립적인 증거를 제시하지만 왜 요세푸스 같은 역사가가 그와 같은 1세기의 중요한 인물에 대해 더 많이 언급하지 않았는가 하는 의문이 들었다. 보스턴대학교의 철학자 마이클 마틴(Michael Martin) 같은 무신론자들도 이와 동일한 비평을 했음을 알았다.

예수가 실존 인물이 아니라고 주장하는 마르틴의 다음과 같은 진술에 대한 생각을 물었다. "만약 예수가 실존 인물이라면 요세푸스가 더 많이 언급했을 것이라고 예상할 수 있다. … 요세푸스가 다른 메시아적 인물들과 세례 요한에 대해서는 상세히 언급하면서 예수는 지나가는 투로 언급했다는 점은 예상치 못한 일이다…."[6]

야마우치 교수의 반응은 별 특징 없이 강한 어조였다. "때때로 사람들은 예수의 존재를 부인하려고 노력했습니다. 물론 실제로는 실패했다고 봅니다." 그는 격분한 듯한 어조로 말했다. "예수가 실존했다는 압도적인 증거가 있어요. 그리고 앞서 제기한 추측성 질문은 실제로는 매우 무의미하고 논리적으로 잘못된 것입니다. 하지만 답변을 해 드리는 게 좋겠군요. 요세푸스는 정치적 문제나 로마에 대항하는 투쟁에 관심이 많았습니다. 그래서 세례 요한은 그에게 매우 중요한 인물이었죠. 왜냐하면 그의 눈에는 세례 요한이 예수보다 정치적으로 더 위협적인 행동을 하는 것처럼 보였거든요."

나는 갑자기 끼어들었다. "잠깐만요. 예수를 열심당원이나 적어도 열심당원에 동조하는 인물로 묘사한 학자들도 있지 않습니까?" 나는 로마에 정치적으로 반대한 1세기의 혁명적 집단을 언급하면서 질문을 던졌다.

그는 손을 저으면서 그 반대 질문을 간단히 처리했다. "그것은 복음서만 봐도 알 수 있습니다. 알다시피 예수는 로마인에게 세금 내는 것조차 반대하지 않았습니다. 따라서 예수와 추종자들이 정치적 위협이 될 만한 행동을 취하지 않았기 때문에 요세푸스가 이 무리에 대해 많은 흥미가 없었다는 점은 충분히 이해할 만합니다. 지나고 보니 그 무리들이 대단히 중요한 존재였지만요."

"그래서 교수님은 요세푸스의 두 가지 언급이 중요하다고 평가하시는 겁니까?"

"그렇습니다. 매우 중요합니다." 그는 대답했다. "특히 유대인 전쟁에 대한 그의 기록이 매우 정확하다고 증명되었습니다. 예를 들어 타키투스 같은 역사가들뿐만 아니라 마사다에서의 고고학적 발굴에 의해 확증되었습니다. 그는 매우 신뢰할 만한 역사가로 인정받고 있고, 예수에 관한 그의 언급도 매우 중요하게 취급되고 있습니다."

매우 해로운 미신

야마우치 교수는 방금 1세기의 가장 중요한 로마의 역사가에 대해 언급했는데 타키투스가 예수와 기독교에 대해 무슨 말을 해야만 했는지 토론을 하고 싶었다. "그가 확증해 주는 바를 자세히 설명해 주시겠습니까?"라고 질문했다.

그는 고개를 끄덕였다. "타키투스의 기록을 보면 신약성경 외에서 볼 수 있는 예수에 관한 가장 중요한 언급이 포함되어 있습니다. AD 115년 그의 진술에 의하면 네로 황제가 AD 64년 로마를 황폐화시킨 대화재에 대한 의심을 돌리기 위해 그리스도인들을 희생양으로 삼아 박해했다고 기록하고 있죠."

그는 일어서서 책장 쪽으로 걸어가 대강 한 번 보면서 어떤 책을 찾았다. "아, 그 책이 여기 있군요." 그리고 두꺼운 책 한 권을 꺼내어 쭉 훑어보다가 관련 본문을 찾아 읽어 주었다.

네로는 죄인들을 묶어 두고 혐오스러운 행위 때문에 미움을 받는 무리들, 곧 대중들이 그리스도인이라고 부르는 사람들에게 격렬한 고문을 가했다. 그리스도 - 그리스도인이란 명칭이 이 사람의 이름을 따라서 붙여진 것인데 - 는 티베리우스의 통치 기간에 로마의 행정관이었던 본디오 빌라도의 손에 극단적인 형벌을 받았다. 그리고 매우 해로운 미신으로 간주되던 신앙이 당장에는 방해를 받았지만 그 악이 발생한 최초의 장소인 유대 지방에서 다시 일어났고, 심지어 로마에서도 생겨났다. … 그래서 유죄를 인정한 모든 사람들에 대해 최초로 체포가 행해졌다. 그때 그들의 정보를 바탕으로 엄청난 사람들이 유죄 판결을 받았는데 도시 방화죄 때문이 아니라 인류에 대한 증오 때문이었다.[7]

나는 그 구절을 이미 알고 있었는데 야마우치 교수가 J. N. D. 앤더슨 (J. N. D. Anderson)이라는 뛰어난 학자의 관찰에 대해 어떻게 반응할지 궁금했다.

"그는 다음과 같이 추측하고 있습니다. 타키투스가 이 '해로운 미신'이 '당장에는 방해를 받았지만' 나중에 '다시 발생했다'라고 말했을 때, 그는 무의식적으로 초기 그리스도인의 믿음, 다시 말해 예수가 십자가에 못 박힌 후에 다시 무덤에서 살아나셨다는 믿음에 대한 증언을 하고 있었던 것이라고 생각했죠." 나는 말을 이어나갔다. "그의 말에 동의하십니까?"

그는 잠시 생각했다. "그 말은 틀림없이 몇몇 학자들의 해석이었습니다." 그는 마치 의견을 물어본 나의 요청을 회피하듯 대답했다. 그러나 그는 곧 중요한 점을 지적했다. "그 본문은 이 점을 특별히 염두에 두었는가와 상관없이 매우 주목할 만한 사실을 제시해 주고 있습니다. 곧 십자가 처형은 사람들이 가장 싫어하는 최후라는 점과 십자가에서 죽은 한 사람 때문에 생긴 운동이 실제로 있었다는 사실입니다.

가장 수치스러운 죽음을 당한 사람을 경배하는 종교가 확산된 현상을 어떻게 설명하겠습니까? 물론 그리스도인은 그가 부활했기 때문이라고 대답하겠죠. 부활을 믿지 않는다면 다른 이론을 제안해야만 하겠죠. 그러나 제 생각에는 다른 어떤 관점도 그다지 설득력이 없습니다."

나는 예수에 관한 타키투스의 기록이 어느 정도 중요한지 물어보았다.

"이 점은 본디오 빌라도의 명령 아래에서 십자가에 못 박혀 죽음을 당한 예수라는 역사적 인물에 근거를 두고 있는 기독교가 어떻게 성공하고 전파되었는가에 대해 기독교에 냉담한 증인이 제시한 중요한 증언이라고 볼 수 있습니다. 그리고 타키투스가 '엄청난 군중'이 매우 견고하게 그들의 신앙을 지키고, 그 신앙을 위해 기꺼이 죽음을 택했다고 기록한 점도 매우 중요합니다."

"하나님께 하듯" 찬송하기

나는 소플리니우스(Pliny the Younger)라는 또 다른 로마인도 기독교에 관해 언급했다는 점을 알고 있었다. "그도 역시 몇 가지 중요한 사실을 확증했죠?"

"맞습니다. 그는 AD 79년 베수비오 화산이 폭발할 당시 죽은 유명한 백과사전 편집자인 대플리니우스(Pliny the Elder)의 조카였습니다. 소플리니우스는 터키 북서부에 위치한 비두니아 지방의 총독이 되었습니다. 그의 친구인 트라야누스 황제와 주고받은 많은 편지가 현재까지 보존되어 있습니다."

교수는 책의 일부를 복사한 것을 꺼내면서 말했다. "이 서신들 가운데 10권에 그가 체포한 그리스도인들이 언급되어 있습니다."

나는 그들에게 그리스도인인지 물어보았다. 그리고 그들이 그렇다고 인정하면 두 번, 세 번 똑같은 질문을 반복하면서, 그들을 기다리는 것은 처벌뿐이라고 경고한다. 그들이 끝까지 주장을 굽히지 않으면 끌어내 처형하라고 명령한다. 왜냐하면 그들의 고백의 성격이 무엇이든지 그 완고함과 흔들리지 않는 고집을 처벌하지 않고 그냥 내버려두어서는 안 된다고 확신했기 때문이다.

그들은 또한 자신들의 죄나 잘못을 다 합쳐도 이 정도밖에 안 된다고 선포했다. 곧 어떤 날을 정해서 동이 트기 전에 정기적으로 모여서 하나님께 대하듯이 그리스도를 존경하는 마음으로 교대로 찬송 구절을 노래했을 뿐이며, 또한 범죄를 저지를 목적에서가 아니라 도둑질, 강도, 간음을 하지 않기 위해서 자신들을 구속한 일밖에 없다는 것이다.

이런 일 때문에 나는 집사라고 부르는 두 명의 여자 노예를 고문해서 진실을 파악할 필요가 더 분명해졌다. 그러나 터무니없이 장황하게 늘어놓은 일종의 타락한 숭배 외에는 아무것도 알아낼 수 없었다.[8]

나는 "이 같은 언급이 어느 정도 중요합니까?"라고 물었다.

"매우 중요합니다. 그것은 AD 111년경에 쓰였을 것입니다. 그리고 그 기록은 기독교가 여자 노예를 포함한 모든 계층 안에, 도시와 시골 지역에 빠르게 확산되었다는 것을 증명해 줍니다. 뿐만 아니라 그는 로마 시민권을 가진 그리스도인을 재판하기 위해 로마로 보낸다고 말합니다. 기독교가 로마 시민들 사이에서도 확산되었다는 점을 입증해 주는 부분입니다. 또 예수님을 하나님으로서 경배했다는 점, 그리스도인들이 높은 윤리적 수준을 가지고 있었다는 점, 그리고 쉽게 신앙이 흔들리지 않았다는 점에 대해서도 언급하고 있습니다."

땅이 어두워진 날의 기록

내가 볼 때 신약성경에서 가장 문제가 되는 것 중 하나는, 복음서의 저자들이 예수가 십자가에 달린 시간에 땅이 어두워졌다고 주장하는 부분이다. 이것은 실제로 일어났던 일에 대한 언급이 아니라, 단지 십자가 사건의 중요성을 강조하기 위한 문학적 장치가 아닌가 싶다. 어쨌든 어둠이 온 땅을 덮었다면 성경 이외에 다른 데서 이 특별한 사건에 대한 언급을 찾을 수 있지 않을까?

게리 하버마스(Gary Habermas) 교수가 탈루스(Thallus)라는 역사가에 관한 기록을 남겼는데, 그 역사가는 AD 52년 트로이 전쟁 이후의 동부 지중해 역사를 쓴 사람이다. 탈루스의 작품은 분실되었지만 AD 221년경 줄리우스 아프리카누스(Julius Africanus)에 의해 인용되었다. 그리고 그가 인용한 부분에는 복음서에 기록한 어두움에 관한 언급이 있다![9] 나는 "이 부분이 성경의 주장과 독립된 확증적인 증거가 될 수 있습니까?"라고 교수에게 질문했다.

야마우치 교수는 다음과 같이 설명했다. "이 본문에서 줄리우스 아프리카누스는 '탈루스는 자신의 역사서 3권에서 그 어두움을 태양에 의한 일식 현상으로 설명한다. 나에게는 다소 불합리하게 보이지만'이라고 언급하고 있지요. 그래서 탈루스는 명백히 십자가 처형 시간에 어두움이 있었고 그것이 일식에 의해 일어났다고 추측하고 있습니다. 아프리카누스는 그때 십자가 처형 시간에 일식이 일어나지 않았을 것이라고 주장하고 있습니다."

그는 책상으로 손을 뻗쳐서 논문 하나를 다시 집어 들었다. "폴 마이어(Paul Maier)라는 학자가 1968년 저서 *Pontius Pilate*(본디오 빌라도)의 각주에서 어두움에 관해 말한 부분을 인용해 보죠." 그는 이 말들을 읽어 주었다.

> 이 현상은 분명히 로마와 아테네와 지중해의 다른 도시에서도 볼 수 있었다. 터툴리안에 의하면 … 그것은 '우주적 현상'이거나 '세계적 사건'이었다. AD 137년 직후에 연대기를 기록하고 있던 카리아(Caria) 출신의 그리스 작가 플레곤(Phlegon)의 기록에 의하면 202회 올림피아드의 4년째 해, AD 33년 '가장 큰 일식 현상'이 발생했다. 그리고 "하루 중 6시경, 곧 정오에 밤이 되어서 심지어 하늘에 별이 나타날 정도로 어두워졌다"고 보고되어 있다.[10]

그는 다음과 같이 결론 내렸다. "폴 마이어가 지적하듯이 예수의 십자가 처형 시간에 일어났던 어두움에 대한 성경 외부의 증거가 있습니다. 명백히 어떤 사람들은 그것이 일식이라고 언급하여 자연 현상 면에서 설명할 필요가 있다고 생각했습니다."

빌라도에 대한 묘사

야마우치 교수가 빌라도를 언급했을 때, 어떤 비평가들이 복음서에서 이 로마의 지도자를 묘사하는 방식 때문에 그 정확성을 의심하고 있다는 생각이 떠올랐다. 신약성경에서는 빌라도가 우유부단해서 예수를 처형하라는 유대인 폭도의 압력에 굴복하는 인물로 묘사되고 있는 반면에 다른 역사적 기록들에는 완고하고 융통성이 없는 사람으로 묘사되고 있다.

"이 점은 성경과 세속 역사가들 사이의 모순을 보여 주지 않습니까?"라고 물었다.

"실제로는 그렇지 않습니다"라고 그가 대답했다. "빌라도에 대한 마이어의 연구를 보면 빌라도의 보호자, 즉 후원자는 세야누스(Sejanus)였는데, 그는 황제에 대한 반역을 꾸미다가 AD 31년 권력에서 물러났다고 되어 있습니다."

나는 잘 이해가 안 되어 "그게 빌라도에 대한 묘사와 무슨 상관이 있죠?"라고 물었다.

"음, 세야누스가 실패했기 때문에 빌라도의 지위가 AD 33년경에는 매우 약화되었을 가능성이 있고, 그 시기는 바로 예수님이 십자가에 못 박혔을 가능성이 가장 큰 시기입니다. 그래서 빌라도는 당시의 유대인을 분노케 함으로써 황제와의 관계가 곤경에 빠지기를 더 이상 원하지 않았으리라는 점을 충분히 이해할 수 있죠. 그것은 성경의 묘사가 가장 정확할 것이라는 뜻입니다."[11]

유대인들의 다른 기록

예수에 대한 로마인의 확증에 관해 주로 얘기를 나누었기 때문에 이제는 화제를 바꾸어 요세푸스 이외에 예수에 관한 어떤 점을 증명하는 다른 유대인의 기록이 있는지에 대해 토론하고 싶었다. 그래서 탈무드에 예수에 관한 언급이 있는지 야마우치 교수에게 물어보았다. 탈무드는 AD 200년 편집된 미슈나(Mishna, 유대교의 구전 율법)를 포함하는 책으로 AD 500년 경 완성된 유대인의 주요 저작이다.

"유대인들은 대체로 이단에 대해서는 상세히 조사하지 않았습니다." 그는 대답했다. "탈무드에 보면 예수에 관해 언급하는 구절이 몇 군데 있는데, 마술을 행하다가 그에 합당한 사형을 당한 거짓 메시아라고 기록되어 있습니다. 또한 예수가 로마 병사와 마리아 사이에서 태어났다는 소문을 반복하면서 출생의 특이점을 암시하고 있습니다."

"그래서 이 유대인의 언급은 부정적인 방법으로 예수에 관해 확증하고 있군요"라고 나는 말했다.

"예, 그렇습니다. M. 월콕스(Wilcox) 교수는 학문적인 참고 서적에 나와 있는 논문에서 이 점을 다음과 같이 말했습니다.

> 유대인의 전통 문학에서는 예수가 매우 드물게 언급되었다. 그것도 아주 신중하게 다루어지고 있기는 하지만 그가 치유자이며 기적을 행하는 사람이었다는 복음서의 주장을 뒷받침하고 있는 것은 사실이다. 물론 이와 같은 예수의 행위를 마술이라고 여기고 있다. 게다가 그가 선생으로서 다섯 명의 제자가 있었다는 점과 적어도 초기 랍비 시대의 모든 현인들이 다 그를 '이단자' 또는 '사기꾼'으로 결론 내리지는 않았다는 기록을 보존하고 있다.[12]

성경 외에 포착된 예수의 증거들

복음서 외부에서 예수에 관한 꽤 많은 언급을 찾아보았지만, 왜 훨씬 더 많은 증거가 없는지 궁금했다. 나는 1세기부터 쓰인 역사적 문서가 거의 보존되지 않았다는 것을 알았지만 다음과 같은 질문을 했다. "전체적으로 볼 때 성경 이외의 고대 기록에서 예수에 관한 더 많은 언급을 찾아내리라고는 기대하지 않아야 합니까?"

"종교적 운동이 시작되면 그것에 관해 기록하는 시기는 종종 수세대가 지난 후가 됩니다"라고 야마우치 교수는 대답했다. "그러나 사실은 다른 어떤 고대 종교 창시자보다 예수님에 관해서는 더 뛰어난 역사적 기록이 존재합니다."

그 말은 나의 관심을 사로잡았다. "정말입니까? 좀 더 자세히 설명해 주시겠습니까?"

"예를 들어 BC 1000년경 조로아스터의 가타스(Gathas, 조로아스터의 찬송가)가 믿을 만한 것이라고 믿어지지만 대부분의 조로아스터 경전은 AD 3세기 이후에야 기록되었습니다. 조로아스터에 관한 가장 인기 있는 파시(Parsi, 회교도의 박해로 8세기에 인도로 피신한 조로아스터 교도의 자손)의 전기는 AD 1278년에 쓰였습니다.

BC 6세기에 살았던 부처의 경전은 기독교 시대가 지난 후에야 기록되었고, 최초의 부처 전기는 AD 1세기에 기록되었습니다. AD 570년에서 632년까지 살았던 마호메트의 말이 코란에 나오지만 그의 전기는 그가 죽고 난 후 1세기가 지난 767년에서야 비로소 쓰였어요. 그래서 예수님과 관련된 상황은 아주 독특하죠. 신약성경 외에서 그에 관해 알 수 있는 내용의 분량을 생각해 보면 상당히 인상적입니다."

나는 그 주제를 포착해서 지금까지 성경이 아닌 기록으로부터 예수에 관해 수집한 내용을 요약해 보고 싶었다. "신약성경이나 다른 기독교 기록이 전혀 없다고 가정해 볼까요?"라고 나는 말을 이었다. "그런 기록이 전혀 없다면 고대의 비기독교인의 기록 예를 들어 요세푸스, 탈무드, 소플리니우스, 다른 사람들이 쓴 기록들을 볼 때 예수에 관해 어떤 결론을 내릴 수 있을까요?"

야마우치 교수는 미소를 머금고 "우리에게는 여전히 상당히 많은 양의 중요한 역사적 증거가 있습니다. 사실 그 정도면 예수의 생애에 관한 일종의 윤곽을 잡을 수 있습니다"라고 대답했다.

그는 중요한 사항을 강조하기 위해 손가락을 들어 올리면서 계속 이야기했다. "첫째, 예수는 유대인 선생이었다는 점을 알 수 있습니다. 둘째, 많은 사람들은 그가 치유를 행하고 귀신을 쫓아내는 일을 했다고 믿고 있습니다. 셋째, 어떤 사람들은 그가 메시아라고 믿었죠. 넷째, 그는 유대인 지도자들에게 배척을 받았습니다. 다섯째, 디베랴 지방에서 본디오 빌라도의 통치하에서 십자가에 못 박혀 죽음을 당했습니다. 여섯째, 이 수치스러운 죽음에도 불구하고 그가 여전히 살아 있다고 믿은 추종자들은 팔레스타인 지방을 넘어 빠른 속도로 확산되어 AD 64년경에는 로마에서도 많은 군중들이 그의 제자가 되었습니다. 일곱째, 도시와 시골의 모든 부류의 사람들 남자와 여자, 노예와 자유인들 모두가 그를 하나님으로 경배했습니다."

이것은 정말로 엄청난 양의 확증적인 증거였다. 그리고 성경과는 별도로 예수의 생애의 윤곽을 재구성할 수 있을 뿐만 아니라, 실제로는 복음서보다 기록 시기가 빠를 정도로 오래된 자료를 바탕으로 예수에 관해 얻을 수 있는 정보도 훨씬 많다.

초기의 세부 사항을 확증하기

사도 바울은 예수가 죽기 전에 그를 만난 적이 없었고 부활하신 그리스도를 우연히 만났다고 했다. 그리고 나중에 목격자들과 동일한 메시지를 전파하고 있다는 점을 확인하기 위해 그들 중 몇 사람과 상의하기도 했다. 그는 복음서가 기록된 시점보다 수년 먼저 신약성경의 서신들을 기록했기 때문에, 그의 서신에는 예수에 관한 가장 초기의 주장이 담겨져 있다. 워낙 이른 시기의 기록이기 때문에 그 내용이 심각하게 왜곡되었다고 주장할 수 있는 사람은 아무도 없다.

"에모리대학교의 학자인 루크 티모시 존슨(Luke Timothy Johnson)은 바울의 서신서가 예수에 관한 전승의 '고대성과 편재성'에 대한 '가치 있는 외적 검증'을 나타낸다고 주장합니다.[13] 그의 의견에 동의하세요?"라고 야마우치 교수에게 물었다.

우리는 꽤 오랫동안 이야기를 나누고 있었다. 그는 잠시 일어나서 다리를 편 후에 다시 앉았다. "바울의 기록이 신약성경에서 가장 초기의 것이라는 데는 의심의 여지가 없습니다. 그리고 그의 기록은 예수님의 생애에 관한 매우 중요한 언급을 하고 있다는 점도 확실합니다."

나는 "그 부분을 좀 더 자세히 설명해 주시겠어요?"라고 부탁했다.

"그는 예수님이 다윗의 자손이고, 메시아이며, 배신을 당했고, 재판을 받았으며, 우리 죄를 위하여 십자가에 못 박혔고, 땅에 묻혔다가 삼 일 만에 다시 살아나셔서 많은 사람들 - 즉 예수님이 십자가에 못 박히기 전에는 믿지 않았던 예수님의 형제 야고보를 포함해서 - 이 그를 보았다는 사실을 언급하고 있습니다.

바울이 복음서에서 매우 중요한 몇 가지 점, 예를 들어 예수님의 비유와 기적을 언급하지 않고 예수님의 죽음과 부활에 초점을 맞추고 있다는 것 또한 흥미롭습니다. 바울에게 그것은 예수님에 관한 가장 중요한 면이었고, 정말로 바울 자신을 그리스도인의 박해자에서 역사상 최초의 기독교 선교사로 변화시킨 신앙이기 때문에 모든 종류의 고난과 궁핍을 기꺼이 견디게 만든 힘이었죠.

바울은 또한 예수님의 인격에 관한 몇 가지 중요한 측면을 확증해 주고 있습니다. 곧 겸손, 순종, 죄인들을 향한 사랑 등입니다. 그는 빌립보서 2장에서 그리스도인들에게 그리스도의 마음을 품으라고 명하고 있습니다. 이 부분은 바울이 초기 기독교의 그리스도에 대한 찬송에서 인용한 유명한 구절입니다. 그 찬송에는 그리스도께서 하나님과 동등한 분이셨지만 자기를 비어 종의 형체를 가지고 사람의 모양으로 나타나셔서 최고의 형벌인 십자가에 못 박혀 고통당하셨음을 기리고 있죠. 그래서 바울의 서신들은 그리스도의 신성에 대한 중요한 증거입니다. 바울은 예수를 '하나님의 아들'과 '하나님의 형상'이라고 부르고 있어요."

나는 그의 말에 끼어들었다. "유일신을 믿는 유대교 출신인 바울이 예수를 하나님으로서 경배했다는 사실은 대단히 중요하지 않습니까?"

그는 말했다. "예, 그렇습니다. 그것은 그리스도의 신성이 나중에 이방인의 신앙에 의해 기독교에 들어왔다는 대중적인 설을 약화시키는 근거가 되기도 하죠. 사실은 매우 초기에 살았던 바울조차 예수님을 하나님으로서 경배했으니까요. 이 모든 바울의 확증이 굉장히 중요하다는 점을 말씀드려야겠군요. 그리고 우리에게는 목격자들인 야고보와 베드로의 초기 서신들도 있답니다. 예를 들어 야고보서에는 예수님의 산상설교를 다시 모아 기록한 부분이 있습니다."

이에 더해 신약성경 이후에 있었던 가장 초기의 저자들인 '사도 교부'들이 쓴 기록물도 있다. 그들은 로마의 클레멘트 서신, 어그나티우스 서신, 폴리갑 서신, 바나바 서신, 그리고 다른 몇 개의 서신을 기록했다. 많은 장소에서 쓰인 이 기록들은 예수에 관한 기본적 사실, 특히 그의 가르침, 십자가에 못 박힘, 부활, 신성을 증명해 준다. "이 기록 중에서 어느 것이 가장 중요하다고 생각하십니까?"라고 질문했다.

야마우치 교수는 그 질문에 대해 곰곰이 생각했다. 그는 가장 중요하다고 생각하는 하나의 이름을 말하지는 않았지만 이그나티우스의 일곱 개의 편지가 사도 교부들의 기록 중에서 가장 중요한 것 가운데 하나라고 인용했다. 시리아 안디옥의 주교였던 이그나티우스는 AD 117년 이전 트라야누스 황제의 통치 기간 중에 순교했다.

야마우치 교수는 말을 계속했다. "이그나티우스에 관해 중요한 점은 그가 예수께서 실제로 인간이라는 것을 부인한 예수 가현설(지상의 예수는 하늘의 영적 실재자로서의 예수의 환영이었다고 하는 2세기의 이단설-역주)에 반대한 증거로써 예수의 신성과 인성 둘 다를 강조했다는 것입니다.

그는 기독교에 대한 역사적 토대도 강조했습니다. 처형을 당하러 가는 도중에 쓴 한 편지에서, 예수는 빌라도의 통치 아래에서 진실로 핍박받았고 진실로 십자가에 못 박혔으며 진실로 죽은 자 가운데서 부활했으며 그를 믿는 자 역시 부활하게 될 것이라고 기록했습니다."[14]

요세푸스, 로마의 역사가와 관리들, 유대인의 기록, 바울과 사도 교부들의 편지들, 이 모든 것을 종합해 보면 예수의 전기에서 볼 수 있는 모든 핵심적 사항을 확증해 주는 설득력 있는 증거를 얻게 된다. 심지어 복음서의 마지막 사본을 모두 내던져 버린다 해도 여전히 매우 강력한 예수의 모습을 알 수 있다. 사실 그것은 하나님의 독생자의 모습이다.

나는 일어서서, 시간을 내어 전문가적 의견을 말해 준 그에게 감사를 드렸다. "많은 책이 이 문제에 관해 말하고 있어서 더 나누고 싶은 이야기가 많지만 끝마치기 전에 마지막 질문을 드리고 싶군요. 개인적인 것인데 괜찮으실까요?"

교수는 자리에서 일어서서 "예, 좋습니다"라고 말했다.

그의 검소한 연구실을 힐끔 쳐다보니, 책과 원고들, 기록물과 저널, 컴퓨터 디스크와 논문 등 일생 동안 오래전의 세계에 대한 학문적 연구의 성과물들로 꽉 차 있었다.

"교수님은 40년 간 고대 역사와 고고학을 연구했습니다. 그 결과 영적인 생활에는 어떤 성과가 있었습니까? 예수 그리스도에 대한 믿음이 더 견고하게 되었습니까 아니면 약화되었습니까?"

그는 잠시 바닥을 내려 보더니 나의 눈을 정면으로 바라보았다. 그리고는 단호하지만 진지한 목소리로 말했다. "저의 연구 때문에 영적인 생활이 많이 견고해지고 풍부해졌다는 것은 의심할 여지가 없습니다. 그리고 문화와 사건이 일어난 역사적 맥락을 보다 더 잘 이해하게 되었습니다.

물론 그것이 아직까지 몇몇 논쟁거리가 남아 있음을 인정하지 않는다는 말은 아닙니다. 사실 평생 연구해도 완전한 지식을 얻을 수는 없을 테니까요. 그러나 이 논쟁거리들 때문에 복음서와 나머지 신약성경의 본질적 신뢰성에 대한 저의 믿음이 절대로 약화되지는 않습니다. 제 생각에는 오히려 사회적, 심리적 이유를 근거로 기독교의 확장을 말하는 다른 설명 방법들이 매우 취약하게 보입니다. 매우 취약하죠."

그러고 나서 덧붙였다. "저의 경우, 역사적 증거 때문에 예수 그리스도가 우리를 사랑해서 우리를 위해 죽으셨고, 죽은 자 가운데서 부활하신 하나님의 아들이라는 믿음에 더욱 헌신하게 되었습니다. 그것은 아주 명백한 사실이죠."

자유를 주는 진리

야마우치 교수의 연구실에서 나와, 다음 수업을 듣기 위해 이곳저곳으로 서둘러 가는 대학생들 틈에 끼었을 때, 오하이오 주의 옥스퍼드로 차를 몰고 온 일이 얼마나 만족스러웠는지 생각하게 되었다. 예수에 대한 확증적인 증거를 찾으러 왔다가 그분의 생애, 기적, 신성, 죽음에 대한 승리 등 모든 주요한 측면을 확증해 주는 풍부한 자료의 보고를 가지고 돌아가게 되었기 때문이다.

우리의 짧은 대화는 단지 문제의 겉핥기에 지나지 않았다는 것을 알았다. 인터뷰를 준비하느라고 다시 읽고 온 *The verdict of History*(역사의 평결)[15]이라는 책에서 역사가 게리 하버마스(Gary Habermas)는 예수의 생애를 기록한 총 39개의 고대의 자료를 상세히 기술하고 있다. 그 자료에서는 예수의 생애, 가르침, 십자가에 못 박힌 사건, 그리고 부활에 관해 보고된 100가지 이상의 사실이 열거되고 있다.[16]

게다가 하버마스가 인용한 24개의 자료에는 가장 초기의 교회 교리에 관한 7개의 세속적 자료와 몇 가지 자료가 포함되어 있는데, 예수의 신성을 특별하게 다루고 있다. 하버마스는 "이 교리를 보면 현대 신학에서 종종 반복되듯 교회가 단지 한 세대 이후에야 예수의 신성을 가르친 것은 아니라는 점이 밝히 드러납니다. 왜냐하면 이 교리는 분명히 가장 초기의 교회에 존재했기 때문입니다"라고 기록하고 있다. 그의 결론은 다음과 같다. "이 교리에 대한 가장 좋은 설명은 그 교리가 예수 자신의 가르침을 적절히 표현한다고 보는 입장입니다."[17]

그 말은 일찍이 생존한 사람 중 가장 영향력 있는 인물의 가장 중요한 주장에 대한 뛰어난 확증이다. 나는 외투의 지퍼를 잠그고 차를 타러 갔다. 뒤를 돌아보니 철저하게 세속적인 대학교의 교정으로 걸어들어 왔을 때 처음 본 비문이 시월의 태양 빛 속에서 빛나고 있었다.

"진리를 알지니 진리가 너희를 자유케 하리라."

———

Chapter 5

과학적 증거

고고학이
예수의 전기를
반박하는가

존 맥레이 교수와 인터뷰

용의자 제프리 맥도널드(Jeffery MacDonald) 의사와의 점심 식사는 약간 비현실적으로 느껴졌다. 그는 북 캐롤라이나 법원의 한 회의실에서 아무렇지도 않게 참치 샌드위치와 감자칩을 먹으며 식사 시간을 즐겼다. 근처 방에서는 12명의 배심원들이 맥도널드가 잔인하게 아내와 어린 두 딸을 살해했다는 소름끼치는 증거를 심리한 후에 잠깐 휴식을 취하고 있는 터였다.

식사가 끝나 갈 때쯤, 나는 더 이상 참지 못하고 맥도널드에게 뻔한 질문을 던지고 말았다. "어떻게 그렇게 아무 일도 아닌 것처럼 행동할 수 있습니까?" 나는 놀람과 분노가 뒤섞인 목소리로 말했다. "배심원들이 당신에게 유죄 판결을 내릴 텐데 걱정되지 않습니까?"

맥도널드는 아무 생각 없이 배심원이 있는 방을 대강 가리키며 반쯤 먹다만 샌드위치를 흔들었다. 그는 껄껄 웃으며 말했다. "배심원들요? 그들은 절대로 내게 유죄를 선고할 수 없어요!" 그때 그는 자신의 말이 얼마나 냉소적으로 들렸는지를 깨닫고 재빨리 덧붙였다. "당신도 알다시피 난 결백해요."

결국 그가 웃는 것을 본 마지막이 되었다. 그로부터 며칠 후 특전 부대 요원이었고 응급실 담당 의사인 그가 아내 콜레트(Colette)와 다섯 살짜리 킴벌리(Kimberly)와 두 살 된 크리스틴(Kristen)을 살해한 증거가 드러났다. 그는 곧바로 종신형을 선고받았고 수갑이 채워진 채로 끌려갔다. 맥도널드의 이야기는 조 맥기니스(Joe McGinniss)에 의해 베스트셀러로 그려졌고 〈Fatal Vision〉(파멸의 꿈)이라는 제목의 TV영화로 다루어졌다. 그는 자신의 알리바이를 증명해 살해를 하고서도 용케 빠져 나갈 수 있다고 생각했다.

한밤중에 마약에 취한 히피족이 그를 깨웠을 때, 그는 소파에서 잠들어 있었다고 수사관들에게 진술했었다. 그들과 격투를 벌이다가 칼에 찔렸으며 그 과정에서 의식을 잃고 쓰러졌다고 말했다. 잠에서 깨고 보니 가족이 살해당한 것을 알게 되었다고 했다. 형사들은 처음부터 그 말을 의심했다. 거실에는 생사를 건 싸움의 흔적이 거의 없었다. 맥도널드의 부상은 매우 가벼웠다. 그는 시력이 나빴지만 안경을 끼지 않았더라도 그를 공격한 사람들을 상세히 묘사할 수는 있었다. 그러나 의심만 가지고 유죄 판결을 이끌어 낼 수는 없다. 분명한 증거가 필요했다. 맥도널드의 경우, 형사들은 과학적 증거에 기초해서 실타래처럼 얽힌 거짓말을 풀어서 그에게 살인죄로 유죄 판결을 내리려 했다.

재판에서 보통 사용되는 과학적인 증거에는 DNA는 물론이고 법 인류학에서 독물학에 이르기까지 다양하다. 맥도널드의 경우, 그를 교도소로 보낸 것은 바로 혈청학, 곧 혈액 증거와 흔적 증거였다. 검사들에게 행운이었던 것은, 공교롭게도 맥도널드의 가족들이 각각 다른 혈액형을 가지고 있었다는 점이다. 수사관들은 핏자국이 발견된 장소를 분석함으로써 저녁 때 일어난 일련의 사건들을 재구성할 수 있었다. 그 결과는 사건에 대한 맥도널드의 설명과 모순되는 것으로 나타났다.

여러 지점에 흩어진 채로 발견된 작고 푸른 잠옷에서 나온 실에 대한 과학적 연구 결과 역시 그의 알리바이가 틀렸음이 입증됐다. 또 현미경 분석 결과 그의 주장대로 잠옷에 생긴 구멍이 자신의 집의 침입자들이 휘두른 얼음 깨는 송곳 때문에 생긴 것이 아니라는 것이 증명되었다. 맥도널드의 유죄 판결에 실제로 도움을 준 사람들은 바로 실험실에서 흰

가운을 입은 미연방수사국의 전문가들이었다.[1]

이처럼 과학적 증거는 예수에 관한 신약성경의 이야기가 정확한가에 대한 질문에도 중요한 공헌을 한다. 혈청학과 독물학이 그 문제를 푸는 실마리를 제공할 수는 없지만, 또 다른 범주의 과학적 증거 - 고고학 부문 - 는 복음서의 신뢰성을 밝혀내는 데 커다란 영향을 미친다.

영원한 쓰레기에 관한 연구라고 불리는 고고학은 문화 유물, 건축, 미술, 동전, 기념물, 문서, 다른 고대 문화의 유적들과 관련이 있다. 전문가들은 예수가 고대 팔레스타인 지방의 먼지 낀 길을 거닐었을 때 사람들의 생활이 어떠했는가를 알아내기 위해 이런 유물을 연구한다.

1세기부터 수백 개의 고고학적 발견이 이루어졌는데 나는 그런 고고학적 발굴이 예수에 관한 목격자들의 이야기를 손상시키는지 아니면 뒷받침해 주는지에 대한 호기심이 생겼다. 동시에 나의 호기심은 회의주의와 뒤섞였다. 너무나도 많은 그리스도인들이 고고학이 실제보다 더 많은 것을 증명할 수 있다고 주장했기 때문이다. 나는 그러한 지나친 주장에 대해서는 흥미가 없었다.

그래서 중동 지방의 유물을 몸소 파헤치고, 고대의 발견에 대한 백과사전적 지식을 소유하고 있으며, 고고학의 한계를 인정할 만큼 과학에 대한 한계를 인식하고, 동시에 고고학이 1세기의 생활을 어떻게 조명할 수 있는가를 설명할 수 있는 권위자에게 질문을 하러 갔다.

네 번째 인터뷰: 존 맥레이 교수

많은 학자들과 학생들이 고고학을 연구할 때 참조하는 자료가 있다. 존 맥레이(John McRay) 교수의 철저하고도 공정한 교재인 《고고학과 신약성경》(*Archaeology and the New Testament*)이다. TV의 예술·오락 방송이 〈성경의 신비〉라는 프로그램의 정확성을 확인하고 싶을 때 부르는 사람 역시 맥레이 교수이다. 〈내셔널 지오그래픽〉에서 성경 세계의 복잡성을 설명할 과학자가 필요했을 때도, 시카고 교외에 있는 권위 있는 휘튼대학의 그의 연구실로 전화가 왔다.

히브리대학, 예루살렘의 프랑스성경고고학대학, 밴더빌트대학 신학교, 시카고대학교(여기서 1967년에 박사 학위를 받았다)에서 공부한 맥레이 교수는, 15년 이상 휘튼에서 신약성경과 고고학 교수로 활동했다. 그의 논문은 17개의 백과사전과 사전에 실렸고, 그의 연구는 근동고고학협회의 회보와 다른 학문적 저널에 게재되었으며, 교수협회에도 29편의 학술 논문이 실렸다.

맥레이 교수는 또한 예루살렘에 있는 올브라이트고고학연구협회의 전직 준회원이며 이사였다. 그리고 미국동양연구학회의 전 이사였고, 근동고고학협회의 현 이사이며, 성경시대의 고고학과 성경연구협회에서 발행하는 성경연구회보의 편집 위원이다.

그는 고대 세계에 관한 글쓰기와 가르침을 즐겨하는 만큼이나 몸소 고고학적 발굴에 참여하기를 좋아한다. 그는 8년에 걸쳐 이스라엘의 모든 곳 즉 가이사랴, 세포리스, 헤로디움 지방에서 발굴 팀을 지휘했다. 잉글랜드와 웨일스에서 로마의 고고학적 유적을 연구했고, 그리스에서 발굴지를 분석했으며, 사도 바울이 여행했던 경로의 많은 부분을 다시 추적했다.

66세인 맥레이 교수의 머리칼은 은빛으로 변했고 안경은 더 두꺼워졌지만, 여전히 모험적인 분위기를 자아내고 있다. 연구실 책상 위와 집의 침대 위에는 예루살렘의 세세한 평면 사진이 놓여 있다. "저는 그 사진의 그늘 아래에서 살고 있습니다." 그는 특정한 발굴 지점과 중요한 발견들을 지적하면서 동경하는 듯한 목소리로 말했다. 그의 연구실은 시골 가정의 현관 앞에서나 볼 수 있는 포근한 소파를 가지고 있었다. 나는 거기에 앉았고, 그는 셔츠와 스포츠 재킷을 편하게 입고 책상 의자에 기대어 앉았다.

그가 고고학의 영향을 과장하고 있는지 알아보기 위해, 나는 고고학이 신약성경의 신뢰성에 관해 이야기할 수 없는 점이 무엇인가를 물어봄으로써 인터뷰를 시작했다. 그의 교재에서도 언급되어 있듯이 고고학이 메디나와 메카라는 도시가 6-7세기 서부 아라비아에 존재했다는 것을 증명할 수 있다고 할지라도, 그 점이 마호메트가 거기에 살았다든지 혹은 코란이 진리임을 증명하는 것은 아니다.

"고고학은 몇 가지 중요한 기여를 했습니다." 그는 어린 시절 오클라호마 남동부에서 배운 특유의 느린 말투로 말하기 시작했다. "고고학은 신약성경이 하나님의 말씀인지 어떤지에 대해서는 확실히 증명할 수 없습니다. 이스라엘의 여러 지역을 발굴해서 성경에서 말하는 장소와 일치하는 고대 유적을 찾아낸다면 성경의 역사와 지리적인 위치가 정확함을 보여 주는 것입니다. 그렇지만 이것이 예수 그리스도의 말씀이 옳았다는 점을 확증하지는 않습니다. 영적인 진리는 고고학적 발견에 의해 증명하거나 반대할 수는 없습니다."

그는 비유로 호머(Homer)의 《일리아드》(Iliad)가 가진 역사적 정확성을 증명하려는 노력으로 트로이를 수색한 하인리히 슐리만(Heinrich Schliemann)의 이야기를 들려주었다. "그는 정말 트로이를 찾아냈습니다." 맥레이 교수는 온화한 미소를 지으며 말했다. "그러나 《일리아드》의 이야기가 사실임을 증명하지는 못했어요. 단지 특정한 지리적 언급만 정확했을 뿐이죠."

　일단 고고학이 증명할 수 없는 한계를 알자 고고학이 신약성경에 관해 무엇을 말해 줄 것인지 알고 싶어졌다. 그래서 나는 법률적 배경을 가진 언론인으로서 개인적 경험에서 우러나오는 의견을 말함으로써 이 주제를 다루기로 결심했다.

진리 파헤치기

　어떤 증인의 진실성을 판단하려 할 때 언론인과 법률가는 가능한 증언의 모든 요소를 검사한다. 조사 결과 세부 사항에서 틀린 점이 드러난다면, 그의 이야기 전체의 진실성은 상당한 의심을 받는다. 그러나 세부 사항이 일치하면 증인의 이야기가 전체적으로 신뢰할 만하다는 암시를 받게 된다. 이것은 종결적인 증거라기보다 한 가지 증거일 뿐이다.

　예를 들어, 어떤 사람이 세인트루이스에서 시카고까지 여행을 했는데 오데온극장에서 영화 〈타이타닉〉을 보기 위해 일리노이 주의 스프링필드에 잠깐 들렀고, 매점 판매대에서 큰 클라크 바를 사서 먹었다고 했다. 그 경우 조사자들은 스프링필드에 그런 극장이 존재하는지 여부와 그 극장에서 이 특정한 영화를 상영하고 있었는가와 그가 거기에 있었다고 말한 당시에 이 특정한 상표와 크기의 캔디를 극장에서 팔고 있었는지에 대해 판단한다. 조사 결과 그 사람의 주장과 다르게 나왔다면 그의 신뢰성에 심각한 오점이 생긴다. 만약 세부 사항이 일치하면, 비록 전체 이야기가 사실임이 증명되지는 않지만 정확성에 대한 그의 평판은 더욱 확고해진다.

　어떤 의미에서 이 점은 고고학자들이 성취하는 부분이다. 그 전제는 이렇다. 만약 고대 역사가의 사건에 대한 세부 사항이 여러 번 사실로 확인되면, 그 역사가가 기록했지만 교차 검토할 수 없는 다른 자료에 대한 신뢰성은 증가한다. 그래서 맥레이 교수에게 전문가의 의견을 물어보았다. "고고학에 의해 신약성경의 세부적인 사항들이 사실로 확인되면 신약의 내용이 확증되거나 약화되나요?"

그는 재빨리 대답했다. "신약성경의 신뢰도가 더욱 증가함은 의심할 여지가 없죠. 그것은 발굴의 결과 어떤 고대 문서의 저자가 특정한 장소나 사건을 정확히 언급했다고 드러날 때, 그 문서의 신뢰성이 더욱 증가되는 것과 마찬가지입니다."

그는 한 가지 예로써 이스라엘 해안에 있는 가이사랴 지방에서 자신이 직접 참여한 발굴을 이야기했다. 거기서 다른 사람들과 함께 헤롯 대왕의 항구를 발굴했다. "오랜 기간 동안 사람들은 1세기의 역사가 요세푸스의 진술, 다시 말해 이 항구가 아테네의 주요 항구인 피레우스의 항구만큼 컸다는 말의 타당성을 의심했습니다. 요세푸스가 틀렸다고 생각한 거죠. 왜냐하면 오늘날 항구의 수면 위로 솟아난 돌을 보면 그 항구가 그다지 크지 않거든요.

그러나 우리가 해저 발굴을 시작했을 때 그 항구가 물속으로 더 멀리 확장되어 있었고, 이전에 무너져 내린 흔적이 있었으며, 전체의 크기는 정말로 피레우스 항구에 견줄 만하다는 것을 알게 되었습니다. 결국 요세푸스의 말이 옳았음이 증명되었죠. 이것은 요세푸스가 자신이 말한 바를 알고 있었다는 또 하나의 증거입니다."

그렇다면 신약성경의 저자들은 어떤가? 그들은 정말로 자신들이 말한 바를 알았을까? 나는 다음 질문의 연속선상에서 그 문제를 검증해 보고 싶었다.

역사가 누가의 정확성

의사이자 역사가인 누가는 신약성경에서 약 4분의 1을 차지하는 두 책, 곧 자신의 이름이 들어 있는 복음서와 사도행전을 기록했다. 따라서 제기되는 중요한 문제는 누가가 사건을 바르게 이해했다고 신뢰받을 만한 역사가인가 하는 점이다. "고고학자들이 그의 기록의 세부 사항을 확인해 보면 그가 신중한 사람이라고 알게 됩니까, 아니면 부주의한 사람이라는 것을 알게 됩니까?"라고 나는 물어보았다.

"자유주의 학자들과 보수주의 학자들이 모두 일반적으로 동의하는 바는 누가가 역사가로서 매우 정확한 사람이었다는 겁니다." 맥레이 교수는 대답했다. "그는 박식하고 설득력 있는 사람이었어요. 그의 헬라어 구사는 고전적 특색을 띠고 있으며 교육받은 사람같이 글을 썼죠. 고고학적 발견으로 누가가 말하려는 내용이 정확하다는 사실이 반복해서 드러나고 있습니다." 그는 또한 덧붙여서 방금 얘기한 항구 이야기와 유사한 예가 많다고 말했다. 곧 학자들이 처음에는 누가의 특정한 언급이 틀렸다고 생각했지만, 나중에 알고 보니 그의 기록이 정확함을 확인했던 것이다.

예를 들어 누가복음 3장 1절에서 누가는 루사니아(Lysanias)가 AD 27년경 아빌레네의 분봉 왕이었다고 언급했다. 학자들은 수년 동안 이 점을 누가가 자신이 말한 내용을 몰랐다는 증거로 지적했다. 왜냐하면 모든 사람이 루사니아가 분봉 왕이 아니라 반세기 전의 칼키스(Chalcis)의 통치자라고 알고 있었기 때문이다. 그들은 만약 누가가 그처럼 기본적인 사실조차 이해할 수 없다면 그의 기록은 아무것도 신뢰할 수 없다고 주장했다.

이때가 바로 고고학이 끼어들 순간이다. "티베리우스의 통치 기간인

AD 27년부터 37년 사이에 기록된 어떤 비문이 이후에 발견되었습니다. 거기에는 누가의 기록대로 다메섹 근처에 있는 아빌레네의 분봉 왕 이름이 루사니아라고 되어 있습니다." 맥레이 교수가 설명했다. "루사니아라는 이름을 가진 정부 관리가 두 명이었다는 사실이 증명되었던 거죠! 다시 한 번 누가가 옳았음이 입증되었습니다."

또 다른 예는 누가가 사도행전 17장 6절에서 '읍장'(politarchs)이라고 언급한 부분이다. 그 용어는 NIV 성경에 의하면 데살로니가 도시의 '시의 관리'(city officials)라고 번역되어 있다. "오랫동안 사람들은 누가의 실수라고 생각했습니다. 왜냐하면 '읍장'이란 호칭이 고대 로마의 어떤 문서에도 발견되지 않았기 때문이죠." 맥레이 교수는 말했다.

"그러나 1세기 한 지도자의 비문이 나중에 발견되었는데, '읍장의 시대에…'라고 시작됩니다. 대영 박물관에 가서 직접 확인해 볼 수 있습니다. 그리고 한번 보세요. 고고학자들은 읍장을 언급하는 비문을 35개 이상이나 발견했고, 누가가 언급한 동일한 시대의 비문을 데살로니가에서 발견했습니다. 다시 한 번 비평가들이 틀렸고 누가가 옳았음이 증명된 셈이죠."

갑자기 마음속에 반대 의견이 떠올랐다. "그렇군요. 하지만 누가는 복음서에서 예수가 소경 바디매오를 고쳤을 때 여리고 쪽으로(into) 걸어 오셨다고 말하고 있는데 반해, 마가는 여리고 밖으로(out) 나가셨다고 말하고 있습니다.[2] 이 부분은 신약성경의 신뢰성을 의심할 만한 명백한 모순이 아닙니까?"

그는 단도직입적인 내 질문 때문에 기분이 상하지 않았다. "절대로 그렇지 않습니다"라고 그는 대답했다. "도시가 건설되고 정착된 시기의 용어로 생각하기 때문에 단지 모순처럼 보일 뿐입니다. 그러나 오래전, 과거에는 그렇지는 않았습니다. 고대의 여리고는 꽤 가까운 거리에 4곳이나 있었습니다. 그 도시는 파괴되었는데, 다른 급수 시설이나 새로운 도로, 또는 산 근처나 그 밖의 다른 곳에 사람들이 다시 정착했습니다. 중요한 점은 여리고가 존재한 한 지점에서 나와서 다른 지점으로 들어갈 수 있다는 것입니다. 마치 시카고 교외의 한 장소에서 시카고 교외의 다른 지점으로 이동할 수 있는 것과 같습니다."

"그러면 누가와 마가 둘 다 옳다는 말인가요?"

"그렇습니다. 예수님은 여리고의 한 지역에서 나와서 동시에 여리고의 다른 지점으로 가셨을 겁니다."

다시 한 번 고고학이 누가에 대한 또 다른 도전에 맞서 해답을 제시했다. 그리고 신약성경의 많은 부분을 누가가 기록했다는 점을 받아들인다면 누가가 가장 사소한 세부 사항까지 고려해서 신중하게 정확성을 기한 역사가였다는 점이 입증된다. 이는 매우 중요하다. 어느 뛰어난 고고학자는 누가가 언급한 32개의 나라, 54개의 도시 그리고 9개의 섬을 면밀히 조사해 보았는데, 단 하나의 실수도 찾아내지 못했다.[3] 그의 다음 말로 결론을 내릴 수 있을 것이다. "누가가 많은 수고와 노력으로 역사적 사실을 보고하는 데 정확성을 기했다면, 어떤 논리적 근거를 가지고 그가 자신뿐 아니라 다른 사람들에게도 너무나 중요한 문제를 보고하는 데 있어서 경솔히 믿었다거나 부정확했다고 가정할 수 있겠습니까?"[4]

중요한 문제란 예를 들면 예수의 부활과 같은 그의 신성에 관한 가장 영향력 있는 증거이다. 누가는 '확실한 많은 증거'에 의해 견고히 뒷받침되었다고 말하고 있다(행 1:3).

요한과 마가의 진술은 믿을 만한가?

고고학이 누가의 신뢰성을 뒷받침하기는 해도 누가만 신약성경의 저자는 아니다. 나는 과학자들이 요한에 관해서는 어떤 말을 했을지 궁금했다. 그가 증명할 수 없는 장소를 언급했다는 이유로 그의 복음서가 종종 의심을 받고 있기 때문이다. 어떤 학자들은 이런 기본적인 세부 사항조차 제대로 전달하지 못한 것으로 보아 요한이 예수의 생애에 일어난 사건들을 가까이서 지켜보지 않았음이 틀림없다고 설명했다.

그러나 그 결론은 최근 몇 년 사이에 정반대로 판명되었다. "요한이 매우 정확했다는 것을 보여 주는 것들을 발견했어요"라고 맥레이 교수는 지적했다. "예를 들어 요한복음 5장 1-15절에는 예수께서 베데스다 못에서 병자를 고치셨다는 기록이 나옵니다. 요한은 그 못에 행각 다섯이 있다고 세부적인 묘사를 하죠. 오랫동안 사람들은 이 부분을 부정확성의 예로 인용했습니다. 그런 장소가 발견되지 않았기 때문이죠.

하지만 최근에 베데스다 못이 발굴되었는데, 평지보다 40피트 아래에 위치하고 있었습니다. 그리고 확실히 행각 다섯 개가 있었습니다. 그것은 요한이 묘사한 대로 주랑(柱廊)이 있는 현관이나 통로를 의미합니다. 그리고 다른 발견들도 많이 있어요. 요한복음 9장 7절에 나오는 실로암 못, 요한복음 4장 12절의 야곱의 우물, 요한복음 19장 13절에서 예수가 빌라도 앞에 섰던 욥바 문(Jaffa Gate) 근처의 박석(돌을 깐 뜰이나 광장)이 있을 법한 위치, 심지어 빌라도의 정체 등 이 모든 발견들 때문에 요한복음의 역사적 신뢰성이 밝혀졌습니다."

"이 점 때문에 요한복음이 예수의 생애가 끝난 지 오랜 시간 후에 기록되어서 정확할 리 없다는 주장에 의심이 가는군요"라고 나는 말했다.

"아주 확실히 그 주장을 반박할 수 있게 된 거죠." 사실 맥레이 교수는 브루스 메츠거 교수가 얘기해 준 내용을 반복한 셈이었다. 다시 말해 뛰어난 파피루스 학자들이 AD 125년경으로 추정한 요한복음 18장의 사본 조각을 고고학자들이 발견했다는 내용이었다. 요한복음의 사본이 이렇게까지 초기에 그것도 이집트처럼 멀리 떨어진 곳에 존재했다는 사실을 증명함으로써, 고고학은 요한복음이 예수 사후 한참 후인 2세기에 구성되었기 때문에 신뢰할 수 없다는 추측을 없애 버렸다.

어떤 학자들은 일반적으로 예수의 생애를 최초로 기록했다고 여기는 마가복음을 공격한다. 무신론자인 마이클 마틴(Michael Martin)은 마가가 팔레스타인의 지리에 대해 잘 몰랐다고 비난한다. 그 점은 바로 마가가 예수의 생애 당시 그 지역에 살지 않았음을 증명한다는 것이다. 특히 그는 마가복음 7장 31절을 인용한다. "예수께서 다시 두로 지경에서 나와 시돈을 지나고 데가볼리 지경을 통과하여 갈릴리 호수에 이르시매." 마틴은 말했다. "예수는 갈릴리 호수에서 이 방향으로 직행했을 것이라고 지적되어 왔다."[5]

맥레이 교수에게 마틴의 비평을 제시하자 그는 서둘러 몸을 움직였다. 마가복음의 헬라어 번역본을 꺼내고, 참고 서적을 집어 들고 고대 팔레스타인 지방의 커다란 지도를 펼쳤다. "그 비평가들이 가정하는 바는 마치 예수께서 차를 타고 주간(州間) 고속도로를 획 지나가는 것과 같아요. 하지만 분명히 그런 식으로 이동하지 않았어요."

원어로 본문을 읽고 산악 지형과 도로가 많은 그 지역을 고려해 보고 '데가볼리' 지역이 때때로 가변적인 10개의 도시 동맹을 가리키기 위해 부정확한 방식으로 사용된 점을 고려해 본다면, 맥레이 교수는 지도상에서 마가의 묘사와 정확히 일치한 논리적 경로를 추적한 것이었다.

그는 결론을 내렸다. "모든 것을 적절한 문맥 안에서 고려한다면 마가의 기술에는 아무런 문제가 없습니다." 또 다시 혼란스럽게 보였던 신약성경의 부분을 설명하는 데 고고학적 통찰력이 도움이 되었다. 나는 맥레이 교수에게 신약성경의 언급과 정면으로 반대되는 고고학적 발견을 접한 적이 있는지 질문을 했다.

그는 고개를 저었다. "고고학은 성경과 명백히 모순되는 어떤 결과도 찾아내지 못했습니다." 그는 확신 있게 대답했다. "그와 반대로, 우리가 지금까지 본 것처럼 회의적인 학자들의 많은 의견들이 수년 후에는 사실처럼 성문화되었지만, 고고학은 그들의 의견이 틀렸음을 보여 주었습니다."

그렇지만 아직도 해결해야 할 몇 가지 문제가 남아 있었다. 나는 취재 노트를 꺼내들고 고고학으로 설명하기 곤란해 보이는 세 가지, 곧 오랫동안 지속되어 온 난제를 가지고 맥레이 교수에게 도전할 준비를 했다.

첫 번째 수수께끼: 인구 조사

예수의 탄생 이야기를 보면, 마리아와 요셉이 인구 조사를 위해 고향인 베들레헴으로 돌아와야만 했다고 언급되어 있다. "단도직입적으로 말해서 이 부분은 터무니없는 이야기 같아요. 어떻게 정부가 모든 시민들에게 출생지로 돌아가라고 강요할 수 있습니까? 이런 종류의 인구 조사가 행해졌다는 어떤 고고학적 증거가 있습니까?"

맥레이 교수는 차분히 자기 책의 사본을 하나 꺼냈다. "사실 고대의 인구 조사 형태를 찾아보면 이 관습에 대한 약간의 설명을 얻을 수 있습니다." 그는 책에서 찾고 있던 부분을 발견하고 보여 주었다. AD 104년에 발표된 정부의 공식 명령이었다.

이집트 총독 가이우스 비비우스 막시무스(Gaius Vibius Maximus)는 선포한다.
가가호호 인구 조사를 해야 할 시기가 왔기 때문에 어떤 이유에서든 본
인의 지방을 벗어나 거주하고 있는 사람들은 모두 자신의 고향으로 반
드시 돌아가야 한다. 그리고 정기적인 인구 조사 명령을 수행해야 하며
자신들의 할당 지역을 성실히 경작해야 한다.[6]

그는 책을 덮으면서 말했다. "보시다시피 인구를 집계하는 이 특별한
방법은 다소 이상하게 보이지만 이 문서에 의해 확인됩니다. 그리고 AD
48년 것으로 보이는 다른 파피루스 조각을 보면 전 가족이 인구 조사와
관련되었음을 볼 수 있습니다. 게다가 학자들은 로마인들이 주민들을 자
극하는 것을 피하려고 가끔 지역 관습에 따라 인구 조사를 실시하는 것
으로 알려졌다는 점을 지적했습니다. 유대인의 문화에서 보면 이것은 마
리아와 요셉이 조상의 고향에서 신고해야 한다는 것을 의미합니다."[7]

그러나 이것으로 문제가 완전히 해결된 것은 아니었다. 누가에 의하면
요셉과 마리아를 베들레헴으로 오게 만든 인구 조사는 구레뇨가 수리아
의 총독이었을 때, 곧 헤롯왕의 통치 시기에 행해졌다고 되어 있다.

"그것은 중요한 문제를 제기하는데요." 나는 지적했다. "왜냐하면 헤
롯은 BC 4년에 죽었고 구레뇨는 그 후에 인구 조사를 실시한 AD 6년까지
는 수리아를 통치하지 않았기 때문이죠. 시간적으로 큰 간격이 있습니
다. 이처럼 연대 상의 중요한 차이점을 어떻게 설명할 수 있습니까?"

맥레이 교수는 내가 제기한 문제가 고고학자들이 수년간 씨름해 온
논쟁임을 알고 있었다. 그는 어느 고고학자가 쓴 최신 보고서에 관해 언
급하면서 답변을 했다. "보고서를 보면, 그는 소위 '가는 글씨'(micrographic)
라고 부르는 매우 작은 글씨체로 쓰여진 동전을 발견했습니다. 그 동전

들은 구레뇨가 BC 11년부터 헤롯왕이 죽은 후까지 수리아와 길리기아의 총독이었다는 사실을 보여 줍니다. 이는 구레뇨란 이름의 관리가 두 명이었다는 뜻이며, 인구 조사도 헤롯의 통치 기간 중에서 보다 이른 시기에 관직을 수행했던 구레뇨의 감독 아래서 일어났을 것입니다."

이 말은 약간 불확실하게 들렸지만, 대화를 꼬이게 하기보다는 이 문제를 추후에 더 심도있게 분석하기로 하고 잠시 접어두기로 마음먹었다.

나중에 알고 보니 맥레이 교수가 언급한 고고학자는 내가 그와 대화를 나눈지 얼마 안 되어 죽었다. 그는 생전에 자신의 발견에 관해 동료 심사를 받은 어떤 논문도 쓰지 않았으며, 아무도 그와 똑같은 발견을 하지 못했다. 종국에는 전문가들이 그의 주장을 묵살하게 되었다.

추가로 연구해 본 결과, 영국의 옥스퍼드대학교와 케임브리지대학교에서 교수이자 고고학자로 있었던 고(故) 윌리엄 램지(William Ramsay)는 구레뇨가 시간적으로 두 차례에 걸쳐 수리아를 통치했으며 그 기간에 수행된 인구 조사가 포함되어 있었다고 믿었으며, 램지는 그 기간을 BC 7-8년으로 추정했다.[8]

그러나 이 초기의 인구 조사에 대한 역사적 기록은 발견되지 않았다. 요세푸스나 다른 고대의 역사가들의 주목받을 만한 논란이 전혀 없었다면, 그 정도야 놀랄 만한 일이 아닐 것이다.

시리아가 로마 제국에 완전히 통합되지 않았을 때, 로마인들이 시리아에 인구 조사를 명령했을 수도 있다는 생각에 대해서도 의문이 제기되었다. 그러나 로마가 위성 국가들에게 인구 조사를 명령한 선례가 있다.[9]

캠브리지대학에서 박사 학위를 받은 해롤드 헤너(Harold W. Hoehner)는 헤롯이 BC 7-8년에 아팠고 로마 황제인 아우구스투스와 갈등이 생긴 점을 지적했다. "그런 불안정기와 건강이 안 좋은 상태에서 아우구스투스

147

는 헤롯이 죽기 전에 상황을 평가하기 위해 인구 조사를 실시할 마음을 먹었을 것입니다"라고 그가 말했다. "그래서 헤롯의 통치 기간 중 마지막 해 또는 2년 내에 인구 조사를 하는 것이 합리적이었을 것이고, 사실 가장 가능성이 많았을 것입니다."[10]

신약성경 교수인 대럴 보크(Darrel L. Bock)는 이렇게 말했다. "헤롯 시대에 요셉과 마리아에게 인구 조사를 하기 위해 여행을 반드시 해야 하는 상황은 로마의 관습을 볼 때 가능합니다. 그런 방식의 인구 조사를 언급한 다른 기록이 없다는 사실은 중차대한 문제는 아닙니다. 왜냐하면 고대의 많은 기록에는 다른 출처에서 확증되지 않는 사건을 언급하기도 하고, 누가도 검토 가능한 사실을 취급한다는 점에서 신뢰할 만하기 때문입니다. 이 인구 조사에 관한 세부 사항은 일반적인 로마의 세금 정책에도 부합하기 때문에 인구 조사가 헤롯의 시대에 행해졌을 수 있다는 가능성을 의심할 필요는 전혀 없습니다."[11]

하지만 구레뇨에 대한 누가의 주장은 어떤가? 몇몇 학자들은 누가의 본문이 "이 인구 조사는 구레뇨가 통치하기 전에 실시되었다"라고 번역될 수 있다고 지적했는데, 그렇다면 이 문제는 해결된다.[12] 헤너 박사는 말했다. 어떤 학자들은 이 의견에 반대했지만, "이 해석은 현재 논의하는 구절에 대한 적절한 의미이다."[13]

다른 가능성에 대해서도 논의가 이루어졌다. "구레뇨 문제에 대한 해결책은 다양합니다"라고 보크(Bock) 교수가 말했다. "명백히 더 뛰어난 대안적 설명이 없기 때문에 이것을 해결책으로 생각할 수 있습니다. 다양한 해결책들 중에서 하나가 옳은 것이니까요."[14]

그러나 한 가지 다른 사실이 특히 설득력이 있는 것처럼 보였다. 즉 누가가 AD 6년 인구 조사를 가리키지 않았을 것 같은데 그렇게 되면 누가 스스로 모순에 빠지기 때문이다. 어째서 그런가? 혜너 박사는 누가가 사도행전 5장 37절에서 언급한 AD 6년의 인구 조사에 대해 잘 알고 있었다는 점을 지적한다.[15] 그러나 누가는 마태와 마찬가지로 예수님이 혜롯의 통치 기간에 태어났다는 사실에 동의하기 때문에 예수님이 그렇게 늦게 태어나지 않았다는 점도 잘 알고 있었다(눅 1:5, 마 2:1 참조). 게다가 누가는 예수님이 사역을 시작한 때가 대략 30세였다고 말했다(눅 3:23). 이 시점은 세례 요한이 사역을 시작한 직후이며, 누가는 대략 AD 27년에서 29년으로 추정한다(눅 3:1-2).[16]

이 점이 시사하는 바는 분명하다. 즉 인구 조사가 AD 6년에 있었다면, 예수님이 사역을 시작한 때가 21세 또는 23세가 되었을 것이라는 얘기이다. 하지만 누가는 예수님이 그보다는 더 나이가 들었다는 것을 알았다. 그래서 혜너 박사는 누가가 예수님의 탄생에 대해 기록했을 때 AD 6년의 인구 조사를 가리키지 않았을 것이라고 말했다. "확실히 누가는 자신의 작품에 나오는 연대기를 의식했습니다."[17]

나는 그 말이 맞다고 생각했다. 누가는 자기 모순이라는 기본적인 오류를 저지르지 않을 정도로 빈틈없는 역사가였다. 요셉과 마리아가 여행을 하도록 만든, 보다 이른 시기의 인구 조사가 있었음에 틀림없다. 그 조사는 누가가 보고한 대로 혜롯의 통치 기간 중에 일어났을 것이다.

보크(Bock) 교수는 다양한 시나리오를 평가한 후에 결론을 내렸다. "분명한 점은 누가의 인구 조사에 대한 기록을 역사적 오류 탓으로 폄하하는 시도는 섣부른 오류입니다."[18]

두 번째 수수께끼: 나사렛의 존재

많은 그리스도인들은 '회의론자들이 신약성경에서 예수가 어린 시절을 보냈다고 말하는 나사렛이 결코 존재하지 않는다고 오랫동안 주장해 왔다'는 사실을 모른다.

"Where Jesus Never Walked"(예수가 결코 거닌 적 없던 곳)이라는 논문에서 무신론자인 프랭크 진들러(Frank Zindler)는 나사렛이란 지명이 구약성경이나 사도 바울의 서신, 탈무드 내에서 - 63개의 다른 갈릴리 마을은 인용되었지만 - 전혀 언급되지 않았다는 점을 주목했다. 그리고 요세푸스도 현재의 나사렛으로부터 1.6Km 정도밖에 떨어져 있지 않은 야파(Japha)를 포함하여 45개의 갈릴리 마을과 도시를 열거했지만, 나사렛은 언급하지 않았다. 4세기 전에 어떤 고대 역사가나 지리학자도 나사렛을 언급하지 않았다.[19] 그 이름은 AD 7세기경 쓰인 어느 유대 문학 작품인 시에서 최초로 등장한다.[20]

이러한 증거의 부재는 의심을 낳는다. 그래서 나는 맥레이 교수에게 직접적으로 그 문제를 제기했다. "나사렛이 1세기에 존재했다고 확증할 만한 고고학적 증거가 있습니까?"

이 문제는 그에게 새롭지 않았다. "이 분야의 전문가인 남플로리다대학교의 제임스 스트레인저(James Stranger) 교수는 나사렛을 매우 작은 마을로 묘사합니다. 1세기 초 최대 인구가 약 480명이고 넓이는 25만m²쯤 되었다고 하죠."[21]

1962년, 고고학자들은 AD 70년 예루살렘 성이 파괴된 후 이주했던 제사장들의 24개의 '경로' 또는 가족들의 이름이 적힌 아람어로 된 목록을 발견했다. 그중 하나가 나사렛으로 이동한 경로인데 이는 이 마을이 분명 존재했음을 보여 준다. 그러나 이후에 어떤 고고학자들은 이 발견에 대해 의문을 제기했다.

맥레이 교수는 나사렛 근방에서 1세기 때의 무덤들을 보여 주는 고고학적 발굴이 행해졌다고도 말했다. 그중 두 개의 무덤에는 1세기, 3세기 또는 4세기 때의 도기 램프와 유리 그릇 그리고 항아리 같은 물건들이 들어 있었다.

그는 프린스턴대학 출판부에서 발행된 고고학자 잭 피니건(Jack Finegan)의 책을 집어 들었다. 그러고는 쭉 훑어보더니 피니건의 분석을 찾아 읽어 주었다. "이 무덤들로 보아 판단하건대, 나사렛이 로마 시대 유대인의 확고한 정착지였다고 결론지을 수 있다."[22]

그는 나를 쳐다보았다. "예수의 무덤이 정확히 어디에 있었는가와 같은 유적지의 위치에 관한 논의는 1세기부터 있어 왔지만 나사렛의 위치에 대해서는 큰 의구심을 품은 고고학자들이 정말로 전혀 없었습니다. 오히려 나사렛의 존재에 이의를 제기하는 사람들이 증거의 부담을 가져야 합니다."

그 부담은 1세기 나사렛에 두 채의 집이 발견된 이후 몇 년 동안 더욱 커졌다. 2006년 '나사렛 고고학 프로젝트'라는 이름으로 1880년부터 위치가 알려졌던 나사렛 수녀원 아래에서 발굴이 시작되었다. 이 프로젝트의 책임자인 레딩대학교의 켄 다크(Ken Dark)는 발굴된 1세기 주택의 유적을 다음과 같이 묘사했다. "벽들을 서로 맞춰 보면, 갈릴리에 있는 초기 로마 시대 정착지의 전형적인 건축 형태 중 하나인 소위 중정 주택의 설계도에 부합했다."[23]

고고학자들은 문과 창문, 요리용 도자기, 실을 짜는 데 쓰이는 와상무늬 축을 발견했다. 유대인들이 불순물이 섞이면 안 된다고 믿었던 석회암 그릇 파편도 발견돼 유대인 가족이 살았던 곳으로 추정되었다. "이 집은 AD 1세기나 그 이전부터 있었던 것으로 보인다"라고 다크는 결론을 내렸다. "초기 로마 시대 이전이나 이후의 층화된 토기는 발견되지 않았다."[24]

2009년에는 이스라엘고고학박물관의 야르데나 알렉산드르(Yardenna Alexandre)에 의해 비슷한 구조를 지닌 또 다른 1세기 주택이 발굴지 근처에서 발견되었다.[25] "그런 증거는 로마의 여타 지역을 연구하는 고고학자들이 전통적으로 '작은 마을'이라고 부르는 장소와 일치한다. 이것은 예수가 헬레니즘이나 로마 문화와 거의 접촉하지 않은 보수적인 유대 지역에서 어린 시절을 보냈다는 것을 암시한다."

몇몇 사람들은 다크 팀이 정말로 예수가 자랐던 바로 그 집을 발견했는지 궁금했다. 이후 수세기 동안의 단서들을 보면 그곳이 예수가 어린 시절을 보냈던 집이라고 비잔틴 사람들이 믿었음을 시사하고 있지만, 다크는 "고고학적 근거로 볼 때 절대로 그렇게 말할 수는 없다. 또다른 한편으로는 그런 생각을 무시해야 한다는 타당한 고고학적 이유가 전혀 없다"고 결론을 내렸다. 그럼에도 불구하고, 1세기 나사렛의 존재에 대한 주장은 시간이 지날수록 더 강해졌다.

세 번째 수수께끼: 베들레헴 학살

마태복음에는 무서운 장면이 묘사되어 있다. 유대 왕 헤롯이 언젠가 자신의 왕위를 가로챌까 두려운 나머지 한 아기의 출생에 위협을 느끼고 군대를 보내 베들레헴에 있는 두 살 아래의 아기를 모두 죽이라고 명령한 사건이다. 그러나 천사의 경고를 들은 요셉은 마리아와 예수를 데리고 이집트로 피난한다. 이들은 헤롯이 죽은 후에야 다시 나사렛으로 돌아온다. 이 이야기는 메시아에 관한 세 가지 고대 예언을 성취한 것이다 (마 2:13-23).

그런데 문제는 이 대량 학살을 확인할 만한 독립적인 증거가 없다는 점이다. 요세푸스나 다른 역사가들의 기록에도 아무런 언급이 없다. 고고학적 증거도 전혀 없다. 기록이나 문서도 전혀 없다. "이와 같은 규모의 사건은 분명히 마태 이외의 누군가에 의해서 주목을 받았을 텐데요"라고 나는 말했다. "역사적 혹은 고고학적 확증이 전혀 없다면 이런 학살이 결코 일어난 적 없다고 하는 것이 논리적이지 않습니까?"

"왜 그렇게 말씀하는지 알겠습니다." 맥레이 교수가 대답했다. "오늘날 그와 같은 사건은 CNN과 다른 뉴스 매체를 통해 크게 보도될 가능성이 있기 때문이죠."

맞는 말이다. 사실 1997년과 1998년에는 이슬람 과격론자들이 알제리에서 계속적으로 여자와 아이들을 포함한 마을 전체를 학살했다는 뉴스 보도가 꾸준하게 나왔다. 전 세계가 주목했다.

그는 덧붙여 말했다. "하지만 직접 1세기의 상황에 있다고 가정해 보고 몇 가지 점을 염두에 둡시다. 첫째, 베들레헴은 아마도 나사렛만큼이나 작은 지역이었습니다. 그렇다면 기껏 500-600명 정도 되는 마을에서 그 나이 또래의 아기가 몇 명쯤 될까요? 수천 명도 아니고 수백 명도 아니고 틀림없이 몇 명밖에 안 될 겁니다.

둘째, 헤롯 대왕은 잔인했습니다. 그는 자신의 가족들까지 죽였습니다. 그에게 도전할 것이라고 생각한 사람들도 많이 죽였습니다. 그래서 베들레헴에 있는 아기 몇 명을 죽였다는 사실은 로마 시대 사람들의 관심을 끌지 못할 것입니다.

셋째, TV나 라디오나 신문이 전혀 없었습니다. 어딘지 모르는 작은 언덕에 위치한 조그마한 마을에서 벌어진 일이 밖으로 퍼져 나가려면 오랜 시간이 걸렸을 것입니다. 그리고 당시 역사가들은 훨씬 더 중요한 이야깃거리를 써야만 했죠."

저널리스트의 입장에서 볼 때 이것은 이해하기 힘들었다. "이것은 그다지 중요한 이야기가 아니었다는 말씀입니까?" 나는 약간 믿기지 않는다는 투로 물었다.

"적어도 그 당시는 그랬죠." 그는 말을 이었다. "자신에게 잠재적인 위협 요소라도 보이면 누구든 죽여 버리는 미친 인간 헤롯에게는 그런 일은 일상이었습니다. 물론 나중에 기독교가 발전했을 때는 보다 중요한 사건이 되었습니다. 그러나 이 사건이 그 당시에 크게 다루어졌다면 아마 놀랐을 겁니다."

그럴 듯한 이야기였다. 하지만 신속하고도 광범위한 의사소통이 이루어지는 고도로 발달된 이 시대에 뉴스를 감지하는 데 훈련이 되어 있었던 나 같은 저널리스트에게는 상상하기 어려운 이야기였다. 동시에 피비린내 나는 고대 팔레스타인 지방의 풍경에 관해 알고 있었기에 맥레이 교수의 설명이 합리적인 것처럼 보였다는 점을 인정해야만 했다. 이제 질문하고 싶었던 다른 한 가지가 남았다. 나에게 있어 그것은 가장 매력적인 문제였다.

사해 사본에 관한 수수께끼

확실히 고고학은 매력이 있다. 오래된 무덤들, 돌이나 파피루스에 새겨진 수수께끼 같은 비문들, 부서진 도기 조각들, 낡은 동전들…. 이 모든 것들이 집념의 연구원을 애타게 만드는 단서들이다. 그러나 사해 사본만큼 많은 이야기를 만들어 낸 과거의 증거는 없다. BC 250년에서 AD 68년까지 다양한 시기의 수백 개의 사본이 1947년 예루살렘의 동쪽으로 32Km 떨어진 동굴들에서 발견되었다. 그것들은 로마인들이 유대인의 정착지를 파괴하기 전에 엣세네스(Essenes)라고 부르는 유대인의 구역 근처에 분명히 숨겨져 있었다.

그 사본에 관하여 조금은 이상한 주장들이 제기되었다. 그중에 존 마르코 알레그로(John Marco Allegro)의 터무니없는 책이 있는데, 그 책에서 그는 기독교가 환각을 유발하는 버섯을 먹고 환각 상태에 빠져 풍요 신을 숭배하는 데서 나왔다는 이론을 내세웠다![26]

또 하나는 이보다 합리적이지만 그럼에도 불구하고 많은 의심을 받고 있는 주장이다. 바로 파피루스 전문가인 호세 오캘러한(Jose O'Callaghan)의 주장인데, 그는 사해 사본의 한 조각이 마가복음에 관한 것으로 가장 초기 사본의 일부라고 말했다. 이는 예수가 십자가에 못 박힌 후 17년에서 20년 지난 시기의 것으로 보인다. 그러나 많은 학자들은 그의 해석에 대해 여전히 회의적이다.[27]

어쨌든 1세기의 고고학에 대한 어떤 질문도 그 사본에 관해 물어보지 않고서는 완전하지 않다. 나는 "그 사본이 예수에 관해서 직접적으로 무엇을 말해 줍니까?"라고 맥레이 교수에게 질문했다.

"글쎄요, 없는데요. 예수님은 그 어디에도 구체적으로 언급되지 않았습니다"라고 그는 답했다. "주로 이 문서는 유대인의 생활과 관습에 관한 통찰력을 제공합니다." 그리고 나서 1997년 출판된 한 논문을 가리키며 덧붙여 말했다. "그렇지만 예수님이 자신을 누구라고 주장하셨는가에 관해 말해 주는 4Q521이라고 불리는 사본과 관련된 매우 흥미로운 발견이 있습니다."

그것은 나의 흥미를 한층 자극했다. "말씀해 주세요." 나는 약간 재촉하듯 말했다. 맥레이 교수는 그 신비를 풀어헤쳤다. 마태복음에는 세례 요한이 감옥에서 예수의 정체성에 관해 계속되어 온 불확실성과 씨름하며 제자들을 보내어 예수에게 이 중요한 질문을 물어보도록 했다. "오실 그이가 당신이오니까 우리가 다른 이를 기다리오리이까"(마 11:3). 그는 예수가 정말로 오랫동안 기다려온 메시아인가에 관해 직접적인 대답을 찾고 있었다.

수세기에 걸쳐 그리스도인들은 이 질문에 대한 예수의 다소 수수께끼 같은 대답을 의아하게 여겼다. 예나 아니오로 직접적으로 대답하는 대신에 다음과 같이 말했기 때문이다. "너희가 가서 듣고 보는 것을 요한에게 알리되 맹인이 보며 못 걷는 사람이 걸으며 나병환자가 깨끗함을 받으며 못 듣는 자가 들으며 죽은 자가 살아나며 가난한 자에게 복음이 전파된다 하라"(마 11:4-5).

예수의 반응은 이사야 61장에 관한 언급이었다. 그러나 무슨 이유 때문인지 예수는 구약성경 본문에는 확실히 없는 "죽은 자가 살아나며"라는 구절을 포함시켰다. 이 부분에서 4Q521이 역할을 한다. 사해 수집물에서 나온 이 사본은 히브리어로 기록되었는데, 예수의 탄생보다 앞선 30년 전으로 거슬러 올라간다. 그 사본에는 "죽은 자가 살아나며"라는 빠진 구절이 포함된 이사야 61장의 번역이 포함되어 있다.

"두루마리 사본 학자인 크레이그 에반스(Craig Evans)는 4Q521 안에 포함된 이 구절이 의심할 여지없이 메시아적 문맥에 포함된다고 지적했습니다. 그 사본은 메시아가 와서 하늘과 땅이 그에게 순종할 때, 그가 일으킬 기적에 관해 언급하고 있습니다. 그래서 예수님이 요한에게 한 대답은 조금도 애매모호하지 않았습니다. 그 말을 들은 요한은 즉시 예수가 메시아임을 인식했을 것입니다."

맥레이 교수는 에반스의 말을 인용한 논문을 나에게 보여 주었다.

4Q521은 이사야 61장에 대한 예수의 호소가 정말로 메시아적이라는 점을 명백히 제시하고 있다. 본질적으로 예수는 그의 선지자들을 통해서 요한에게 메시아적 일들이 일어나고 있다고 말하고 있다. 그래서 요한의 질문에 다음과 같은 대답을 하고 있다. '그렇다. 내가 바로 오실 그이다.'[28]

나는 의자에 깊숙이 앉았다. 에반스의 발견은 나에게 있어 예수의 자기 정체성에 관한 놀랄 만한 확증이었다. 나는 예수가 자신이 진실로 하나님의 기름 부음 받은 자라고 거의 2천 년 전에 대담하게 주장한 진술의 중요성을 어떻게 현대 고고학이 밝혀 낼 수 있었는지에 대해 놀라움을 금치 못했다.

주목할 만큼 정확한 출처를 가진 책

신약성경의 정확성에 대한 고고학의 반복된 확언은 그 책의 신뢰성에 관한 중요한 확증을 제시한다. 이 점은 고고학이 어떻게 몰몬교를 쓸모없게 만들었는가에 관한 증명과 큰 대조를 이룬다.

몰몬교 창시자인 조셉 스미스(Joseph Smith)는 《몰몬경》(Book of Mormon)이 지구상에서 가장 정확하다고 주장했지만,[29] 고고학은 오래전에 미국에서 발생했다고 추측되는 사건에 관한 그의 주장을 확증하지 못했다.

나는 몰몬교의 주장을 뒷받침해 주는 어떤 증거가 있는지 알아보기 위해 스미스협회에 편지를 쓴 적이 있는데, 그곳의 고고학자들이 보기에는 '신세계(New World)의 고고학과 그 책의 주제 사이에는 어떤 직접적인 관련성도 없다'는 분명한 대답을 들었다.

존 앤커버그(John Ankerberg)와 존 웰던(John Weldon) 같은 저자들도 그 주제에 관한 책에서 다음과 같이 결론지었다. "다시 말해, 《몰몬경》에 나오는 어떤 도시도 실제로 발견된 적이 없다. 뿐만 아니라 그 책에 나오는 특정 사람, 장소, 국가, 이름도 발견되지 않았다. 그리고 문화 유물, 경전, 비문 등 《몰몬경》이 신화나 날조 이상이라는 것을 증명하는 어떤 것도 발견된 적이 없다."[30]

그러나 신약성경의 경우 이야기는 완전히 다르다. 많은 다른 과학자들이 맥레이 교수의 결론을 반복해서 말했다. 그중 호주의 뛰어난 고고학자인 클리포드 윌슨(Clifford Wilson)은 다음과 같이 기록했다. "오늘날 사실을 알고 있는 사람들은 신약성경을 주목할 만큼 정확한 출처를 가진 책으로서 인정해야 한다고 인식하고 있다."[31]

크레이그 블롬버그 교수가 신약성경 문서의 핵심적 신뢰성을 입증했고, 브루스 메츠거 교수는 그것이 정확하게 역사를 통해 전달되었음을 확증했으며, 에드윈 야마우치 교수는 고대 역사가들과 다른 사람들의 광범위한 확증을 보여 주었고, 지금 존 맥레이 교수는 고고학이 신약성경의 신뢰성을 어떻게 강조하는지 보여 주었기에, 나는 윌슨의 말에 동의해야만 했다.

예수 사건은 아직 완전하지는 않지만 견고한 기초 위에 세워지고 있었다. 그와 동시에 그런 평가에 동의하지 않으려고 하는 고자세의 교수들이 몇몇 있다는 것을 알았다. 〈뉴스위크〉 지에 그들의 말이 인용되거나 저녁 뉴스에서 예수에 관한 그들의 급진적인 재평가에 관해 인터뷰하는 것을 본 적이 있을 것이다. 조사를 계속 하기 전에 그들의 비평을 정면으로 반박할 때가 왔다. 이는 그레고리 보이드(Gregory Boyd)라는 이름을 가진, 다소 공격적이며 예일대학에서 교육을 받은 학자와 인터뷰하기 위해 미네소타로 떠나야 함을 의미했다.

Chapter 6

반증

역사적 예수는
신앙의 대상으로서의 예수와
동일한가

그레고리 보이드 교수와 인터뷰

TV 드라마나 소설에서는 항상 일어나는 일이지만, 현실 법정 드라마에서는 극히 드문 일들이 있다. 그래서 그 일이 어느 살인 사건의 재판에서 실제로 벌어졌을 때 법정 전체는 아연실색했다. 증인이 피고인을 살해자라고 지목하는 대신 자신이 살인자라고 고백한 것이다. 나는 〈시카고 트리뷴〉지에 실을 만한 굉장한 이야기를 얻은 셈이었다.

리처드 모스(Richard Moss)는 북서부 근처의 선술집 밖에서 19세의 시카고 청년에게 총을 쏘아 죽인 혐의로 기소되었다. 모스의 평생 친구인 에드 파세리(Ed Passeri)는 살인을 몰고 왔던 상황을 설명하기 위해 증인석에 소환되었다.

파세리가 러스티 네일(Rusty Nail)이라는 술집 밖에서 일어났던 장면을 묘사하자 피고인 측 변호사는 희생자에게 무슨 일이 일어났는지를 물어보았다. 파세리는 눈도 깜짝하지 않고, 그 희생자가 가위로 그를 찌르자 자신이 그를 향해 총을 쏘았다고 했다.

법정 서기의 입이 딱 벌어졌다. 검사들은 손을 들었다. 판사는 파세리에게 자기 고발을 하지 않을 헌법적 권리가 있다고 충고해 주기 위해 즉시 변론을 중지시켰다. 그때 피고인이 자리에서 일어나 그의 말이 옳다고 얘기했다. 범인은 바로 파세리였다고 외쳤다.

"파세리의 고백은 대단히 용기 있는 행동이었습니다." 피고 측 변호사가 떠들어 대며 흡족해했다. 하지만 검사들은 납득할 수 없었다. "용기라고요?" 한 검사가 물었다. "파세리는 지금 기소될 위험이 없다는 것을 알고 있습니다. 왜냐하면 유일한 정황 증거가 리처드 모스를 지목하고 있기 때문이죠!"

여전히 모스의 유죄를 매우 확신하고 있었던 검사들은 파세리의 주장을 뒤엎을 수 있는 강력한 증언이 필요하다는 것을 알았다. 그들이 필요한 것은 법률적 용어로 '증인의 진술을 설명하거나 좌절시키거나 논박하기 위해 제시되는 증거'란 뜻인 '반증'이었다.[1]

다음날 검사들은 범인이 의심할 여지없이 모스라는 사실을 증언한 세 명의 다른 목격자를 신문했다. 확실히 이들과 다른 증거에 기초해서 배심원들은 모스가 유죄라고 판결을 내렸다.[2]

검사들은 일을 제대로 처리했다. 강력한 증거의 힘이 명백히 피고인의 유죄를 암시할 때, 누군가의 지지받을 수 없는 주장을 의심할 정도로 그들은 현명했다.

예수 사건을 반박하는 '예수 세미나'의 주장은?

반증이라는 이 법적 개념이 나의 예수 연구에 어떻게 적절히 적용될 수 있을까? 이 책에서 질문을 한 여러 학자들로부터 매우 설득력 있고 합리적인 증거를 들었기 때문에, 이제 관심을 돌려 엄청난 양의 뉴스 보도의 대상이 된 작은 학술 모임에서 제기한 확실한 반대 의견을 들어 볼 필요가 있었다.

틀림없이 그들의 논문을 본 적이 있을 것이다. 최근 몇 년 동안 뉴스 매체는 '예수 세미나'(Jesus Seminar)에 관한 무비판적인 보도들로 포화 상태가 되었다. 그 단체는 자발적으로 조직한 모임으로서 소수의 신약성경 학자들을 대표하지만 그 단체의 영향력에 비해 엄청난 양의 보도들을 쏟아 내고 있다.

공공에 알려지는 방법을 알고 있는 그 세미나의 참가자들은 복음서에서 예수의 말이라고 인용된 것을 예수가 실제로 말했다고 생각하는지에 대해 색깔 구슬을 가지고 투표함으로써 언론의 주목을 끌었다. 빨간 구슬은 예수가 분명히 그 말을 했다는 의미이다. 분홍 구슬은 예수가 그 말을 했을 가능성이 있다는 의미이다. 회색 구슬은 예수가 그 말을 안 했지만 생각이 유사하다는 의미이다. 까만 구슬은 예수가 그런 말을 결코 한 적이 없다는 것을 의미한다.

최종적으로 그들이 내린 결론은 복음서에서 예수의 말이라고 한 부분의 82퍼센트는 실제 예수가 한 말이 아니라는 것이다. 나머지 18퍼센트는 대부분 약간 의심이 가는 부분이고, 단지 2퍼센트만이 진짜 예수가 한 말이었다는 주장이다.[3] 무언가 논쟁거리를 바라지만 그 세미나의 방법론을 면밀히 검토할 전문 지식이 부족한 언론인들은 엄청난 양의 잉크를 그 이야기에 쏟아 부었다.

당시 그 세미나는 전통적 사복음서에다 의심이 가는 도마복음을 첨가하여 *Five Gospels*(5복음서)를 출판했다. 그 책에 보면 그 단체의 발견과 조화를 이루기 위해 예수의 말에 색깔 표시를 해 두었다. 그 책을 재빨리 훑어보면 검은색 부분이 대부분이고, 빨간색은 거의 없는 것을 알게 된다. 예를 들어 주기도문 중에서 그들이 예수의 말이라고 확신하고 있는 말은 '우리 아버지'밖에 없다.

그러나 나는 제목만이 아니라 나머지 이야기를 다 밝혀 보고 싶었다. 이처럼 말썽이 많고 널리 알려진 의견을 반박할 수 있는 믿을 만한 반증이 있는지 알 필요가 있었다. 예수 세미나에서 발견한 내용들이 편견이 없는 학자적 연구에 근거를 두고 있는 것인가, 아니면 파세리의 증언처럼 불행한 결과를 가져오는 것인가? 다시 말해 좋은 의도이지만 궁극적으로 근거 없는 주장인가?

나는 이에 대한 해답을 얻기 위해 그레고리 보이드(Gregory Boyd) 교수와 논의하기를 원했다. 그를 만나기 위해 미네소타 주 세인트폴까지 6시간 동안 차를 몰고 갔다. 그는 아이비리그에서 교육받은 신학 교수로서 그의 책과 논문들은 예수 세미나의 주장을 정면으로 반박하는 것들이었다.

다섯 번째 인터뷰: 그레고리 보이드 교수

보이드(Gregory A. Boyd) 교수는 1996년 예수에 관한 자유주의적 관점에 대한 뛰어난 비평서 *Cynic Sage or Son of God: Recovering the Real Jesus in an Age of Revisionist Replies*(냉소적 현자인가, 하나님의 아들인가)이라는 책을 통해 예수 세미나의 주장과 처음 충돌했다. 각주가 많이 달려 있는 416쪽이나 되는 크고 묵직한 이 책은 〈크리스채너티 투데이〉 독자들에게 그 해의 가장 인기 있는 책 중 하나로 뽑히는 영예를 얻었다. 그의 인기 있는 문고판 *Jesus under siege*(포위당한 예수)에서는 개론적인 수준으로 동일한 주제에 관해 계속 다루고 있다.

그의 다른 책으로는 수상작인 《어느 무신론자의 편지》(*Letters from a Skeptic*)가 있는데, 당시에는 믿음이 없었던 아버지와 그가 기독교와 관련된 난해한 논쟁들을 가지고 씨름하다가 결국 아버지가 헌신적인 그리스도인이 되는 내용이다. 그는 *God at War*(하나님의 전쟁)도 썼다. 공저로 쓴 *The Jesus Legend*(예수 전설)도 있다. 게다가 기독교 신앙에 관해 지적인 질문을 던지는 사람들을 위해 기획된 *The Quest Study Bible*(탐색 연구 성경)에 기고한 학자이기도 하다.[4]

그는 미네소타대학교에서 철학 학사 학위를 받은 후에, 예일대학교 신학교에서 신학 석사 학위, 프린스턴신학교에서 박사 학위를 받았다.

그러나 그는 전형적인 상아탑의 지식인은 아니다. 구불구불한 까만 머리칼과 강인한 체격과 심술궂은 미소를 짓는 그의 모습은 코미디언 하위 멘델(Howie Mandell)과 같았다. 또한 멘델처럼 활동적인 에너지를 가진 사람이었다.

그의 말은 파열된 수도관에서 나오는 물처럼 거침없이 쏟아져 나왔다. 그의 세련된 생각들과 신학적 개념들은 현기증이 날 정도였다. 그는 몸을 많이 움직이고 다양한 손짓을 취하며 말했다. 셔츠를 안으로 밀어 넣지도 않았고, 연구실 여기저기에는 흩어진 서류더미가 그대로였으며, 바닥은 여기저기 쌓여 있는 책들로 가득했다. 늘 생각하고, 토론하고, 질문하고, 궁금해 하고, 꿈을 꾸고, 여러 가지 연구 과제에 매달리느라 너무 바빴다.

그는 한 가지 직업만 가진 게 아니었다. 삔엘대학의 신학 교수뿐만 아니라 우들랜드힐즈교회의 목사로도 섬기고 있었다. 그 교회는 그의 정열적인 설교로 인해 출석 교인이 1992년 42명에서 현재 2,500명까지 늘었다고 한다. 이와 같은 현실의 환경은 그를 매일의 일상 속에 닻을 내리도록 하는 데 도움을 주고 있었다.

그는 재미삼아 무신론자들과 토론을 벌이기도 했다. 지금은 고인이 된 고든 스타인(Gordon Stein)과 '하나님이 존재하는가?'라는 주제에 관해 논쟁을 벌였다. 과거에 회의론자였다가 지금은 목사가 된 댄 바커(Dan Barker)와는 '예수가 죽은 자 가운데서 부활했는가?'에 관해서 논쟁을 벌이기도 했다. 또 미네소타의 이슬람 센터가 후원하는 어느 프로그램에서 '하나님은 삼위일체의 하나님인가?'라는 강연으로 회교도에게 도전한 적도 있다. 그는 날카로운 두뇌, 재빠른 재치, 다른 사람들과의 공감, 깊이 있는 성경적·철학적 지식을 갖춘 진정한 전문가였다.

게다가 내가 아는 어느 누구보다도 대중문화와 진지한 학문 간의 간격을 잘 조화시킨다. 각주(footnotes)뿐만 아니라 축구(football)도 알고 있다. 그리고 한 문장을 새로 나온 영화에 대한 즉석 논평으로 시작한 후에, 심오한 철학적 난제를 가리키는 멋진 말로 문장을 마무리하는 능력도 있다. 또한 그는 자신의 인상적인 책 *Trinity and Process*(삼위일체와 과정)을 쓸 때만큼이나 편하게 연재 만화를 읽거나 최신 유행하는 시트콤을 보는 스타일이다.

그는 '멋진'(funky)이나 '미친'(wacko)과 같이 다른 성경 학자들은 되도록 피하는 일상적인 말투를 사용해서 우리가 그의 이층 연구실에 들어갔을 때, 마치 집에 온 것 같은 편안함을 느끼게 해 주었다. 그는 이미 대화할 준비가 되어 있는 것이 분명했다.

극단론자들의 글

나는 뉴스를 접하는 일반인의 관점에서 이야기를 시작하기로 마음먹었다. "일반적인 사람들은 잡지나 신문을 집어 들고 '예수 세미나'의 결론을 읽고 난 후 이들의 의견이 신약성경의 학문적 주류를 대표한다고 가정합니다." 나는 말했다.

"그렇지 않아요." 그는 오묘한 표정을 지으며 말했다. "아니, 아니에요. 하지만 사람들이 그런 느낌을 받는다는 생각은 맞아요."

그는 의자에서 약간 흔들거리다가 마침내 계속 이야기할 만큼 편안해졌다. 〈타임〉지가 '예수 세미나'에 관한 내용을 제일 주요한 기사로 다루었을 때, 때마침 저는 막 친분을 쌓아 가던 한 친구와 기독교에 대해 대화하던 중이었어요. 그는 근본적으로는 회의론자였고 뉴에이지 사상에 심취해 있었습니다.

우리에게는 입원 중인 친구가 있었는데, 내가 그를 방문했을 때는 이미 방금 얘기한 그 친구가 거기서 〈타임〉지를 읽고 있었습니다. 병실로 들어가자 그는 나에게 '오, 그레고리, 학자들의 생각은 당신 생각과 다른 것 같네'라고 말하면서 그 잡지를 나에게 던졌어요!"

그는 한편으로는 슬픈 듯이, 그리고 믿기지 않는 듯이 고개를 저었다. "그 기사 때문에 그에게는 나의 말을 진지하게 받아들이지 않을 이유가 생긴 거예요. 그는 내가 학자라는 것을 알았지만 적어도 이상한 근본주의자가 아닌 사람들을 포함해서 대부분의 학자들이 이 관점을 견지하고 있다고 이 기사를 해석하고 만 것입니다."

나는 너무나도 많은 사람들이 '예수 세미나'를 모든 학자들의 의견과 동일시한다는 말을 들었기 때문에, 그의 이야기에 공감할 수 있었다. "교수님의 생각에는 이런 현상이 우연입니까?"라고 나는 물어보았다.

"물론, 예수 세미나는 분명히 나름대로의 의견을 자신들의 방식으로 제시하고 있습니다." 그는 대답했다. "사실 이 점은 복음주의자들뿐만 아니라 다른 학자들에게도 매우 다루기 곤란한 측면입니다. 만약 그들의 책 *Five Gospels*(5복음서)를 보면 진정한 학자는 그들의 방법을 따라야만 하는 것처럼 그들은 '7개의 중심이 되는 학문적 지혜'를 제시합니다. 그러나 다양한 배경을 지닌 많은 학자라면 그들이 제시한 것 중에서 한 가지 혹은 심지어 대부분의 지혜에 대해 심각한 의혹을 제기할 것입니다. 그리고 예수 세미나는 그들의 성경 번역을 '학자 번역본'(The Scholar Version)이라고 부르는데, 그게 도대체 무슨 뜻입니까? 그러면 나머지 번역본들은 학문적이지 않다는 겁니까?"

그는 잠시 말을 멈춘 다음에 논쟁의 핵심을 지적했다. "이제 진실을 알려 드리죠. 예수 세미나는 신약성경에 대한 극좌의 사고, 즉 매우 소수의 극단적이고 편향적인 학자들만을 대표합니다. 주요한 학문적 흐름을 대표하지는 않죠. 그리고 아이러니컬하게도 그들은 근본주의라는 명칭을 가지고 있습니다. 그들은 자신들이 일을 처리하는 올바른 방법을 가졌다고 말합니다. 이상입니다."

그는 미소를 지으며 덧붙였다. "다양성이란 이름에서 볼 때, 그들은 사실상 아주 좁은 시각을 가졌습니다."

그들의 예수

"적어도 예수 세미나의 참가자들은 자신들의 목표에 대해서는 매우 솔직했습니다. 그렇죠?"라고 나는 물었다.

"그렇습니다. 그 말이 맞습니다. 그들은 근본주의로부터 성경을 구출하고 성경의 예수가 '진짜' 예수라는 '순진한' 믿음으로부터 미국인을 해방시켜 주고 싶다고 명백히 말합니다. 또 현대에 적합한 예수를 원한다고 말합니다. 한 회원은 전통적인 예수는 생태학적 위기, 핵무기의 위기, 페미니스트 위기의 필요성에 대해 언급하지 않았기 때문에 새로운 모습의 예수가 필요하다고 말했습니다. 다른 사람은 우리에게 '새로운 이야기'가 필요하다고 말합니다.

또 그들은 학자들이 아니라 대중들에게 직접 접근합니다. 그들은 상아탑에서 발견한 것을 끄집어내서 시장으로 가지고 나와서 대중에게 영향을 끼치고 싶어 합니다. 그들이 가지고 있는 생각은 완전히 새로운 형태의 기독교입니다."

새로운 예수, 새로운 신앙, 새로운 기독교에 관한 생각은 흥미로웠다.

"예수 세미나의 회원들이 발견한 예수의 모습에 대해 말씀해 주세요. 어떤 모습입니까?"

"기본적으로 그들은 처음부터 찾으려고 노력한 그 부분을 찾아냈습니다. 어떤 사람들은 예수가 정치적 혁명가였다고 생각했습니다. 그리고 어떤 이들은 종교적 광신자의 모습을, 어떤 이들은 기적을 행하는 사람으로, 어떤 이들은 페미니스트로, 어떤 이들은 평등주의자로, 어떤 이들은 그가 체제 전복자였다고 생각합니다. 실로 다양하죠." 그가 말했다.

그리고 나서 그는 핵심 논쟁에 초점을 맞추었다. "그러나 그들 모두 일치를 보이는 한 가지 모습이 있습니다. 곧 예수는 무엇보다도 자연주의적인 예수임에 틀림없었다는 겁니다.

다시 말해서 예수에 관해 무슨 말을 하더라도 그는 당신이나 나 같은 사람이라는 것입니다. 아마도 그는 비범한 사람이었고, 일찍이 누구도 소유하지 못했던 잠재력을 우리의 타고난 잠재력 속으로 밀어 넣었던 사람이었을 가능성이 있다는 겁니다. 그러나 초자연적인 사람은 아니었다는 말이죠.

그들의 말에 의하면, 예수와 초기 제자들은 그를 하나님이나 메시아로 생각하지 않았고, 그의 죽음이 어떤 특별한 의의를 가졌다고도 생각하지 않았습니다. 그가 십자가에 못 박힌 사건은 불행한 일이었고, 때를 얻지 못한 것이었으며, 그의 부활에 관한 이야기는 나중에 그와 같은 슬픈 현실을 잘 처리하려는 노력의 일환으로 나오게 되었다는 것입니다."

초자연적인 모든 것을 빼라는 교만함이 아닌 겸손함으로…

나는 일어나서 책장 쪽으로 걸어갔다. 그리고 다음 질문을 명확히 말했다. "좋습니다. 하지만 예수가 부활했다는 것은 교수님의 개인적인 믿음이고, 그 믿음 때문에 교수님의 관점이 너무 많이 오염된 것 같은데요. 예수 세미나는 교수님처럼 신학적 의제를 가지고 있는 종교적으로 헌신된 사람들과 비교해 볼 때, 자신들은 편견 없이 진리를 탐구하고 있다고 제시하고 있습니다."

그는 자리에 앉아서 몸을 틀어 나를 보았다. "아, 그것은 사실이 아닙니다. 예수 세미나의 참가자들은 적어도 복음주의자들만큼 편견을 가지고 있습니다. 아니 그들이 더 심하다고도 말할 수 있습니다. 그들은 모든 가정을 자신의 학문 체계로 끌어당기는데, 물론 우리도 모두 어느 정도는 그렇게 하죠.

그들의 주요 가정은 편견 없는 학문적 연구의 산물이 아닌데, 바로 복음서가 일반적으로도 신뢰할 만한 것이 아니라고 가정합니다. 그들은 처음부터 이런 결론을 내리고 있습니다. 그 이유는 복음서에 물위를 걷는다든가 죽은 자를 살린다든가 하는, 역사적으로 일어날 가능성이 적은 일들이 담겨져 있기 때문이죠. 그들은 이런 일들이 단지 일어나지 않는다고 말합니다. 그것을 자연주의라고 하는데, 자연이나 물리적 세계에서 일어나는 모든 결과에 대해 자연적 원인이 있다는 사상입니다."

"예, 그렇지만 그런 태도는 사람들이 전형적으로 인생을 살아가는 방법이 아닙니까?"라고 나는 물어보았다. "교수님 말씀은 현실에서 일어나는 모든 일들 뒤에 있는 초자연적인 설명을 찾아야만 한다는 건가요?"

"만일 초자연적인 원인에 호소할 필요가 없다면 그렇게 하지 않는다는 데에는 모든 사람이 동의할 것입니다. 그러나 그 학자들은 그 정도의 뜻을 넘어서 절대로 초자연적 설명을 할 필요가 없다고 말합니다. 그들은 역사상 모든 사건은 자신들의 경험과 일치해 일어났다는 가정 하에서 주장을 펼치고 있습니다. 그리고 그들이 초자연적인 것을 결코 본 적이 없기 때문에 기적이 일어나지 않았다고 가정합니다.

그들은 이런 식으로 행동합니다. 곧 처음부터 초자연적인 가능성을 배제하고 나서 '예수에 관한 증거를 가지고 와 보라'고 말합니다. 그러니까 당연히 그들이 제시한 결과만 얻게 되는 거죠."[5]

"좋습니다. 그렇다면 교수님의 생각은 어떤 것입니까?"

"저는 초자연적인 것에 호소할 필요가 있을 때까지는 그렇게 해서는 안 된다는 점에 동의합니다. 우선은 자연적 설명을 찾아보아야 합니다. 저도 살면서 그렇게 하는 걸요. 예를 들어 나무가 쓰러지는 경우 '아하, 아마 흰개미 때문일 거야'라고 생각합니다. 그런데 '혹시 천사가 그것을 밀쳐 내지는 않았을까'라고 생각할 수도 있죠. 그렇지만 명백한 증거가 나오기까지는 그런 결론을 내릴 수 없는 거죠.

그래서 그 점에 동의합니다. 그러나 동의할 수 없는 점은 만약 하나님이 계시다면 초자연적인 방법으로는 이 세상에 결코 개입할 수 없다고 말할 만큼 우주에 관해 충분한 지식을 가지고 있다는 엄청난 가정입니다. 그것은 매우 뻔뻔스러운 가정이죠. 역사에 근거를 둔 가정이 아닙니다. 마치 형이상학을 하는 셈이죠.

제 생각에 역사를 연구할 때는 어느 정도 겸손함이 있어야 한다고 봅니다. 마치 '아세요? 예수 그리스도가 죽은 자 가운데서 살아났을 가능성이 있습니다. 그의 제자들이 복음서에서 봤다고 한 것을 실제로 보았을 가능성도 있습니다'라고 말할 수 있을 정도로 말입니다. 그리고 그 증거를 적절히 설명할 수 있는 다른 방법이 전혀 없다면 그와 같은 가능성도 조사해 보자고 말할 수 있는 겸손함 말이죠. 제 생각에는 그것이 증거를 공정하게 들어 볼 수 있는 유일한 방법입니다."

자신들이 원하는 결론을 얻기 위한 설정들의 문제들

예수 세미나의 회원들은 예수가 복음서에 나와 있는 대부분의 말들을 결코 하지 않았다는 결론을 제안하기 위해서 자신들이 정한 가정과 기준을 사용했다. 그러나 이 기준이 합리적이고 적절한가? 혹은 그 기준들은 원하는 결과를 얻을 수 있도록 무게가 맞추어진 부정 주사위처럼 처음부터 한 쪽으로 치우친 것은 아닌가?

"그들이 설정한 가정과 기준에는 여러 가지 문제점이 있습니다." 보이드 교수는 그 단체의 접근 방법을 분석하면서 말을 시작했다. "예를 들어 그들은 다른 식으로 생각해 볼 충분한 증거가 없을 경우, 후세대의 교회가 이 말은 예수의 말이라고 정했다고 가정합니다. 그런 가정은 그들이 근본적으로 복음서를 의심하기 때문에 생긴 것입니다. 그리고 초자연적인 일은 일어날 수 없다는 가정에서 나온 것이죠.

역사가들은 보통 거짓이나 신뢰할 수 없는 것을 증명하기 위해 역사가에게 입증의 책임을 지우고 활동합니다. 왜냐하면 사람들은 일반적으로 억지로 거짓말하는 사람들이 아니기 때문이죠. 그런 가정이 없다면 고대 역사에 대해 거의 알 수 없을 것입니다.

예수 세미나는 이 책임을 자기들이 떠맡고 나서 그것이 예수가 한 말이라는 것을 긍정적으로 확인해 보라고 말합니다. 그리고 그렇게 하기 위해 의심스러운 기준을 제시합니다. 물론 학자들이 예수가 어떤 말을 했는지를 고려하기 위해서 적절한 기준을 사용하는 것은 좋습니다. 그러나 예수가 이런 기준을 만족시키지 않는다면 그가 그런 말을 하지 않았음에 틀림없다는 생각에는 반대합니다. 그와 같은 부정적인 결론은 문제가 될 수 있습니다."

이와 같은 이론적인 영역을 다루는 것이 명쾌함보다는 혼란을 주기 시작했다. 보이드 교수의 주장을 따라가기 위해서는 구체적인 예가 필요했다. "그들이 사용한 몇 가지 특정한 기준에 대해 말씀해 주세요"라고 부탁했다.

"하나는 '이중 부동'(不同)이라는 기준입니다." 그는 대답했다. "이것은 예수님의 말이 랍비나 후세대의 교회가 한 말과 다르게 보인다면 예수님의 말이라고 믿을 수 있다는 것을 의미합니다. 그렇지 않다면 그것은 유대인이나 그리스도인의 말로서 복음서에 들어갔다고 가정합니다.

여기서 명백한 문제점은 예수는 유대인이었고, 기독교를 창시한 분이었다는 점입니다. 그래서 그의 말이 유대인과 그리스도인처럼 들린다 해도 놀랄 게 없습니다! 그러나 그들은 예수가 많은 부분을 전부 다 말하지 않았다는 부정적 결론에 도달하기 위해 이 기준을 적용해 버렸습니다.

그리고 '다중 증명'이라는 기준도 있습니다. 그것은 예수님의 말이 한 가지 이상의 출처에서 발견되어야만 그분의 말이라고 확신할 수 있다는 뜻입니다. 물론 이것은 어떤 말을 확증하는 데 도움이 되는 검사가 될 수 있습니다. 그러나 왜 반대 방향으로 주장합니까? 한 가지 출처에서만 발견되면 타당하지 않습니까? 사실 대부분의 고대 역사는 한 가지 출처에만 기초를 두고 있습니다. 일반적으로 어떤 출처가 신뢰할 만하다고 간주된다면 - 그리고 복음서는 신뢰할 만하다고 믿을 만한 많은 증거가 있다 - 다른 출처에 의해 확증될 수 없다고 하더라도 신뢰할 만하다고 여겨야 합니다.

심지어 예수의 말씀이 두 개 혹은 세 개의 복음서에서 발견되지만 그들은 이것을 '다중 증명'의 기준을 통과했다고 간주하지 않습니다. 만일 예수의 말씀이 마태, 마가, 누가에서 발견된다면 그들은 그것을 한 가지 출처라고 간주합니다. 왜냐하면 마태와 누가가 복음서를 기록할 때 마가를 이용했다고 가정하기 때문이죠. 그들은 점점 더 많은 학자들이 마태와 누가가 마가를 이용했다는 이론에 대해 심각한 의혹을 표시하고 있다는 사실을 인식하지 못하고 있습니다. 이런 생각의 흐름에서 보면 다중 증명을 입증하기가 왜 그토록 어려운 것인가를 알 수 있습니다."

보이드 교수는 자기 주장을 세세하게 말했다.

기적을 행하는 예수

자연주의 학자들(naturalistic scholars)은 예수의 주장과 행동이 완전히 독특한 것이 아니라는 것을 증명하기 위한 방법으로서 예수와 다른 고대 역사 인물들의 유사점을 찾아낸다. 그들의 목표는 예수가 그런 부류에 속한 한 사람에 지나지 않는다는 입장을 설명하는 것이다.

"이 입장에 대해 어떻게 생각하십니까?" 나는 보이드 교수에게 계속 질문했다. "예를 들어 고대의 랍비들도 귀신을 쫓아내거나 비가 오도록 기도해서 실제 그런 일이 일어났습니다. 그래서 어떤 학자들은 예수도 단지 기적을 행하는 유대인에 불과하다고 말했습니다. 그와 같은 대응법이 적절합니까?"

나는 토론가인 보이드 교수가 어떠한 도움도 없이 복잡한 문제를 하나하나 풀어 나가는 모습을 지켜보고 있었다. 그는 꽤 말이 빨랐다. 취재 노트에 받아 적기 쉽지 않았다. 그래서 녹음기를 사용했다.

"사실은 좀 더 자세히 살펴보면 그와 같은 대응이 금방 무너진다는 것을 알 수 있습니다." 그는 조금씩 속도를 내며 말하기 시작했다. "첫째, 예수님의 삶에 있어서 초자연적인 것이 차지하는 철저한 중심성에 대응될 만한 것을 유대인의 역사에서는 전혀 찾을 수가 없습니다.

둘째, 그의 기적이 지니는 급진성은 다른 사람들과 구별됩니다. 그가 기도했을 때, 단지 비가 온 것만은 아니었습니다. 눈먼 자와 귀머거리가 치유를 받고, 한센병자와 굽은 척추가 치유되고, 폭풍우가 잔잔케 되며, 물고기와 떡이 배가 되고, 죽은 아들과 딸들이 다시 살아났습니다. 이런 일에 해당할 만한 일은 결코 없었습니다.

셋째, 예수님의 가장 중요한 특수성은 그 자신의 권위로 기적을 일으켰다는 점입니다. 그는 자신을 가리켜 '내가 만일 하나님의 손을 힘입어 귀신을 쫓아내는 것이면 하나님의 나라가 이미 너희에게 임하였느니라'라고 말씀했습니다. 또한 '포로 된 자에게 자유를 주게 하려고 기름 부음을 받았다'라고도 했습니다. 그는 자신의 행동에 대한 공로를 하나님 아버지께로 돌립니다. 그러나 결코 하나님 아버지께 대신 일을 해 달라고 부탁하지는 않습니다. 자신이 직접 하나님 아버지의 능력으로 일을 합니다. 그런 면은 기적을 행한 다른 유대인에게서는 찾아볼 수 없습니다.

이 점은 예수께서 자신에 관해 말씀하신 다른 방식과도 조화를 이룹니다. '나는 모든 권세를 받았다', '아버지께 영광을 돌리는 것처럼 나에게 영광을 돌려라', '천지는 없어지겠으나 내 말은 없어지지 아니하리라' 같은 말씀입니다. 랍비들이 이와 같은 방식으로 말하는 것은 어디에서도 찾을 수 없습니다."

그가 빠르게 쏟아내는 주장의 마지막 부분에 이르렀기 때문에, 나는 만족스런 미소를 짓고 말했다. "그래서 교수님의 요지는 무엇입니까?"

그는 웃었다. "기적을 행한 랍비들과 예수를 비교하는 일은 너무나 왜곡된 해석을 가져올 가능성이 있다는 것입니다."

예수와 아폴로니우스

나는 보이드 교수의 토론 솜씨 때문에 주눅이 들고 싶지 않았다. 그래서 좀 더 어려운 질문을 하기로 마음먹었다. 곧 예수와 티아나(Tyana)의 아폴로니우스(Apollonius)라는 역사적 인물 사이에 보이는 강한 유사성은 어떻게 설명할 수 있는가에 대해 물었다.

그에게 말했다. "여기 1세기에 살았던 한 사람이 있는데, 그는 사람들을 고치고 귀신을 쫓아냈다고 합니다. 그리고 어린 소녀를 죽은 자들 가운데서 다시 살렸다고 합니다. 죽은 후에는 몇몇 추종자들에게 나타났다고 합니다. 사람들은 그 점을 지적하면서 '아폴로니우스의 이야기는 전설이라고 하면서 왜 예수의 이야기에 대해서는 전설이라고 얘기하지 않습니까?'라고 말합니다."

그는 고개를 끄덕이면서 내 말을 이해하고 있음을 표시했다. "그 말이 언뜻 그럴 듯하게 들린다고 인정해야겠군요." 그는 말했다. "대학 때 아폴로니우스에 관해 처음 들었는데, 저도 깜짝 놀랐습니다. 그러나 역사적 사실에 관해 침착하고 객관적으로 역사적 작업을 해 본다면 유사하다고 말하는 부분들이 사실은 그렇지 않다는 것을 알게 됩니다."

나는 일반적인 얘기가 아니라 특수한 예가 필요했다. "계속 말씀해 주세요. 그 주장을 꼼짝 못하게 할 논거를 말씀해 주시죠."

"좋습니다. 첫째, 그의 전기 작가인 필로스트라투스(Philostratus)는 아폴로니우스의 생존 후 1세기 반 후에 글을 쓴 반면, 복음서는 예수의 세대에 기록되었습니다. 사건이 일어난 시점에서 가까울수록 전설적 요소나 오류의 혼란이 일어날 가능성이 줄어듭니다.

또 한 가지 사복음서는 바울에 의해 확증되고 요세푸스나 다른 사람들같이 성경과 관계없는 저자들에 의해 어느 정도 교차 검토가 가능하다는 점입니다. 반면에 아폴로니우스와 관련해서는 출처가 하나밖에 없습니다. 게다가 복음서는 역사적 신뢰성을 평가하기 위해 사용하는 표준검사들을 모두 통과하지만, 아폴로니우스의 이야기는 그렇지 않습니다.

또한 필로스트라투스는 여왕으로부터 아폴로니우스에게 신전을 바치기 위해 전기를 쓰라는 의뢰를 받습니다. 그녀는 아폴로니우스의 추종자였습니다. 그래서 필로스트라투스에게는 이야기를 미화시켜 여왕의 마음에 드는 작품을 쓰고 싶은 재정적 동기도 있었을 것입니다. 반면에 복음서의 저자들은 예수의 이야기를 기록함으로써 아무런 이득을 볼 수 없었습니다. 아니 오히려 잃을 게 많았죠. 예수를 통해 물질을 얻을 속셈도 없었습니다.

또 한 가지는, 필로스트라투스의 기록 방식은 복음서와는 매우 다릅니다. 복음서에는 마치 카메라를 가지고 쓴 것처럼 매우 확실한 목격자들의 관점이 있습니다. 그러나 그의 이야기에는 불확실한 진술들이 많이 담겨져 있습니다. 가령 '… 라는 소문이 있다' 또는 '어떤 사람들은 이 어린 소녀가 죽었다고도 하고, 어떤 사람들은 단지 아팠다고 말하기도 한다'라는 표현들입니다. 그는 자신의 신용을 위해 한 발짝 물러나서 남의 말을 하듯이 이야기를 합니다.

그리고 중요한 점이 있습니다. 필로스트라투스는 3세기 초 갑바도기아에서 기록했는데, 기독교는 거기에서 이미 꽤 오랫동안 정착된 상태였습니다. 그래서 만약 차용을 했다면 그가 했지 그리스도인들이 차용하지는 않았을 것입니다. 당신은 아폴로니우스의 추종자들이 기독교를 경쟁상대로 보고 '오, 그래? 아폴로니우스도 예수가 했던 일과 똑같은 일을 했어!'라고 말하는 것을 상상해 볼 수 있습니다. 마치 '우리 아빠는 네 아빠를 이길 수 있어'라고 말하는 것처럼요.

마지막으로, 아폴로니우스가 어떤 놀랄 만한 기적을 행했거나 아니면 적어도 그런 일을 했다고 사람들을 속여 믿게 만들었을 가능성이 있습니다. 그러나 예수님에 관한 증거는 그와 같은 타협의 여지가 전혀 없습니다. 아폴로니우스의 증거를 인정한다고 하더라도 그리스도에 대한 증거를 별도로 처리해야 합니다."

예수와 신비 종교와의 비교

나는 '좋아요. 그러면 한 가지 시험을 더 해 보죠'라고 마음속으로 생각했다. 많은 대학생들은 예수의 생애에서 보이는 여러 주제들이 단지 죽었다가 다시 살아난 신들의 이야기와 세례 및 성찬 의식 등의 이야기가 담긴 고대의 '신비 종교'를 반영한 것뿐이라고 배우기 때문이다. "그와 같은 유사성은 어떻게 설명하시겠습니까?"라고 질문을 던졌다.

"그것은 세기 초에는 매우 인기 있는 주장이었죠. 그러나 일반적으로는 불신을 받았기 때문에 사라졌습니다. 첫째, 기록 시기를 고려해 볼 때, 만약 차용에 대해 주장을 하려면 기독교에서 신비 종교 쪽으로 방향이 틀어져야만 하지 그 반대로 되어서는 안 됩니다. 또한 신비 종교는 다양한 곳에서 자유롭게 아이디어를 차용한 '네 마음대로 하라' 식의 종교였습니다. 그러나 유대인들은 외부의 영향으로부터 자신들의 믿음을 세심하게 보호했습니다. 그들은 스스로를 세상과 분리된 사람들로 여기고, 이방의 사상들과 의식을 완강히 거부했습니다."

나에게 가장 흥미롭게 보일 수 있는 유사성은 바로 신들이 죽었다가 다시 살아난다는 신화적인 이야기였다. "그런 이야기는 기독교 신앙과 유사하지 않습니까?"라고 물어보았다.

"어떤 신비 종교에 신들이 죽었다가 다시 살아나는 이야기가 포함되어 있는 것이 사실이지만, 이 이야기는 항상 죽음과 재생이라는 자연계의 생명 순환기를 중심으로 삼고 있습니다." 그는 말했다. "곡식이 가을에 죽고 봄에는 다시 살아나죠. 사람들은 이런 식으로 계속되는 현상을 신들이 죽었다가 다시 살아난다는 신화적인 이야기를 통해 표현합니다. 이러한 이야기는 항상 전설의 형식을 빌려서 표현되었습니다. 곧 '옛날 옛적에' 일어난 사건 식으로 묘사했죠.

그것을 복음서에 나타난 예수 그리스도에 관한 묘사와 비교해 보세요. 복음서는 수세기 전에 살았던 어떤 사람에 대해 얘기하고 있으며 사람들의 이름을 구체적으로 제시하고 있습니다. 예를 들어, 본디오 빌라도 아래에서 십자가에 못 박혀 죽었으며 그때는 대제사장이 가야바였고 알렉산더와 루포의 아버지가 그의 십자가를 지고 갔다고 되어 있습니다. 그것은 구체적인 역사적 자료이죠. '옛날 옛적에' 일어났던 것에 관한 이야기와는 전혀 공통점이 없습니다.

또 기독교는 생물의 생활 주기나 수확과는 전혀 상관이 없습니다. 그것은 신비 종교에는 없는 유대인의 믿음, 곧 죽은 자들의 부활, 영생, 하나님과의 화목에 관한 믿음과 관련이 있습니다. 세례나 성찬과 같은 신약성경의 교리가 신비 종교에서 나왔다는 주장은 정말 터무니없습니다. 첫 번째 이유는 그와 같은 유사성에 대한 증거가 2세기 후에나 등장하는데, 그렇다면 기독교로부터 차용이 일어난 것이지 그 반대는 아니었을 것입니다.

자세히 살펴보면 유사점이 별로 없다는 점도 알게 됩니다. 예를 들어 미트라 - 페르시아 신화에 나오는 빛과 진리, 태양의 신 - 숭배 신앙에는 추종자들이 보다 높은 경지에 도달하기 위해 황소가 살해되는 동안 피와 창자로 목욕을 할 정도로 그 밑에 서 있어야 했습니다. 그런 후에 나머지 사람들과 같이 그 황소를 먹었죠.

이제 유대인들이 이와 같은 사실에서 어떤 매력적인 점을 찾아내서 이 야만적인 관습을 따라서 세례와 성찬의 모델로 삼기 원했다고 제안한 다는 것은 거의 불가능하죠. 그래서 대부분의 학자들은 그런 생각을 지지하지 않습니다."[6]

비밀 복음서가 말하는 십자가

보이드 교수의 연구실은 혼란스럽고 어지러웠지만, 그의 두뇌는 날카롭고 체계적이었다. 이런 많은 화제가 되는 유사점에 대한 그의 분석은 의심의 여지를 남겨 두지 않을 정도로 명쾌했다. 그래서 여러 매체에서 쓰고 있는 다른 문제를 다루어 보기로 결심했다. 그것은 종종 예수 세미나의 참가자들이 쓰는 책의 주제인 '새로운 발견'에 관한 것이다.

나는 "그동안 대중 출판물에 '도마복음', '마가의 비밀복음'(Secret Mark), '십자가 복음'(Cross Gospel), 그리고 'Q문서'에 관한 많은 글이 있었어요"라고 말했다. "그런데 우리가 예수에 관해 생각하는 방식을 바꿀 만한 새로운 발견들이 정말로 있었습니까?"

그는 격분에서 터져 나오는 한숨을 쉬었다. "아닙니다. 예수님에 관해 새로운 것을 말해 주는 발견들은 전혀 없습니다. '도마복음'은 오래전에 발견된 것이지만, 지금은 예수님의 다른 모습을 창조하는 데만 사용되고 있어요. 도마복음에 관한 어떤 이론들은 새로울지 모르지만 복음서 자체는 전혀 새로운 것이 없습니다.

소위 'Q문서'도 발견된 것이 아니라 1세기 반 동안 존재했던 이론으로서 누가와 마태가 공통적으로 가지고 있는 재료를 설명하기 위한 것이죠. 새로운 것은 좌파 학자들이 미리 예상한 이론을 뒷받침하기 위해 이 가상적인 Q문서를 다양한 전설의 발달 단계로 구분하기 위해 전제를 이용하는 매우 의심이 가는 방법뿐입니다."

나는 예수 세미나에서 가장 영향력 있는 학자인 존 도미닉 크로산 (John Dominic Crossan)이 '마가의 비밀복음'이라고 불리는 복음서에 관해 강력한 주장을 했다는 사실을 알고 있었다. 사실 그는 비밀복음이 실제는 검열 받지 않은 마가복음의 다른 버전으로서, 교회 내부인과 관련된 영적인 사람과 비밀스런 문제를 포함한 내용일 가능성이 있다고 주장한다.[7] 어떤 사람들은 예수가 마술사였다거나 초기의 많은 그리스도인들이 동성연애를 했다고 주장하기 위해 그 책을 이용한다. 이런 음모들이 신문이나 잡지의 상상력을 사로잡았다. "그런 생각에 대해 어떤 증거가 있습니까?"라고 그에게 물었다.

그는 재빨리 대답했다. "전혀 없어요." 그는 더 이상 설명할 필요가 없다고 보았지만, 나는 무슨 뜻인지 설명해 달라고 부탁했다.

"당신도 알다시피 우리에게는 비밀복음이 없습니다. 우리에게 있는 것은 2세기 후반에 알렉산드리아의 클레멘트(Clement)가 아마도 이 복음서에서 인용한 것을 어떤 학자가 찾아낸 것뿐입니다. 그리고 지금은 불가사의하게도 그것조차 없어져 버렸습니다. 사라진 것이죠.

지금 우리에게는 그 복음서도 없고 인용문도 없습니다. 심지어 인용문이 있다 해도, 그것이 역사적 예수에 관한 정확한 정보나 또는 초기 그리스도인들이 그에 관해 생각한 바를 우리에게 제공했다고 할 만한 어떤 이유도 없습니다. 게다가 우리는 클레멘트가 의심스러운 기록을 인정하고 있다는 점을 쉽게 믿어 버리는 사람은 아니었는지 의문을 갖습니다.

'마가의 비밀복음'은 이런 점에 관하여 쉽사리 믿어 버리는 사람으로 알려져 있는 2세기 말의 저자가 쓴 작품이며, 동시에 지금은 현존하지 않는 작품입니다. 대다수의 학자들이 이 작품을 신뢰하지 않습니다. 그런데 불행하게도 그것을 신뢰하는 사람들이 신문에서 많은 지면을 차지합니다. 그 이유는 매체가 선풍적 인기를 끄는 것을 좋아하기 때문이죠."

예수 세미나의 학자 크로산(Crossan)은 자신이 '십자가복음'이라고 부르는 것을 신뢰한다고 공공연하게 주장한다. 나는 "그 책은 좀 더 나은 것입니까?"라고 물어보았다.

"아니에요, 대부분의 학자들은 그것 역시 신뢰하지 않습니다. 왜냐하면 거기에는 매우 기이할 정도로 전설적인 내용이 포함되어 있거든요. 예를 들어, 예수가 무덤에서 나오는데 몸집이 아주 거대해서 하늘 위로 올라가고 십자가도 무덤에서 나와서 말을 합니다! 이로 보건대, 훨씬 사실적인 복음서가 더 신뢰할 만합니다. 그 책은 후에 나온 외경과 더 잘 어울립니다. 사실 그것은 성경의 자료에 의존하기 때문에 나중에 쓰인 것으로 보아야만 합니다."

예수 세미나는 엄청나게 많은 대다수의 성경 전문가들과는 달리 도마복음에 매우 높은 지위를 부여해서 전통적 사복음서와 같은 반열에 올려놓았다. 이 책 3장에서 브루스 메츠거 교수는 그 입장이 정당하지 않다고 강력히 비난했다. 나는 보이드 교수의 의견을 물어보았다. "도마복음이 왜 그와 같은 영예를 얻어서는 안 됩니까?"

"사람들은 이 복음서가 영지주의에 큰 영향을 받았다는 데 동의합니다. 영지주의는 2-4세기에 걸쳐 일어난 종교 운동으로 사람들로 하여금 우주의 비밀을 푸는 실마리를 알게 하는 은밀한 통찰력, 지식, 계시가 있다고 말하죠. 구원은 당신이 소유한 지식, 다시 말해 '알다'라는 뜻을 지닌 헬라어 '그노시스'(gnosis)에 의해 얻어진다고 주장합니다." 계속해서 그는 말했다.

"그래서 대부분의 학자들은 도마복음을 2세기 중반의 것으로 보는데, 그러면 문화적 배경과 잘 조화가 됩니다. 예를 들어 보겠습니다. 도마복음에서 예수는 '자신을 남성으로 만드는 모든 여자는 천국에 들어갈 수 있다'라고 말했다는데, 그 말은 우리가 알고 있는 예수님이 여자에 대해 보인 태도와 모순됩니다. 그러나 영지주의 사고방식과는 잘 어울리죠.

하지만 예수 세미나는 도마복음의 어떤 구절들을 자의적으로 해석해서 이 구절이 정경 복음서보다 훨씬 이른 시기의 것으로서 예수에 관한 초기의 전통을 보여 준다고 주장했습니다. 이 구절들 중 어떤 것에도 예수님이 자신에 대해 고상한 주장을 했다거나 초자연적인 업적을 이루었다는 내용이 포함되어 있지 않기 때문에 그들은 그가 단지 위대한 선생이었다고 주장합니다.

그러나 전체적으로 보면 순환 논법에 빠져 있습니다. 곧 도마복음에 나오는 이 구절들을 우선 초기의 것으로 생각하는 이유가 있습니다. 자의적으로 해석한 구절들에 예수의 본래 모습이라고 믿는 예수의 모습이 포함되어 있기 때문에 초기의 책이라고 주장합니다. 사실 1세기 신약성경 복음서보다 2세기의 도마복음을 더 선호할 만한 합당한 이유가 전혀 없습니다."

사실에 뿌리를 둔 신앙

예수 세미나는 역사적 예수와 신앙적 대상으로서의 예수 사이에는 큰 차이가 있다고 믿는다. 그런 관점에서 보면 역사적 예수는 영리하고 재치 있고, 반문화적인 인물로서 결코 스스로 하나님의 아들이라고 주장하지 않았다. 반면 신앙의 대상인 예수는 사람들이 올바르게 살도록 도와주지만 궁극적으로는 소망적 사고에 기초를 둔 좋은 생각들에 지나지 않는다.

"역사적 예수와 신앙적 대상으로서의 예수 사이에는 큰 차이가 없습니다." 내가 이 문제를 꺼내자 보이드 교수는 이렇게 말했다. "예수님이 신성을 가지고 있고 사람들을 하나님과 화목하게 하는 분이라는 말을 모두 믿지 않는다면 그 둘 사이에는 엄청난 모순이 생깁니다.

일반적으로 말해서, 그들은 신앙적 대상으로서의 예수를 이런 식으로 정의합니다. '사람들에게 꽤 의미가 있는 종교적 상징들이 있다. 곧 신성을 가진 예수, 십자가, 자기희생적 사랑, 부활의 상징이 그것이다.' 사람들은 그런 일들이 실제로 일어났다고 믿지 않지만 그럼에도 불구하고 그 상징들은 사람들로 하여금 착한 삶을 살고, 불안을 이기고, 새로운 잠재력을 실현하고, 절망 가운데서도 희망을 소생시키도록 격려해 줄 수 있습니다."

그는 어깨를 으쓱거렸다. "유감스럽게도 … 이런 말들은 너무 많이 들어서 이제는 귀 밖으로 흘러넘칠 지경이에요. 그래서 이 자유주의자들은 역사적 조사를 통해서는 신앙적 대상으로서의 예수를 발견할 수 없다고 말합니다. 왜냐하면 신앙적 대상으로서의 예수는 역사에 뿌리를 두지 않았기 때문에 단지 상징에 불과하단 겁니다."

그는 계속했다. "그러나 잘 들어 보세요. 예수님이 역사에 뿌리를 두고 있지 않다면 어떤 것의 상징도 아닙니다. 니케아 신경(Nicene Creed)을 보면 '이런 일들이 사실이라면 좋을 텐데'라고 말하지 않습니다. 그 대신에 '예수 그리스도께서 본디오 빌라도 아래에서 십자가에 못 박혀 죽음을 당했다. 그리고 사흘 만에 죽은 자 가운데서 다시 살아나셨다'라고 말하면서 계속 이야기가 진행됩니다.

신학적 진리는 역사적 진리에 근거를 두고 있습니다. 신약성경도 동일한 방식으로 이야기합니다. 사도행전 2장에 나오는 베드로의 설교를 보세요. 그는 서서 다음과 같이 말합니다. '너희들은 이 모든 일에 증인이다. 이 모든 일은 은밀히 이루어지지 않았다. 다윗의 묘가 여전히 우리에게 있다. 그러나 하나님이 예수를 죽은 자 가운데서 살리셨다. 그러므로 우리는 그를 하나님의 아들이라고 선포한다.'

기적과 부활을 제외한다면 선포할 것이 아무것도 없습니다. 바울은 예수님이 죽은 자 가운데서 부활하지 않았다면 우리의 믿음도 헛되며 쓸모없고 공허한 것이라고 말했습니다."[8]

그는 잠시 말을 멈추었다. 그의 목소리는 한 단계 내려가서 설교 조에서 개인적 확신을 강력하게 표현하는 어조로 바뀌었다. "제 인생의 기초를 상징에다 두고 싶지 않습니다." 그는 단호하게 말했다.

"저는 실재를 원합니다. 그리고 기독교 신앙 역시 사실에 뿌리를 두고 있습니다. 사실에 뿌리를 두고 있지 않은 것은 바로 자유주의자들의 신앙입니다. 그들은 몽상을 추구하지만 기독교는 몽상이 아닙니다."

기독교는 몽상이 아니다

우리는 예수 세미나에서 제기한 예수의 모습, 곧 상징적 예수이지만 희망이라는 환상 이외에는 세상에 아무것도 줄 수 없는 예수에 관해 말하느라고 오랜 시간을 보냈다. 그러나 우리가 헤어지기 전에 나는 보이드 교수의 예수에 관해 듣고 싶었다. 신학 교수로서 연구하고 학술 서적을 쓰는 그가 믿는 예수가 주일 아침마다 교회에서 설교하는 예수와 동일한 모습인지 알 필요가 있었다. "단도직입적으로 말씀드리죠." 나는 말했다. "교수님의 예수, 곧 교수님과 관계가 있는 예수는 역사적 예수이자 동시에 신앙의 대상으로서의 예수입니까?"

그는 강조하기 위해 주먹을 불끈 쥐었다. 마치 내가 막 터치다운을 기록한 것처럼 말이다. "예, 정확히 맞습니다. 리!" 그는 소리쳤다. 그는 의자의 가장자리로 움직이면서 자기 학문과 마음이 그로 하여금 무엇을 믿게 했는지 정확히 설명했다. "그것은 이와 같습니다. 당신이 누군가를 사랑하면 그 사랑은 그 사람과 관련된 사실을 초월하게 만듭니다. 하지만 그 사람에 관한 사실에 뿌리를 둡니다. 가령, 당신은 아내를 사랑하시죠? 멋지고 예쁘고 상냥하고 친절하기 때문이죠. 이 모든 것은 아내에 관한 사실입니다. 그래서 사랑하는 거죠.

하지만 당신의 사랑은 그 한계를 뛰어넘습니다. 아내에 관한 이 모든 사실을 알고도 그녀를 사랑하거나 신뢰하지 않을 수도 있으니까요. 그런 결심은 증거의 범위를 뛰어넘습니다. 또한 증거를 바탕으로 엄연히 존재합니다.

예수님과 사랑에 빠지는 것도 마찬가지입니다. 예수 그리스도와 관계를 갖는다는 것은 단지 그에 관한 역사적 사실을 아는 것 이상입니다. 하지만 그에 관한 역사적 사실에 뿌리를 두고 있죠. 저는 역사적 증거에 근거를 두고 예수님을 믿습니다. 그러나 예수님과의 관계는 증거를 뛰어넘습니다. 저는 그분을 신뢰해야만 하고 매일 그분과 동행해야만 합니다."

나는 그의 말에 끼어들었다. "그러나 기독교가 명백히 믿기 힘든 예수에 관한 주장을 한다는 것을 인정하십니까?"

그는 "물론입니다"라고 대답했다. "그래서 저는 그 주장이 사실이라는 것을 보여 주기 위한 강력한 증거를 가지고 있어서 기쁩니다." 그는 덧붙였다. "저는 이와 같은 결론에 도달했습니다. '예수님에 관한 다른 주장은 결코 없다. 예수님의 모습은 바로 제자들이 말한 모습 그대로이다. 곧 실제로 기적을 행했고, 죽은 자 가운데서 다시 살아나셨고, 실제로 그런 주장을 하셨다. 이에 대한 증거는 예수 세미나의 좌파 학자들이 옳다고 믿는 이유들보다 엄청나게 빠른 시기의 것이다.'

그 학자들이 가지고 있는 것은 도대체 무엇입니까? 불행하게도 단지 한 사람만 보았고 지금은 그마저도 소실되어 버린 2세기 후반의 편지에 담긴 잃어버린 '비밀 복음'에 대해 간단히 언급한 것밖에 없습니다. 그리고 십자가가 말하는 것의 주된 내용인, 아주 소수의 학자들이 복음서보다 이른 시기의 것으로 추정하는 3세기의 십자가 처형과 부활에 관한 이야기가 있습니다. 2세기의 것인 영지주의와 관련된 문서도 있습니다. 그 중 일부는 몇몇 학자들이 지금 자신들의 선입견을 뒷받침하기 위해 이른 시기의 것으로 추정하고 싶은 것들이죠. 그리고 가상적 문서가 하나 있는데, 이는 불안정한 가정 위에 세워지고 순환 논리를 사용함으로써 점점 더 내용이 빈약하게 허물어지고 있습니다."

그는 의자 뒤로 털썩 주저앉았다. "대단히 유감이지만" 그는 머리를 흔들며 말했다. "그런 의견에는 찬성하지 않습니다. 예수 세미나에서 말하는 내용에 희망을 거는 것보다 당당하게 역사적 검사 기준을 통과한 복음서를 신뢰하는 편이 훨씬 합리적입니다."

비난의 합창들

나는 호텔로 돌아와서 보이드 교수와의 인터뷰를 곱씹어 보았다. 나

역시 그와 같은 생각이 들었다. 곧 신앙의 대상인 예수가 역사적 예수가 아니라면 그는 무력하고 무의미하다. 그가 사실에 뿌리를 두고 있지 않다면, 죽은 자 가운데서 다시 살아남으로써 신성을 증명하지 않았다면, 그는 단지 산타클로스처럼 좋은 느낌을 주는 상징에 불과하다.

그러나 그가 상징 이상의 존재라는 것에 대한 충분한 증거가 있다. 나는 이미 그가 성육신한 하나님이라는 신약성경의 주장을 뒷받침하는 잘 조직된 증거들 이를테면 목격자의 증언, 문서상의 증거, 확증적인 증거, 과학적 증거에 대해 들었다. 그래서 그분의 인격과 부활에 관한 훨씬 더 많은 역사적 자료를 파헤치기 위해 다시 떠날 준비를 했다.

한편, 보이드 교수만이 예수 세미나에 반대하는 유일한 목소리는 아니다. 그는 뛰어난 보수적 복음주의자들뿐만 아니라 다양한 신학적 배경을 대표하는 다른 존경받는 학자들로부터 나오는 더 강한 비판의 일부일 뿐이다.

또 다른 예는 내가 묵었던 호텔의 스탠드만큼 아주 가까이 있었다. 나의 팔을 뻗어 최근에 구입한 《누가 예수를 부인하는가》(The Real Jesus)를 집어 들었다. 그 책의 저자는 에모리대학교의 캔들러신학교에서 신약성경과 기독교의 기원 분야에서 매우 존경을 받고 있는 루크 티모시 존슨(Luke Timothy Johnson) 교수였다. 존슨은 성경학자로서 이 영향력 있는 책을 쓰기 전에는 베네딕트 수도승의 신분인 로마 가톨릭 신자였다.

존슨은 다음과 같은 말을 함으로써 예수 세미나의 주장을 체계적으로 반박한다. "예수 세미나는 결코 신약성경 학문의 정수를 대표하지 않는다. 그것은 복음서 전통의 진실성에 반대하는 입장에 한참 치우쳐 있을 뿐이다. 그 결과는 연구 이전에 이미 결정 난 상태였다."[9] 그리고 나서 그는 다음과 같은 결론을 내린다. "이 입장은 스스로 책임지지 않고 심지어 비평적이지도 않은 학문이다. 단지 제멋대로이며 속이 빤히 들여다보이는 행동에 지나지 않는다."[10]

그는 자신과 유사한 입장을 가진 다른 뛰어난 학자들의 말을 인용한다. 예를 들어 하워드 클라크 키(Howard Clark Kee) 박사는 예수 세미나를 "학문적으로 학자들을 망신시키는 단체"라고 비난했고, 듀크대학교의 리처드 헤이즈(Richard Hayes)는 *Five Gospels*(5복음서)에 대한 서평에서 "이 책에서 주장하는 변론은 어떤 법정에서도 유효하지 않을 것이다"라고 주장했다.[11] 나는 그 책을 덮고 불을 껐다. 내일이면 유효한 증거를 찾을 수 있을 것이다.

THE CASE FOR
CHRIST

Part 2

예수 분석

예수는 정말
메시아인가

Chapter 7

정체성 증거

예수는 자신을
유일한 하나님의 아들이라고
주장했다

벤 위더링턴3세 교수와 인터뷰

존 더글러스(John Douglas)는 한 번도 만나 보지 않은 사람들의 마음을 꿰뚫어 보는 비상한 능력을 가졌다. 미 연방 수사국에서 일하는 최초의 심리 정보 수집가인 더글러스는 범죄 현장에서 정보를 수집한 후에 자신의 통찰력을 이용해서 아직 체포되지 않은 범인의 특징을 알아내는 일을 한다.

그는 1979년부터 1981년까지 샌프란시스코 근처의 삼림 지역을 배회하면서 연쇄 살인을 저질렀던 살인범의 특징을 예견한 적이 있다. 그는 '오솔길의 살인자'라고 불렸던 연쇄 살인범이 동물 학대, 방화, 잠결에 소변을 보는 습관을 가진 말더듬이라고 예측했다. 마침내 범인이 잡혔을 때 이 예측은 정확하게 들어맞았다.[1]

그는 심리학 박사 학위와 형사로서의 오랜 경험과 인간 행동에 대한 뛰어난 통찰력을 갖추고 있다. 그는 심리 정보 수집에 탁월한 능력을 발휘함으로써 유명해졌는데, 그 주제로 몇 권의 베스트셀러를 쓰기도 했다. 조디 포스터(Jodie Foster)는 아카데미 여우주연상을 받으면서 그에게 공개적으로 감사를 표하기도 했다. 그는 영화 〈양들의 침묵〉에서 그녀가 맡았던 배역의 FBI 조언자 배후의 실제 인물이었다.

그는 어떻게 한 번도 만나 보지 않은 사람들의 사고 흐름을 이해할 수 있을까? 그는 〈바이오그래피〉(Biography) 지에서 이렇게 설명했다. "행동은 인격을 반영합니다."[2]

그는 범죄 현장에 남겨진 증거를 면밀하게 검토하고 가능한 모든 곳에서 희생자들과 인터뷰를 한 후, 범인의 말과 행동들을 알아낸다. 그리고 이러한 단서들, 곧 모든 행동의 부산물들을 통해서 범인의 심리적인 성향을 추론한다.

이것을 예수에게 적용해 보자. 한 번도 예수와 대화를 나누어 보지도 않은 우리가 어떻게 그의 목적, 의도, 자기인식에 대해 알 수 있는가? 또한 예수가 자신이 누구라고 생각하며 자신의 사명을 무엇으로 이해했는지 어떻게 우리가 알 수 있는가?

그는 예수의 행동을 보라고 말할 것이다. 예수가 스스로를 메시아나 하나님의 아들로 생각하는지 아니면 단지 랍비나 예언자로 생각하는지를 알고 싶다면 예수의 행위, 말, 다른 사람들과의 관계를 살펴볼 필요가 있다.

"예수는 스스로를 어떻게 생각했는가?"라는 질문은 매우 중요하다. 어떤 학자들은 예수의 신성 교리는 단지 신화에 불과하며, 그가 죽은 후에 광신적인 신봉자들에 의해 첨가된 내용일 뿐이라고 주장한다. 만약 사람들이 그를 경배한다는 사실을 알게 된다면 진짜 예수는 무덤 속에서 포복절도할 것이라고 말한다. 또, 초기 자료들 속에는 예수가 순회 전도자, 교사, 민중 선동가일 뿐 그 이상의 존재가 되는 것을 바라지 않았다는 내용이 담겨 있다고 주장한다.

그러나 과연 그들의 주장은 역사적 근거가 있을까? 나는 이 사실을 알아보기 위해 켄터키 주 렉싱턴으로 날아간 후 아름다운 말 목장들이 있는 구불구불한 길을 차로 달려갔다. 바로 거기에서 그 주제를 다루고 있는 유명한 책 *The Christology of Jesus*(예수의 기독론)을 쓴 학자를 만났다.

여섯 번째 인터뷰: 벤 위더링턴 3세 교수

켄터키 주 윌모어에는 애즈베리신학교 외에는 그다지 유명한 곳이 없다. 나는 도시의 중심가로부터 벗어난 식민지풍 건물의 4층에 있는 벤 위더링턴 3세(Ben Witherington Ⅲ) 교수의 연구실을 찾아갔다. 노스캐롤라이나 토박이인 교수는 우리를 정중하게 환영해 주었다. 편안한 의자와 커피를 권했고 우리는 함께 앉아서 나사렛 예수는 자신을 누구라고 생각했는지에 대해서 토론했다.

위더링턴 교수의 저서들과 주석서들을 살펴보면 그가 그 주제에 대해 정통한 학자임을 알 수 있다. 저서로는 *The Christology of Jesus*(예수의 기독론), *Jesus the Sage*(현자 예수), *The Many Faces of the Christ*(그리스도의 다양한 얼굴), *The Jesus Quest*(예수 탐구), *Jesus, Paul, and the End of the World*(예수, 바울, 그리고 말세), *Reading and Understanding the Bible*(성경 읽기와 이해), *New Testament History*(신약성경의 역사)가 있고, 마가복음, 요한복음, 사도행전, 로마서에 대한 주석서가 있다. 이외에도 그의 논문들은 전문 사전과 학술지에 실렸다.

그는 고든콘웰신학교에서 신학 박사 학위를 받았고, 영국 더럼대학교에서 신약 박사 학위를 받았다. 그리고 애즈베리, 애쉬랜드신학교, 듀크대학교 신학부 및 고든콘웰신학교에서 가르쳤다. 그는 신약연구회, 성경문학회, 성경연구소의 회원이기도 하다. 그는 학자답게 용어 선택에 신중을 기하면서 분명하고도 사려 깊게 이야기했다. 하지만 동시에 자신의 연구에 매료되어 있는, 아니 경외감을 품고 있다고 할 수 있을 정도로 자신의 연구에 대한 열정이 가득했다.

그러한 모습은 그가 최첨단 기재로 가득한 스튜디오로 나를 데려갔을 때 더욱 잘 드러났다. 그는 그곳에서 예수를 형상화한 그림들과 긍휼, 희생, 자비, 예수의 생애의 위엄과 사역을 묘사하는 노래들을 결합시키는 작업을 하고 있었다. 그는 예수에 대한 전문적 주제들을 다룬 복잡하고 관주가 많은 글을 쓴다. 그러나 한편으로는, 영상과 음악의 예술적 결합을 통해서 자신의 또 다른 창의력을 발산하고 있었다. 그런 작업을 통해서 오직 창조적인 예술만이 다가설 수 있는 예수의 또 다른 모습을 연구하는 것이다.

나는 그의 연구실로 다시 돌아온 후에, 흔히 성경을 처음 읽는 사람들이 궁금해 하는 주제인 '예수님의 자기인식'에 대해 질문하기로 마음먹었다. "사실 예수님의 본성은 신비에 싸여 있지 않습니까?" 나는 의자를 끌어당기고 있는 그에게 질문했다. "예수는 솔직하게 자신을 메시아 혹은 하나님의 아들로 선포하는 일을 피하는 경향이 있었습니다. 왜 그랬을까요? 자신을 그렇게 생각하지 않은 것일까요? 아니면 다른 이유가 있었을까요?"

그는 의자에 다리를 꼬고 앉은 채 이렇게 대답했다. "예수님이 자신을 메시아나 하나님의 아들로 생각하지 않았기 때문에 그랬던 것은 아닙니다. 만약 그분이 '이보게들, 내가 하나님이야'라고 선포했다면, 유대인들에게는 '나는 야훼다'라는 말로 들렸을 겁니다. 왜냐하면 당시 유대인들은 삼위일체라는 개념을 알지 못했기 때문입니다.

그들은 오직 하나님 아버지, 곧 성부만 알고 있었습니다. 성자 하나님 혹은 성령 하나님에 대해서는 몰랐죠. 그래서 만약 누군가가 그분을 하나님이라고 부른다면, 유대인들은 그 말을 이해하지 못할 뿐 아니라 분명히 그 말을 신성 모독으로 여겼을 겁니다.

그렇게 되면 결국 예수님이 그토록 애쓰셨던 일, 곧 사람들로 하여금 자신의 메시지를 듣게 하려는 일이 실패했을 것입니다. 게다가 유대인들은 이미 메시아가 어떤 분일 것이라는 기대를 가지고 있었습니다. 하지만 예수님은 누군가 정해 놓은 범주 안에 묶여지는 것을 원하지 않으셨습니다. 그분은 공적으로 말하는 것에 대해서 매우 신중하셨습니다. 물론 제자들만 있는 사적인 자리에서는 다르셨죠. 하지만 복음서들은 우선적으로 예수님이 군중들 앞에서 행하신 일들에 대해 우리에게 말해 주고 있습니다."

예수님은 자신을 누구라 여겼는가

1977년 영국인 신학자 존 힉(John Hick)은 그와 비슷한 생각을 지닌 6명의 동료들과 함께 그들의 저서에서 다음과 같은 주장을 함으로써 격렬한 논쟁을 불러 일으켰다. 예수는 자신을 성육신한 하나님이나 메시아로 생각한 적이 없었다는 것이다. 그러한 개념들은 후대에 기록되었기 때문에 예수께서 자신이 메시아라는 주장을 한 것처럼 보일 뿐이라고 말했다.

위더링턴 3세 교수는 그 주장을 검토해 보기 위해서 예수에 관한 가장 초기의 구전들, 곧 설화가 삽입되지 않았을 것이 확실한 자료들을 연구 대상으로 삼았다. 그리고 예수가 실제로 자신을 어떻게 생각했는가에 대한 설득력 있는 단서들을 발견했다. 나는 그 연구를 더 깊이 알고 싶어서 "예수와 다른 사람들과의 관계 속에서 드러나는 예수의 자기인식에 대한 단서들은 무엇입니까?" 하고 질문을 던졌다.

그는 잠시 동안 생각한 후에 이렇게 대답했다. "먼저 예수님과 제자들의 관계를 보세요. 예수님은 12명의 제자들과 함께 있었습니다. 그러나 그분이 12명 중 1명이 아니었다는 사실에 주목하십시오."

내가 듣기에는 그다지 대수롭지 않은 내용인 것 같은데도 그는 그것이 매우 중요한 사실이라고 말했다. "만약 열두 제자가 새롭게 된 이스라엘을 대표한다면, 예수님은 어디에 속해야 할까요? 그는 단지 이스라엘의 한 부분에 속한 분도 아니고, 구속받은 무리에 속한 분도 아닙니다. 예수님은 구속받은 사람들의 모임을 만드셨습니다. 마치 구약에서 하나님께서 그의 백성들을 부르셔서 열두 지파로 만드신 것처럼 말입니다. 이것이 '예수님의 자기인식'에 대한 단서입니다."

그는 예수와 세례 요한의 관계가 내포하고 있는 또 다른 단서를 설명했다. "예수님은 '여자가 낳은 자 중에 세례 요한보다 큰 이가 일어남이 없도다'(마 11:11)라고 말씀하셨지만, 그분은 세례 요한이 했던 것보다 훨씬 더 많은 일을 행하셨습니다. 한 가지 예로, 예수님은 기적을 행하셨죠. 이 사실이 예수님의 자기인식에 대해 시사하는 바는 무엇일까요? 예수님께서 종교 지도자들에게 하신 말씀들은 예수님의 자기인식에 대한 더욱 뚜렷한 단서를 제공해 줍니다. '사람의 입으로 들어가는 것이 사람을 더럽히는 것이 아니라 마음에서 나오는 것이 사람을 더럽힌다.' 이것은 그야말로 혁명적인 말이었습니다. 솔직히 이것은 대부분의 레위기에 나오는 많은 정결법들을 뒤집어엎는 것입니다.

바리새인들은 이 메시지를 좋아하지 않았습니다. 그들은 기존에 있던 것에 만족했습니다. 하지만 예수님은 말씀하셨습니다. '아니다. 하나님은 더 나은 계획들을 가지고 계신다. 하나님은 새로운 일을 행하고 계신다.'

여기에서 우리는 한 가지 질문을 던져야 합니다. 도대체 어떤 사람이 영감을 받은 구약성경을 뒤집어엎는 권세를 가지고 있으며 구약성경을 자신의 가르침으로 대체할 수 있단 말입니까?

이것을 관계라고 말할 수 있을지 모르겠지만, 로마 지배층과의 관계는 어떻습니까? 왜 그들이 예수님을 십자가에 못 박았는지 우리는 짚고 넘어가야 합니다. 만약 예수님이 멋진 비유들을 말씀하시고 남에게 나쁜 짓도 하지 않았던 현자에 불과하다면, 어떻게 유월절 주간에 십자가에 달릴 수가 있겠습니까? 유대인들로서는 자기의 동족이 처형되는 것을 결코 바라지 않는 절기 아닙니까? 그리고 십자가 위의 팻말에 적혔던 말에 대해서도 분명한 이유가 있어야 합니다. '이는 유대인의 왕이라.'"

그는 잠시 뜸을 들인 후에 마지막 말에 대해 설명했다. "예수님께서 직접 자신이 유대인의 왕이라는 사실을 말씀하셨든지 아니면 누군가가 분명히 그렇다고 생각했던 것입니다."

하나님의 손을 힘입어

그는 말을 이어 나갔다. "예수님께서 타인과 맺은 관계가 그분의 자기 인식에 관한 단서를 제공해 준다면, 예수님의 행동들 특히 기적들은 또 다른 통찰력을 제공해 줍니다."

그때 내가 끼어들었다. "예수가 자신을 하나님이라고 생각했다는 사실을 예수가 행했던 기적으로부터 이끌어낸다는 것은 잘못인 것 같은데요. 후에 그의 제자들도 기적들을 행했습니다. 그렇지만 제자들은 자신들이 하나님이라고 주장하지 않았습니다."

그가 대답했다. "아닙니다. 예수님께서 기적을 행하셨다는 사실 자체가 자기인식을 보여 주는 것이 아닙니다. 중요한 사실은 그분이 자신이 행한 기적들을 어떻게 해석했느냐 하는 겁니다."

"무슨 뜻입니까?"

"예수님은 '내가 만일 하나님의 손을 힘입어 귀신을 쫓아낸다면 하나님의 나라가 이미 너희에게 임하였느니라'(눅 11:20)고 말씀하셨습니다. 그분은 놀라운 일들을 행할 줄 아는 마술사와는 다릅니다. 마술사들은 놀라운 일을 행할 수는 있어도 사람들의 삶 속에 영향력을 끼치지는 못합니다. 하지만 예수님은 달랐습니다. 예수님의 기적들은 하나님 나라의 도래를 보여 주고 있습니다. 우리는 기적을 통해서 하나님 나라의 모습을 알 수 있습니다. 이 점이 구별되는 부분입니다."

다시 내가 말을 가로막았다. "그 점에 대해서 자세히 설명해 주시겠습니까?"

"예수님의 기적은 전에 없던 것, 곧 하나님의 통치를 이 땅에 임하게 했습니다. 예수님은 자신을 단지 마술사로 여긴 것이 아니라 자신 안에서 그리고 자신을 통해서 하나님의 약속이 실현된다고 생각했습니다. 이처럼 기적에는 예수님이 보통 사람과는 다른 초월적인 분이라는 의미가 내포되어 있습니다."

나는 고개를 끄덕였다. 그제야 그가 말하고자 하는 핵심을 분명히 알게 되었다. 예수의 자기인식에 대한 더 많은 단서를 알아보기 위해 예수의 말에 대해서 질문했다. "예수는 추종자들에 의해서 랍오니(Rabbouni) 또는 랍비(Rabbi)라고 불렸습니다. 이 말 속에는 당시의 다른 랍비들과 똑같은 내용의 가르침을 베풀었다는 의미가 담겨 있는 것 같은데요. 여기에 대해 어떻게 생각하십니까?"

그가 웃으면서 대답했다. "예수님은 혁명적이고 새로운 방법으로 가르치셨습니다. 그분은 가르치실 때 이런 말로 시작하셨습니다. '진실로 진실로 말하노니.' 이 말은 '내가 지금 말하려고 하는 것이 진실임을 미리 맹세한다'라는 의미였습니다. 그야말로 혁명적인 것이었죠."

"그것이 왜 혁명적입니까?"

"유대교에서는 두 사람의 증인이 필요했습니다. 따라서 갑이라는 증인은 을이라는 증인의 진실성을 증언할 수 있었습니다. 그 반대의 경우도 마찬가지죠. 그러나 예수님은 자신의 말이 진실임을 스스로 증언했습니다. 자신의 가르침이 진실이라는 것을 다른 사람의 권위에 의존한 것이 아니라, 자신의 권위에 의존해서 말했던 겁니다. 예수님은 구약의 예언자들보다 더 큰 권위를 자신이 가졌다고 생각했습니다. 다윗과 마찬가지로 하나님께서 주신 영감을 갖고 있다고 생각했습니다. 예수님은 거기에서 더 나아가 신적인 권위와 직접적인 하나님 말씀의 능력을 가지고 있다고 생각했습니다. 예수님은 가르치실 때 '아멘' 외에도 '아바'라는 단어를 하나님께 사용했습니다."

나는 다시 질문했다. "그 단어가 예수의 자기인식에 관해 말해 주는 바가 무엇인가요?"

"'아바'라는 말은 어린이와 아버지 사이의 친밀한 관계를 함축하고 있습니다. 흥미롭게도, 초기 유대교에서는 제자들이 사랑하는 스승에게 그 말을 사용하기도 했습니다. 그러나 예수님은 그것을 하나님께 사용하셨습니다. 그리고 제가 알기로는, 예수님과 그의 추종자들만이 그런 식으로 하나님께 기도했습니다."

나는 그 단어의 중요성에 대해 더 자세히 설명해 달라고 말했다.

"예수님 당시, 유대인들이 하나님의 이름을 말하려고 할 때는 둘러서 말하는 것이 관례였습니다. 그분의 이름은 인간의 입에 담기에 너무 거룩해서 거룩한 단어를 잘못 발음할까 봐 두려워했습니다. 만약 하나님에 대해 설교할 때면 '거룩하시고 복되신 분' 이런 식으로 표현했습니다. 하지만 하나님의 개인적인 이름을 사용하지는 않았습니다."

"그렇다면 '아바'는 사적인 용어군요."

"매우 사적인 말입니다. 그것은 아이가 부모에게 '사랑하는 우리 아빠, 저에게 무엇을 주실 거죠?'라는 식으로 친밀함을 표현하는 말입니다."

하지만 나는 모순되어 보이는 사실을 발견했다. 그래서 그의 말을 가로막으면서 물었다. "잠깐만요, 예수가 '아바'라고 기도하셨다고 해서 자신이 하나님이라고 생각하신다고 볼 수는 없지 않습니까? 제자들에게도 똑같은 말을 기도 중에 사용하라고 가르쳤으니까요. 제자들이 '아바'라고 기도한다고 해서 제자들이 하나님인 것은 아니지 않습니까?"

"맞습니다. '아바'라는 말의 중요성은 예수님이 처음으로 그 말을 하나님과의 친밀한 관계를 표현하는 말로 사용했다는 것입니다. 여기에서 질문할 수 있는 것은, 과연 어느 누가 하나님과 관련된 용어들을 바꿀 수 있느냐는 것입니다. 어떤 사람이 하나님과의 새로운 언약 관계를 시작할 수 있겠습니까?"

나는 그의 말을 이해할 수 있었다. "예수가 '아바'라는 말을 사용하신 것은 어느 정도 중요한 의미를 지니고 있습니까?"

"매우 중요합니다. 그것은 예수님께서 당시 유대교 안에서 가르치는 것과는 차원이 다른 하나님과의 친밀함을 누리셨음을 암시합니다. 들어 보십시오. 예수님은 이렇게 말씀하신 것입니다. 오직 예수님과 관계를 맺는 자만이 하나님을 '아바'라고 부르면서 기도할 수 있다는 것입니다. 우리는 이것을 통해 예수님께서 자신을 어떻게 생각했는지 알 수 있습니다."

그는 또 하나의 중요한 단서, 곧 예수가 반복해서 자신을 '인자'라고 말한 사실에 대해서 설명하기 시작했다. 그러나 나는 인자라는 말이 다니엘서 7장에서 나왔다는 것을 블롬버그 교수가 이미 설명했다고 말했다. 이 용어가 예수의 메시아적 자기인식 혹은 초월적 자기 이해를 밝히는 데 매우 중요하다는 사실에는 교수도 동의했다.

여기까지 대화를 나눈 후 잠깐 이야기를 멈추고서 교수의 말을 마음속으로 정리해 보았다. 예수가 맺은 인간 관계들, 기적들 그리고 그의 말속에 있는 단서 조각들을 찾아서 맞춰 보니 예수가 자신의 본성을 어떻게 인식하고 있었는가에 대한 답이 뚜렷해졌다. 초기의 자료들을 토대로 생각해 볼 때, 예수는 자신을 위대한 실천자, 선생, 선지자 계열 중의 한 사람이 아닌 그 이상의 존재로 생각했었음이 분명하다. 수많은 증거에 비추어 볼 때, 그가 자신을 독특한 최고의 위치에 속한 존재로 생각한다고 결론 내릴 수 있다. 그러나 이러한 자기인식이 정확하게 어느 정도로 완전한 것이었을까?

너희는 나를 누구라 하느냐

요한은 그의 복음서 서두에서 장엄하고 분명한 어휘로 예수의 신성을 담대하게 주장한다.

> 태초에 말씀이 계시니라 이 말씀이 하나님과 함께 계셨으니 이 말씀은 곧 하나님이시니라 그가 태초에 하나님과 함께 계셨고 만물이 그로 말미암아 지은 바 되었으니 지은 것이 하나도 그가 없이는 된 것이 없느니라 … 말씀이 육신이 되어 우리 가운데 거하시매 우리가 그 영광을 보니 아버지의 독생자의 영광이요 은혜와 진리가 충만하더라(요 1:1-3, 14).

내가 처음으로 요한복음을 읽었을 때 서두의 그 당당한 표현들을 인상 깊게 읽었던 것이 기억난다. 만약 예수가 자신에 대한 요한의 글을 읽었다면 읽은 후에 무엇이라고 응답했을까? "잠깐만! 요한은 나에 대해 잘못 알고 있어! 너무 나를 미화하고 신화화해서 나 자신조차도 모르는 나를 만들었어." 이렇게 말하면서 펄쩍 뛰는 것은 아닐까? 아니면 고개를 끄덕이면서 "그래! 나는 그가 말하는 것과 똑같아. 아니 그 이상이지!" 하고 말할까?

후에 내가 레이몬드 브라운(Raymond Brown)의 글을 읽었을 때, 그는 이런 결론을 내리고 있었다. "만약 예수님께서 요한의 글을 읽으셨다면, 자신에 대해 가장 잘 표현한 복음이라는 사실을 아셨을 것이다. 나는 이것을 절대로 의심하지 않는다."[3]

이제 나는 예수의 자기인식이라는 주제를 평생토록 연구한 위더링턴 3세 교수로부터 레이몬드 브라운의 주장에 대한 평가를 직접 듣게 되었다. 그는 주저하지 않고 이렇게 말했다. "예, 그렇습니다. 저 역시 그 문제로 갈등을 느껴 본 적이 없습니다. 요한복음에는 요한이 해석한 예수님의 모습이 담겨져 있습니다. 브라운의 말처럼 그것이 역사적 예수를 논리적으로 묘사한 것이 분명하다고 저는 믿습니다. 거기에 한 가지를 덧붙이고 싶습니다. 설령 요한복음이 없어진다고 하더라도, 다른 세 복음서들로부터 메시아이신 예수님을 찾을 수 있습니다. 메시아 예수가 요한복음에만 나오는 것은 아닙니다."

그때 나는 마태복음에 기록되어 있는 유명한 대화가 떠올랐다. 예수가 제자들과 함께 있을 때 "너희는 나를 누구라 하느냐?"라고 묻자 베드로가 분명하게 대답했다. "주는 그리스도시요 살아 계신 하나님의 아들이시니이다." 예수는 그 문제를 회피하지 않으시고 베드로에게 확신을 주셨다. "네가 복이 있도다 이를 네게 알게 한 이는 혈육이 아니요 하늘에 계신 내 아버지시니라"(마 16:15-17 참고).

그렇지만 〈그리스도의 마지막 유혹〉(The Last Temptation of Christ)이라는 영화 같은 몇몇 대중적인 작품들은 예수가 근본적으로 자신의 본성과 사명을 분명하게 인식하지 못한 것처럼 묘사했다. 그는 자신의 본성과 사명이 무엇인지를 잘 모르는 상태에서 엉겁결에 사명을 받았다는 것이다.

"예수가 정체성의 위기를 겪었다는 어떤 증거가 있습니까?"

"그분이 자신의 정체성을 확신하는 어떤 시점이 있었다고 저는 생각합니다. 하지만 그렇다고 해서 정체성의 위기가 있었다고는 생각하지 않습니다. 다만 세례를 받을 때, 광야에서 시험을 받으실 때, 변화하실 때, 겟세마네 동산에 계실 때에, 하나님이 예수님 자신이 누구신지 그리고 그의 사명이 무엇인지를 알려 주시던 전환점이 있기는 했습니다. 이를테면, 그분이 세례를 받으시면서 '이는 내 사랑하는 아들이요 내 기뻐하는 자라'는 음성을 들으셨습니다. 그런데 그 즉시로 사역을 시작하시지 않은 것이 우연인 것 같지는 않습니다."

"예수는 어떤 일이 자신의 사역이라고 생각하셨을까요?"

"하나님의 백성을 자유케 하는 것이 자신의 사역이라고 생각하셨습니다. 그렇기 때문에 이스라엘을 대상으로 사역을 시작하셨습니다."

"혈통적으로 이스라엘에 속한 사람들이겠죠."

"맞습니다. 사역을 하시는 동안 이방인을 찾아 다녔다는 증거는 거의 없습니다. 이방인 사역은 후대 교회의 몫이었죠. 우리가 알고 있는 것처럼, 선지자들의 약속은 혈통적 이스라엘에 응한 것이었기 때문에 예수님은 이스라엘을 대상으로 사역을 하셔야 했습니다."

나와 아버지는 하나이니라

윌리엄 레인 크레이그(William Lane Graig) 교수는 자신의 저서 *Reasonable Faith*(이성적 신앙)에서 다음과 같이 말하고 있다. "기독교는 십자가 사건이 있은 지 채 20년이 되기도 전에 크게 성장했으며 예수를 성육신하신 하나님으로 선포했다. 그리고 이것을 입증하는 많은 증거들이 존재한다."

교회사가인 야로슬라프 펠리칸(Jaroslav Pelikan)에 따르면, 가장 오래된 설교, 가장 오래된 순교자의 말, 가장 오래된 이단 보고서와 가장 오래된 예배 기도문(고전 16:22)은 예수를 주님이요 하나님으로 말하고 있다. 그는 "예수 그리스도가 하나님이라는 사실은 교회가 믿고 가르쳤던 메시지였다. 이것은 명백한 사실이다"라고 말했다.[4]

나는 그와 같은 사실을 기초로 질문을 던졌다. "만약 예수가 자신이 초월자이며 메시아라는 주장을 결코 한 적이 없었다면, 그렇게 짧은 시간 동안에 그런 주장을 한 것처럼 꾸밀 수 있었을까요?"

그는 단호하게 말했다. "만약 제자들이 역사적 예수가 어떤 사람인지 완전히 잊어버렸다거나 그가 죽은 지 20년 후에 나타나기 시작한 전통들과 아무런 관련이 없다고 주장할 준비가 되었다면 모를까, 한 사람의 역사가로서 볼 때 그것은 전혀 말이 안 되는 주장입니다." 그는 덧붙여서, 역사에서는 모든 종류의 일들이 일어날 수 있지만 그렇다고 해서 그 일들이 똑같은 가능성을 가진 것은 아니라고 말했다.

"그 모든 자료들이 예수가 죽은 후 20년이 채 지나기도 전에 아무것도 없는 상태에서 갑자기 나타난다는 것이 가능할까요? 예수님이 실제로 어떤 인물이라는 것을 직접 본 사람들이 아직 살아 있는데도 말입니다. 이것은 역사적으로 거의 불가능한 가정이죠. 다른 가능성을 생각하기 힘들 것입니다.

정말로 중요한 문제는 예수님의 십자가 죽음 후에 그분을 부인하고 버리기까지 한 제자들의 마음이 바뀌게 된 까닭이 무엇이냐는 것인데요. 간단히 말하자면, 예수님이 세례를 받을 때 경험했던 것과 비슷한 어떤 일이 그들에게 일어났기 때문입니다. 그 일로 인해 그들은 자신들이 고대하던 메시아가 바로 예수님이라는 확신을 가지게 되었습니다."

정확히 그는 어떤 사람이었을까? 인터뷰가 거의 끝나갈 때, 거기에 대해서 요약해 줄 것을 요청했다. 예수의 자기인식에 대해서 오랜 세월 동안 연구한 끝에 개인적으로 내린 결론은 무엇일까? 나는 질문하고 나서 의자에 깊숙이 앉은 채로 대답을 기다렸다. 그는 유창한 말로 확신 있게 대답했다.

"예수님은 자신을 극적인 하나님의 구원 행위를 전달하기 위해서 하나님께서 임명하신 존재라고 여겼습니다. 자신은 그 일을 실행하는 하나님의 대리인이며, 그러한 권위와 힘을 하나님께로부터 받았다고 믿었습니다. 하나님을 위해서 말하며 구원 사역을 이루기 위해 하나님의 인도를 받고 있다고 믿었습니다. 그래서 예수님이 말씀하신 것은 곧 하나님의 말씀이었고, 예수께서 행하신 일은 하나님의 일이었습니다.

유대인의 '대리권' 개념에 비추어 볼 때, 한 사람의 대리인은 곧 그 사람 자신으로 여겨졌습니다. 예수님이 사도들을 보내며 하신 말씀을 생각해 보세요. '그들이 너희에게 어떠한 일을 할지라도, 그것은 곧 나에게 하는 것이다.' 어떤 사람과 그가 임무를 맡긴 대리인은 서로 밀접하게 연관되어 있습니다.

예수님은 자신이 신적인 사명을 받았고, 그 사명은 하나님의 백성을 구속하는 것이라고 믿었습니다. 이것은 잃어버린 하나님의 백성을 올바른 길로 돌이키기 위해서 하나님께서 간섭하셔서 - 항상 그러셨던 것처럼 - 무슨 일인가를 행해야만 했다는 사실을 함축하고 있습니다. 이번이 마지막 기회였습니다.

'예수님이 자신이 기름 부음 받은 하나님의 아들이라고 믿었는가?'라는 질문에 대한 대답은 '그렇다'입니다. '예수님은 자신을 인자로 여겼는가?' 이에 대한 대답 역시 마찬가지입니다. 또 '예수님은 자신을 마지막 메시아로 보셨는가?'라는 질문에도 역시 그렇다고 대답할 수 있습니다.

'그분은 하나님보다 못한 누군가가 세상을 구원할 수 있다고 믿으셨는가?'라는 질문의 답은 '그렇게 생각하지 않으셨다'는 것입니다. 저는 그렇게 믿습니다.

그리고 가장 역설적인 사실이 한 가지 있습니다. 그것은 하나님이 세상을 구원하기 위해서 아들을 죽게 하셨다는 것입니다. 하나님은 신이기 때문에 죽지 않으십니다. 그런데 어떻게 하나님이 죽으셨을까요? 어떻게 하나님이 인류의 구세주가 되셨을까요? 그 일을 이루기 위해서는 그분이 인간의 모습으로 오셔야만 했습니다. 그리고 예수님은 자신이 바로 그 일을 행할 사람임을 믿으셨습니다.

마가복음 10장 45절 말씀입니다. '인자가 온 것은 섬김을 받으려 함이 아니라 도리어 섬기려 하고 자기 목숨을 많은 사람의 대속물로 주려 함이니라.' 이런 말을 한다는 것은 극단의 과대망상중이든지 아니면 자신이 말한 '나와 아버지는 하나이니라'는 말을 진심으로 믿는다는 뜻입니다.[5] 그 말의 의미는 결국, '나는 아버지를 대면할 권세를 가지고 있다. 나는 아버지를 위해 일할 수 있는 능력을 가지고 있다. 그러므로 너희가 나를 거절한다면, 그것은 곧 아버지를 거역하는 것이다'라는 뜻입니다.

설령 요한복음을 제외하고 공관복음만을 읽는다 해도 여전히 똑같은 결론에 이르게 될 것입니다. 만일 우리가 성경 공부 시간에 예수님께 이 질문을 드렸다 할지라도, 똑같은 결론을 내려 주실 것입니다.

우리는 이런 질문을 던져야 합니다. 왜 오늘날에는 세례 요한의 회개 운동이 없을까? 왜 1세기 유대인 중에 예수님만이 수백만의 추종자들을 갖고 있었을까? 로마 황제들을 비롯한 모든 1세기 인물들은 역사의 뒤안길로 다 사라져 버렸는데 왜 예수님만은 여전히 지금까지 경배받고 있을까? 그것은 바로 역사적 예수님이 살아 계신 주님이기 때문입니다. 또한 다른 사람들은 오래전에 죽었지만 그분은 지금도 살아 계시기 때문입니다."

하나님의 자리에 선 예수

예수에 관한 초기의 자료들을 꼼꼼하게 분석한 다른 많은 학자들도 위더링턴 3세 교수와 같은 결론을 내렸다.

크레이그 교수는 이렇게 썼다. "그는 자신을 유일한 하나님의 아들로 생각했다. 그는 자신이 신적인 권위를 가지고 행동하며 말한다고 주장했으며 자신을 기적을 일으키는 인물로 생각했다. 그리고 사람들의 영원한 운명이 자신을 믿느냐 믿지 않느냐에 달려 있다고 믿었다."[6]

그리고 크레이그 교수는 매우 놀라운 사실을 덧붙였다. "예수님의 모든 말씀 중 '예수 세미나' 회원들이 그분의 진짜 말씀이라고 인정한 부분은 20퍼센트에 불과하다. 그러나 예수께서 자신을 그리스도로 생각했다고 말할 수 있는 단서들이 그 20퍼센트 안에 충분히 들어 있다."[7]

신학자 로이스 고든 그루언러(Royce Gordon Gruenler)도 "예수 자신이 하나님의 자리에 서기로 작정하셨다고 결론을 내릴 수 있는 증거들은 완전히 설득력이 있다"라고 말했다.[8]

크레이그 교수는 예수님의 주장은 매우 놀라워서 필연적으로 그의 정신 문제를 검토해 보아야 한다고 말했다. 그리고 덧붙여 제임스 던(James Dunn)이 자신의 연구를 끝마친 후에 어쩔 수 없이 했던 논평을 적었다. "무시할 수 없는 마지막 질문이 있다. '예수는 미친 사람인가?'"[9]

나는 렉싱턴 공항에서 시카고로 향하는 비행기를 기다리면서, 공중 전화를 걸어 우리 나라에서 가장 탁월한 심리학자 중 한 사람과의 인터뷰를 예약했다. 이제 마지막 질문에 대한 해답을 찾아볼 시간이었다.

—

Chapter 8

심리학적 증거

예수는
미치지
않았다

게리 콜린스 교수와 인터뷰

심리학자나 정신과 의사가 증언할 때는, 60cm 정도 되는 원뿔형 모자를 써야 한다. 모자 표면은 별과 반짝이는 나사들로 장식해야 한다. 게다가 턱에는 반드시 흰 수염이 나 있어야 하고 그 길이는 45cm 정도 되어야 하며, 증언 도중 중요한 부분에서는 지팡이로 허공을 찍으면서 강조해야 한다. 그리고 심리학자나 정신과 의사의 증언이 있을 경우에, 경비원은 법정의 조명을 약간 어둡게 한 후 중국식 징을 두 번 쳐야 한다.

1997년에 뉴멕시코 주 상원의원인 던컨 스콧(Duncon Scott)은 위와 같은 주(州) 법령 개정안을 제출했다. 피고인이 제정신이 아니기 때문에 자신이 저지른 범죄에 대해 법적인 책임이 없다고 증언하는 전문가들에 대해 그는 나름대로 소신 있는 태도를 취했다. 스콧의 냉소주의는 동료 의원들 대부분의 공감을 샀고, 그들은 그 웃기는 법안에 찬성표를 던져서 승인을 해 주었다. 이 일은 하원에까지 갔고, 결국 하원이 이것이 법제화되는 것을 막았다.[1]

심리학자와 정신과 의사들은 법정에서 피고인의 정신 상태에 대해 증언한다. 피고인이 스스로를 변호하기 위해 변호사와 협력할 수 있는 능력이 있는지, 범죄를 저지를 당시에 법적으로 정신 이상인 상태였는지 아닌지를 증언한다. 이러한 심리학자와 정신과 의사들을 법원이 회의적으로 생각하고 있다는 것은 분명하다.

남편을 살해한 혐의로 법정에 섰던 온화한 성품의 주부가 기억난다. 단정한 옷차림에 유쾌하고 친절하게 보여서 마치 이웃집 아이들을 위해 초콜릿 칩 쿠키를 굽다가 막 법정에 나온 것 같았다.

그때 그녀의 변호사가 그녀를 증언대 위에 세웠다. 처음에 그녀는 분명하고 이성적이며 명석하게 증언했다. 그러나 곧 차분하고 심각한 모습으로 드와이트 아이젠하워나 나폴레옹과 같은 유명한 사람들이 자신을 어떻게 강간했는지를 설명하면서 점점 이상해지기 시작했다. 그녀가 증언을 끝마쳤을 때, 법정 안에 있는 사람들은 모두 그녀가 제정신이 아니라는 사실을 의심하지 않았다. 판사는 그녀가 자신의 유죄 여부를 정확히 인식할 수 있을 때까지 정신과 치료를 받도록 선고했다.

겉만 보면 알 수 없다. 심리학자가 하는 일은 피고의 감추어진 내면을 살핀 후에 그의 정신 상태를 판정하는 것이다. 그 일은 정확한 과학이 아니다. 다시 말해 실수가 있을 수 있고 자칫 남용될 수도 있다. 그러나 일반적으로 심리학적 증언은 피고인에게 중요한 보호막을 제공해 준다.

이 모든 것들을 예수와 결부시켜 보면 어떨까? 위더링턴 3세 교수에 의하면, 예수에 관한 가장 초창기의 자료들을 살펴보더라도 그분 스스로가 성육신한 하나님이라고 주장하신 증거를 발견할 수 있다고 한다. 따라서 예수가 그와 같은 주장을 했을 때 그가 온전한 정신으로 그런 말을 했는지에 대한 문제가 자연스럽게 제기된다.

나는 예수의 정신 상태에 대한 전문가의 이야기를 듣고 싶었다. 그래서 가장 권위 있는 심리학자 가운데 한 명을 만나기 위해 시카고로 향했다.

일곱 번째 인터뷰: 게리 콜린스 교수

게리 콜린스(Gary R. Collins) 교수는 토론토대학에서 심리학 박사 학위를 받았고 퍼듀대학에서는 임상 심리학으로 박사 학위를 받았으며 35년 동안 인간 행동에 대한 연구를 해오고 있다. 그는 트리니티신학교에서 20년 동안 교수로 재직하면서 여러 차례 심리학부 학장을 역임했다.

그는 힘과 열정을 쏟아서 많은 글을 쓴다. 그는 저널과 계간지에 약 150편의 논문을 발표했고 〈크리스천 카운슬링 투데이〉(Christian Counseling Today)의 편집장, 〈심리학과 신학〉(Journal of Psychology and Theology)의 객원 편집자였다. 또한 놀랍게도 심리학과 관련된 주제로 45권의 책들을 썼다. 그중에는 The Magnificent Mind(참 아름다운 마음), 《가정의 충격》(Family Shock), Can You Trust Psychology?(심리학, 믿을 만한가?), 그리고 고전적 교과서인 《New 크리스천 카운슬링》(New Christian Counseling)이 있다. 또한 정신 건강 전문가들을 위한 30권짜리 시리즈물인 《기독교 상담 시리즈》(Resources for Christian Counseling)의 편집인이기도 하다.

나는 그를 크리스천상담가협회 안에 있는 사무실에서 만났다. 크리스천상담가협회는 1만 5천 명의 회원이 가입되어 있으며 그가 회장직을 맡고 있었다. 그의 머리색은 백발이 섞인 검은 색이었고 은테 안경을 쓰고 있었다. 단정해 보이는 자라목 스웨터와 오늬무늬(V자형이 이루는 줄무늬가 계속 연결된 형태) 재킷과 헐거운 회색 바지를 입고 있었다. 아쉽게도 뾰족한 모자나 길고 흰 수염은 없었다.

나는 인터뷰를 시작하면서 상록수들 위로 눈이 내리는 창밖의 모습을 가리켰다. "교수님, 저쪽으로 몇 킬로만 가면 주립 정신 병원이 있습니다. 그곳에 가면 자신이 하나님이라고 주장하는 사람들을 분명히 만날 수 있겠죠. 예수는 자신이 하나님이라고 주장했는데요, 그 역시 미쳤던 건 아닐까요?"

그는 크게 웃으면서 말했다. "아닙니다."

그러나 나는 이것은 더 깊이 분석할 가치가 있는 정당한 주제라고 주장했다. 전문가들에 따르면, 망상 신경증으로 고통 받는 사람들은 자신이 위대한 사람이라고 믿는 과대망상증에 걸려 있음에도 불구하고 평상시에는 이성적인 것처럼 보일 수 있다. 어떤 사람들은 추종자들을 매혹시켜서 자신을 천재로 받들도록 조종하기도 한다. 나는 그런 일이 예수에게도 일어났던 것은 아닐까라는 의견을 제시했다.

"글쎄요, 물론 정신적인 문제를 갖고 있는 사람들은 흔히 자신을 다른 사람으로 생각하기도 하죠." 그는 두 손을 머리 뒤로 깍지 끼면서 대답했다. "그런 사람들은 자신이 예수이거나 미국 대통령이라든지 아니면 리스트로벨 같은 유명한 사람이라고 주장할 겁니다"라고 놀리듯 말했다.

"그렇지만 심리학자들은 어떤 사람의 말만 조사하지 않습니다. 더 깊은 곳을 살펴보지요. 심리학자들은 사람의 감정을 살핍니다. 그 이유는 정신장애가 있는 사람들은 이유 없이 우울해진다든지 격렬하게 화를 낸다든지 아니면 걱정 때문에 괴로워합니다. 하지만 예수님을 보십시오. 그분은 결코 부적절하게 감정을 드러내지 않으셨습니다. 한 예로, 그분은 친구인 나사로가 죽었을 때 눈물을 흘리셨습니다. 그것은 정서적으로 건강한 사람이라면 자연스러운 모습입니다."

"하지만 예수도 때로 화를 냈잖습니까?" 하고 내가 말했다.

"그렇습니다. 하지만 그것은 성전 안에서 힘없는 사람들을 이용해서 자신의 주머니를 채우는 사람들을 향한 분노였습니다. 건강한 종류의 분노였죠. 귀찮게 구는 사람에게 벌컥 화를 낸 것이 아닙니다. 불의나 노골적으로 사람들을 학대하는 일에 대항하는 의로운 반응이었습니다.

망상증에 걸린 사람들은 모든 것을 의심합니다. 그들은 사람들이 자신을 감시하고 있다든지 붙잡으려 한다고 생각합니다. 그들은 현실과 동떨어져 있습니다. 다른 사람의 행동을 오해하고, 상대방은 전혀 그럴 마음이 없었는데도 의도적으로 그랬다고 비난합니다. 이러한 모습은 예수님에게서는 찾아볼 수 없습니다. 예수님은 분명히 현실에 발을 붙이고 있었습니다. 그분은 편집증 환자도 아니었습니다. 자신 주위에 수많은 위험이 도사리고 있다는 사실을 당연히 알고 있었는데도 말입니다.

다른 한편, 정신적인 문제가 있는 사람들은 생각이 혼란스럽습니다. 사리에 맞게 대화를 나누지 못하고 잘못된 결론으로 비약해 버립니다. 비이성적이죠. 예수님에게서는 이러한 점도 발견할 수 없습니다. 오히려 명쾌하고 힘있게, 그리고 감동적으로 말씀하셨습니다. 총명하셨고 인간 본성에 대해 아주 놀라운 통찰력을 가지고 계셨죠.

정신 이상의 또 다른 징후는 부적절한 행동입니다. 예를 들어 이상한 옷차림을 한다든지 혹은 다른 사람들과 원만한 교제를 갖지 못합니다. 그러나 예수님은 상황에 맞는 적절한 행동을 하셨고, 다양한 부류의 사람들과 지속적이고도 깊은 만남을 가졌습니다."

말이 다 끝나지 않은 것 같은데도 그는 이야기를 중단했다. 그래서 나는 이렇게 질문을 던졌다. "그 외에 또 어떤 사실들을 발견하셨습니까?"

그는 창밖으로 펼쳐진 아름답고 평화로운 눈 덮인 정경을 응시했다. 마치 옛날 친구를 떠올리고 있는 듯했다. 그는 다시 이야기를 시작했다. "사랑이 많은 분이었습니다. 하지만 연민 때문에 일을 못하는 분은 아니었습니다. 많은 사람들이 자신을 둘러싸고 숭배했지만 결코 거만하지 않으셨습니다. 아주 바쁜 가운데서도 생활의 균형을 유지했죠. 자신이 하는 일이 무엇이며 어디로 가고 있는지 언제나 알고 계셨어요. 또한 모든 사람들, 당시에는 천하게 여겨졌던 여자들과 아이들까지도 진심으로 돌보셨습니다. 사람들의 죄에 대해서 단순히 모른 체하지 않았고 그들을 용납하셨으며 사람들의 처지와 필요한 것들을 일일이 보살펴 주셨습니다."

"그렇다면 교수님의 진단은 무엇입니까?"

그는 웃으면서 "이 모든 징후들을 살펴볼 때, 예수님은 어떤 종류의 정신 질환도 없습니다. 그분은 저를 포함한 어느 누구보다도 훨씬 건강한 분이셨습니다"라고 결론을 내렸다.

"저가 미쳤거늘"

역사 속에서는 예수가 망상에 빠졌다는 어떤 증거도 찾아볼 수 없다. 그러나 그와 직접적인 만남을 가졌던 사람들은 어떨까? 다른 사람들보다 유리한 위치에 있었던 그들이 보았던 것은 무엇인가?

"1세기 현장에 있던 사람들은 절대로 교수님 생각에 동의하지 않을 것입니다. 그들은 예수가 미쳤다고 결론을 지었습니다. 요한복음 10장 20절에 따르면, 많은 유대인들은 그가 '귀신들려 미쳤다'고 생각했습니다. 매우 강한 표현이죠"라고 내가 지적했다.

"하지만 그것은 수련 과정을 거친 정신 건강 전문가의 진단이 결코 아닙니다." 그가 반박했다. "유대인들이 예수님의 어떤 말씀에 그런 반응을 일으켰는지 생각해 보십시오. 그것은 선한 목자에 대한 예수님의 감동적이고도 심오한 가르침 때문이었습니다. 유대인들이 반발했던 까닭은 그분의 정신 상태가 불안정했기 때문이 아니라, 예수님이 스스로에 대해 말씀하셨던 내용이 보통 사람들로서는 결코 이해할 수 없는 내용이었기 때문입니다. 그리고 본문을 주의 깊게 살펴보면, 다른 사람들이 즉시 그들의 말에 반대했다는 것을 볼 수 있습니다. 21절에 보면, '혹은 말하되 이 말은 귀신들린 자의 말이 아니라 귀신이 소경의 눈을 뜨게 할 수 있느냐'라고 나옵니다."

"왜 그 구절이 중요합니까?"

"예수님의 말이 공수표가 아니라는 증거이기 때문입니다. 그분은 소경의 눈을 뜨게 한 것과 같은 기적들을 행함으로써 자신의 말을 뒷받침했습니다. 만약 제가 대통령이라고 주장한다면 제정신이 아니라고 여길 것입니다. 하지만 진짜 대통령이 자신을 대통령이라고 주장하는 것은 미친 일이 아닙니다. 왜냐하면 실제로 대통령이고 그것을 증명하는 많은 증거들이 있을 테니까요. 이와 비슷하게, 예수님도 자신이 하나님이라고 말만 늘어놓으신 게 아닙니다. 그 주장을 뒷받침하는 증거들이 있었죠. 놀라운 치유 사역, 자연을 다스리는 능력, 전에 없었던 탁월한 가르침, 사람에 대한 놀라운 통찰력, 결정적으로 어느 누구도 흉내 낼 수 없었던 죽은 자 가운데서 부활하신 일 등 이러한 증거들이 예수님의 주장을 뒷받침합니다. 따라서 예수님이 자신을 하나님이라고 주장하신 것은 미친 행동이 아니었습니다. 그 주장은 진실이었습니다."

그러나 예수의 기적을 증거로 제시하는 콜린스 교수의 견해에 반대하는 주장들도 있다. "아마도 기적은 자신이 하나님의 아들이라는 예수의 주장을 증명하는 데 도움이 될 것입니다. 그런데 어떤 사람들은 그 주장을 반박하는 데 노력을 기울였습니다." 나는 가방에서 책 한 권을 꺼내면서 말했다. 나는 회의주의자인 찰스 템플턴의 글을 읽어 주었다.

지금도 그렇지만 당시 많은 질병들은 심리적인 문제로 인한(psychosomatic) 것이었다. 따라서 환자의 생각이 바뀌면 치유될 수 있었다. 오늘날 환자의 신뢰를 받는 의사가 처방한 가짜약이 치료에 효과를 발휘하는 것처럼, 당시에도 치료자에 대한 신뢰가 병의 증상들을 없앨 수 있었다. 매번 치료가 성공할 때마다 치료자는 명성이 높아졌고, 그럴수록 치료자의

능력은 더 큰 효험을 발휘했다.[2]

"이 말이 하나님의 아들이라는 예수의 주장을 뒷받침해 주는 기적들에 대한 설명이 될까요?"

"템플턴이 쓴 것을 완전히 부정하지는 않겠습니다."

나는 놀라서 말했다. "완전히 부정하지 않는다고요?"

"그렇다면 예수님도 가끔씩 암시를 통해서 병을 고치셨을까요? 그럴 수 있습니다. 때때로 사람들은 정신적인 문제 때문에 병에 걸립니다. 그런 사람들은 삶의 새로운 목적과 방향을 발견하면 곧 병이 낫습니다. 일종의 플라시보 효과입니다. 내 몸이 낫는다고 생각하면 실제로 좋아지는 경우도 많습니다. 이것은 의학계에서는 이미 공인된 사실입니다. 예수님께 나온 사람들은 예수님이 자신의 병을 고쳐 주실 수 있다고 믿었습니다. 그래서 예수님도 그들을 치료해 주셨습니다."

그는 재빨리 덧붙여 말했다. "물론 그것이 예수님의 치유 사역을 모두 설명해 주지는 못합니다. 심신증을 치료하려면 대개 시간이 많이 걸립니다. 하지만 예수님의 치료는 즉각적이었습니다. 그리고 많은 경우, 심리 치료로 치유된 사람들은 며칠 후에 다시 병이 재발합니다. 그러나 예수님께서 고치신 사람들 중 병이 재발했다는 증거는 어디에도 없습니다.

그리고 예수님은 일생 동안 눈이 멀고 한센병에 걸린 사람들을 고치셨습니다. 심리 치료법으로는 그런 병을 고칠 수 없습니다. 게다가 예수님은 죽은 사람을 살리셨습니다. 죽음은 심리적으로 초래된 상태가 아닙니다. 이외에도 자연과 관련된 기적들이 있습니다. 바다를 잔잔케 하고 물을 포도주로 바꾸셨죠. 그것은 자연적인 현상을 초월한 것이었습니다."

어쩌면 그럴 수도 있을 것이다. 하지만 콜린스 교수가 물을 포도주로 바꾼 기적을 언급한 것은 예수의 놀라운 업적에 대한 또 다른 해석을 가능케 한다.

예수는 최면술사인가?

최면술사가 무대에서 어떤 사람에게 최면을 건 다음에 물을 주면서 "당신은 지금 포도주를 마시고 있습니다"라고 말하는 것을 본 적이 있는가? 최면에 걸린 사람은 마치 포도주를 마시고 있는 듯 입맛을 다시고, 취기를 느끼기 시작한다.

영국 작가 이안 윌슨(Ian Wilson)은 예수가 이런 방법으로 가나 혼인 잔치의 손님들로 하여금 항아리에 든 물을 가장 좋은 포도주로 만들었다고 믿게 한 것은 아닌지 의문을 제기한다. 윌슨은 예수가 최면술의 대가였을 수 있으며, 그렇다면 그것이 그의 초자연적인 행위들을 설명할 수 있을 것이라고 주장한다. 예를 들어 귀신을 쫓아낸 일, 세 명의 제자들이 지켜보고 있는 동안 그의 얼굴에 광채가 나고 옷이 빛같이 희어진 변화산 사건과 그의 치유까지도 최면술을 통해서 설명할 수 있다. 그 현대판 증거로 윌슨은 어느 16세 소년의 이야기를 예로 든다. 그 소년은 심각한 피부병을 앓고 있었는데 최면술의 암시요법을 이용해서 불가사의하게 치료되었다는 것이다.

나사로의 경우도 실제로 죽었다가 살아난 것이 아니라 최면에 걸려 죽은 것 같은 잠에 빠져 있었을 수 있으며, 부활 사건도 예수가 제자들에게 최면을 걸어서 그가 죽은 후 일정 시간이 지난 후에 사전에 조정해 놓은 어떤 신호(떡을 떼는 것과 같은)에 반응해서 예수의 모습을 보는 환각에 빠뜨린 것이라고 말이다.[3]

219

이 견해는 복음서에 나오는 수수께끼 같은 내용, 곧 예수가 고향 나사렛에서 많은 기적을 베풀 수 없었던 이유를 설명해 준다. 윌슨의 말이다.

최면술사 예수는 우리들이 실패할 것이라고 생각한 곳에서 정확하게 실패했다. 그가 평범한 아이로 성장하는 것을 보았던, 그를 잘 아는 사람들 사이에서 예수는 실패했다. 대부분 최면술사는 자신을 얼마나 두렵고 신비한 존재로 보이게 하느냐에 따라 성공률이 달라진다. 예수의 고향에서는 이런 요인들이 절대적으로 부족했던 것이 분명하다.[4]

나는 콜린스 교수에게 말했다. "이것이 예수의 기적을 설명할 수 있는 또 다른 흥미로운 방법임을 받아들이셔야 합니다."

그는 못 믿겠다는 표정으로 이렇게 외쳤다. "그 사람은 완전히 최면술 신봉자군요! 그의 주장이 똑똑하게 들릴지 몰라도, 그것은 거의 받아들여지지 않는 분석입니다. 결함이 너무 많습니다."

그는 하나씩 잘못된 점들을 지적해 나갔다. "먼저, 모든 사람들이 최면에 걸렸다는 부분에 문제가 있습니다. 모든 사람이 똑같이 최면에 걸리는 것은 쉬운 일이 아닙니다. 최면술사가 무대 위에서 공연할 때는, 반응을 보이는 것 같은 사람들을 지켜봅니다. 그리고 나서 그런 사람들을 자원자로 뽑습니다. 그런 사람이 최면에 걸리기 쉽기 때문이죠. 집단이 큰 경우에는 최면에 걸리지 않는 사람들이 많습니다. 예수님이 오병이어의 기적을 베푸실 때는 오천 명의 증인들이 있었습니다. 어떻게 그 많은 사람들을 전부 최면에 빠뜨릴 수 있었을까요?

다음으로, 회의적이고 의심이 많은 사람들은 최면에 잘 걸리지 않습니다. 예수님의 동생 야고보는 처음에는 예수님을 의심했지만 후에는 부활하신 그리스도를 보았습니다. 예수님이 어떻게 그런 야고보에게 최면을 걸었을까요? 부활하신 그리스도를 만나기까지는 한 번도 예수님을 본 적이 없었던 박해자 바울이 어떻게 최면에 걸렸을까요? 예수님의 손에 난 못 자국을 만져 보고 나서야 부활을 믿겠다고 한 도마가 어떻게 최면에 걸렸을까요? 또 최면술로는 빈 무덤에 대해 설명할 수 없습니다."

내가 끼어들었다. "어떤 사람들은 이렇게 주장할 것 같습니다. '제자들은 무덤이 비었다고 상상하도록 최면에 걸렸던 것이다.'"

"설령 그게 가능할지라도, 예수님은 바리새인과 로마 권력자들을 최면에 걸리게 하지는 못했습니다. 만약 무덤에 예수님의 시체가 그대로 남아 있었다면 그들은 기쁘게 시체를 꺼내서 보여 주었을 것입니다. 그러나 그들이 그렇게 하지 않았다는 것은 무덤이 실제로 비어 있었다는 뜻입니다.

물로 포도주를 만든 기적을 보십시오. 예수님은 혼인 잔치에 초대된 손님들에게 아무 말도 하지 않으셨습니다. 심지어 종들에게 물이 포도주로 변했다고 말씀하지 않으셨습니다. 단지 종들에게 물을 떠서 연회장에게 가져다 주라고 말했을 뿐입니다. 연회장은 그것을 맛보았고, 누가 아무 말도 하지 않았는데도 포도주라고 말했습니다.

윌슨이 얘기한 피부병 치료는 즉각적인 치료가 아니었습니다. 〈브리티쉬 메디컬 저널〉에 따르면, 최면술을 사용해서 어린선(피부에 물고기 비늘 같은 버짐이 생긴다고 해서 붙여진 이름-역주)이라고 불리는 파충류 피부가 소년의 왼쪽 팔에서 떨어지기까지 5일이 걸렸습니다. 그리고 피부가 정상으로 보이기까지는 며칠이 더 걸렸습니다. 수주에 걸쳐서 몸의 각 부분을 최면으로 치료했는데, 성공률은 50퍼센트에서 95퍼센트 사이였습니다.[5]

그것과 누가복음 17장에서 예수님이 10명의 한센병자를 치료한 것을 비교해 보십시오. 그들은 즉시 고침을 받았습니다. 그리고 100퍼센트 치유되었습니다. 단지 최면술만 가지고는 이에 대해 설명할 수 없습니다. 또 마가복음 3장에서 손 마른 자를 고치신 것도 설명할 수 없습니다. 사람들이 넋을 잃고 있었기 때문에 손 말랐던 것이 고쳐졌다고 착각한 것이라고 해도, 결국에는 진실을 알게 되었을 겁니다. 최면술은 오래가지 않습니다.

마지막으로, 복음서는 예수님의 말과 행동을 상세하게 기록하고 있습니다. 하지만 복음서 어디에서도 예수님이 사람들에게 최면을 걸었다고 암시하는 부분이 없습니다. 증거가 더 필요하다면 계속 말할 수 있어요."

나는 웃음을 터뜨리면서 "저는 그것이 흥미로운 설명이라고 했습니다. 설득력 있는 설명이라고는 하지 않았습니다. 하지만 그런 주장을 하는 책들이 계속 나오고 있습니다"라고 말했다.

"왜 사람들은 예수님의 기적들을 논박하기 위해서라면 무엇이든지 사용하려고 하는지 그것이 더 놀랍습니다"라고 그가 대답했다.

예수는 퇴마사였는가?

인터뷰를 끝내기 전에, 나는 회의론자들이 어려움을 겪는 한 분야에 대해 콜린스 교수의 전문적인 견해를 듣고 싶었다. "예수는 엑소시스트였습니다. 그는 귀신들과 이야기했고 귀신에 사로잡혀 있던 사람들로부터 귀신을 쫓아냈습니다. 그런데 악한 영 때문에 병에 걸린다거나 이상한 행동을 하는 것이 과연 이성적으로 믿을 수 있는 일입니까?"

그는 당황하는 기색 없이 차분히 대답했다. "제 신학적 믿음에 따르자면, 귀신은 분명 존재합니다. 우리가 살고 있는 이 사회의 많은 사람들이 천사의 존재를 믿습니다. 그들은 바깥 세상에 영적인 힘이 존재한다는 것을 알고 있습니다. 그중 어떤 영적 존재들은 쉽게 악한 영이라고 결론 내릴 수 있습니다. 하나님이 역사하시는 곳에서는 때때로 악한 영들이 더 강하게 역사합니다. 아마 예수님 당시에도 그랬을 겁니다."

나는 그가 임상 경험이 아니라 자신의 신학적 믿음을 언급했다는 것에 주목했다. "심리학자로서 귀신들림의 명백한 증거를 보신 적이 있으십니까?"

"개인적으로는 없습니다. 제가 임상 현장에서 많이 일하지 않았기 때문입니다. 임상에서 일하는 제 친구들은 가끔씩 귀신들림을 본다고들 합니다. 그들은 모든 문제의 원인이 귀신이라고 생각하는 사람들은 아닙니다. 오히려 그보다는 귀신들림에 대해 회의적인 입장을 취하는 사람들이죠. 그런데도 귀신들림을 목격했다고 말합니다. 정신과 의사인 스캇 펙(Scott Peck)은 자신의 책 《거짓의 사람들》(People of the Lie)에서 귀신들림에 대해 언급하고 있습니다."[6]

나는 이안 윌슨의 주장을 언급했다. 그는 예수가 최면술을 사용해서 스스로 귀신들렸다고 믿는 사람들을 고쳤다고 주장하면서 경멸적인 투로 이렇게 말했다. 현실적인 사람이라면, 무엇인가에 홀린 상태가 귀신이 한 일이라고 말하지는 않는다.[7]

"사람은 어느 정도까지 자신이 보고 싶은 것만 보는 법입니다" 하고 콜린스 교수가 대답했다. "초자연적 존재를 부정하는 사람은 환자의 상태가 귀신들림과는 관계없다고 어떤 식으로든 설명합니다. 그리고서는 계속 약물 치료를 합니다. 그러나 환자의 상태는 좋아지지 않죠. 일상적인 내과 치료나 정신과 치료가 효과가 없는 사례들이 있습니다."

"예수가 귀신을 쫓아낸 것이 심신 상관적인 치료였을 가능성도 있습니까?"

"어떤 경우는요. 하지만 꼭 성경의 전체 문맥을 살피고서 판단해야 합니다. 예수님이 거라사 광인에게서 귀신들을 내쫓으시자 그 귀신들은 돼지 떼로 들어간 후 돼지들을 절벽으로 몰고 가서 몰살시켰습니다. 그것을 심신 상관적인 상황이라고 말할 수 있을까요? 저는 예수님이 실제로 귀신들을 쫓아내셨다고 생각합니다. 그리고 오늘날도 귀신을 쫓아내는 사람이 있다고 생각합니다.

그러나 동시에 우리가 해결할 수 없는 문제에 부딪혔을 때 너무 성급하게 귀신들렸기 때문이라고 결론지어서는 안 됩니다. C. S. 루이스의 말처럼, 우리에겐 귀신에 관해 저지르기 쉬운 두 가지 실수가 있습니다. '하나는 귀신의 존재를 믿지 않는 것이고 또 다른 하나는 귀신을 믿되 귀신에 대해 지나친 관심이나 불건전한 관심을 갖는 것이다. 귀신들은 두 가지 잘못을 다 기뻐한다.'"[8]

"교수님께서도 아시겠지만, 그 견해는 '미국기독교상담가협회'에서 인정받을 수 있습니다. 하지만 비기독교인 심리학자들이 볼 때 귀신들림을 믿는다는 것이 이성적인 행동일까요?"

나는 콜린스 교수가 내 질문에 화를 낼 것이라고 예상했으나, 그렇지 않았다. "세상 돌아가는 게 참 재미있군요." 그가 생각에 잠기며 말했다. "오늘날 우리 사회는 '영성'에 사로잡혀 있습니다. 그 단어는 거의 모든 것을 뜻할 수 있지만 주로 초자연적인 것을 의미합니다. 요즘 심리학자들이 믿는 것을 보면 참 흥미롭습니다. 어떤 학자들은 동양의 신비 사상에 빠져 있습니다. 또 어떤 학자들은 무당의 능력이 사람들의 생애에 영향을 줄 수 있는지에 대해서 이야기합니다.

25년 전만 해도 귀신들렸기 때문이라고 말하면 그런 제안은 즉시 무시되었겠지만, 지금은 많은 심리학자들이 인간의 철학으로도 설명할 수 없는 것이 이 세상에 있다고 인정합니다."

터무니없는 상상이다!

우리는 핵심에서 약간 벗어난 대화를 나누었다. 내가 교수를 찾아가 인터뷰한 중심 문제는 '예수는 자신이 하나님이라고 주장하는가'였다. 누구도 예수가 의도적으로 속였다고 말하지 않는다. 그리고 콜린스 교수는 심리학자로서의 35년 동안의 경험을 토대로 예수가 지극히 정상이었다고 결론을 지었다.

그럼에도 불구하고 내게 새로운 문제가 생겼다. "예수는 하나님의 속성들을 갖고 있었는가?" 하나님임을 주장하는 것과 하나님의 특성들을 구체적으로 실현하는 것은 전혀 별개의 일이다. 정지 신호등 앞에서, 나는 노트를 꺼내 "D. A. 카슨을 찾아가라"고 썼다. 나는 우리 나라에서 가장 탁월한 신학자 중의 한 명인 카슨 교수에게 그 문제를 묻고 싶었다.

콜린스 교수와 인터뷰를 하고 돌아온 밤, 나는 성경을 다시 읽어 보았다. 그 어디에도 예수가 치매, 망상, 편집증에 걸렸다는 표시는 없었다. 오히려 그분의 심오한 지혜, 비상한 통찰력, 시적인 능변, 깊은 연민에 다시 한 번 감동을 받았다. 역사가 필립 샤프(Philip Schaff)의 말은 내 생각을 더 잘 표현하고 있다.

> 그는 하늘같이 청명하고 산 공기처럼 상쾌하며 검처럼 날카롭고 예리하며 대단히 건강하고 활기 있으며 항상 준비되어 있고 매사 침착한 사람이었다. 그렇게 대단한 지성인이 자신의 인격과 사명에 대해서 과격하고 심각한 망상에 빠진 사람이었을까? 터무니없는 상상이다![9]

Chapter 9

인물속성 증거

예수만이
하나님의
모든 속성을 가졌다

D. A. 카슨 교수와 인터뷰

여덟 명의 간호 실습생들이 시카고의 한 아파트에서 살해된 직후, 유일한 생존자가 공포에 떨면서 몽타주 화가에게 침대 밑에 숨어서 보았던 살인자의 모습을 자세히 설명해 주었다. 범인의 몽타주가 경찰서와 병원, 환승역, 공항 등 도시 전역에 깔렸다. 곧 한 응급실 외과 의사가 형사들에게 전화를 걸어서 몽타주에 나오는 범인처럼 눈매가 매섭게 생긴 한 남자를 자기가 치료하고 있다고 말했다.

그렇게 해서 경찰은 리처드 스펙(Richard Speck)이라는 이름의 부랑자를 체포했고, 그는 즉시 살인죄로 기소되어 사망할 때까지 교도소에서 지내게 되었다.[1]

런던 경찰국이 1889년에 처음으로 목격자의 증언을 토대로 살인 용의자의 몽타주를 작성했다. 그 뒤 몽타주 화가들은 법 집행을 할 때 중요한 역할을 해 왔다. 오늘날에는 300명 이상의 몽타주 화가들이 미국 경찰서에서 일하고 있고, 점점 더 많은 부서들이 '전자 얼굴 인식 기술'(EFIT)이라고 불리는 컴퓨터 시스템을 이용하고 있다.

1997년에 시카고 교외에 있는 상점가에서 유괴 사건이 발생했었다. 그런데 최근에 개발된 이 기술을 이용해서 성공적으로 범인을 잡을 수 있었다. 피해자는 유괴범의 생김새를 전문가에게 자세하게 설명했고 그는 컴퓨터를 통해 서로 다른 코, 입, 헤어스타일 등을 선택해서 범인과 가장 비슷한 모습을 만들었다.

몽타주가 그 지역에 있는 경찰서들로 전송된 후 얼마 지나지 않아 다른 지역의 한 수사관이 그림 속의 얼굴이 자신과 대면했던 한 범죄자와

똑같이 생겼다는 것을 알아챘다. 다행히도 유괴범 용의자를 신속하게 체포할 수 있었다. [2]

이상하게 들리겠지만 예수에 대한 진실을 찾는 일과 몽타주 개념은 어느 정도 유사하다. 그래서 몽타주 개념으로부터 우리가 하는 일에 도움을 받을 수 있을 것이다. 구체적으로 말하자면 이런 식이다. 구약성경은 하나님이 어떤 분이신가에 대해 아주 특징적으로 상세하게 묘사한다. 구약에 따르면 하나님은 편재하여 우주 어느 곳에나 계시고, 전지하여 영원부터 영원까지 모든 것을 아시며, 전능하여 모든 능력을 가지셨고, 영원하여 시간을 초월하고 시간의 근원이 되시며, 불변하여 결코 변함이 없는 분이다. 또한 그분은 사랑이 많고 거룩하며 의로우실 뿐 아니라 지혜롭고 공평한 분이다.

예수는 자신이 하나님이라고 주장했다. 하지만 예수는 그와 같은 하나님의 속성들을 갖고 있었는가? 다시 말해, 예수라는 인물을 자세히 조사했을 때, 성경에서 찾을 수 있는 하나님의 모습과 그의 모습이 서로 일치하는가? 만약 그렇지 않다면 그의 주장은 틀렸다고 할 수 있다.

이것은 매우 복잡하고 마음을 사로잡는 문제이다. 한 예로 예수가 가버나움 바깥에 있는 산 중턱에서 설교하고 있을 때, 동시에 여리고의 중심가에 서 있지는 않았다. 그렇다면 어떤 의미에서 그가 무소부재하다고 말할 수 있는가? 마가복음 13장 32절에서는 미래에 관해 모르는 것이 있다고 기꺼이 인정했는데 어떻게 그가 전지하다고 말할 수 있겠는가? 그가 영원한 분이라면, 왜 골로새서 1장 15절은 그를 "모든 창조물보다 먼저 나신 이"라고 말하는가?

표면적으로 볼 때 이러한 내용들은 예수가 하나님의 모습을 닮지 않았다는 사실을 말해 주고 있는 것처럼 보인다. 그럼에도 불구하고, 수년에 걸친 내 경험을 통해 볼 때 첫인상은 거짓일 수도 있다. 그래서 나는 그러한 문제들에 대해, 최근 들어 가장 뛰어난 기독교 사상가 중 한 명인 신학자 D. A. 카슨 교수의 말을 듣고 싶었다.

여덟 번째 인터뷰: D. A. 카슨 교수

D. A. 카슨(Donald A. Carson) 교수는 트리니티신학교의 신약학 연구 교수로서, 그가 저술하거나 편집한 책은 무려 40권이 넘는다. 그중 《산상 수훈 연구》(The Sermon on the Mount), *Exegetical Fallacies*(해석상의 오류들), 《요한 복음》(The Gospel According to John), 수상작인 *The Gagging of God*(익살스러운 하나님) 등이 있다.

틴데일성경연구협회, 성경문학회, 성경연구소의 회원인 카슨 교수는 12개 언어를 읽을 수 있다. 그가 프랑스어 박사 학위를 받을 수 있었던 것은 퀘벡에서 어린 시절을 보낸 연유이다. 그리고 그가 전문적으로 다루는 분야는 역사적 예수, 포스트모더니즘, 그리스어 문법, 사도 바울과 요한의 신학 등이다.

카슨 교수는 처음에는 화학을 공부했고(맥길대학교에서 과학사 학위), 그 후에 신학 박사 학위를 받고 영국으로 건너가서 케임브리지대학에서 신약학 박사 학위를 받았다. 그는 세 개의 다른 대학과 신학교에서 가르쳤는데, 1978년도부터는 트리니티신학교에서 가르치고 있다.

카슨 교수와의 만남을 위해 차를 타고 일리노이 주에 있는 트리니티신학교로 갔다. 솔직히 말해 나는 그가 고지식한 학자일 것이라고 생각했다. 하지만 그의 말투에 깜짝 놀랐다. 내가 가끔 신랄한 질문들을 던졌지만 그는 따뜻하고 사려 깊고 부드러운 말투로 대답했다.

크리스마스 휴가 기간이라 우리는 아무도 없는 교수 휴게실에서 대화를 나누었다. 카슨 교수는 셔츠 위에 흰색 스포츠형 점퍼, 청바지, 아디다스 운동화를 신고 있었다. 우리는 영국에 대한 느낌을 서로 주고받으면서 - 교수는 여러 해 동안 불규칙적으로 영국에서 살았다. 아내도 영국인이다 - 나는 노트를 펴고 녹음기를 틀었다. 그리고 예수가 하나님이 될만한 자격을 갖추고 있는지 판단하기 위해 여러 가지 질문을 던졌다.

하나님처럼 살고, 하나님처럼 용서하다

나는 왜 그가 처음부터 예수가 하나님이라고 생각하는지 첫 질문에 초점을 맞추었다. "예수의 어떤 말과 행동 때문에 그가 하나님이라고 확신합니까?" 나는 그가 어떻게 대답할지 확실히 몰랐지만, 예수의 기적에 초점을 맞출 것이라고 예상했다. 그러나 내 생각은 빗나갔다.

그는 덮개가 씌워진 편안한 의자에 등을 기대면서 대답했다. "어떤 사람은 예수님의 기적을 이유로 들겠지만 다른 사람들도 기적을 행했습니다. 따라서 기적은 예수님의 신성을 암시해 주기는 하지만 결정적인 증거가 못 됩니다. 물론 부활도 결정적인 면에서 예수님의 신성을 입증해 줍니다. 하지만 제가 생각하기에 가장 뚜렷한 증거는 그분이 죄를 용서해 주셨다는 사실입니다."

"그래요?" 나는 그의 얼굴을 좀 더 잘 보기 위해 의자의 위치를 맞추면서 말했다. "어떻게요?"

"요점은 만일 당신이 나에게 어떤 해로운 일을 했다면, 나에게 당신을 용서할 권리가 생깁니다. 하지만 당신이 나에게 해를 끼쳤는데 누군가 당신을 따라와서 '당신을 용서합니다'라고 한다면 얼마나 뻔뻔한 일입니까? 그런 종류의 의미심장한 말을 할 수 있는 분은 하나님밖에 없습니다. 왜냐하면 죄는 사람에 대한 것이기도 하지만 무엇보다 하나님과 그분의 율법에 도전하는 것이기 때문입니다.

다윗이 간통을 저지르고 밧세바의 남편을 죽게 했을 때, 결국 그는 시편 51편에서 '내가 주께만 범죄하여 주의 목전에 악을 행하였사오니'라고 하나님께 고백합니다. 다윗은 자신이 사람들에게 죄를 지었음에도 불구하고 궁극적으로는 자신을 만드신 하나님께 죄를 지었음을 알았습니다. 그래서 먼저는 하나님께 용서를 구해야 했습니다.

예수님은 죄인들에게 오셔서 이렇게 말씀하셨습니다. '내가 너희의 죄를 용서한다.' 유대인들은 그 말이 신성 모독이라고 생각하면서 즉시 이렇게 반응했습니다. '하나님 외에 누가 죄를 용서할 수 있느냐?' 저는 예수님이 죄를 용서한다고 선언하는 부분이 예수님의 사역 가운데 가장 인상적인 대목이라고 생각합니다."

나는 "예수는 죄를 용서했을 뿐 아니라 자신에게는 죄가 없다고 단언했습니다. 죄가 없다는 것은 분명히 하나님의 속성입니다"라고 말했다.

"그렇습니다. 서구 역사를 통틀어 가장 거룩하다고 인정받은 사람들은 자신의 허물과 죄를 가장 잘 깨달았던 사람들입니다. 그들은 자신이 단점이 많고 정욕에 빠져 있고 분노에 가득 찬 사람이라는 것을 알았습니다. 그래서 하나님의 은혜를 의지하면서 정직하게 그런 죄들과 싸웠습니다. 사실 그들은 죄와 잘 싸웠기 때문에 사람들의 주목을 받았고 사람들은 그들을 일컬어서 '거룩한 사람'이라고 불렀습니다.

하지만 예수님을 보십시오. 어느 누가 그분처럼 얼굴을 똑바로 들고서 '너희 중에 누가 나를 정죄할 수 있느냐'라고 말할 수 있습니까?[3] 만약 제가 그렇게 말했다면 제 집사람과 아이들과 저를 아는 모든 사람들이 곧장 들고일어나 저의 죄를 낱낱이 증언할 겁니다. 하지만 어느 누구도 예수님에게는 그렇게 할 수 없었습니다."

도덕적으로 완전한 것과 죄를 용서하는 것은 의심의 여지없이 하나님만이 갖고 있는 특징이다. 하지만 예수와 하나님의 모습이 일치하려면 이외에도 몇 가지 속성들이 더 있어야 한다. 이제 그것들을 살펴볼 때였다. 처음인지라 그에게 느리고 굼뜬 공을 던졌지만 이제는 커브를 던질 준비가 되어 있었다.

성육신의 신비

나는 준비해 온 몇 가지 기록을 통해, 자신이 하나님이라는 예수의 주장에 가장 큰 걸림돌이 되는 문제들을 연이어서 질문했다. "교수님, 예수가 동시에 두 장소에 계실 수 없었다면 도대체 어떻게 그가 편재한다고 말할 수 있습니까? '그날과 그때는 아들도 모른다'고 했는데 어떻게 그가 전지할 수 있겠습니까? 복음서는 예수가 자신의 고향에서는 많은 기적을 행할 수 없었다고 솔직히 말하는데 어떻게 그가 전능하다고 할 수 있겠습니까?"

나는 강조하기 위해 펜으로 그를 가리키면서 이렇게 결론을 지었다. "성경은 예수가 하나님이라는 사실에 반대하고 있는 것처럼 보입니다. 교수님도 이 사실을 인정해야 할 것 같은데요."

카슨 교수는 그것이 결코 쉬운 질문이 아니라는 사실을 인정했다. 나는 하나님이 인간이 되고, 영이 육신을 입었으며, 무한한 분이 유한한 존재가 되고, 영원한 분이 시간의 굴레 아래로 들어왔다고 하는 성육신의 핵심을 공격했다. 수세기 동안 신학자들은 성육신의 교리에 대해 많은 연구를 해왔다. 그리고 카슨 교수는 오랜 세월 동안 학자들이 이 문제를 해결하기 위해 시도했던 방법들을 살펴봄으로써 내 질문에 대답하기 시작했다.

"역사적으로 성육신에 대한 접근 방법에는 두세 가지의 방법이 있습니다." 그는 마치 학과 강의를 시작하는 듯 말했다. "예를 들어, 19세기 말의 위대한 신학자인 벤자민 워필드(Benjamin Warfield)는 복음서를 가지고 해결하려 했습니다. 그래서 복음서에 나오는 많은 내용들을 두 부분으로 나누어서 어떤 내용은 그리스도의 신성에, 어떤 내용은 그리스도의 인성에 속한다고 생각했습니다. 예수님이 하나님이 하실 법한 어떤 일을 행하셨으면, 그것은 그리스도의 신성에 속한 것으로 생각했습니다. 그리고 한계와 유한성 혹은 인간성을 보여 주는 어떤 일이 있으면, 그것은 그리스도의 인성에 속한 것으로 여겼습니다. 한 예로 예수님은 우셨습니다. 하나님이 우실 수 있습니까? 따라서 그것은 예수님의 인성에 속한 것입니다."

그 해석에는 많은 문제들이 있었다. "그런 식으로 생각하자면, 예수는 정신분열증에 걸린 사람이었다는 결론에 이르지 않습니까?"

"자신도 모르게 그런 식으로 실수할 수 있죠"라고 그가 대답했다. "모든 신앙 고백서들에는 예수님의 인성과 신성은 분명히 구분되지만 양자는 한 인격 안에서 결합되어 있다고 나옵니다. 그래서 필수적으로 두 마음 - 예수라는 인간의 마음과 그리스도라는 하나님의 마음 - 이 있게 됩니다. 그다지 신통치 않은 대답이겠지만, 그럼에도 불구하고 이것은 첫 번째 해결책입니다. 거기에는 분명히 예수님의 성육신을 이해하는 데 도움이 되는 부분이 있습니다.

또 다른 하나는 '비운다'라는 의미인, '케노시스'(kenosis)와 연관됩니다.

이것은 빌립보서 2장의 내용입니다. 거기에서 바울은 예수님에 대해 '근본 하나님의 본체시나 하나님과 동등됨을 취할 것으로 여기지 아니하시고 오히려 자기를 비우셨다'고 말합니다. 그분은 보잘것없는 사람이 되셨습니다."

내가 듣기에 그 말은 다소 모호했다. "좀 더 명확하게 설명해 주시겠습니까? 자신을 비웠다는 말은 정확히 무슨 뜻입니까?"

나는 핵심을 제대로 짚어 낸 것 같았다. "예, 좋은 질문입니다." 그는 고개를 끄덕이며 대답했다. "수세기에 걸쳐서 사람들은 여러 가지로 대답해 왔습니다. 한 예로, 예수께서 자신의 신성을 비우셨다면 그는 더 이상 하나님이 아니라는 견해도 있었습니다. 그가 하나님의 속성을 비우셨다는 것에 대해 저 역시 모르는 부분이 있습니다. 실재로부터 속성을 분리하는 것은 어려운 일이기 때문입니다. 만약 말처럼 생기고, 말 냄새가 나고, 말처럼 걷고, 말의 모든 속성을 가진 동물을 소유하고 있다면, 그것은 곧 말을 가지고 있다는 의미입니다. 그래서 하나님이 자신의 속성들을 버리셨는데도 여전히 하나님일 수 있다는 말이 무슨 의미인지 저도 잘 모르겠습니다.

어떤 이들은 이렇게 말합니다. '예수께서는 자신 속에 있는 하나님의 속성을 비우신 것이 아니라 그것들을 사용하기를 비우신 것이다.' 그 뜻은 비운다는 것이 자기 제한적인 형태의 무엇이라는 겁니다. 예수님이 행하셨던 일을 볼 때 그 말이 맞지 않는 경우가 몇 번 있었습니다. 예수님은 하나님만이 하실 수 있는 방법으로 죄를 용서하셨습니다. 그것은 하나님의 속성입니다. 하지만 어쨌든 그러한 견해를 통해 '자신을 비웠다'라는 의미를 좀 더 분명히 알 수 있습니다.

거기에서 더 나아가서 '그는 자신을 비우셨기에 혼자만의 결정으로 하나님의 속성을 사용하지 않으셨다'라고 말하는 사람들도 있습니다. 곧 예수님은 하나님 아버지가 확실히 허락하실 때만 하나님 노릇을 하셨다는 뜻입니다. 이러한 견해는 비웠다는 의미가 무엇인지를 보다 더 분명히 알려 줍니다. 그러나 이와 같은 주장의 문제점은 예수님의 공생애 속에서 하나님이 허락하실 때와 허락하지 않은 때의 구분이 없다는 사실입니다. 예수님은 실제로 항상 아버지의 계명에 일치하는 행동을 하셨습니다. 그렇긴 하지만 어쨌든 비웠다는 의미를 더욱 분명히 알 수 있습니다."

나는 우리가 논의의 핵심에 있다는 것을 알고 있지만 핵심에 다가서고 있는지 아니면 멀어지고 있는지 확신할 수 없었다. 그러나 카슨 교수는 핵심에 다가서고 있다고 느끼는 것 같았다. 그가 말했다. "엄밀히 말해서 우리는 빌립보서 2장에 나오는 영원하신 아들이 자신을 비웠다는 말이 정확히 무엇을 뜻하는지 알 수 없습니다. 예수님은 스스로 자신을 비우시고 낮은 자가 되셨습니다. 어떤 종류의 '비움'인지는 아직 해결되지 않은 문제입니다. 하지만 솔직하게 얘기해 보죠. 당신이 지금 얘기하고 있는 성육신은 기독교 신앙의 가장 큰 신비 중의 하나입니다.

당신은 형태도 없고, 실체도 없고, 전지하고, 편재하며, 전능하신 하나님과 유한하고, 만질 수 있고, 육체를 지니고 있고, 시간에 매여 있는 인간을 다루고 있습니다. 둘 중에서 하나가 다른 하나로 되는 일에는 신비스러운 부분들이 있을 수밖에 없습니다.

그래서 기독교 신학의 일부는 모든 것을 설명하는 것이 아니라 성경의 증거를 취해서 그것들을 잘 보존하고 합리적으로 통일성 있게 통합시키는 방법을 찾는 것과 관련이 있습니다. 설령 그 방법들이 모든 것을 다 설명해 주지 못하더라도 말입니다."

간단히 말해, 그의 대답은 비록 신학자들이 성육신의 미묘한 차이까지 모두 설명할 수는 없다 하더라도 이해가 되는 부분은 설명할 수 있다는 말이었다. 어떻게 보면 논리적인 것 같았다. 성육신이 사실이라면 유한한 사고가 완전히 이해하지 못하는 것이 당연할 것이다.

신약성경은 전지, 전능, 편재와 같은 특성들이 예수의 속성이라고 분명히 말하고 있다. 그런데도 예수가 이 땅에 있을 때 자신의 속성을 잘 드러내지 않은 까닭은 예수는 그것들을 혼자만의 결정으로 사용하는 일을 스스로 비웠기 때문이라는 설명이 타당한 것 같다.

하지만 그것은 문제의 일부분에 불과하다. 나는 자신이 하나님이라는 예수의 주장을 직접적으로 반박하고 있는 성경의 몇몇 구절들에 대해 질문했다.

창조자인가 피조물인가

하나님은 영원 전부터 존재한 지음 받지 않은 분이다. 예수가 하나님이라면 이 부분에서도 일치해야 한다. 이사야 57장 15절은 하나님을 '영존하시는 분'이라고 묘사한다. 하지만 예수는 분명히 지음받은 존재라고 말하는 구절들이 있다. 나는 카슨 교수에게 그 구절들에 대해 말했다. "예로, 요한복음 3장 16절에는 예수가 하나님께서 '낳으신' 아들이라고 나옵니다. 그리고 골로새서 1장 15절은 그가 '모든 창조물보다 먼저 나신 자'라고 말씀합니다. 이 구절들에는 예수가 창조자가 아니라 피조물이라고 명백히 암시되어 있지 않습니까?"

카슨 교수의 전공 분야 중 하나는 헬라어 문법이기 때문에 그는 헬라어 원문을 가지고 이 부분을 설명했다. "요한복음 3장 16절부터 살펴보죠. 헬라어 원문을 '독생자'라는 말로 번역한 성경은 킹제임스 성경입니다. 이 번역이 맞는 번역이라고 생각하는 사람들은 흔히 그 구절을 성육신 - 처녀 마리아의 몸에서 나셨다는 사실 - 과 연관시킵니다. 하지만 사실 그것은 헬라어 본문의 원래 의미가 아닙니다.

그 말은 '유일한 분'이라는 의미입니다. 1세기에는 그 말이 '유일하고 가장 사랑하는'이란 의미로 쓰였습니다. 따라서 요한복음 3장 16절은 예수님이 '사랑받는 유일한 아들', 혹은 NIV가 번역한 것처럼 '하나뿐이고 유일한 아들'이라는 사실을 말할 뿐입니다. 그가 존재론적으로 때를 맞추어 태어났다는 의미가 아닙니다."

"그렇다고 해도 한 구절이 또 있습니다"라고 나는 지적했다.

"좋습니다. 골로새서 1장 15절도 살펴보죠. 그 구절에는 '먼저 나신'이라는 단어가 나옵니다. 보수주의자든 자유주의자든 대부분의 주석가들은 다음과 같은 사실을 인정합니다. 구약에서 '장자'는 상속법에 따라 일반적으로 유산의 대부분을 상속받았습니다. 왕가에서는 장자가 왕이 되었습니다. 그러므로 장자는 궁극적으로 아버지의 모든 권리를 가지고 있는 유일한 존재였습니다.

BC 2세기 무렵 어떤 곳에서는 더 이상 그 단어가 '실제로 낳았다'든지 '처음 태어난 자'라는 개념이 아니었습니다. 정당한 상속자의 지위에 걸맞은 권위라는 의미였습니다. 예수님께도 그런 의미로 사용되었습니다. 이것은 사실 모든 학자들이 인정하는 바입니다. 따라서 '먼저 나신'이란 표현은 조금 혼동을 일으키는 말입니다."

"그렇다면 어떻게 번역하는 것이 더 좋을까요?"

그는 "'최고 상속자'라는 말이 더 적절한 번역이라고 생각합니다"라고 대답했다. 그것으로 골로새서 1장 15절이 설명되었는데도 그는 마지막으로 한 가지를 더 지적했다. "만일 골로새서 1장 15절을 주석하려고 한다면, 골로새서 2장 9절까지의 문맥 안에서 주석해야 합니다. 골로새서 2장 9절에서 저자는 '그(그리스도) 안에는 신성의 모든 충만이 육체로 거하시고'라고 강조합니다. 저자는 모순된 말을 하지 않습니다. 따라서 '먼저 나신'이란 말은 '하나님의 충만하심을 소유한다'라는 의미를 지닌 문맥의 일부분에 속하기 때문에, 예수님의 영원성을 부정하는 말이 아닙니다."

그의 대답으로 문제는 완전히 해결되었다. 하지만 문제가 되는 구절들이 또 있었다. 예를 들어 마가복음 10장에 보면, 누군가 예수를 선한 선생님이라고 부르자 예수는 이렇게 대답했다. "네가 어찌하여 나를 선하다 일컫느냐 하나님 한 분 외에는 선한 이가 없느니라."

"그렇게 말씀하신 것은 스스로 하나님이심을 부인하신 것이 아닙니까?" 내가 물었다.

"아닙니다. 제 생각으로 예수님은 그 사람을 잠깐 붙들어 세우신 후 그가 말한 것을 스스로 생각해 보도록 하셨던 것 같습니다." 카슨 교수가 설명했다. "마태복음에 있는 유사 구절은 좀 더 넓은 의미를 담고 있습니다. 거기에는 예수님이 자신의 신성을 부정하셨다는 내용을 전혀 찾아볼 수 없습니다.

제가 보기에 예수님의 말씀은 이런 뜻입니다. '잠깐만 기다려라. 너는 왜 나를 선하다고 하느냐? 너의 말은 겸손한 뜻으로 안부를 묻는 말이냐? 선하다는 말이 무슨 뜻이냐? 나를 선한 선생이라고 부르는데, 내가 듣기 좋으라고 하는 말이냐?'

근본적인 의미에서, 선하신 분은 하나님 한 분입니다. 하지만 예수님의 말씀은 '그러니까 나를 선하다고 하지 말라'는 의미가 아닙니다. '너는 정말로 네가 하는 말의 의미를 이해하고 있느냐? 하나님께만 돌려야 할 그 말이 정말로 나에게도 해당된다고 생각하느냐?'라는 의미입니다.

예수님의 말씀 속에서 두 가지 의미를 찾을 수 있습니다. 하나는 '네가 말한 대로 나는 그런 사람이다. 아주 정확하게 말했구나'이고 또 하나는 '감히 나를 그렇게 부르지 말라. 다음에는 나를 죄인 예수라고 불러라. 나도 똑같은 죄인이다'입니다. 예수님이 다른 곳에서 말하고 행동한 것들을 볼 때, 둘 중 어느 쪽을 받아들이는 것이 합리적이겠습니까?"

수많은 성경 구절들이 예수를 '죄 없고', '거룩한', '의로운', '무죄한', '순결한', '죄인들과 구별된' 분이라고 일컫는다. 그렇다면 대답은 분명해진다.

예수는 작은 하나님인가

만일 예수가 하나님이셨다면 어떤 하나님이셨는가? 아버지와 동등한 하나님인가, 아니면 하나님의 속성을 가지고 있지만 구약성경이 보여 주는 전체적인 하나님의 모습에 아무래도 뒤떨어지는 작은 하나님인가?

나는 그러한 문제가 담겨 있는 구절을 제시했다. "요한복음 14장 28절에서 예수는 '아버지는 나보다 크시다'라고 말했습니다. 어떤 사람들은 이것을 보고서 '예수는 작은 하나님이었음에 틀림이 없다'라고 말합니다. 이 말이 옳은 말입니까?"

그는 한숨을 쉬며 대답했다. "제 아버님은 설교자였습니다. 제가 어릴 때 우리 집에는 이런 격언이 있었습니다. '문맥을 떠난 본문은 내 생각을 꿰어 맞추기 위한 핑계에 불과하다.' 방금 말씀하신 구절은 문맥 속에서 살피는 것이 중요합니다.

제자들은 예수님이 떠난다고 말씀하셨기 때문에 슬퍼했습니다. 그

때 예수님은 이렇게 말씀하십니다. '너희가 나를 사랑하였다면 나의 아버지께로 감을 기뻐하였으리라 아버지는 나보다 크심이라.' 곧 예수님은 자신이 받아 마땅한 영광 속으로 돌아가시려 하고 있습니다. 따라서 제자들이 예수님이 누구시라는 사실을 알고 정말 그를 사랑했다면, 그들은 기뻐했을 것입니다. 예수님이 자신의 왕국으로 돌아가시기 때문입니다. 예수님은 요한복음 17장 5절 말씀에서 '창세전에 내가 아버지와 함께 가졌던 영화로써 지금도 아버지와 함께 나를 영화롭게 하옵소서'라고 말씀하십니다. 지금까지 제가 말씀드린 것이 '아버지는 나보다 크심'이라는 의미입니다.

'~보다 큰'과 같은 종류의 말을 사용할 때, 그것이 반드시 존재론적으로 더 크다는 의미는 아닙니다. 한 예로, '미국 대통령은 나보다 크다'라고 제가 말할 때, 그가 저보다 더 우수한 존재라고 말하고 있는 것이 아닙니다. 미 대통령은 군사적인 힘, 정치적인 용맹성 그리고 대중의 환호를 받는 면에서는 저보다 큽니다. 하지만 그가 제 존재보다 나은 것은 아닙니다. 그는 인간이고 저 역시 인간입니다.

따라서 예수님이 '아버지는 나보다 크심이라'는 말씀의 의미는 반드시 문맥 속에서 살펴봐야 합니다. 그러고 나서 그 말이 '그는 하나님이시고 나는 하나님이 아니기 때문에 아버지는 나보다 크시니라'라는 의미인지를 물어야 합니다. 솔직히 그런 식으로 말한다는 것은 아주 우스꽝스럽습니다. 제가 강대상 위에 올라가서 '하나님은 나보다 크신 분이라는 사실을 저는 엄숙히 선포합니다'라고 설교한다고 생각해 보십시오. 그처럼 무의미한 말이 어디 있습니까?

비교라는 것은 같은 수준에 있는 것들을 대상으로 하거나 그 한계가 어느 정도 규정되어 있을 때 의미가 있습니다. 예수님은 성육신이라는 한계 속에 계셨습니다. 그래서 십자가를 져야 했고 죽어야만 했습니다. 하지만 이제 막 아버지께로 돌아가서 창세 전에 아버지와 함께 누리셨던 영광을 다시금 누리려던 참이었습니다.

예수님은 이렇게 말씀했습니다. '너희들이 나를 위해서 슬퍼하지만 오히려 기뻐해야 한다. 내가 집으로 돌아가기 때문이다.' 나보다 크다는 말씀은 그런 의미입니다."

"그러니까 이 구절은 예수의 신성을 부정하는 내용이 결코 아니군요."

"그렇습니다. 절대 아닙니다. 문맥 속에서 볼 때 그것은 분명합니다" 라고 그가 결론을 지었다.

나는 예수가 작은 하나님이 아니라는 사실을 인정했다. 그렇지만 또 다른 민감한 문제가 생각났다. 예수가 자비로우신 하나님이라면 어떻게 자신을 받아들이지 않는 사람들을 영원한 고통 가운데 빠지도록 하는 일에 찬성할 수 있단 말인가?

사랑많은 분이 지옥을 창조하신 건가요

성경에 따르면, 하나님은 사랑이 많은 분이다. 신약성경은 예수도 똑같이 사랑이 많은 분이라고 분명히 말한다. 그러나 사람들을 지옥에 보내면서 동시에 사랑이 많다고 할 수 있는가? 예수는 성경에 나오는 인물 중 가장 많이 지옥에 대해 가르치신 분이다. 그 사실은 온화하고 자비롭기로 소문난 예수의 인격과 상충되지 않는가?

나는 카슨 교수에게 이 질문을 던지면서, 불가지론자인 찰스 템플턴의 가시 돋친 말을 인용했다. "어떻게 사랑이 많은 하늘 아버지께서 영원한 지옥을 창조해서 어떤 종교적 신앙을 받아들이지 못한, 혹은 받아들일 수 없었던, 혹은 받아들이지 않은 수세기 동안의 많은 사람들을 지옥에 넣을 수 있단 말인가?"[4]

듣는 사람에게 충격을 주는 비아냥거리는 말투였지만, 카슨 교수는 화를 내지 않았다. 그는 설명을 시작했다. "먼저, 사람들이 특정한 신앙을 받아들이지 않는다고 해서 지옥에 던져 넣는 그런 하나님은 아니라고 확신합니다."

그는 잠깐 생각에 잠긴 후에, 보다 확실한 대답을 위해서 현대의 많은 사람들이 '시대착오적인 이상한 그 무엇'이라고 생각하는 '죄'에 대해 천천히 설명해 나갔다. "처음 남자와 여자가 하나님의 형상으로 지음 받았을 때의 하나님을 한 번 그려 보십시오. 그들은 아침에 일어나서 하나님에 대해 생각합니다. 아담과 하와는 정말로 하나님을 사랑합니다. 하나님이 원하시는 일을 하는 것이 즐겁고 거기에서 기쁨도 느낍니다. 그들은 하나님과 올바른 관계를 맺고 있고 아담과 하와 둘 사이의 관계도 좋습니다.

그런데 죄와 반역이 세상에 들어오면서 하나님의 형상을 갖고 있는 두 사람은 자신들이 우주의 중심이라고 생각하기 시작합니다. 문자 그대로 그렇다는 것이 아니라 사고방식이 그렇다는 것입니다. 그리고 우리도 그런 식으로 생각합니다. 우리가 '사회적 병리'라고 부르는 모든 것들 죄, 강간, 비통, 상습적인 질투, 비밀스러운 시기, 교만, 열등감에서 오는 콤플렉스 등은 우리가 하나님과 바른 관계를 맺지 않고 있다는 사실과 가장 밀접한 관계가 있습니다. 그 결과로 사람들이 상처를 받습니다.

하나님이 보실 때, 그것은 지독히 역겨운 일입니다. 그렇다면 그것에 대해 하나님이 무엇을 하셔야 합니까? 만약 하나님이 '글쎄, 별로 할 말이 없어'라고 하신다면, 악은 하나님께 별로 문제될 게 없다는 뜻입니다. 이렇게 말하는 것과도 같습니다. '좋았어. 유대인 대학살이군. 하지만 내가 알게 뭐야.' 하나님이 그러한 문제들에 대해 도덕적 심판을 내리지 않는다고 생각해 보십시오. 그러면 우리가 얼마나 충격을 받겠습니까?

하지만 하나님이 그런 문제들에 대해서 도덕적 심판을 내리는 분이라면, 하나님의 형상을 가지고 있으면서도 하나님을 향해 작은 주먹을 흔들어 대면서 프랭크 시나트라(Frank Sinatra)의 노랫말처럼 '내 맘대로야!'라고 하는 사람들을 도덕적으로 심판하셔야 합니다.

제가 말씀드렸듯이, 지옥은 선량한 사람들이 가는 곳이 아니라 하나님이 자신들의 창조자이시며 우주의 중심이라는 사실을 믿지 않은 사람들이 가는 곳입니다. 그런 사람들이 가장 먼저 지옥에 갑니다. 왜냐하면 그들은 창조자를 무시하고 자신이 우주의 중심이 되고자 했기 때문입니다. 지은 죄를 용서하지 않을 만큼 하나님이 속이 좁거나 악하다면 모를까, 이미 회개한 사람들은 지옥에 가지 않습니다. 지옥을 채우고 있는 사람들은 영원의 시간이 지난다 해도 여전히 우주의 중심이 되기를 원하는 사람들이고 하나님께 계속해서 반역하는 사람들입니다.

하나님이 하실 수 있는 일이 무엇입니까? 만약 하나님이 아무 일에도 상관하지 않으면, 하나님은 더 이상 숭배의 대상이 될 수 없습니다. 그분은 도덕관념이 없는 분이거나 분명히 소름끼치는 존재일 겁니다. 그렇게 뻔뻔스러운 반항 앞에서 다른 식으로 행동한다면 그것은 하나님 자신을 제한하는 일입니다."

내가 끼어들면서 말했다. "맞아요. 하지만 사람들을 가장 괴롭히는 사실은 하나님이 사람을 영원토록 고통 받게 하신다는 것입니다. 그게 나빠 보이는 겁니다. 그렇지 않습니까?"

그가 대답했다. "성경에 따르면 형벌에도 서로 다른 등급이 있습니다. 따라서 저는 모든 사람이 똑같은 형벌을 받는다고 생각하지는 않습니다.

또 하나님이 이 타락한 세상에서 완전히 손을 떼고 인간의 악을 전혀 제한할 수 없다면, 아마도 이 세상은 지옥으로 변할 것입니다. 따라서 죄인들을 어떤 제한된 곳에 두어 자신들 외에는 누구에게도 해를 끼치지 못하게 하는 그런 장소가 있어야 합니다. 지옥 말고 그런 장소가 어디에 있습니까? 지옥은 그들이 했던 짓을 자신들에게 한다는 의미를 담고 있습니다. 그리고 그게 그들이 원하는 바이기도 합니다. 왜냐하면 그들은 여전히 회개하지 않기 때문입니다."

나는 교수가 잠시 머뭇거렸기 때문에 그가 대답을 끝마쳤다고 생각했다. 그러나 그는 중요한 사실을 더 말했다. "마지막에 가서는 모든 공의가 완전히 실현될 뿐만 아니라 모든 사람들이 그것을 눈으로 직접 보게 될 것이기 때문에 모든 입이 닫히게 될 것이라고 성경은 말하고 있습니다."

그의 마지막 말을 가로채면서 내가 말했다. "다시 말해, 심판의 날에는 하나님이 자신을 불공평하게 대했다고 말하던 사람들은 심판을 피할 수 없으며, 하나님이 자신들과 세상을 심판하는 것이 공의롭다는 사실을 인정하게 된다는 말이군요."

그는 확신 있게 말했다. "맞습니다. 이 세상에서는 공의가 항상 이루어지는 것이 아닙니다. 우리는 그것을 날마다 보고 있습니다. 하지만 마지막 날에는 모든 사람들이 보는 앞에서 공의가 실현될 겁니다. 그리고 어느 누구도 '이것은 불공평해'라고 불평하지 못할 겁니다."

예수는 노예 제도를 묵인했는가

그에게 물어보고 싶은 것이 더 있었다. 나는 시계를 보면서 "조금만 더 시간을 내 주시겠습니까?"라고 물었다. 괜찮다는 그의 대답에 나는 또 한 가지 쟁점에 대해 질문했다.

예수가 하나님이 되기 위해서는 윤리적으로 완벽해야 한다. 그러나 어떤 기독교 비평가들은 예수가 그렇지 못했다고 주장한다. 그들에 따르면, 예수는 반도덕적 관습이었던 노예 제도를 암묵적으로 인정했다는 것이다. 다음은 모턴 스미스(Morton Smith)의 말이다.

> 로마 제국과 황제에게는 무수히 많은 노예들이 있었다. 예루살렘 성전에도 노예가 있었고, 대제사장도 노예를 소유하고 있었다. 그중 한 명은 예수가 체포될 때 한 쪽 귀를 잃었다. 부자들과 대부분의 중산층은 노예를 소유하고 있었다. 우리가 알고 있는 바로는, 예수는 한 번도 노예 제도를 공격하지 않았다. … 예수의 유년 시절에 팔레스타인과 요르단에서 몇 번의 노예 반란이 있었던 것으로 보인다. 기적을 행하는 반란의 지도자가 많은 추종자들을 끌어 모았을지도 모른다. 만약 예수가 한 번이라도 노예 제도를 비난하거나 자유를 약속했더라면, 분명히 그에 대한 기록이 남아 있을 것이다. 하지만 예수가 그렇게 했다는 것을 우리는 들어 본 적이 없다. 따라서 예수는 노예 제도에 대해 아무런 말도 하지 않았다고 할 수 있다.[5]

노예 제도를 없애지 않은 예수와 모든 사람을 사랑하시는 하나님이 어떻게 일치할 수 있는가? "왜 예수는 직접적으로 '노예 제도는 악하다'라고 외치지 않았습니까? 하나님의 형상을 가진 사람들을 인간 이하로 만드는 노예 제도를 왜 없애지 못했던 것입니까?" 하고 내가 물었다.

그는 의자에서 몸을 똑바로 세우면서 말했다. "저는 그러한 주장을 하는 사람들이 핵심을 놓치고 있다고 생각합니다. 기회만 허락된다면 사람들에게 고대와 현대의 노예 제도에 대해 자세히 이야기하고 싶군요. 이해할 수 없는 일이지만, 우리 문화에서는 당시에 있지도 않았던 일로 고대의 노예 제도를 비난합니다."

나는 "계속 하십시오"라고 손짓하면서 말했다.

억압과 차별을 타파하다

"흑인 학자인 토머스 소웰(Thomas Sowell)은 자신의 저서인 *Race and Culture*(인종과 문화)에서 현재까지 존재했던 모든 주요 문화권 안에는 예외 없이 노예 제도가 존재했다고 지적합니다."[6] 그가 설명했다. "그 문화가 군사적인 정복과 밀접한 관련을 맺고 있는 한, 노예 제도는 흔히 경제적인 역할을 했습니다. 파산법이 없었기 때문에 많은 빚을 지고 있는 사람은 자신이나 자신의 가족을 노예로 팔아야 했습니다. 노예 제도는 빚을 갚는 역할도 했지만 노동력을 제공하기도 했습니다. 노예 제도가 항상 나빴던 것은 아닙니다. 최소한 노예 제도는 살아남기 위한 선택이었습니다.

저는 지금 어떤 식으로든 노예 제도를 낭만적으로 묘사하려는 게 아닙니다. 이 점을 이해해 주셨으면 합니다. 로마 시대에는 광산 노동을 하는 노예들도 있었지만 또한 저명한 박사들과 동등한 대우를 받으면서 주인의 가족들을 가르쳤던 노예들도 있었습니다. 그리고 특정한 인종만 노예가 되는 일은 없었습니다.

그렇지만 미국의 노예 제도는 오직 흑인들만을 노예로 삼았습니다. 그 점이 미국의 노예 제도가 혐오스러운 이유입니다. 그로 인해 흑인을 열등한 인종으로 보는 불공정한 시각이 생겨났고 많은 사람들이 지금도 그에 대항해 싸우고 있습니다.

이제 성경을 살펴보죠. 유대 사회에서는 희년마다 모든 사람들이 자유민이 되었습니다. 그것은 율법이 정한 일이었습니다. 다시 말하면, 7년마다 노예 제도가 금지되었습니다. 그 율법이 정확하게 지켜졌는지는 별개지만 어쨌든 그것은 하나님의 말씀이었습니다. 그리고 예수님은 그런 사회 구조 속에서 자라나셨습니다.

하지만 우리는 예수님의 사명에 초점을 맞추어야 합니다. 근본적으로 예수님은 노예 제도를 포함한 로마 경제 체제를 무너뜨리기 위해서 오신 것이 아닙니다. 그분은 사람들을 죄로부터 해방시키기 위해 오셨습니다. 제 생각은 이렇습니다. 예수님의 역할은 사람들을 온 마음과 정성과 뜻과 힘을 다하여 하나님을 사랑하고 자신을 사랑하는 것처럼 이웃을 사랑하는 사람으로 바꾸는 것이었습니다. 자연스레 예수님의 메시지는 노예 제도에 대한 사람들의 생각에 영향을 주었습니다.

바울이 빌레몬서에서 도망간 노예였던 오네시모에 대해 말하는 내용을 보십시오. 바울은 노예 제도를 타도하라고 말하지 않습니다. 그렇게 말하면 오네시모는 처형될 것이기 때문입니다. 대신 바울은 빌레몬에게 자신을 대해 주었던 것처럼 그리스도 안에서 형제로 대했으면 좋겠다고 권면합니다. 그러고 나서 일을 확실하게 하려고 '복음으로 인해 나에게 생명을 빚지고 있다는 사실을 기억하십시오'라고 강조합니다.

노예 제도를 없애는 일은 단지 경제 체제를 바꿈으로써가 아니라 사람을 변화시킴으로써 가능합니다. 단순히 경제 체제를 무너뜨리고 새 질서를 세울 때 어떤 부작용이 일어나는지를 우리는 이미 경험했습니다. 공산주의자의 모든 꿈은 '새로운 인간'에 선행되는 '혁명적 인간'을 만드는 일이었습니다. 그런데 문제는 어디에서도 '새로운 인간'을 찾을 수 없다는 겁니다. 공산주의자들은 농부들을 압제하는 자들을 없애 버렸습니다. 하지만 그렇게 한다고 갑자기 농부들이 자유롭게 되지는 않았습니다. 농부들을 억압하고 있던 체제가 새로운 어둠의 체제로 바뀌었을 뿐입니다. 결국 지속적인 변화를 원한다면 사람의 마음을 바꾸어야 합니다. 바로 그것이 예수님의 사명이었습니다.

우리 역시 소웰과 같이 어떻게 노예 제도가 폐지되었는지 질문할 필요가 있습니다. 소웰의 말에 따르면, 노예 제도를 폐지하는 데 결정적인 역할을 한 것은 영국의 대각성 운동이었습니다. 19세기 초에 그리스도인들은 노예 제도를 폐지하라고 의회에 압력을 넣었고 결국 영국 군함을 이용해서 대서양을 통한 노예 무역을 금지시켰습니다.

약 1천 1백만의 아프리카인들이 – 많은 사람들이 죽었지만 – 미국으로 실려 간 데 비해 아랍 지역으로 실려 가 노예가 된 사람들은 약 1천 3백만 명이었습니다. 그때 다시 한 번 거듭난 영국 그리스도인들이 압력을 넣었고 영국은 군함을 페르시아 만에 보내서 노예 무역을 막았습니다."

나는 교수의 대답을 역사적인 의미에서 이해했고 개인적인 경험으로도 이해할 수 있었다. 수년 전 극단적 인종주의자였던 한 사업가를 알고 있었는데, 그는 유색 인종이라면 누구든지 얕보면서 스스로를 우월하게 생각하는 사람이었다. 그는 공개적으로 흑인을 경멸하였고 고집불통이었으며 무례한 농담과 신랄한 말로 유색 인종에 대한 분노를 표현했다. 아무리 설득을 해도 그는 자신의 생각을 바꾸지 않았다.

그 후 그는 그리스도인이 되었다. 하나님이 그의 마음을 새롭게 하시자 시간이 지나면서 그의 태도, 관점, 가치관이 바뀌기 시작했다. 나는 놀란 눈으로 지켜보았다. 그는 성경을 통해 모든 사람이 하나님의 형상으로 지음 받았다고 배우면서 더 이상 어떤 사람에게도 악의를 품을 수 없게 되었다. 지금 이 시간 내가 진심으로 말할 수 있는 것은 그가 진정으로 다른 사람들 - 자기와 다른 사람들을 포함해서 - 을 돌보고 용납한다는 사실이다.

법률의 제정이 그를 바꾸지 못했다. 이론도 바꾸지 못했다. 감정적인 호소가 그를 바꾼 것도 아니다. 그는 하나님이 자신의 안과 밖을 분명히, 완전히, 영원히 바꾸셨다고 말할 것이다. 카슨 교수가 말한 것처럼, 복음의 능력은 복수심에 불타는 사람을 자애로운 사람으로, 무정하고 탐욕스러운 사람을 남에게 베풀 줄 아는 사람으로, 권력만 좇는 사람을 남을 섬기는 사람으로, 노예 제도나 혹은 다른 형태의 억압을 통해 남을 괴롭히던 사람을 포용하고 감싸 주는 사람으로 변화시킨다. 나는 그러한 사람들을 많이 보았고 내가 예로 든 이야기는 그중 하나에 불과하다.

사도 바울은 갈라디아서 3장 28절에서 똑같은 말을 하고 있다. "너희는 유대인이나 헬라인이나 종이나 자유자나 남자나 여자 없이 다 그리스도 예수 안에서 하나이니라."

하나님의 모든 속성을 가진 예수

카슨 교수와 나는 때때로 격렬한 어조로 토론하면서 두 시간을 보냈다. 그리고 우리의 대화는 이 장에 기록된 양보다 훨씬 많은 테이프에 녹음되었다. 그의 대답은 매우 논리 정연했고 신학적으로도 건전했다. 하지만 성육신의 사역 - 어떻게 영이 육신을 입으셨는가? - 에 대해서는 마지막까지 믿기지 않는 일로 남았다.

그렇다 하더라도, 성경이 말하는 것처럼 성육신이 실제로 일어났다는 사실은 더 이상 의심의 여지가 없었다. 신약성경은 예수가 하나님의 모든 속성을 가지고 있다고 말하고 있다.

- 예수는 전지하신 분인가?

  요한복음 16장 30절에서 사도 요한은 "우리가 지금에야 주께서 모든 것을 아시고 또 사람의 물음을 기다리시지 않는 줄 아나이다 이로써 하나님께로부터 나오심을 우리가 믿사옵나이다"라고 예수의 전지하심에 대해 확인해 주고 있다.

- 예수는 편재하시는 분인가?

  마태복음 28장 20절에서 예수는 "내가 세상 끝 날까지 너희와 항상 함께 있으리라"라고 말했다. 그리고 마태복음 18장 20절에서는 "두세 사람이 내 이름으로 모인 곳에는 나도 그들 중에 있느니라"라고 말했다.

- 예수는 전능하신 분인가?

  "하늘과 땅의 모든 권세를 내게 주셨으니"라고 마태복음 28장 18절에서 예수는 말했다.

- 예수는 영원하신 분인가?

  요한복음 1장 1절은 예수에 대해서 이렇게 선언하고 있다. "태초에 말씀이 계시니라 이 말씀이 하나님과 함께 계셨으니 이 말씀은 곧 하나님이시니라."

- 예수는 불변하신 분인가?

히브리서 13장 8절은 "예수 그리스도는 어제나 오늘이나 영원토록 동일하시니라"라고 말한다.

또한 구약성경은 알파와 오메가, 주, 구세주, 왕, 심판자, 빛, 반석, 구속자, 목자, 창조자, 생명의 근원, 죄를 용서하시는 분, 권위 있게 말씀하시는 분 등과 같은 명칭을 사용해서 하나님을 묘사하고 있다. 신약성경이 이 모든 명칭을 예수에게 사용하고 있다는 점이 놀랍다.[7]

여기에 대해서 예수는 요한복음 14장 7절에서 모든 사람들에게 다음과 같이 말했다. "너희가 나를 알았다면 내 아버지도 알았으리로다 이제부터는 너희가 그를 알았고 또 보았느니라." 이 말을 의역해 보자면 이렇다. "너희가 구약성경에 그려진 하나님을 볼 때 그분이 나와 똑같다는 것을 알게 될 것이다."

━

Chapter 10

지문 증거

구약의 예언적 지문에
일치하는 이는
예수밖에 없다

루이스 라피데스 목사와 인터뷰

클라렌스 힐러(Clarence Hiller)는 시카고에 있는 자택에서 평온한 토요일을 맞이하고 있었다. 토요일 오후에 그는 시카고 서쪽 104번 거리에 있는 이층짜리 집의 외벽에 페인트칠을 했다. 초저녁이 되자 그와 가족은 일찍 잠자리에 들었다. 그런데 그 다음에 발생한 일이 미국 형법을 영원히 바꾸어 놓았다.

1910년 9월 19일 이른 아침, 힐러 부부는 잠에서 깨어났다. 그런데 이상하게도 딸의 침실 근처에 있는 가스등이 꺼져 있었다. 남편이 가스등을 살펴보기 위해 나간 직후, 아내는 두 사람이 실랑이를 벌이며 싸우는 소리와 뒤 이어서 무엇인가 계단에서 떨어지는 소리를 들었다. 그리고 연이어서 두 발의 총성이 울렸고 현관문이 꽝 닫히는 소리가 들렸다. 그녀가 밖으로 나갔을 때, 남편은 계단 밑에 쓰러져 있었고 이미 의식이 없었다.

경찰은 1.6Km쯤 떨어진 곳에 있던 토머스 제닝스(Thomas Jennings)를 강도 용의자로 체포했다. 그의 옷은 피가 묻어 있었고 왼팔은 다친 상태였다. 그는 전차에서 떨어지면서 생긴 상처라고 말했지만 경찰은 그의 주머니에서 클라렌스 힐러를 죽이는 데 사용된 총과 동일한 종류의 총을 찾았다. 하지만 그것이 살인범의 총인지는 판단할 수 없었다.

제닝스를 기소하려면 더 많은 증거가 필요했다. 그래서 형사들은 추가 증거를 찾기 위해 힐러의 집 내부를 샅샅이 뒤졌다. 그러던 중 살인범이 뒤쪽 주방 창문으로 들어왔었다는 사실을 알게 되었다. 그 문을 통해 밖으로 나간 형사들은 창문 바로 옆에서, 희생자가 죽기 몇 시간 전에 페인트칠을 했던 울타리에 찍혀 있는 선명한 왼쪽 손가락의 지문을 발견했다.

세인트루이스에서 열린 국제 경찰 박람회에 소개되기 전까지 지문 증거는 생소한 개념이었다. 그때까지만 해도 미국에서 살인 용의자를 기소하기 위해서 지문이 사용된 적이 없었다. 지문을 증거로 채택하는 것은 비과학적이기에 용납할 수 없다는 변호인단의 강력한 반대에도 불구하고, 네 명의 경찰은 페인트에 찍혀 있던 지문이 유일하게 토머스 제닝스의 지문과 완전히 일치한다고 증언했다. 배심원들은 그가 유죄라고 평결했고 일리노이 대법원은 그의 유죄를 선언하는 역사적인 판결을 내렸다. 그리고 그는 교수형에 처해졌다.[1]

지문 증거의 전제는 간단하다. 사람은 손가락에 개인만의 독특한 골을 가지고 있다. 어떤 물건에서 발견된 지문과 특정인의 지문이 일치하면 수사관들은 그 특정인이 그 물건을 만졌다고 과학적으로 확실하게 결론을 지을 수 있다.

많은 범죄 사건에서 지문 식별은 핵심적인 증거이다. 담뱃갑의 셀로판지에 묻은 엄지손가락 지문 하나가 여대생을 살해한 스무 살 된 강도의 유죄를 입증하는 데 결정적인 역할을 했던 사건을 취재했던 적이 있다.[2] 그 사건은 지문이 결정적인 증거가 될 수 있음을 보여 준 예이다.

하지만 지문과 예수는 무슨 관계가 있는가? 간단하게 말하면 이렇다. 예수가 실제로 이스라엘과 온 세상의 메시아라는 사실에 대한 놀랄 만큼 확실한 증거가 있다면 이는 지문과 유사한 영향력이 있을 것이다.

기독교인들이 구약성경이라고 부르는 유대인의 성경에는 하나님이 당신의 백성들을 구원하기 위해 보내신 메시아의 도래에 대한 주요 예언들이 수십 개 이상 있다. 그리고 이 예언들은 오직 기름 부음 받은 자만이 일치시킬 수 있는 상징적 지문을 만들어 냈다. 그래서 이스라엘 백성들은 사기꾼을 구별할 수 있었고 진짜 메시아의 자격을 확인할 수 있었다.

메시아를 헬라어로 하면 그리스도가 된다. 하지만 예수는 정말로 그리스도였을까? 예수는 자신이 태어나기 수백 년 전에 쓰인 예언들을 정말로 성취했는가? 그렇다면 모든 역사를 통해 예언적 지문과 일치하는 사람은 오직 예수뿐이라는 것을 어떻게 알 수 있는가? 이 문제를 해결하는 데 도움을 줄 만한 학자들은 이름의 머리글자만 따 와도 긴 줄을 만들 정도로 많았다. 하지만 내가 인터뷰하려고 하는 사람에게는 이 문제가 추상적인 학문적 과제 이상의 것이었다. 나는 그 사람을 만나기 위해 캘리포니아 남부로 향했다.

아홉 번째 인터뷰: 루이스 라피데스 목사

성경에 대해 물어보기에 교회만큼 좋은 장소가 있을까? 그런데도 주일예배가 끝난 오전 시간에 루이스 라피데스(Louis S. Lapides) 목사와 예배당에 앉아 있자니 뭔가 부자연스럽게 느껴졌다. 뉴저지 주 뉴어크 출신의 멋진 유대인 소년과 긴 의자와 스테인드글라스가 있는 교회당, 좀 어색하지 않은가?

하지만 라피데스 목사는 그런 배경을 가지고 있었다. 예수의 동족인 유대인들이 오랫동안 기다리던 메시아, 그가 바로 예수인가라는 문제는 이론만 가지고는 해결할 수 없는 문제이다. 그 대답은 개인에게 직접 들어야 한다. 나는 이 중요한 주제에 대한 개인의 체험을 듣기 위해 그를 찾았다.

그는 달라스신학교에서 신학을 공부했으며 탈봇신학교에서 셈학과 구약학으로 신학 박사 학위를 받았다. 그는 유대인 대학생들에게 복음을 전하는 선민 사역 팀에서 10년 동안 봉사했다. 그리고 바이올라대학의 성경학부에서 가르치고 있고 '성경대로 사십시오'(Walk Through the Bible) 세미나의 강사로 7년 간 일해 오고 있다. 또한 예수를 메시아로 믿는 15개 유대인들 모임의 국제 조직 의장으로 일했었다.

그는 호리호리한 체격에 안경을 쓰고 있었다. 또한 부드러운 말투에다 웃음이 많은 사람이었다. 그는 유쾌하면서도 공손하게, 캘리포니아의 셔먼 오크스에 있는 '베스아리엘협회'(Beth Ariel Fellowship) 앞쪽 가까이에 있는 의자 쪽으로 나를 안내했다. 나는 미묘한 성경 구절을 가지고 논쟁하는 것으로 인터뷰를 시작하고 싶지 않았다. 그래서 그의 신앙 여정에 대해 이야기해 달라고 부탁했다.

그는 무릎 위에 손을 포갠 채로 어두운 색깔의 나무 벽을 잠시 쳐다보면서 어디에서부터 이야기를 시작할지 고민하더니, 곧 남다르고 특이한 이야기를 털어놓았다. 어떻게 해서 뉴어크에서 그리니치 마을, 베트남, 로스앤젤레스로 가게 되었는지, 회의주의를 버리고 믿음을 가지게 된 상황과 어떻게 해서 유대교에서 기독교로 개종하게 되었는지, 예수와 아무런 관계도 없었던 사람이 어떻게 예수를 메시아로 받아들이게 되었는지를 이야기했다.

"아시는 것처럼, 저는 유대인 가정에서 태어나서 성년식을 치르기 위해 칠 년 동안 보수적인 유대인 회당을 다녔습니다. 우리 가족은 회당에서 배우는 것들이 매우 중요하다고 생각했지만 일상생활에서는 그다지 믿음과 관계없이 살았습니다. 안식일에도 일했고 집도 정결하지 못했죠."

그는 미소를 지었다. "하지만 가장 거룩한 날이 되면 보수적인 정통 회당에 출석했습니다. 어찌 되었든 아버지는 하나님과 진지한 관계를 갖고자 할 때 찾아갈 곳은 회당밖에 없다고 생각하셨습니다."

내가 끼어들어서 메시아에 대해서 부모님이 뭐라고 가르쳤냐고 물어보았다. 그는 씩씩하게 대답했다. "그런 일은 없었습니다."

나는 믿어지지 않았다. 그래서 그의 대답을 잘못 이해한 줄로 생각했다. "한 번도 메시아에 대해 토론해 본 적이 없다는 말입니까?"

"한 번도 없었어요. 제가 기억하는 한 유대인 학교를 다니면서 그 주제로 토론해 본 적은 한 번도 없었습니다." 그가 되풀이해서 대답했다.

나는 그 말에 몹시 놀랐다. "예수는 어떻습니까? 한 번이라도 아버지가 예수에 대해 이야기하신 적이 있습니까?"

"주로 욕을 할 때 사용했지요. 예수님은 근본적으로 토론의 대상이 아니었습니다. 제가 예수님에 대해 알고 있는 것은 성당에서 본 것이 전부였습니다. 거기에서 제가 본 것은 십자가, 가시관, 창에 찔린 허리, 머리에서 흐르는 피였습니다. 저는 이해가 되지 않았습니다. 왜 저 사람들은 손과 발에 못이 박혀서 십자가에 매달린 사람을 숭배하는 것일까? 나는 예수님이 유대인과 어떤 관련이 있을 것이라고는 생각도 못했습니다. 단지 이방인들의 신이라고 생각했을 뿐입니다."

나는 그가 단순히 기독교 신앙에 대해 혼동하는 정도가 아니라 기독교인에 대해 편견을 가지고 있지 않았을까 생각했다. "그러면 기독교인들이 반유대주의 근원이라고 믿었습니까?"

"우리는 이방인과 기독교인을 동의어라고 생각했습니다. 그리고 이방인 중에는 반유대주의자들이 있을 수 있으니까 조심하라고 배웠습니다." 그는 다소 의례적인 말투로 대답했다.

나는 그 문제에 대해 질문했다. "목사님은 기독교인에 대한 부정적인 태도를 키워 나갔다고 말할 수 있을까요?"

내 질문에 그는 솔직히 대답했다. "그렇습니다. 사실 제가 신약성경을 처음 읽었을 때만 해도, 점차로 반유대주의를 가르치는 내용이 나올 것이라고 생각했습니다. 진심으로 그렇게 믿고 있었죠. 어떻게 유대인을 미워할 것인가, 어떻게 유대인을 죽일 것인가, 어떻게 그들을 집단 학살할 것인가, 이런 내용을 기대했습니다. 미국 나치당이 안내서로 사용했더라면 딱 좋았을 책이라고 생각했습니다."

나는 얼마나 많은 유대인 아이들이 기독교인을 자신들의 적으로 생각하면서 자라날까를 생각하면서 착잡한 마음이 들었다.

방황하던 유대인 청년, 목사가 되다

라피데스 목사는 자라나면서 몇몇 사건을 겪었고, 그로 인해 유대교에 대한 헌신이 사라졌다고 말했다. 나는 그 내용이 궁금해서 그에게 자세하게 말해 달라고 요청했다. 그러자 그는 자신의 생애 가운데 가장 마음 아팠던 사건에 대해 이야기했다.

"제가 열일곱 살 때 부모님이 이혼하셨어요." 그가 말했다. 놀랍게도 그 후로 수십 년이 지났는데도 그의 목소리 속에서 상처받은 마음을 느낄 수 있었다. "그 사건은 제 마음속에 남아 있는 모든 종교심을 없애 버렸습니다. 저는 의아했습니다. 하나님의 체면은 어떻게 되는 거지? 왜 부모님은 랍비에게 가서 상담하지 않을까? 실제로 도움이 되지 않는 신앙이라면 무엇 때문에 있는 것인가? 신앙은 부모님이 재결합하는 데 아무런 도움이 되지 않았습니다. 부모님이 헤어졌을 때 저의 일부도 갈라져 나갔습니다.

게다가 저는 유대교 안에서 하나님과 개인적인 교제를 누릴 수 없을 것이라고 느꼈습니다. 아름다운 의식과 전통은 있었지만 제게 하나님은 '여기에 율법이 있다. 네가 율법대로 살면 형통할 것이다. 내가 두고 보겠다'라고 말씀하는 멀리 떨어져 계신 분이었습니다. 한창 피가 끓어오르는 청년이었던 저는 의심하기 시작했습니다. 하나님은 나의 힘겨움을 이해하실까? 내게 관심이나 있을까? 어쨌든 하나님을 본 적도 없잖아."

부모님의 이혼 때문에 그는 반항하기 시작했다. 음악에 빠져 들었고 잭 케루악(Jack Kerouac)과 티모시 리어리(Timothy Leary)의 글에 영향을 받았다. 그는 그리니치 마을 커피숍에서 너무 많은 시간을 보낸 나머지 대학에도 갈 수 없었고, 어쩔 수 없이 군대에 가게 되었다. 1967년 그는 지구 반대편의 어느 화물선에 타고 있었다. 배에는 베트콩이 목표로 삼기 좋은 탄약, 폭탄, 로켓, 고성능 폭약 같은 인화성 물질이 가득 차 있었다.

"베트남에 가서 오리엔테이션 시간에 들었던 말이 생각납니다. '아마 이 가운데 20퍼센트는 죽게 될 것이다. 나머지 80퍼센트는 성병에 걸리거나 알코올 중독자가 되거나 마약에 빠질 것이다.' 그때 제게 이런 생각이 들었습니다. '절대로 여기서 못 나가겠구나!'

매우 암담한 시기였습니다. 고통을 목격했고 아군의 시체를 담은 자루들을 보았습니다. 전쟁으로 인해 황폐화된 세상을 보았습니다. 그리고 미군 가운데 있는 반유대주의를 만났습니다. 남부에서 온 몇몇은 어느 날 밤에 십자가를 태우기까지 했습니다. 아마도 저는 유대인 신분을 벗어 버리고 싶어 하지 않았나 생각됩니다. 그 때문에 동양 종교에 심취했던 것 같습니다."

그는 동양 철학에 관한 책들을 읽었고 일본에 체류하는 동안에는 절을 찾아갔다. "제가 전쟁터에서 본 것은 악이었습니다. 그것이 저를 극도로 괴롭혔습니다. 어떻게 하면 악의 문제를 해결할 수 있을지 알고 싶었습니다. 그래서 이렇게 말했습니다. '만약 신이 있다면, 그가 있는 곳이 시내산이든 후지산이든 상관하지 않겠다. 어느 쪽이든 신이 있는 곳을 택하겠다.'"

베트남에서 살아남은 그는 집으로 돌아왔다. 마리화나를 피우게 되었고 승려가 되려는 계획을 세웠다. 그는 과거에 저지른 죄 때문에 생긴 업보를 없애기 위해 금욕 생활을 하려고 애썼다. 하지만 결코 과거의 잘못을 만회할 수 없다는 사실을 깨달았다.

그는 잠깐 동안 말이 없었다. "저는 의기소침해졌습니다. 고속도로에서 차를 타고 가면서 이런 생각을 했던 기억이 납니다. 길 위로 뛰어내리는 것이 해답일 수도 있겠구나. 내 육체로부터 벗어나야만 신과 하나가 될 수 있겠다는 생각이 들었습니다. 저는 매우 혼란스러웠습니다. 설상가상으로 LSD(강력한 환각제)를 상용하기 시작했습니다."

그는 새로운 출발을 위해 캘리포니아로 이사했다. 그리고 그곳에서도 그의 영적 탐구는 계속되었다. 저는 불교 모임에 참석했습니다. 하지만 공허했습니다. 중국 불교는 무신론적이었고 일본 불교는 부처상을 숭배했습니다. 또 선(禪) 불교는 너무 난해했습니다. 저는 사이언톨로지 모임에도 나갔습니다. 하지만 그들은 지나치게 사람을 조종하고 통제하려고 했습니다. 힌두교는 신들이 떠들썩한 술잔치를 연다고 믿고 있었고 푸른 코끼리들이 신이라고 믿었습니다. 어느 것 하나 이치에 맞는 게 없었고 만족스럽지 않았습니다."

심지어 그는 은밀하게 사탄을 숭배하는 모임에 친구들과 함께 참석하기까지 했다. "그 모임을 지켜보면서 생각했죠. '뭔가가 벌어지고 있어. 하지만 좋은 것은 아니야.' 제가 한참 마약에 취해 있을 때, 친구들에게 이렇게 말했어요. '분명히 저 너머에 있으면서 내 안에서 작용할 수 있고, 실체로 존재하는 악의 힘이 있는 것 같아.' 저는 살아오면서 충분히 악을 보았습니다. 그것만으로도 악의 힘을 믿기에 충분했습니다."

그는 나를 보면서 아이러니컬한 미소를 띠었다. "돌아보면 하나님의 존재를 받아들이기 전에 사탄의 존재를 먼저 받아들였던 것 같습니다."

나는 절대로 예수를 믿을 수 없어

1969년이었다. 그는 호기심 때문에 선셋 스트립(Sunset Strip)을 방문했다가 한 복음주의자를 목격했다. 그 사람은 동네 선술집 주인들이 그 앞에서 전도를 못하도록 쫓아낸 것에 대해 자신의 몸을 2.5m 높이의 십자가에 묶고서 항의하고 있었다. 길에서 멍하니 그를 쳐다보고 있던 그는 몇 명의 기독교인들을 만났고 즉시 종교에 대한 토론이 벌어졌다.

그는 다소 건방진 투로 그들에게 동양 철학적인 말을 했다. 그는 하늘을 가리키면서 이렇게 말했다. "저 곳에는 신이 없습니다. 우리가 신이죠. 내가 신이고 당신들도 신입니다. 이 사실을 깨달아야 합니다."

"글쎄요. 만약 당신이 하나님이라면 바위를 창조해 보시겠어요?" 하고 누군가 말했다. "무언가 보이는 것을 만들어 보세요. 하나님이라면 그런 일을 할 수 있습니다."

마약 때문에 혼미했던 그는 자신이 바위를 붙잡고 있다고 상상했다. "좋아요, 여기 바위가 있습니다." 그는 자신의 빈손을 내밀면서 말했다.

기독교인은 비웃었다. "그 점이 참 하나님과 당신의 차이입니다. 하나님이 무엇인가를 만드실 때는 모든 사람이 그것을 볼 수 있습니다. 하나님의 창조는 주관적이 아니라 객관적입니다."

그 말이 그의 마음에 박혔다. 그는 잠시 동안 그 말을 생각해 본 후에 스스로에게 이렇게 말했다. 만일 내가 하나님을 찾는다면 그는 객관적인 분이어야 한다. 내가 경험한 동양 철학의 신은 내 마음속에 있고 나 자신만의 실재를 창조할 수 있다고 가르친다. 만약 하나님이 나 자신의 상상력을 뛰어넘는 어떤 의미 있는 존재라면 그는 객관적 실재여야 한다.

그들 중 한 명이 예수의 이름을 꺼내자 그는 자신의 혈통을 언급하면서 받아넘기려고 했다. "나는 유대인이에요. 예수를 믿을 수 없어요."

"당신은 메시아에 관한 예언을 알고 있습니까?" 그들 가운데 있던 한 목사가 그에게 물었다. 그가 방어적인 말투를 누그러뜨리면서 대답했다. "예언이라고요? 그런 건 들어본 적이 없는데요."

그는 그 목사가 몇몇 구약의 예언들을 언급하는 것에 놀랐다. 순간 그는 생각했다. '그가 인용하고 있는 성경은 우리 유대인 성경이잖아! 구약 성경에 어떻게 예수가 있는 거지?'

목사가 성경을 줄 때 그는 회의적이었다. "거기에 신약성경이 들어 있죠?"라고 묻자 목사는 고개를 끄덕였다. 라피데스는 "좋아요. 구약성경을 읽어 보죠. 하지만 신약은 읽지 않을래요" 하고 말했다.

그러나 그는 목사의 대답에 깜짝 놀랐다. "좋습니다. 구약성경만 읽어 보세요. 그리고 아브라함과 이삭과 야곱의 하나님, 이스라엘의 하나님에게 부탁해 보십시오. 정말로 예수님이 메시아라면 당신에게 보여 달라고요. 왜냐하면 그분은 당신의 메시아이기 때문입니다. 그분은 처음에 유대인들에게 오셨어요. 그리고 온 세상의 구세주가 되셨죠."

그 목사의 말은 그에게 새로운 정보였다. 또한 흥미롭고도 놀라운 정보였다. 그래서 그는 자신의 아파트로 돌아와서 구약성경의 제일 처음에 나오는 책인 창세기를 읽었다. 그러면서 나사렛의 목수가 태어나기 수백 년 전에 기록되었던 글 속에서 예수를 찾기 시작했다.

그가 찔림은 우리의 허물을 인함이요

라피데스 목사가 나에게 말했다. "얼마 안 가서 저는 날마다 구약성경을 읽었습니다. 그리고 예언을 찾았습니다. 예를 들어, 신명기는 모세보다 큰 선지자가 올 것이고 우리는 그의 말에 귀기울여야 할 것이라고 말하고 있어요. 저는 생각했어요. 누가 모세보다 위대할 수 있지? 그것은 모세만큼 위대하고 존경을 받지만 더 위대한 선생이자 더 큰 권위를 가진 메시아를 말하는 것 같았습니다. 저는 그 사실을 깨닫고 계속해서 메시아에 대한 구절을 찾기 시작했습니다.

그는 성경을 읽어 나가다가 이사야 53장에 이르러서 얼어붙듯 멈추어 섰다. 섬세하고 아름다운 시 속에 잊을 수 없는 예언이 감추어져 있었고, 분명하고도 특이하게, 이스라엘과 온 세상의 죄를 위해서 고통당하고 죽는 메시아의 모습이 선명하고도 독특하게 그려져 있었기 때문이다. 예수가 태어나기 700년 전에 이미 모든 것이 기록되어 있었다.[3]

> 그는 멸시를 받아 사람들에게 버림 받았으며
>
> 간고를 많이 겪었으며 질고를 아는 자라
>
> 마치 사람들이 그에게서 얼굴을 가리는 것 같이
>
> 멸시를 당하였고 우리도 그를 귀히 여기지 아니하였도다
>
> 그는 실로 우리의 질고를 지고 우리의 슬픔을 당하였거늘
>
> 우리는 생각하기를 그는 징벌을 받아
>
> 하나님께 맞으며 고난을 당한다 하였노라
>
> 그가 찔림은 우리의 허물 때문이요
>
> 그가 상함은 우리의 죄악 때문이라
>
> 그가 징계를 받으므로 우리는 평화를 누리고
>
> 그가 채찍에 맞으므로 우리는 나음을 받았도다
>
> 우리는 다 양 같아서 그릇 행하여 각기 제 길로 갔거늘
>
> 여호와께서는 우리 모두의 죄악을 그에게 담당시키셨도다
>
> 그가 곤욕을 당하여 괴로울 때에도 그의 입을 열지 아니하였음이여

마치 도수장으로 끌려가는 어린 양과 털 깎는 자 앞에서

잠잠한 양 같이 그의 입을 열지 아니하였도다

그는 곤욕과 심문을 당하고 끌려갔으나

그 세대 중에 누가 생각하기를

그가 살아 있는 자들의 땅에서 끊어짐은

마땅히 형벌 받을 내 백성의 허물 때문이라 하였으리요

그는 강포를 행하지 아니하였고

그의 입에 거짓이 없었으나

그의 무덤이 악인들과 함께 있었으며

그가 죽은 후에 부자와 함께 있었도다

그러므로 내가 그에게 존귀한 자와 함께 몫을 받게 하며

강한 자와 함께 탈취한 것을 나누게 하리니

이는 그가 자기 영혼을 버려 사망에 이르게 하며

범죄자 중 하나로 헤아림을 받았음이니라

그러나 그가 많은 사람의 죄를 담당하며

범죄자를 위하여 기도하였느니라 (이사야 53:3-9, 12)

그는 그 내용이 누구를 묘사하고 있는지를 즉시 깨달았다. 이것은 나사렛 예수였다! 이제야 그는 어렸을 때 성당을 지나가면서 보았던 그림들의 의미를 이해했다. 고난당하는 예수, 십자가에 못 박힌 예수, 그가 지금 깨달은 '많은 사람의 죄를 지며 범죄자를 위하여 기도하였던' 예수였다.

구약에서 유대인들은 동물 희생 제도를 통해서 자신들의 죄를 속죄했다. 하지만 이제는 한 번의 희생으로 모든 죄를 사하시는 하나님의 궁극적인 희생양이신 예수가 계셨다. 하나님의 구속 계획이 체현되었다.

그는 이러한 사실을 발견하고 너무 놀란 나머지 이런 결론을 내릴 수밖에 없었다. 이것은 사기이다! 그리스도인들이 구약성경을 다시 써서 이사야서의 내용을 왜곡시키고서는 마치 이사야 선지자가 예수를 예언했던 것처럼 보이도록 만들었다고 생각했다.

그는 그 속임수를 밝히려고 했다. "저는 그 점을 밝히기 위해서 유대인 성경을 구했습니다. 그 다음에 무슨 일이 있었는지 아십니까? 저는 유대인 성경에도 똑같은 내용이 기록되어 있다는 사실을 발견했습니다. 이제 저는 정말로 그 문제를 마주해야 했습니다."

유대인 예수와 마주하다

계속해서 그는 구약의 예언들 - 전부 합쳐서 48개 이상의 중요한 예언들 - 을 찾게 되었다. 이사야서는 메시아의 출생 방식(처녀에게서)에 대해 밝혀 주고 있었고, 미가서는 출생 장소(베들레헴)를 정확하게 가르쳐 주고 있었다. 창세기와 예레미야서는 그의 가계(아브라함과 이삭과 야곱의 후손, 유다 족속, 다윗 집안에서 출생)를 열거하고 있었다. 시편에는 그가 배신당하며, 거짓 증인들의 고소를 받으며, 어떻게 죽을 것인지(아직 십자가형이 생기기 전이었지만 손과 발이 뚫려서 죽을 것이라는 내용), 그리고 그의 부활(썩지 않고 승천하실 것이라는 내용)에 대해 예언되어 있었고 이 외에도 많은 예언들이 있었다.[4] 각각의 예언들은 그의 회의주의를 조금씩 무너뜨렸다. 그리고 마침내 그는 발걸음을 과감히 내딛었다. "저는 신약성경을 펴고 처음 한 쪽만 읽어 보자고 마음먹었습니다. 떨면서 천천히 마태복음을 읽었습니다. 그리고 하늘을 쳐다보면서 벼락이 떨어지길 기다렸습니다."

마태복음의 처음 구절은 이렇게 시작된다. "아브라함과 다윗의 자손 예수 그리스도의 세계라…." 처음으로 그 문장을 읽었을 때를 회상하면서 그의 눈이 커졌다. "저는 이렇게 생각했습니다. '와! 아브라함과 다윗의 자손이라니! 모든 게 맞아떨어지네!' 저는 예수님의 탄생 이야기를 읽고서 생각했습니다. '이것 좀 봐! 마태는 이사야 7장 14절(처녀가 잉태하여 아들을 낳으리니)을 인용하고 있잖아!' 그 다음에 마태는 예레미야 선지자를 인용하고 있었습니다. 그 부분에 이르러서 이런 생각이 들었습니다. '이 것은 유대인들에 대한 이야기인데, … 그렇다면 이방인들은 어디로 들어가지? 일이 어떻게 되는 거야?'

저는 마음을 진정할 수가 없었습니다. 그래서 나머지 복음서 전체를 통독했습니다. 신약성경이 나치당의 안내서가 아니라는 사실을 깨달았습니다. 그것은 예수님과 유대인 공동체 사이의 대화였습니다. 믿을 수 없는 이야기를 담고 있는 사도행전에서는 유대인들이 예수님의 이야기를 이방인들에게 잘 전할 수 있는 방법을 찾기 위해 애쓰고 있었습니다. 오늘날에는 이방인들이 유대인들에게 복음을 전하려고 애쓰는데 말이지요. 완전히 거꾸로 되어 있었습니다."

예언이 성취되었다는 확신을 갖게 된 그는 예수가 메시아라는 자신의 생각을 사람들에게 말하기 시작했다. 당시 그에게는 이것이 지적인 가능성에 불과했다. 하지만 그것이 내포하고 있는 의미 때문에 그는 깊은 고민에 빠졌다.

"만약 제 인생에 예수님을 모셔 들이면 제 삶의 방식에 어떤 의미 있는 변화가 있어야 한다는 것을 깨달았습니다. 마약, 섹스 등의 문제를 처리해야만 했습니다. 하지만 제가 변화될 수 있도록 하나님이 저를 도와주실지 알 수 없었습니다. 그래서 스스로의 힘으로 제 인생을 깨끗하게 씻어야 한다고 생각했습니다."

왜 하필이면 예수야?

그는 몇몇 친구들과 모하비 사막으로 휴가를 떠났다. 영적으로 상충되는 감정을 느끼고 있었다. 그는 개들이 양쪽에서 물어뜯는 악몽을 꿀 정도로 불안한 상태였다. 사막에 있는 관목 숲에 앉아 지난 번 전도자를 만났던 술집인 선셋 스트립에서 누군가 해 준 말을 떠올렸다. "당신은 하나님 편에 있거나 사탄 편에 있습니다."

그는 악이 실재한다고 믿었다. 그리고 그는 악의 편이 되고 싶지 않았다. "하나님, 저는 이 싸움을 끝내야 합니다. 저는 의심을 던져 버리고 예수님께서 메시아라는 사실을 인정해야 합니다. 이스라엘의 하나님이신 당신이 제가 이것을 믿기 원하는지 알고 싶습니다."

그는 그 이야기를 나에게 해 주면서 안절부절 어쩔 줄 몰랐다. 그 다음에 일어난 일을 어떻게 설명해야 할지 난감해 했다. 어느 정도 시간이 지난 다음 그가 나에게 말했다. "그 경험에 대해 제가 가장 잘 설명할 수 있는 말은 하나님이 객관적으로 제 마음속에 말씀하셨다는 겁니다. 하나님은 당신이 존재하신다는 것을 저에게 경험적으로 확신시켜 주셨습니다.

바로 그때, 사막 가운데서 저는 마음속으로 이렇게 말했습니다. '하나님, 제 삶에 예수님을 모십니다. 제가 예수님과 함께 무엇을 해야 할지는 알지 못합니다. 하지만 예수님을 원합니다. 저는 제 인생을 엉망진창으로 만들었습니다. 그러니 하나님께서 저를 변화시켜 주십시오.'"

하나님은 그 일을 시작하셨고 지금까지 계속되고 있다. "제 친구들은 제 인생이 바뀌었다는 것을 알았습니다. 하지만 그들은 이해하지 못했죠. 친구들은 '사막에서 네게 무슨 일이 일어났어. 더 이상 마약을 하려고 하지 않잖아. 뭔가 달라졌는데…' 하고 말했습니다. 저는 이렇게 말했습니다. '글쎄, 내게 무슨 일이 일어났는지 설명할 수 없어. 내가 아는 것은 내 인생에 누군가 들어왔다는 사실이야. 그는 거룩하고, 의롭고, 긍정적 사고의 근원이 되신 분이야. 내가 완전해진 느낌이 들어.'"

그의 마지막 말은 모든 것을 설명해 주고 있었다. "완전함, 저는 한 번도 그런 감정을 느껴 본 적이 없었습니다."

긍정적인 변화에도 불구하고, 그는 어떻게 이 소식을 부모님께 전할지 걱정이 되었다. 마침내 그 사실을 알렸을 때, 교차된 반응을 보았다. 그는 그때를 회상했다. "처음에 부모님은 기뻐하셨습니다. 제가 더 이상 마약을 하지 않고 제 감정이 좋아졌다는 것을 목소리에서 느끼신 거죠. 하지만 제가 자초지종을 이야기하자 어떻게 그런 변화가 일어났는지 이해하게 되었습니다. 부모님은 달가워하지 않으셨습니다. 마치 이렇게 말하려는 듯 했습니다. '왜 하필이면 예수지? 다른 것도 많은데.' 부모님은 어떻게 해야 할지 모르셨습니다."

그의 목소리에서는 슬픔이 배어 있었다. "그분들이 정말로 그렇게 생각하셨는지는 아직도 확신할 수 없어요."

여러 가지 놀라운 일들을 겪는 동안 배우자를 위한 그의 기도가 응답되었다. 그는 똑같이 유대인이면서 예수를 믿는 드보라를 만났다. 그녀는 자신의 교회로 그를 인도했다. 바로 그 교회는 몇 달 전 선셋 스트립에서 그에게 구약성경을 읽어 보라고 권면했던 목사가 사역하고 있는 교회였다. 그는 크게 웃었다. "제가 교회로 걸어 들어오는 것을 보자 목사님의 입이 크게 벌어졌습니다."

그 모임에는 한 때 폭주족이었던 사람들, 히피였던 사람들, 선셋 스트립 출신의 마약 중독자들, 이주한 남부 사람들이 있었다. 뉴어크에서 온 젊은 유대인은 다른 사람들과 사귀는 일이 겁이 났다. 혹시라도 반 유대주의자를 만날까 봐 두려워서였다. 그러한 그에게는 그렇게 다양한 사람들을 '형제와 자매'로 부르는 것이 치료였다.

그는 드보라와 만난 지 1년 후에 결혼했다. 그녀는 두 아들을 낳았고 두 사람은 그리스도 안에서의 온전함을 추구하는 유대인과 이방인들을 위한 집인 '베스아리엘협회'를 만들었다.

기독교를 반대하는 유대인들의 주장들

그는 이야기를 마친 후에 의자에 앉아 긴장을 풀었다. 나도 가만히 앉아 있었다. 예배당은 평화로웠다. 캘리포니아의 태양 빛에 스테인드글라스가 빨강, 노랑, 파랑으로 빛나고 있었다. 나는 믿음을 발견한 한 사람의 이야기를 집중해 들으며 앉아 있었다. 나는 전쟁, 마약, 그리니치 마을, 선셋 스트립, 황량한 사막과 내 앞에 앉아 있는 유쾌하고 단정한 목사를 연관시킬 수가 없었다. 나는 그의 무용담이 놀라웠다.

하지만 그의 이야기가 제기하고 있는 문제들을 그냥 넘어가고 싶지 않았다. 그에게 허락을 받은 후, 내가 생각하고 있는 가장 큰 문제를 질문했다. "그렇게도 예언이 분명하고 명확하게 예수를 가리키고 있다면, 왜 더 많은 유대인이 그를 메시아로 받아들이지 않을까요?"

그 문제는 구약성경을 읽어 보라는 그리스도인의 도전을 받은 후로 그가 30년 동안 자신에게 수없이 던져온 질문이었다. 그는 이렇게 대답했다. "제 경우에는 시간을 들여 구약성경을 읽었습니다. 참 이상하게도, 똑똑하다고 알려진 유대인들은 그 부분에 대해서는 상당히 무지합니다. 게다가 회당에서 세미나를 열어서 메시아에 대한 예언을 논박하는 선교 기관들도 있습니다. 유대인들은 랍비들에게 들은 말을 핑계로 성경의 예언을 연구하지 않습니다. 그들은 이렇게 말할 겁니다. '랍비께서 그러셨

는데 아무런 상관도 없대요.'

저는 이렇게 물을 겁니다. '랍비가 반대하는 내용을 기독교가 한 번도 들어 본 적이 없다고 생각하십니까? 제 말은, 학자들이 수백 년 동안 이것에 대해 연구해 왔다는 말입니다. 그러한 도전에 대한 기독교인의 설득력 있는 대답과 위대한 문학 작품들이 있습니다.' 그들이 흥미를 느끼면, 저는 더 깊이 들어가도록 그들을 돕습니다."

나는 유대인이 그리스도인이 되었을 경우 유대인 사회에서 겪게 되는 따돌림에 대해 궁금해졌다. "그것도 분명히 하나의 요소입니다." 그가 말했다. "어떤 사람들은 메시아 예언에 사로잡히지 않으려고 합니다. 그 이유 가운데 하나는 가족과 유대인 공동체의 반대가 두렵기 때문입니다. 그것은 맞서기 쉬운 일이 아닙니다. 정말 그렇죠."

그렇다고 하더라도, 메시아 예언들에 대해 이의를 제기하는 주장들을 처음에 들으면 상당히 그럴듯하게 들린다. 그래서 나는 가장 공통적인 반대 주장들을 하나씩 그에게 질문하면서 그가 어떻게 대답하는지 살펴보고자 했다.

1. 우연의 일치라는 주장

나는 먼저 라피데스 목사에게 예수가 우연히 예언을 성취했을 가능성이 있는지 물어보았다. 예수가 예언적 지문(指紋)과 우연히 일치했던 많은 사람들 가운데 한 사람이었을 가능성은 없을까?

"그럴 가능성은 없습니다. 그 확률은 천문학적인 숫자여서 그들도 우연의 일치라는 주장은 배제시켰습니다. 어떤 사람이 수학적으로 계산해 보니, 여덟 개의 예언만 성취될 가능성도 1만조분의 1이었습니다. 그 숫자는 지구상에 존재했던 모든 사람의 수보다 수백만 배나 더 큰 숫자입니다.

그의 계산에 따르면, 1만조 개의 은화가 있다고 했을 때 60cm 높이로 텍사스 주를 덮을 만큼이라고 합니다. 그중 하나의 은화에 표시를 하고서 눈을 가린 사람을 데리고서 주 전체를 돌아다니다가 아무 곳에서나 동전 한 개를 집었을 때, 표시가 된 동전을 주울 확률이 얼마나 되겠습니까?"

그는 그 질문에 스스로 대답했다. "역사 속에서 누군가 단지 여덟 개의 예언을 성취할 확률이 그 정도입니다."

나는 메시아적 예언들을 연구하면서 그것과 똑같은 수학자 피터 스토너(Peter Stoner)의 통계학적 분석을 공부했었다. 스토너 역시 48개의 예언이 성취될 가능성을 계산했는데, 그 확률은 1조, 조, 조, 조, 조, 조, 조, 조, 조, 조, 조, 조, 조분의 1이었다![5] 인간의 마음은 그렇게 큰 숫자를 이해할 수 없다. 그것은 현재의 우주보다 조, 조, 조, 조의 십억 배 큰 우주 속에 있는 미세한 원자들 수와 비슷한 경이적인 숫자이다.

그는 "어느 누군가 우연히 구약의 예언들을 성취하기는 불가능하다는 사실을 확률은 보여 주고 있습니다. 하지만 모든 역사를 통틀어 오직 예수님만이 그것을 성취하셨습니다"라고 결론을 내렸다.

사도 베드로의 말이 머릿속에 떠올랐다. "그러나 하나님이 모든 선지자의 입을 통하여 자기의 그리스도께서 고난 받으실 일을 미리 알게 하신 것을 이와 같이 이루셨느니라"(행 3:18).

2. 복음서의 내용이 조작되었다는 주장

나는 그에게 또 다른 시나리오에 대해 질문했다. "복음서 저자들이 말을 꾸며 예수가 예언을 성취한 것처럼 조작했을 가능성은 없습니까? 가령 예언서에는 메시아의 뼈가 꺾이지 않을 것이라고 나옵니다. 그래서 로마 군사들이 십자가에 못 박힌 두 강도의 다리는 꺾었지만 예수의 다리는 꺾지 않았다는 이야기를 요한이 만들었다는 겁니다. 또 다른 예언서에는 예수가 은전 30에 배신당할 것이라고 나옵니다. 그래서 마태가 그 사실을 바탕으로 가룟 유다가 은전 30에 예수를 팔았다고 기록하는 겁니다.”

하지만 이러한 주장도 처음 주장보다 나을 것은 없었다. 그는 이렇게 대답했다. “하나님은 교회 공동체 내부와 외부에 견제 세력을 두어서 공동체가 균형을 취할 수 있게끔 하셨습니다. 복음서들이 유포되던 당시에는 복음서에 기록된 사건들을 목격했던 사람들이 아직 살아 있었습니다. 따라서 만약 마태가 그의 복음서에 꾸며낸 이야기를 기록했다면 누군가가 이렇게 말했을 겁니다. ‘그 사건이 그런 식으로 일어나지 않았다는 것을 당신도 알 겁니다. 우리는 의롭고 진실된 삶을 살려고 노력하고 있습니다. 그러니 그런 거짓말로 책을 더럽히지 마세요.’ 게다가 마태가 순교자로 죽었다는 전승이 정확하다면, 왜 자신이 예언이 성취되었다고 꾸며내고, 진짜 메시아가 아니었다는 것을 은밀하게 알면서도 그를 추종함으로써 기어이 죽임을 당했을까요? 그것은 절대 납득할 수 없습니다.

또 유대인들은 거짓말을 지적함으로써 복음서의 신빙성을 떨어뜨릴 수 있는 절호의 기회를 놓치지 않았을 것입니다. 그들은 이렇게 말했을 겁니다. ‘무슨 소리야? 예수가 십자가에 달려 있을 때 로마 군병들이 그의 뼈를 부러뜨리는 것을 내가 직접 봤는데.’

유대인의 탈무드는 경멸적인 투로 몇 번이나 예수를 언급하고 있습니다. 그럼에도 불구하고, 예언이 성취되었다는 것은 거짓말이라고 언급한 내용은 한 군데도 없습니다. 단 한 번도 말입니다.”

3. 의도되었다는 주장

어떤 회의론자들은 예수가 예언을 성취하기 위해서 의도적인 행동을 취했다고 주장한다. "예수는 메시아가 나귀를 타고 예루살렘에 들어갈 것이라는 스가랴서의 예언을 읽고서 그와 똑같이 행동한 것은 아닐까요?"라고 내가 물었다.

그는 그것을 어느 정도 인정했다. "예언들 가운데 몇몇의 경우에는 분명히 그렇다고 할 수 있습니다. 그렇지만 예언을 성취하려고 의도적으로 행동하는 것이 불가능한 경우가 더 많습니다. 한 예로, 공회가 유다에게 예수를 배반하는 대가로 은전 30개를 준 사실을 예수께서 어떻게 조정하겠습니까? 자신의 조상, 출생 장소, 처형 방법, 또 군인들이 겉옷을 가지고 제비를 뽑은 일, 십자가 위에서 다리가 꺾이지 않은 일 등 어떻게 이런 것들을 미리 정해 놓겠습니까? 의심하는 자들 앞에서 기적을 베푸신 일, 자신의 부활, 이런 것들을 어떻게 미리 짜 놓은 일이라고 말할 수 있겠습니까? 그리고 자신이 태어날 시기를 스스로 정할 수 있겠습니까?"

그의 마지막 말이 내 호기심을 돋우었다. "그의 태어날 시기라는 게 무슨 말입니까?"

"다니엘 9장 24-26절까지를 해석해 보면, 아닥사스다 왕이 칙령을 내려서 유대인들을 포로 생활에서 해방시키고 그들이 돌아가서 예루살렘 성벽을 재건하는 때로부터 일정한 시기가 지나면 메시아가 온다고 나옵니다." 그는 몸을 앞으로 숙이면서 결정적인 말을 던졌다. "그 구절은 예수님께서 정확한 때에 메시아로 이 세상에 오신다는 사실을 보여 줍니다. 그와 같은 일을 예수께서 미리 정해 놓을 수는 없습니다."[6]

4. 문맥에 따라 의미가 달라진다는 주장

우리가 살펴볼 반대 주장이 하나 더 남아 있다. 기독교에서 메시아 예언으로 간주하고 있는 성경 구절들이 실제로 메시아와 관련된 예언들인가 아니면 그리스도인들이 문맥과 상관없이 멋대로 해석한 것인가?

그는 한숨을 쉬었다. "아시는 것처럼, 저는 우리가 믿고 있는 내용들을 허물어뜨리기 위한 목적으로 쓰인 책들을 계속해서 읽고 있습니다. 별로 즐거운 일은 아니죠. 그렇지만 그런 주장들을 일일이 하나씩 검토해 보고 그 다음에는 문맥과 원문을 연구합니다. 그럴 때마다, 예언이 정확히 메시아와 관련되어 있다는 사실을 다시 한 번 확인하게 됩니다.

따라서 저는 회의론자들에게 이렇게 도전하겠습니다. '내 말을 믿지 마십시오. 그렇지만 랍비의 말도 믿지 마십시오. 대신 스스로 성경을 연구해 보십시오. 어느 누구도 정보가 부족하다고 핑계 댈 수는 없을 겁니다. 도움을 받을 수 있는 책들이 주위에 널려 있거든요. 그리고 하나님께 예수가 메시아인지 아닌지 가르쳐 달라고 구하십시오. 제가 구했을 때 하나님은 예수가 메시아라는 사실을 저에게 직접 가르쳐 주셨습니다.'"

남는 것은 오직 예수밖에 없다

나는 반대 주장들에 대한 답변을 해준 것에 대해 그에게 감사를 표했다. 그날 밤 늦게 시카고로 돌아오는 비행기 안에서 내 머릿속을 맴도는 것은 그의 신앙 여정에 대한 이야기였다. 나는 비슷한 이야기를 얼마나 많이 들었던가를 생각해 보았다. 특히 예수가 메시아라는 주장에 반박하려 애썼던 유대인들의 이야기가 생각났다.

나는 스탠 텔친(Stan Telchin)을 떠올렸다. 그는 대학에 간 딸이 예수를 메시아로 영접했다는 사실을 알고서 기독교가 사교(邪敎)라는 것을 밝혀내는 일에 착수했다. 그러나 놀랍게도 기독교를 조사하는 중에 자신은 물론 부인과 둘째 딸까지도 예수를 메시아로 영접하게 되었다. 후에 그는 기독교 목사가 되었고 자신의 이야기를 담은 책 *Betrayed!*(배신자)를 집필했다. 그 책은 이후에 20개 이상의 언어로 번역되었다.[7]

또 아칸소 주 리틀록에 사는 저명한 암 전문의 잭 스턴버그(Jack Sternberg)가 있다. 그는 구약성경을 읽다가 예수가 메시아라는 사실을 깨닫고서 너무 놀랐다. 그래서 세 명의 랍비를 찾아가서 자신이 발견한 내용들을 보여 주며 예수가 메시아라는 사실을 논박해 보라고 도전했다. 그러나 아무도 그렇게 하지 못했다. 그는 그리스도 안에서 모든 것을 발견했다고 선언했다.[8]

피터 그린스펀(Peter Greenspan)은 캔자스 시에서 일하고 있는 산부인과 의사이며 미주리 캔자스대학교 의학부의 임상 조교수이다. 라피데스 목사처럼 그도 유대교 안에서 예수를 찾아보라는 말을 들었다. 자신이 발견한 사실 때문에 고민하던 그는 예수가 메시아라는 사실을 부정하는 증거를 찾기 위해 토라와 탈무드를 뒤졌다. 하지만 정반대로 예수는 기적적으로 예언들을 성취하신 분이라고 결론짓게 되었다.

예수가 메시아라는 증거를 손상시키려고 하는 책들을 읽으면 읽을수록, 그에게는 그들의 주장 속에 있는 잘못된 점들이 더 많이 보였다. 아이러니컬하게도 그린스펀은 이렇게 결론을 내린다. "저는 험담하는 사람들의 글을 읽고서 예수님을 믿게 되었다고 생각합니다."[9]

라피데스 목사와 또 다른 사람들이 그랬던 것처럼, 그는 누가복음에 있는 예수의 말씀이 진실이라는 것을 알았다. "모세의 율법과 선지자의 글과 시편에 나를 가리켜 기록된 모든 것이 이루어져야 하리라"(눅 24:44). 오직 예수만이 그 말씀을 성취했다. 역사 속에서 하나님의 기름 부음 받은 자의 예언적 지문과 일치하는 사람은 오직 예수밖에 없다.

THE CASE FOR
CHRIST

Part 3

부활 연구

부활, 예수가
하나님이라는
최고의 증거

▬

Chapter 11

의학적 증거

기절이 아니라
십자가에서 죽으신 것이
맞다

알렉산더 메드럴 박사와 인터뷰

나는 어느 의사의 대기실에 걸려 있는 액자 앞에서 걸음을 멈췄다. 거기에는 이런 글이 쓰여 있었다. "대화를 멈추고 웃음을 거둡시다. 이곳은 죽음이 살아있는 자를 도와주는 곳입니다." 시체를 통해 사건의 진상을 파악하는 장소답다는 생각이 들었다.

나는 로버트 스타인(Robert J. Stein) 박사를 방문하고 있는 중이었다. 그는 의사가 아니었다. 그는 세계 최고의 법의학자인 동시에 허스키한 목소리의 열정적인 의학 탐정이기도 했는데, 사체를 부검하다가 전혀 기대하지 않았던 단서를 찾은 이야기로 나를 즐겁게 해 주었다. 그는 죽은 사람들과 대화를 나눈다. 그리고 죽은 사람의 이야기 덕분에 살아 있는 사람에게 정의가 이루어질 때가 많다.

스타인 박사는 오랫동안 일리노이 주 쿡 카운티의 검시관으로 있으면서 2만 회 이상의 검시 해부를 했다. 그때마다 그는 희생자의 죽음을 둘러싸고 있는 원인이 무엇인지를 알아내기 위해 꼼꼼하게 조사했다. 그는 사소한 부분도 놓치지 않는 날카로운 안목, 인간 해부에 대한 방대한 지식, 그리고 비상한 직관력을 통해서 희생자의 변사를 재구성했다.

때때로 그가 찾은 증거 덕분에 죄가 없는 사람들이 혐의를 벗기도 했다. 그러나 그보다는 그의 조사가 피고인의 유죄를 증명하는 데 결정적인 증거가 되는 경우가 더 많았다. 존 웨인 게이시(John Wayne Gacy) 사건이 바로 그런 경우이다. 스타인 박사의 도움을 받아 재판부는 33명을 끔찍하게 살해한 혐의를 받고 있던 존 웨인 게이시에게 유죄를 선고했고 후에 그는 사형에 처해졌다.

　존 웨인 게이시 사건은 의학적 증거가 어떻게 결정적인 역할을 하는지 잘 보여 준다. 의학적 증거로 어린아이가 학대로 죽었는지 혹은 우연한 사고로 죽었는지 판가름할 수 있다. 사람이 자연사했는지 아니면 누군가가 커피에 비소를 타서 살해했는지 확증해 줄 수 있다. 사망자의 눈에 있는 칼륨의 양을 측정해서 희생자가 죽은 시간을 정확하게 맞출 수 있다. 이것은 피고인의 알리바이가 사실인지 거짓인지를 판명해 준다.

　동일하게 2천 년 전에 어떤 사람이 십자가 위에서 잔인하게 처형된 사건에 대하여 의학적 증거는 결정적인 역할을 할 수 있다. 반대로 의학적 증거는 예수의 부활 - 예수가 하나님이라는 최고의 증거 - 을 계속해서 주장하는 사람들의 논거를 깨뜨릴 수도 있다. 그렇게 되면 예수의 부활이 잘 꾸며 낸 속임수에 지나지 않는다는 사실을 밝혀 낼 수도 있을 것이다.

기적인가 우연인가?

　"십자가 위에서 예수는 실제로 죽었던 것이 아니다"라는 주장은 7세기에 쓰인 코란에서 찾아볼 수 있다.[1] 아마디야 무슬림들(Ahmadiya Muslims, 19세기 영국령 인도에서 탄생한 이슬람의 개혁파들)은 예수가 인도로 도망쳤다고 주장한다. 오늘날까지도 카슈미르 지방의 스리나가르에는 예수가 묻힌 장소라고 추정되는 곳에 사원이 세워져 있다.[2]

　19세기 초 칼 바르트(Karl Bahrdt), 칼 벤투리니(Karl Venturini) 등 몇몇 사람들은 예수의 부활을 설명하려고 노력했다. 그들의 말에 따르면, 예수는 십자가 위에서 탈진해서 기절했거나 혹은 그 전에 죽은 것처럼 보이는 약을 먹었다가 시원하고 습기가 있는 무덤 속에서 정신을 차렸다는 것

이다.[3]

음모 이론가들은 예수가 십자가에 달려 있을 때 스펀지에 적신 음료를 조금 마셨다는 사실(막 15:36)과 예수가 빨리 죽은 것에 빌라도가 놀란 것처럼 보였다는 사실(막 15:44)을 근거로 그 가설을 지지했다. 결론적으로 예수의 부활은 기적이 아니라 우연히 소생한 것에 불과하며, 그가 살아 있었기 때문에 무덤이 비어 있었다고 말한다.

명망 있는 학자들이 소위 기절 이론을 부정함에도 불구하고, 그 이론은 대중 문학에 계속해서 등장하고 있다. 1929년에 D. H. 로렌스(Lawrence)는 이 주제로 단편 소설을 썼다. 그 소설 속에서 로렌스는 예수가 이집트로 도망갔으며 거기에서 여사제인 이시스(Isis)와 사랑에 빠졌다고 한다.[4]

휴 숀필드(Hugh Schonfield)는 1965년에 이후에 베스트셀러가 되었던 *The Passover Plot*(유월절의 음모)를 썼다. 그가 "이 책의 내용이 실제로 일어난 사실이라고 말할 수는 없다"고 인정하긴 했지만 그 책에는 이런 내용이 실려 있다. 로마 군인이 창으로 예수를 찌른 것은 예수가 전혀 예상하지 못했던 일이었다. 그 일 때문에 십자가에서 산 채로 탈출하려고 했던 그의 복잡한 계획이 수포로 돌아갔다.[5]

기절 이론은 1972년에 도노반 조이스(Donovan Joyce)가 쓴 *The Jesus Scroll*(예수 두루마리)에서 다시 한 번 등장한다. 부활 사건 전문가인 게리 하버마스(Gary Habermas)에 따르면, 이 책은 숀필드의 책보다 훨씬 더 말이 안 되는 내용을 담고 있다고 한다.[6] 1982년에는 *Holy Blood, Holy Grail*(보혈과 성배)에서 작가는 이렇게 고백한다. "과거에도 그랬지만 지금도 우리 주장의 정확성을 증명할 수 없다." 그렇지만 그 책은 본디오 빌라도가 뇌물을 받고 예수가 죽기 전에 십자가에서 내리도록 허락했다는 내용을 담고 있

다.[7]

1992년에는 그다지 알려지지 않은 오스트레일리아 여류 학자 바바라 씨어링(Barbara Thiering)이 자신의 책 *Jesus and the Riddle of the Dead Sea Scroll*(예수와 사해 사본의 수수께끼)에서 기절 이론을 다시 사용함으로써 논란이 되었다. 그 책은 유명한 미국 출판업자의 찬사를 받기는 했지만 에모리대학의 학자인 루크 티모시 존슨(Luke Timothy Johnson)은 그 책에 대해 고려할 가치가 없다고 묵살했다. 그는 그 책이 주의 깊은 분석에 의해서가 아니라 작가가 몹시 흥분한 상태에서 마음대로 상상해서 쓴, 말도 안 되는 책이라고 말했다.[8]

유언비어가 흔히 그렇듯, 기절 이론도 계속해서 번창할 것이다. 내가 영적 구도자들과 부활에 대해서 토론할 때면 그들은 항상 기절 이론에 대해 이야기한다. 그렇다면 부활이 사실임을 입증할 수 있는 증거는 무엇일까? 예수가 십자가에 못 박힐 때 실제로 무슨 일이 일어났을까? 예수 죽음의 원인은 무엇일까? 그와 같은 고통 속에서 예수가 살아날 수 있었다면 그 일은 어떻게 가능했을까? 나는 내가 가진 질문들을 의학적 증거를 통해 해결할 수 있기를 바랐다.

그래서 남부 캘리포니아로 날아가서 나사렛 예수의 죽음에 대한 역사적, 고고학적, 의학적 자료를 광범위하게 연구했던 저명한 의사의 집 문을 두드렸다. 한 가지 짚고 넘어갈 것은, 그가 유능한 의사이기는 해도 무덤 속에 있던 예수의 시체가 흔적도 없이 사라졌기 때문에 직접 부검하지는 못했다.

열 번째 인터뷰: 알렉산더 메드럴 박사

주변 경관은 우리가 토론하고 있는 주제와 전혀 어울리지 않을 정도로 멋졌다. 상쾌한 봄날 저녁, 우리는 창문을 통해 속삭이듯 불어오는 따뜻한 봄바람을 맞으며 캘리포니아에 있는 편안한 거실에 함께 앉아서 이야기를 나누고 있었다. 상상하기조차 힘든 잔인한 행위, 곧 양심의 동요를 일으킬 만한 심한 매질과 인간의 야만성을 그대로 보여 주는 지독한 처벌 방법에 대해서 말이다.

내가 알렉산더 메드럴(Alexander Metherell) 박사를 찾아온 이유는 그가 예수의 십자가 죽음에 대해서 의학적이고 과학적인 설명을 해 줄 적임자라고 생각했기 때문이다. 그러나 나에게는 또 다른 이유가 있었다. 그는 이 주제에 대해 정확할 뿐만 아니라 냉정하게 토론할 수 있는 사람이었다. 나에게는 그 점이 중요했다. 왜냐하면 나는 과장법이나 감정을 조작하는 말을 사용하지 않는 '그 자체로 진실인 사실'을 원했기 때문이다.

메드럴 박사는 플로리다에 있는 마이애미대학에서 의학을 공부했고 영국의 브리스톨대학에서 공학 박사 학위를 받았다. 그의 이력을 통해 짐작할 수 있듯이, 메드럴 박사는 과학적인 엄밀함을 가지고 이야기한다. 그의 의학적 진단은 미국 방사능학회가 공인하고 있으며, 그는 미국 메릴랜드 주 베데스다에 있는 국립보건원 소속 국립 심장·폐·혈액 연구소의 전문의로 일하고 있다.

메드럴 박사는 캘리포니아대학에서 연구 과학자로 있으면서 학생들을 가르치기도 했다. 그는 과학에 관한 다섯 권의 책을 편집했으며 *Aerospace Medicine*(우주 항공 의학)에서부터 *Scientific American*(과학적인 미국인)에 이르기까지 다양한 분야의 책을 발표했다. 근육 수축에 관한 그의 독창적인 논문은 〈생리학자〉(*The Physiologist*)와 〈생물물리학 저널〉(*Biophysics*

Journal)에 실렸다. 그는 외모에서도 의학적 권위가 느껴지는 기품 있는 사람이었다. 은발의 당당한 체구에 정중하면서도 격식을 갖춘 모습이었다.

솔직히 말해서, 나는 때때로 메드럴 박사가 마음속으로 무엇을 생각하고 있는지 궁금했다. 박사는 과학적인 신중함을 유지하면서 천천히 그리고 조직적으로 이야기했으며, 예수의 죽음을 냉정하게 설명하면서 내면에 어떠한 혼란도 일어나지 않는 것처럼 보였다. 마음속에서 무슨 일이 일어나고 있어도, 한 사람의 그리스도인으로서 예수께 일어난 잔인한 운명에 대해 이야기하는 것이 괴롭다 할지라도, 그는 수십 년 간의 연구 생활에서 터득한 전문 직업 의식으로 자신을 감출 수 있는 사람이었다. 예수님의 죽음에 대해서도 그는 단지 객관적 사실(facts)만을 말할 뿐이었다.

십자가 전에 겪었던 고통은 어느 정도일까

먼저 나는 메드럴 박사로부터 예수가 죽기 전에 일어났던 사건들에 대한 기초적인 설명을 듣고 싶었다. 그래서 일상적인 대화를 몇 마디 나눈 후에, 아이스티가 담겨 있는 잔을 내려놓고서 의자를 움직여 그와 똑바로 마주앉았다. 그리고서 질문을 했다. "예수에게 무슨 일이 일어났는지를 좀 설명해 주시겠습니까?"

그는 목을 가다듬은 다음 말을 꺼냈다. "최후의 만찬 다음에 일어났던 일입니다. 예수님은 제자들과 함께 감람산, 구체적인 장소를 말하자면 겟세마네 동산에 올라가셨습니다. 그리고 아시는 것처럼 그곳에서 밤새 기도하셨습니다. 기도하면서 예수님은 다음날 겪게 될 사건들을 예상하셨습니다. 그 고통이 얼마나 큰지를 잘 아셨기 때문에, 그분은 엄청난 심리적 스트레스를 받았습니다. 인간이기에 그것은 매우 자연스러운 모습이었습니다."

나는 손을 들어 박사의 말을 중단시켰다. "잠시만요. 회의론자들이 놀리기 좋아하는 부분이 나왔네요. 복음서는 그때 예수의 땀이 핏방울이 되었다고 말합니다. 하지만 그것은 상상력이 너무 지나친 나머지 잘못 쓴 게 아닐까요? 그것은 복음서 저자들의 정확성을 의심하게 만드는 내용이 아닙니까?"

박사는 전혀 동요하는 빛 없이 머리를 가로저었다. "절대로 그렇지 않습니다. 그것은 의학적으로 혈한증(血汗症)이라고 불리는 상태입니다. 흔하지는 않지만, 정신적 스트레스를 아주 심하게 받으면 일어날 수 있죠.[9]

극심한 불안이나 염려로 스트레스를 받으면 땀샘에서 모세관을 파괴하는 화학 성분이 나옵니다. 그 결과 땀샘으로 소량의 피가 들어오게 됩니다. 그래서 땀을 흘릴 때 피가 섞여 나오는 것입니다. 많은 피가 나온다는 말은 아닙니다. 아주 적은 양입니다."

박사의 답변에 내 태도가 조금 누그러지기는 했지만, 그래도 계속해서 질문했다. "몸에 미치는 다른 영향은 없습니까?"

"혈한증이 생기면 피부가 매우 약해집니다. 그래서 다음날 예수께서 로마 군인들에게 채찍으로 맞았을 때는 피부가 극도로 민감해져 있었을 겁니다."

'또 시작되는군.' 나는 그렇게 생각하면서 전에 보았던 무시무시한 장면들을 떠올렸다. 신문 기자로 재직하면서 수없이 많은 시체들을 보았다. 자동차 사고로 죽은 시체, 화재로 죽은 시체, 조직 폭력단의 보복으로 죽은 시체 등 하지만 사형 집행인들이 최대한의 고통을 줄 목적으로 누군가에게 의도적으로 잔인한 짓을 했다는 말을 들으니 기운이 쭉 빠졌다. "태형이라는 것에 대해 말씀해 주시겠습니까?"

메드럴 박사는 나에게 시선을 고정시킨 채로 대답했다. "로마의 태형은 무시무시하게 잔인한 형벌로 알려져 있죠. 채찍은 보통 39개의 가닥으로 이루어져 있었습니다. 하지만 채찍을 휘두르는 병사의 기분에 따라 그보다 훨씬 많은 가닥일 때도 자주 있었습니다.

그 채찍은 많은 가죽으로 되어 있었고 그 안에는 쇠 구슬이 박혀 있었습니다. 채찍으로 몸을 때리면 구슬들 때문에 깊은 상처나 멍이 생겼고, 채찍질을 계속하면 상처가 난 곳이 벌어지기 시작합니다. 또 채찍에는 날카로운 뼛조각들이 박혀 있기 때문에 채찍질을 하면 살이 심하게 찢겨져 나갔습니다.

특히 등이 심하게 찢겨져 나가는데 어떤 경우에는 척추의 일부가 드러나기까지 했습니다. 채찍질은 어깨에서부터 시작해서 그 아래에 있는 등, 엉덩이, 정강이까지 계속됩니다. 정말 끔찍했습니다."

메드럴 박사가 잠시 말을 멈추자 나는 "계속 말씀해 주십시오" 하고 말했다.

"로마의 태형을 연구했던 한 의사가 이렇게 말했습니다. '태형이 계속되면, 피부 밑에 있는 골격 근육까지 찢겨지게 되고, 찢겨진 살은 피범벅이 된 채로 리본처럼 덜렁덜렁 매달려 있게 된다.' 3세기의 역사가였던 유세비우스(Eusebius)는 태형에 대해 이렇게 설명했습니다. '태형을 당하는 사람의 정맥이 밖으로 드러났고 근육, 근골 그리고 창자의 일부가 노출되었다.'

제가 알기로는, 많은 사람들이 십자가에 달리기 전에 태형만으로도 죽었습니다. 죽지는 않더라도, 희생자는 극도의 고통을 느끼게 되고 '혈액량 감소성 쇼크'(hypovolemic shock) 상태에 빠집니다."

286

메드럴 박사는 내가 모르는 의학 용어를 사용했다. "그게 무슨 뜻입니까?"

"그러니까 혈액량 감소성 쇼크는 어떤 사람이 많은 양의 피를 흘리고 나서 고통을 겪는 상태를 의미합니다. 피를 많이 흘리면 네 가지 증상이 나타납니다. 첫째로, 심장이 더 이상 피를 퍼 올리지 않습니다. 둘째로, 혈압이 떨어지게 되고 그 사람은 정신이 몽롱해지거나 기절하게 됩니다. 셋째로, 신장은 남아 있는 피의 양을 유지하기 위해서 소변을 만드는 일을 중단합니다. 그리고 넷째로, 몸은 흘린 피를 보충하기 위해서 액체를 요구하기 때문에 극심한 갈증을 느끼게 됩니다."

"복음서에 그것에 대한 증거가 나옵니까?"

"예, 아주 명확하게 나옵니다. 예수님은 십자가의 수평 들보를 지고 갈보리 언덕을 향해 비틀거리면서 올라가셨습니다. 그때 예수님은 혈액량 감소성 쇼크 상태에 있었습니다. 결국 예수님은 넘어지셨고, 로마 군인들은 시몬에게 십자가를 대신 지라고 명령했죠. 그 다음으로 복음서에 보면 예수님이 '내가 목마르다'라고 말씀하시는 장면이 나옵니다. 그러자 사람들이 예수님께 신 포도주를 한 모금 드립니다. 예수님은 끔찍한 채찍질을 당했기 때문에 손과 발에 못이 박히기 전에 이미 위독한 상태였습니다."

예수가 겪어야 했던 십자가의 참혹한 고통

태형도 매우 혐오스러웠지만, 그보다 훨씬 더 불쾌한 것이 아직 남아 있었다. 역사가들은 이구동성으로 예수가 태형을 당하고 나서 십자가로 갈 때까지 살아 있었다고 말한다. 바로 그 부분이 진짜 문제이다.

지금은 사형을 집행할 때 교수형이나 약물을 투여하거나 아니면 전기의자에 앉히기 때문에 주변 환경이 완전히 제어된다. 죽음은 빨리 그리고 예상대로 찾아온다. 검시관들은 주의 깊게 사형수의 죽음을 확인한다. 증인들이 가까운 위치에서 처음부터 끝까지 모든 것을 세밀하게 감시한다.

그러나 조잡하고 느리고 다소 부정확한 사형 방식인 십자가형에서는 사람이 죽었다는 것을 어떻게 확신할 수 있는가? 사실 대부분의 사람들은 희생자가 십자가 위에서 어떻게 죽는지조차 알지 못한다. 그리고 예수의 죽음에 대한 숙련된 검시관의 공식적인 증명이 없었다. 그렇다면 그가 비록 끔찍한 경험을 하고 피를 흘리기는 했지만 살아남아서 도망쳤을 가능성도 있지 않을까? 나는 이러저러한 질문 보따리를 풀어놓았다. "예수가 처형장에 도착했을 때 무슨 일이 일어났습니까?"

"그분은 눕혀진 후에 십자가의 가로 들보 위로 팔을 뻗친 상태에서 못 박혔습니다. 이 가로 들보는 패티블룸(patibulum)이라 불렸고 십자가의 수직 기둥과는 분리되어 있었습니다. 그리고 수직 기둥은 땅에 단단히 고정되어 있었습니다."

나는 그것만으로는 상상이 되지 않았다. 그래서 좀 더 자세하게 알고 싶었다. "못은 어떤 종류입니까? 그리고 신체의 어느 부분에 못을 박았습니까?"

"로마 군인들은 13cm에서 18cm 정도 되는 끝이 가늘고 뾰족한 대못을 사용해서 손목에 박았습니다." 메드럴 박사는 자신의 왼쪽 손바닥에서 2.5cm 정도 윗부분을 가리키면서 말했다.

"잠깐만요. 저는 손바닥에 못이 박혔다고 생각했습니다. 성화를 보면 전부 손바닥에 못이 박혀 있습니다. 사실 손바닥에 박힌 못은 예수의 십자가 처형을 나타내는 대표적인 상징입니다."

그는 다시 한 번 반복해서 말했다. "아닙니다. 손목에 못이 박혔습니다. 손목에 못을 박아야 손이 단단하게 고정됩니다. 만약 손바닥에 못이 박히면, 몸무게 때문에 손바닥이 찢겨져 나가서 십자가에서 떨어져 버립니다. 그래서 손목에 못을 박았습니다. 그리고 당시의 언어는 손바닥과 손목을 구별하지 않습니다. 손목도 손바닥에 속했습니다. 또 하나 중요한 사실은, 중추 신경이 지나가는 위치에 못이 박혔다는 것입니다. 그 신경은 손으로 나가는 가장 큰 신경인데 못이 그곳을 내리치면 완전히 파괴됩니다."

나는 해부학에 대한 초보적인 지식밖에 없었기 때문에 그 말이 정확히 무슨 뜻인지 알 수 없었다. "못이 손목에 박힐 경우 어떤 고통을 느끼게 됩니까?"

"이런 식으로 한번 설명해 보죠. 팔꿈치를 세게 부딪쳤을 때나 척골 끝을 맞았을 때 느끼는 고통이 어떤지 알고 계십니까? 거기를 일명 척골 신경이라고 하는데, 부딪칠 경우 아주 고통스럽습니다.

그런데 펜치로 그 신경을 잡고 비틀어서 뭉갠다고 생각해 보십시오. 그때 느끼는 고통이 예수님께서 경험했던 고통과 비슷합니다." 박사는 펜치로 비트는 시늉을 하면서, '비튼다'는 말을 강조했다. 나는 그 장면을 생각하면서 진저리를 쳤고 의자에 앉은 채로 움찔거렸다.

그는 계속했다. "사람이 그 고통을 이겨내기란 불가능합니다. 말로 표현할 수 없는 고통이거든요. 그래서 그들은 새로운 말을 만들어 내야 했습니다. 그 단어가 바로 '고문하다'(excruciating)는 말입니다. 문자적으로 이 말은 '십자가로부터'라는 뜻입니다. 십자가에 달려 있을 동안 겪는 고통이 얼마나 심했으면 그 고통을 표현할 말이 없어서 새로운 단어를 만들었겠습니까?

못을 박은 다음에 가로 들보를 들어 올려서 수직 기둥에 부착시켰습니다. 예수님도 끌어올려지셨죠. 그 다음에는 예수님의 발에 못이 박혔습니다. 다시 한 번, 발에 있는 신경이 완전히 으깨졌고 손목에 못이 박혔을 때와 비슷한 고통을 느끼셨을 겁니다."

으깨지고 심하게 손상된 신경만으로도 충분히 불쾌했지만, 예수가 십자가에 달린 후에 일어난 결과가 어떤 것인지 알아야 했다. "십자가에 매달렸을 때 예수의 몸은 어떤 스트레스를 받았습니까?"

"가장 먼저는 팔이 늘어납니다. 아마 15cm 정도 늘어났을 겁니다. 그리고 양쪽 어깨가 탈골됩니다. 여기에 대해서는 간단한 수학 방정식을 이용해서 계산해 낼 수 있습니다.

그리고 이것은 십자가 사건이 일어나기 수백 년 전에 구약성경 시편 22편의 내용, '내 모든 뼈는 어그러졌으며'라는 예언의 성취이기도 합니다."

예수의 결정적인 죽음의 원인

메드럴 박사는 십자가 처형이 시작되면서 예수가 겪어야 했던 고통에 대해 사실적으로 이야기했다. 그러나 희생자가 죽게 되는 직접적인 원인이 무엇인지를 알아야 했다. 그것이야말로 예수가 죽은 체하고 도망갔는지를 판단할 수 있는 가장 핵심적인 내용이기 때문이다. 그래서 나는 메드럴 박사에게 직접적으로 죽음의 원인이 무엇인지 물었다.

"일단 희생자가 십자가에 수직으로 매달리게 되면 질식하면서 서서히 고통스럽게 죽게 됩니다. 질식의 이유는 근육에 충격이 가해지면서 횡경막이 숨을 들이쉬는 상태로 만들어지기 때문입니다. 숨을 내쉬기 위해서는 십자가 위에서 발을 세워야 합니다. 그래야 근육이 잠시 동안 이완될 수 있습니다. 그러나 그렇게 하면 발에 박혀 있는 못이 발을 점점 깊이 찌릅니다. 결국에는 못이 발 근육에 붙어 있는 뼈를 고정시키게 되죠.

간신히 숨을 내쉰 후에는, 세웠던 발을 내리고서 잠시 쉴 수 있었을 겁니다. 그리고서는 다시 숨을 들이마시게 되죠. 그러면 또 다시 숨을 내쉬기 위해 발을 세워야 하고 동시에 십자가의 거친 나무 결에 피 묻은 등이 긁히게 됩니다. 완전히 지칠 때까지 이런 식으로 계속되다가 결국 발을 세울 수 없게 되고 더 이상 숨을 쉴 수 없게 됩니다.

호흡수가 점점 줄어들기 시작하면 희생자는 소위 호흡 산독증(酸毒症) - 혈액 속에 있는 이산화탄소가 탄산으로 분해되면서 혈액의 산성이 증가하는 것 - 에 빠집니다. 이렇게 되면 결국 심장 박동이 불규칙적이 됩니다. 아마도 예수님은 심장이 불규칙적으로 뛰기 시작했을 때 죽음이 임박했다는 사실을 아셨을 겁니다. 그래서 '아버지여, 내 영혼을 아버지 손에 부탁하나이다'라고 말씀하실 수 있었습니다. 그리고서는 심장이 정지되면서 돌아가셨습니다."

그것은 십자가 죽음에 대해 내가 들어 본 것 중에서 가장 확실한 설명이었다. 그렇지만 메드럴 박사의 말은 아직 끝나지 않았다. "또 한 가지 중요한 사실이 있습니다. 예수님이 돌아가시기 전에 혈액량 감소성 쇼크는 심장 박동수를 지속적으로 빠르게 만들었습니다. 이것도 심장을 정지시킨 원인 중의 하나였죠. 그렇게 되면 심장 주위에 있는 막 조직에 액체가 고이는, 심낭삼출이 일어납니다. 그리고 폐 주위에도 액체가 고이는데 이것은 늑막삼출이라고 불리죠."

"왜 그게 중요합니까?"

"로마 군인들이 와서 예수님이 돌아가셨다는 것을 알고서, 예수님의 오른쪽 옆구리를 창으로 찔러서 확인했던 사건 때문입니다. 확실하지는 않지만 성경의 묘사를 볼 때 아마도 오른쪽 옆구리, 갈비뼈 사이였을 것입니다. 창은 오른쪽 폐와 심장을 꿰뚫었습니다. 그래서 창을 뺄 때 물처럼 보이는 액체가 흘러 나왔습니다. 요한이 복음서에서 증거하고 있는 것처럼, 물처럼 투명한 액체가 흘러나온 다음에 많은 양의 피가 쏟아졌을 것입니다."

아마도 요한은 왜 피와 맑은 액체가 같이 나오는지 잘 몰랐을 것이다. 의학적인 훈련을 받지 않은 보통 사람이라면 모르는 것이 당연하다. 그러나 요한의 설명은 현대의 의사들이 예상하는 바와 일치하고 있다. 이 점 때문에 요한이 현장을 직접 목격했다는 사실을 믿을 수 있는 것이다. 그러나 내가 보기에 한 가지 중대한 결점이 있었다.

나는 성경을 펼쳐서 요한복음 19장 34절을 찾았다. 그리고 박사에게 이의를 제기했다. "잠깐만요 박사님, 요한의 기록을 자세히 읽어 보면 요한은 '피와 물'이 나왔다고 하는데 이는 의도적으로 순서를 말한 게 아닌가요? 하지만 박사님 말씀에 의하면 먼저 맑은 액체가 나와야 합니다."

메드럴 박사는 살며시 웃으면서 대답했다. "저는 헬라어 학자가 아닙니다. 하지만 학자들의 말에 따르면, 고대 헬라어에서는 단어의 순서가 반드시 사건이 일어난 순서대로 배열된 것이 아니라 두드러진 사건일수록 먼저 나온다고 합니다. 그러므로 요한의 말은 물보다는 피가 훨씬 더 많이 나왔다는 의미입니다. 요한이 먼저 피를 언급한 것은 이런 식으로 이해할 수 있습니다."

나는 수긍하긴 했지만 개인적으로 꼭 확인해 보기로 마음먹었다. "이 시점에서 예수는 어떤 상태였습니까?"

메드럴 박사는 시선을 나에게 고정시키면서 확신 있게 대답했다. "분명히 예수님은 돌아가셨습니다. 이것은 의심할 수 없는 사실입니다."

예수 죽음을 부인하는 회의론자들의 비판에 대한 답변

메드럴 박사의 주장에는 충분한 증거가 있었다. 그러나 그의 주장에는 성경의 신뢰성을 허물어뜨릴 수도 있는 허술한 부분이 한 군데 있었다. 나는 그에게 질문을 던졌다. "복음서에 따르면, 군인들이 예수와 함께 십자가에 못 박힌 두 강도의 다리를 부러뜨렸다고 합니다. 왜 그런 일을 했습니까?"

"로마 군인들은 희생자를 빨리 죽이고 싶을 때 - 안식일과 유월절이 다가오고 있었기 때문에, 유대인 지도자들은 분명히 해지기 전에 그 일을 끝내고 싶었을 겁니다 - 소지한 단검의 손잡이를 이용해서 희생자의 다리뼈 아랫부분을 부러뜨렸습니다. 그렇게 되면 희생자는 발을 들어 올릴 수가 없기 때문에 숨을 쉴 수 없습니다. 그래서 몇 분 안에 호흡 산독증 때문에 죽게 됩니다.

물론 신약성경에는 예수님의 다리가 꺾이지 않았다고 나옵니다. 군인들은 예수님이 이미 돌아가셨다고 확신했기 때문이죠. 또 그 사실을 확인하기 위해 창을 사용했습니다. 이것은 그의 다리가 꺾이지 않을 것이라는 또 다른 구약의 메시아 예언을 성취시켰습니다."

다시 내가 끼어들었다. "어떤 사람들은 십자가 이야기를 공격함으로써 복음서의 신뢰성을 깨뜨리려고 했습니다. 예를 들어, 몇 년 전에 〈하버드 신학 리뷰〉(Harvard Theological Review)에 실린 한 논문은 이렇게 결론을 내렸습니다. '놀랍게도 십자가형에 처해진 사람의 발에 못이 박혔다는 증거가 없다.' 그러면서 희생자의 손과 발은 밧줄로 십자가에 묶여 있었다고 주장합니다.[10] 신약성경의 신뢰성에 문제가 있다는 이 주장에 동의하십니까?"

메드럴 박사는 앞으로 몸을 움직여서 의자 끝에 앉았다. "동의하지 않습니다. 물론 때때로 밧줄이 사용되었다는 사실도 맞긴 하지만, 실제로 못이 사용되었다는 사실이 고고학에 의해 이미 증명되었습니다."

"어떤 증거죠?"

"AD 70년경에 로마에 대항하는 반란이 일어났습니다. 그런데 1968년 예루살렘에서 고고학자들이 그때 희생된 36명 정도 되는 유대인들의 유골을 발견했습니다. 그중 요하난(Yohanan)이라는 이름의 인물이 십자가 처형을 당했습니다. 고고학자들이 그의 발에 그때까지도 꽂혀 있던 18cm 크기의 못을 발견했는데, 거기에는 십자가로부터 떨어진 올리브 나무 조각들이 붙어 있었습니다. 이것은 십자가형에 대한 복음서의 묘사를 결정적으로 뒷받침해 주는 고고학적 증거입니다."

'항복!' 나는 속으로 이렇게 생각했다. "그러나 논란이 되는 부분이 하나 더 있습니다. 예수가 죽었다고 판단한 로마 군인들의 생각과 관련해서입니다. 이들은 의학과 해부학에 대해 매우 원시적인 지식을 갖고 있었습니다. 그러므로 예수가 죽었다고 단정했을 때 혹시 착각하지 않았을까요? 그럴 가능성도 있지 않습니까?"

"물론 그 군인들이 의대에 다니지는 않았습니다. 그런 당신의 생각에 동의합니다. 하지만 그들은 사람을 죽이는 일에 전문가였다는 사실을 잊지 마십시오. 사람을 죽이는 것이 그들의 직업이었고 실제로도 사람을 잘 죽였습니다. 그들은 그다지 어렵지 않게 사람이 죽었는지를 판단할 수 있었습니다. 게다가 혹시라도 죄수가 탈출하면 책임을 진 군인들은 대신 목숨을 내놓아야 했습니다. 따라서 십자가 위에서 희생자를 끌어내릴 때 그가 죽었는지 반드시 확인했습니다. 그럴 만한 충분한 이유가 있었으니까요."

예수가 살아남을 가능성에 대한 마지막 논쟁

메드럴 박사는 역사, 의학, 고고학, 심지어는 로마 군대법까지 이용해서 완벽하게 대답했으며, 어디에서도 허술한 구석을 찾아볼 수 없었다. 분명 예수는 살아서 십자가에서 내려올 수 없었다. 그러나 나는 계속해서 그를 밀어 붙였다. "예수가 십자가에서 살아남았을 가능성이 정말로 전혀 없습니까?"

그는 고개를 가로 저음과 동시에 강조하기 위해 손가락으로 나를 가리키면서 말했다. "절대로 없습니다. 예수님은 십자가에 달리시기 전에 피를 많이 흘렸기에 이미 혈액량 감소성 쇼크 상태였다는 사실을 기억하십시오. 사람이 오랫동안 숨을 쉬지 않는 척하는 일이 불가능하듯이 예수님은 죽은 체할 수가 없었습니다. 더구나 창이 그의 심장을 찔렀습니다. 이것만으로도 예수가 죽은 체한 게 아니냐는 식의 주장은 이미 끝난 논쟁입니다. 또한 로마 군인들의 입장에서는 만약 예수가 살아서 도망갈 경우 자신들의 목숨을 내놓게 될지도 모르는데 그런 위험을 감수하면서까지 확인을 안 하겠습니까?"

"그래서 만약 누군가가 예수는 단지 기절했을 뿐이라고 주장한다면 박사님께서는…."

"저는 그것은 불가능하다고 말할 것입니다. 기절 이론은 아무런 근거도 없는 허무맹랑한 이론입니다."

그러나 나는 아직 이 문제를 그냥 넘겨 버리고 싶지 않았다. 그래서 박사를 실망시킬지도 모르는 위험을 무릅쓰고서 다시 질문했다. "불가능한 일이 일어나서 예수가 어떻게든 십자가에서 살아남았다고 추측해 보죠. 세마포 수의를 벗고, 무덤 입구를 막고 있는 커다란 바위를 굴려 내고, 보초를 서고 있던 로마 군인들을 피해서 도망갔다고 말해 보죠. 그가 제자들을 찾아냈을 때 의학적으로 그의 몸은 어떤 상태였습니까?"

메드럴 박사는 내가 묻는 질문에 기꺼이 대답했다. "다시 한 번 강조하지만 예수님이 십자가에서 살아남았을 가능성은 절대로 없습니다." 그는 좀 더 힘 있게 대답했다. "그렇지만 만약 살아남았다고 칩시다. 그러나 못이 박혀서 구멍이 뚫린 발로 어떻게 걸을 수 있었겠습니까? 어떻게 잠시 후에 멀리 떨어져 있는 엠마오 도상에 나타날 수 있었겠습니까? 이미 탈골되어 버린 팔을 어떻게 사용했을까요? 또한 등에 심한 상처가 있었고 창이 그의 허리를 찔렀다는 사실을 기억하십시오."

그러고 나서 그는 잠시 말을 멈추었다. 그는 마음속으로 무엇인가를 생각하고 있었다. 기절 이론은 1935년에 독일 신학자 데이빗 스트라우스(David Strauss)가 처음 생각해 낸 이후로 어느 누구도 논박할 수 없었던 이론이다. 그런데 이제 메드럴 박사가 그 이론을 완전히 부술 중요한 단서를 말하고 있었다.

"들어 보십시오. 그렇게 애처로운 상태에 있는 예수님을 만난 후에, 밖에 나가 '예수가 죽음을 이기신 생명의 주님이시다'라고 선포할 제자가 어디 있겠습니까? 제가 말하는 것을 이해하시겠어요? 몸 안에 있는 피를 다 쏟고 그렇게 끔찍한 상처를 입은 후였기 때문에 아마 애처로운 모습이었을 겁니다. 그런 모습을 본 제자들이 죽음을 이기신 승리자라고 그에게 환호할 수는 없습니다. 오히려 반대로 미안함을 느끼면서 그를 간호하려고 애썼을 겁니다.

따라서 예수님께서 그렇게 흉측한 모습으로 제자들에게 나타났는데도, 제자들이 언젠가는 자신들도 예수님처럼 부활한 몸이 될 것이라는 희망을 품고서 세계적인 조직을 만드는 일에 착수했다고 생각하는 것은 터무니없는 생각입니다. 말도 안 되는 소리죠."

예수를 기꺼이 십자가를 지게 한 원동력은 무엇일까

설득력 있게 그리고 대가답게, 메드럴 박사는 합리적인 의심을 물리치고 자신의 주장을 증명했다. 그는 오직 '어떻게'라는 질문, 곧 '어떻게 해서 예수는 죽게 되었는가?'에 초점을 맞추면서 자신의 주장을 증명해 나갔다. 그러나 토론을 끝마쳤을 때, 나는 무엇인가 빠진 것 같은 느낌이 들었다. 지식적으로는 그를 알게 되었지만 그의 마음이 어떤지는 몰랐다. 그래서 헤어지면서 악수를 나눌 때 '왜' 라는 질문을 꼭 해야 할 것 같은 마음이 들었다. "박사님, 떠나기 전에 한 가지 물어보고 싶은 것이 있습니다. 의학적 견해나 과학적 평가가 아니라 박사님의 마음속에 있는 것에 대해 묻고 싶습니다."

"예, 그렇게 해 보죠"라고 그가 대답할 때 나는 박사의 마음이 어느 정도 열리는 것을 느낄 수 있었다. "예수는 일부러 가룟 유다에게 자신을 내어 주었습니다. 잡힐 때 저항하지도 않았고 재판정에서 자신을 변호하지도 않았습니다. 그런 것들을 볼 때, 박사님께서 말씀하셨던 것처럼, 예수는 굴욕과 괴로움을 안겨 주었던 십자가의 고난 역시 기꺼이 받아들였습니다. 저는 왜 그랬는지를 알고 싶습니다. 한 사람으로 하여금 그와 같은 고통을 견디도록 했던 동기가 무엇이었을까요?"

알렉산더 메드럴 - 지금은 의사가 아니라 한 사람으로 - 박사는 적확한 말을 생각하고 있었다. 마침내 그가 입을 열었다. "솔직히, 저는 보통 사람이 그와 같은 일을 할 수 있다고 생각하지는 않습니다. 그러나 예수님은 어떤 일이 일어날 것이라는 사실을 알고 계셨습니다. 그리고 기꺼이 그것을 받아들이셨습니다. 하나님께 반역한 우리들이 받아야 할 죽음의 형벌을 대신 당하는 것만이 우리를 구원할 수 있는 유일한 방법임을 알고 계셨기 때문이겠죠. 예수께서 이 땅에 오신 목적은 오직 그것 하나였습니다."

박사가 그 말을 하고 있을 때, 나는 여전히 박사의 이성적이고 논리적이고 조직적인 마음이 계속해서 작동하고 있어서 내 질문에 대해 기초적이고 원론적인 대답을 하고 있음을 느낄 수가 있었다.

"그를 움직였던 원동력이 무엇이었냐고 물으신다면, 글쎄요 … 제 생각으로는 한 단어로 요약할 수 있을 것 같은데요. 그것은 바로 '사랑'입니다." 그날 밤, 운전을 하며 집으로 돌아오는 동안, 그 말이 내 마음속에서 떠나지 않았다.

모든 면에서 나의 캘리포니아 여행은 큰 도움이 되었다. 메드럴 박사는 예수가 십자가 - 너무 잔혹했기 때문에 대반역죄가 아니고서는 로마 시민에게는 허용되지 않았던 형벌 - 에서 결코 살아서 내려올 수 없었다는 사실을 설득력 있게 증명했다.

박사의 결론은 그 주제에 대해 깊게 연구한 다른 의사들의 연구 결과와 일치한다. 그들 가운데 윌리엄 D. 에드워즈(William Edwards) 박사는 〈미국의학협회저널〉에 기고한 논문에서 다음과 같이 결론지었다. "역사적, 의학적 증거들을 살펴볼 때 예수는 창에 허리를 찔리기 전에 분명히 죽어 있었다. … 따라서 예수가 십자가 위에서 죽지 않았다는 가정에 기반을 둔 해석들은 현대 의학적 관점에서 볼 때 잘못된 주장이다."[11]

예수가 어떻게든 골고다의 죽음을 모면하여 부활했다고 설명하는 사람들은 사실과 일치하는 좀 더 그럴듯한 이론을 세워야 할 것이다. 그리고 그들 역시 우리와 마찬가지로 이 질문을 깊이 생각해 보아야 한다. "예수는 무엇 때문에 그와 같이 비열하고 잔인한 죽음을 기꺼이 선택했을까?"

Chapter 12

사라진 시체의 증거

텅 빈 무덤,
예수 부활의
가장 큰 증거이다

윌레엄 레인 크레이그 교수와 인터뷰

어느 상쾌한 가을날 오후, 캔디 회사의 상속인인 헬렌 보어 브락(Helen Vorhees Brach)은 세계에서 가장 복잡한 공항으로 향했다. 그런데 그녀는 군중 속으로 들어간 직후 아무런 흔적도 없이 사라져 버렸다. 20년이 넘도록 경찰과 기자들이 동물을 사랑하는 이 붉은 머리의 자선가를 찾으려고 했지만 번번이 실패했다.

수사관들은 그녀가 살해된 것이 틀림없다고 확신했지만 단정을 내릴 수 없었다. 그녀의 시체를 찾지 못했기 때문이다. 경찰은 억측을 유포하기도 했고, 언론에 감질 나는 정보를 흘리기도 했으며, 심지어는 어느 전과자에게 그녀를 납치했다고 죄를 덮어씌우기도 했다. 그러나 시체가 발견되지 않았기 때문에 이 살인 사건은 공식적으로 미제로 남아 있다. 지금까지도 범인은 잡히지 않았다.

나는 빈약한 증거들을 토대로 철저한 조사를 통해 그 사건을 밝혀 보려고 애썼지만 그럴 때마다 좌절할 수밖에 없었고, 결국에는 만족스럽지 못한 결과만 얻었다. 무슨 일이 일어났는지 알고 싶었지만 추리할 수 있는 충분한 증거들이 없었다.

이처럼 삼류 소설뿐 아니라 현실에서도 시체를 찾지 못하는 일이 가끔씩 발생하지만, 무덤이 비어 있는 사건은 좀처럼 찾아보기 힘들다. 예수의 빈 무덤 사건은 헬렌 브락(Helen Brach) 사건처럼 어디에서도 시체를 찾지 못한 경우가 아니다. 그 사건은 그가 죽지 않고 산 채로 사람들에게 나타났거나, 죽은 채로 사람들에게 나타났거나, 죽었지만 살아서 사람들에게 나타난 경우 이 셋 중의 하나이다. 복음서의 설명을 믿는다면, 이것은 시체가 사라졌다는 문제가 절대로 아니다. 이것은 앞 장에서 우리가 자세히 살펴보았던 것처럼, 실제로 십자가에서 죽은 후에도 예수가 여전히 살아 있었다고 하는 문제, 그리고 지금도 살아 있다고 하는 문제이다.

빈 무덤은 지금까지 부활의 상징으로 여겨져 왔으며, 자신이 하나님이라고 주장한 예수의 말을 결정적으로 증명해 주는 증거이다. 사도 바울은 고린도전서 15장 17절에서 부활이야말로 기독교 신앙의 핵심이라고 말했다. "그리스도께서 다시 사신 것이 없으면 너희의 믿음도 헛되고 너희가 여전히 죄 가운데 있을 것이요."

신학자 제럴드 오콜린스(Gerald O' Collins)는 그것을 다음과 같이 설명했다. "엄밀한 의미에서, 부활이 없는 기독교는 단지 미완의 기독교가 아니다. 그것은 기독교가 아니다."[1]

부활은 예수가 하나님이었고 그의 가르침이 하나님으로부터 온 것이었다는 사실을 입증하는 가장 결정적인 증거이다. 부활은 그가 죄와 사망을 이기셨다는 사실을 증명해 준다. 예수의 부활은 그를 따르는 사람들도 부활할 것을 예시한다. 부활은 기독교인들의 소망의 근원이며 기적 중의 기적이다. 만약 부활이 사실이라면 말이다.

회의론자들은 예수의 시체가 사라진 것은 마치 헬렌 브락이 사라진 것처럼 여전히 미스터리라고 주장한다. 그리고 뭐라고 단정지을 만큼 충분한 증거가 없다고 말한다. 그러나 어떤 사람들은 그 사건이 사실상 종결되었다고 주장한다. 최초의 부활절 아침에 무덤이 비어 있었다는 것이 결정적인 증거라는 것이다. 그리고 만약 그들 중 누군가에게 그것을 증명해 보라고 말하고 싶다면, 아마도 최선의 선택은 부활에 관한 세계 최고의 전문가로 널리 알려져 있는 윌리엄 레인 크레이그(William Lane Craig) 교수를 만나 보는 일일 것이다.

열한 번째 인터뷰: 윌리엄 레인 크레이그 교수

크레이그 교수를 처음 보았을 때 나는 놀라움을 금치 못했다. 그가 거의 8천 명의 군중과 전국적으로 100개 이상의 라디오 방송국의 현장 중계를 청취하고 있는 무수히 많은 사람들 앞에서 기독교를 변론하고 있을 때, 나는 그의 뒤에 앉아 있었다.

나는 크레이그 교수와 미국무신론자협회(American Atheist, Inc.)의 대표자가 뽑은 무신론자가 벌이는 논쟁의 사회자로 참석했다. 거기에서 정중한 말로 강력하게 기독교를 변론함과 동시에 무신론의 주장들을 깨뜨리고 있는 크레이그 교수를 보고 매우 놀랐다. 나는 내 자리에서 청중들의 얼굴을 볼 수 있었는데, 그들은 - 많은 사람들이 처음으로 - 기독교가 이성적인 분석과 정밀한 조사의 토대 위에 세워질 수 있다는 사실을 깨닫고 있었다.

결국 그 논쟁은 일방적으로 끝났다. 그 밤에 강당에 모여 있던 자타가 공인하는 무신론자, 불가지론자, 회의론자 중 82퍼센트라는 압도적인 숫자가 기독교를 변론한 크레이그 교수의 주장이 가장 설득력 있었다고 결론지으면서 강당을 빠져 나갔다. 그리고 비그리스도인으로 참석했던 47명의 사람들이 강당을 나갈 때는 그리스도인이 되어 있었다. 크레이그 교수의 주장은 그만큼 설득력이 있었고 무신론의 증거들은 더욱 빈약하게 느껴졌다. 말이 난 김에 덧붙이자면, 그 자리에 참석했던 사람 중 계속해서 무신론자로 남아 있는 사람은 아무도 없었다.[2]

그래서 내가 이 책을 쓰기 위해 그를 인터뷰하러 애틀랜타로 비행기를 타고 갔을 때, 과연 그가 어떤 식으로 예수의 빈 무덤에 관해 말할지 몹시 궁금했다. 그는 몇 년 전에 내가 보았던 모습 그대로였다. 짧은 턱수염, 각진 얼굴, 매혹적인 눈길 등 여전히 학자다운 모습을 하고 있었다.

그는 매우 설득력 있게 말했고, 생각의 흐름을 놓치지 않았으며, 언제나 한 가지 사실에 대해 조목조목 대답해 나갔다.

그렇다고 해서 냉랭하고 딱딱한 신학자는 아니었다. 크레이그 교수는 언제나 새로운 열정으로 연구하는 사람이었다. 그가 복잡한 주제와 이론들을 설명할 때마다 그의 엷은 파란색 눈은 계속해서 움직였다. 그리고 자신의 이야기를 강조할 때마다 이해와 동의를 구하기 위해 손짓을 했다. 그의 목소리는 변화무쌍했는데 매우 흥미 있는 신학적 주제를 이야기할 때면 경박스럽기까지 하다가도, 어떤 학자들이 자신이 발견한 그토록 명확한 증거를 왜 받아들이지 않는지 생각할 때면 목소리가 거의 들리지 않을 정도였다.

간단히 말해, 그는 무엇인가를 끊임없이 생각하고 있었고 그의 마음 속에는 뭔가가 가득 담겨 있었다. 그는 자신과 토론했던 회의론자들에 대해 이야기할 때도 잘난 체하거나 반대하는 투로 말하지 않았다. 교수는 할 수 있는 한 그들의 주장 중 유익한 부분들을 언급했다. 그는 훌륭한 연설가였으며 함께 저녁 식사를 하고 싶은 매력적인 사람이었다.

난해한 주제에 대해 토론하면서 나는 그가 반대자를 때려눕히는 식의 주장을 하는 사람이 아니라는 점을 깨달았다. 그는 반대자라 할지라도 하나님이 그를 소중히 여긴다고 믿으면서 상대방을 존중해 주는 방법을 취했다. 하지만 그는 사람들이 빈 무덤의 진실을 왜 깨닫지 못하는지 또는 왜 깨달으려고 하지 않는지 그 이유를 정말로 알고 싶어 했다.

빈 무덤에 대한 변론
크레이그 교수는 청바지에 흰 양말 그리고 빨간 색 터틀넥 칼라가 있는 암청색 스웨터를 입은 채로 거실에 있는 꽃무늬 소파에 기대어 있었다. 그리고 소파 뒤에는 뮌헨 풍경이 담긴 큰 액자가 걸려 있었다.

크레이그 교수는 트리니티신학교에서 문학 석사 학위를 받았고 영국 버밍햄대학에서 철학 박사 학위를 받았으며 그곳에서 부활에 대한 연구를 시작했다. 그리고 그 동안에 뮌헨대학에서 신학 박사 학위를 받았다. 그 후 트리니티신학교에서 가르쳤고 브뤼셀 근처에 있는 루베인대학에 있는 고등철학연구소에서 교환 교수로 재직했다.

그의 저서 가운데는 *Reasonable Faith*(이성적 신앙), *No Easy Answers*(결코 쉽지 않은 대답), *Knowing the Truth about the Resurrection*(부활에 관한 진실), *The Only Wise God*(지혜로운 한 분 하나님), *The Existence of God and the Beginning of the Universe*(하나님의 존재와 우주의 시작), 그리고 옥스퍼드출판사에서 펴낸 *Theism, Atheism, and Big Bang Cosmology*(유신론, 무신론 그리고 빅뱅 우주론)이 있다.

또한 *Intellectuals Speak Out about God*(하나님을 선포하는 지식인들), *Jesus under Fire*(공격받는 예수), *In Defense of Miracles*(기적에 대한 변론), *Does God Exist?*(신은 존재하는가?) 등의 공저로 참여했으며 〈신약 연구〉, 〈신약 연구 저널〉, 〈복음의 전망〉, 〈미국과학 협회 저널〉, 〈철학〉 같은 잡지에 논문을 썼다.

과학과 철학과 신학의 공통점에 대해 쓴 그의 글들은 국제적으로 널리 알려져 있지만, '예수의 부활'이라는 주제만큼 그가 관심을 갖고 있는 주제는 없다.

예수는 정말로 무덤에 묻혔는가

나는 예수의 무덤이 비어 있었는가를 살펴보기 전에, 예수의 시체가 무덤에 안치된 것이 사실인지를 살펴볼 필요가 있었다. 역사를 보면 십자가형에 처해진 범죄자들의 시체는 대부분 십자가에 매달린 채 새들의 먹이가 된다든지 아니면 공동묘지에 묻혔다. '예수 세미나'의 존 도미닉 크로산은 이 사실을 토대로 예수의 시체는 들개들이 무덤을 파헤친 후 먹어 버렸을 것이라고 주장했다.

나는 그에게 물었다. "당시의 일상적인 관습에 비추어 볼 때, 예수의 시체도 그런 식으로 처리되지 않았겠습니까?"

그가 대답했다. "당시 시체를 처리하는 방법이 그런 방법뿐이었다면 저도 거기에 동의하겠습니다. 하지만 그러한 주장이 간과하고 있는, 빈 무덤에 관한 뚜렷한 증거가 하나 있습니다."

"그렇습니까? 그렇다면 그 증거가 무엇인지 말씀해 주십시오." 나는 그렇게 말하면서 즉시 문제가 되는 한 가지 사실을 교수에게 말했다. "복음서에 따르면 예수의 시체는 산헤드린 공회 의원이었던 아리마대 요셉에게 넘겨졌습니다. 산헤드린 공회가 예수를 죽이려고 했다는 사실을 생각해 볼 때, 그것은 믿기지 않는 내용입니다. 그렇지 않습니까?" 나는 내가 의도했던 것보다 더 신랄한 어투로 물었다.

크레이그 교수는 마치 내 질문에 대답할 준비가 되어 있다는 듯이 소파에서 몸을 움직이며 대답했다. "아닙니다. 예수께서 장사되신 것에 관한 성경의 증거들을 하나도 살펴보지 않았다면 당신처럼 말할 수 있겠지요. 하지만 제 말을 들어 보십시오. 첫 번째 증거는, 고린도전서 15장 3-7절에서 사도 바울이 예수께서 장사 지낸 바 되었다고 말하고 있다는 것입니다. 여기에서 바울은 교회 시대 초기의 신경(creed)을 전수해 주고 있습니다."

나는 동의의 표시로 고개를 끄덕였다. 왜냐하면 크레이그 블롬버그 교수와의 인터뷰에서 이미 신경에 대해 자세한 설명을 들었기 때문이다. 크레이그 교수는 신경이 예수가 십자가에서 죽은 지 불과 몇 년 안에 만들어졌고, 바울이 회심한 후 다메섹에서 혹은 예루살렘에 가서 야고보나 베드로를 만났을 때 전수되었을 것이라는 블롬버그 교수의 주장에 동의했다.

크레이그 교수가 신경에 대해 말할 것에 대비해서, 나는 무릎 위에 성경을 펴고서 재빨리 그 구절들을 읽었다. "내가 받은 것을 먼저 너희에게 전하였노니 이는 성경대로 그리스도께서 우리 죄를 위하여 죽으시고 장사 지낸 바 되었다가 성경대로 사흘 만에 다시 살아나사…." 그 다음에는 부활한 예수가 나타났던 일들을 계속 나열하고 있다.

"이 신경은 틀림없이 교회 시대 초기의 것입니다. 따라서 믿을 만한 자료입니다. 원래 이것은 네 줄로 된 신경입니다. 첫 번째 줄은 십자가 처형을 말하고 있고, 두 번째 줄은 장사되신 것, 세 번째 줄은 부활, 네 번째 줄은 예수님이 나타나신 일을 말하고 있습니다. 보면 아시겠지만, 두 번째 줄에는 분명히 예수님께서 장사 지낸 바 되었다고 나옵니다."

내가 듣기에 그 말은 의미가 분명하지 않았다. "잠깐만요, 교수님. 예수가 매장되었을 가능성은 충분히 있습니다. 그렇지만 문제는 그가 어디에 묻혔느냐는 겁니다. 과연 그는 무덤에 묻혔을까요? 그리고 예수를 무덤에 장사 지낸 사람이, 갑자기 나타나서 예수의 시체를 요구했던 정체 모를 인물인 아리마대 요셉이었을까요?"

크레이그 교수는 차분히 설명해 나갔다. "이 신경은 사실상 복음서를 요약한 것입니다. 구절구절이 정확하게 복음서의 내용과 일치하고 있습니다. 복음서에 나오는 내용을 보면 각 복음서마다 예수님이 묻히신 내용에 대해 독립적으로 다르게 기술하고 있다는 것을 알 수 있습니다. 그런데 아리마대 요셉은 모든 복음서에 등장합니다. 그중 가장 기록 연대가 빠른 것은 마가복음에 나오는 이야기입니다. 마가복음은 아주 초기의 기록이기 때문에 설화가 첨가될 가능성이 전혀 없습니다."

"어떻게 그것이 아주 초기의 기록이라고 말할 수 있습니까?"

"두 가지 이유가 있습니다. 첫 번째는, 일반적으로 마가복음은 복음서 가운데 가장 먼저 기록된 책이라고 여겨지기 때문입니다. 두 번째로, 마가복음은 기본적으로 예수님에 대한 짧은 일화들로 구성되어 있습니다. 매끄럽게 이어지는 이야기라기보다는 줄에 꿰어져 있는 진주와 같지요.

그러나 예수님 공생애의 마지막 주간, 곧 수난 이야기라고 불리는 것에 관한 마가복음의 기록을 읽어 보면, 사건이 순차적으로 이어지고 있는 이야기식이라는 것을 알 수 있습니다. 여기에서 추측할 수 있는 것은, 마가가 복음서를 기록할 당시 이미 존재하고 있던 자료를 사용해서 수난 이야기를 기록했다는 것입니다. 그리고 그 자료에는 예수께서 무덤에 장사 지낸 바 되었다는 내용이 포함되어 있었습니다."

아리마대 요셉은 실존했던 사람인가

교수의 논증은 훌륭했다. 하지만 마가복음에는 한 가지 문제가 있었다. "마가는 산헤드린 공회 전체가 예수에게 유죄를 선고했다고 기록하고 있습니다. 그게 사실이라면, 아리마대 요셉도 예수를 사형시키는 데 표를 던졌다고 말할 수 있죠. 그렇다면 그가 예수의 시체를 고귀하게 장사지낼 수 있도록 했다는 것과 너무 다르지 않습니까?"

내가 생각하기에도 그럴듯한 말이었다. 크레이그 교수가 대답했다. "누가도 비슷한 생각을 품었던 게 분명합니다. 그래서 중요한 세부 사항 하나를 설명해 놓았습니다. 그것은 아리마대 요셉이 투표가 시행될 때 그 자리에 참석하지 않았다는 것입니다. 이것으로 대답이 되겠죠? 하지만 아리마대 요셉에 관련된 보다 중요한 사실은, 그가 기독교 전설이나 기독교 작가에 의해 만들어진 인물이 아니라는 것입니다."

내가 원하는 것은 납득할 만한 설명이지 단도직입적인 결론이 아니었다. 그래서 다시 질문했다. "아리마대 요셉이 실존 인물이었다고 말씀하시는 근거는 무엇입니까?"

"예수님을 십자가에 매달도록 선동했던 유대 지도자들에 대한 초기 기독교인들의 분노와 증오를 생각해 볼 때, 이왕에 예수님을 고귀하게 장사 지내 준 인물을 꾸며낼 바에는 다른 사람을 선택해야 합니다. 그런데 다른 누구도 아닌 유대 지도자를 선택했다는 것은 말이 안 됩니다. 더구나 예수님의 모든 제자들이 예수님을 버렸을 때가 아닙니까? 게다가 특정 집단에 소속된 특정 인물을 조작해 낼 수는 없습니다. 사람들이 찾아보고 나서 물어보면 거짓말이라는 것이 들통 날 테니까요. 따라서 아리마대 요셉이 실존 인물이었다는 것은 의심할 수 없는 사실입니다."

다음 질문을 던지려고 했지만 크레이그 교수가 계속해서 이야기했다. "아리마대 요셉이 후대에 덧붙여진 가공인물이었다는 주장에 대해 추가로 이야기하고 싶습니다. 예수님의 시체를 장사 지낸 것에 관한 다른 기록을 찾고 싶을 겁니다. 하지만 다른 기록은 없습니다. 오늘날 대부분의 신약 학자들은 예수를 장사 지낸 이야기는 근본적으로 신뢰할 수 있는 내용이라는 데 동의합니다. 케임브리지대학의 신약학자 존 로빈슨 (John A.T. Robinson)은 예수를 장사 지낸 이야기는 역사적 예수에 관한 사실로 확실하게 입증된 내용 중 하나라고 말했습니다."

예수의 시체가 실제로 아리마대 요셉의 무덤에 있었다는 크레이그 교수의 설명에 나는 만족했다. 그러나 신경에는 모호한 사실이 하나 남아 있다. 부활 이후에도 그의 시체는 무덤에 남아 있었던 건 아닐까? 나는 그 사실을 교수에게 물어보았다. "신경은 예수가 십자가에 달리고, 장사되고, 부활한 것을 말하고 있습니다. 하지만 분명하게 무덤이 비었다고 말하지는 않습니다. 이 사실로 미루어 볼 때 예수의 영혼만 부활하고 육체는 무덤에 그대로 남아 있었을 가능성은 없습니까?"

"신경은 분명히 무덤이 비어 있었다는 사실을 암시하고 있습니다. 아시겠지만, 유대인은 부활을 육체적인 개념으로 이해하고 있었습니다. 따라서 부활이라고 할 때는 무엇보다도 죽은 사람의 뼈 - 살은 썩기 쉽다고 생각했기 때문에 포함시키지 않았습니다 - 가 목적이었습니다. 유대인들은 죽은 사람의 살이 썩어 버린 후에 뼈를 모아다가 상자에 담아 놓고서 세상 마지막에 있을 부활 때까지, 곧 하나님이 이스라엘의 의인들을 살려 하나님 나라에서 같이 모일 때까지 보존되도록 했습니다.

이와 같은 사실에 비추어 볼 때, 누군가 부활했지만 그의 시체는 아직도 무덤에 남아 있다는 것은 당시의 유대인들에게는 모순된 생각이었습니다. 따라서 예수께서 장사되신 후 삼 일 만에 살아나셨다는 내용의 이 신경은 함축적이지만 분명하게 무덤은 비어 있었다는 사실을 말하고 있습니다."

무덤은 얼마나 안전하게 보존되었는가

나는 예수가 무덤 속에 있었다는 사실을 보여 주는 여러 가지 납득할 만한 증거들을 들었다. 그렇다면 이제는 무덤이 어떻게 외부의 영향으로부터 보존되었는지를 아는 것이 중요하다고 생각되었다. 보안이 철저할수록 누군가 시체에 손을 댔을 가능성은 그만큼 줄어든다. 나는 크레이그 교수에게 물었다. "예수의 무덤은 어떻게 보호되었습니까?"

크레이그 교수는 고고학자들이 1세기 유적을 발굴한 후에 내린 결론과 가장 흡사하게 무덤의 생김새를 손짓하며 설명하기 시작했다. "무덤 입구의 바닥에는 홈이 파져 있었습니다. 따라서 원반 모양의 큰 바위가 일단 이 홈에 끼워지면 무덤 입구를 완전히 막게 됩니다. 그 다음에는 그보다 조금 작은 돌을 사용해서 바위를 지탱시켰습니다. 원반 모양의 바위를 홈에서 빼내 굴리려면 최소한 몇 명의 남자들이 필요했죠. 그 정도면 무덤은 잘 보존되었다고 말할 수 있어요."

그렇다면 예수의 무덤에는 보초가 있었을까? 일반적으로 믿어지기는 만약 그 임무에 실패할 때에는 죽게 된다는 것을 알고 있는 잘 훈련된 군인들이 예수의 무덤을 24시간 감시하고 있었다는 것이다. 그렇지만 몇몇 회의론자들은 그 사실을 의심스럽게 생각하고 있다. "무덤에 로마 군병들이 있었다고 확신하십니까?"

"무덤에 군병들이 있었다는 기록은 마태복음에만 나옵니다. 그렇지만 어쨌든 무덤에 군인이 있었다는 이야기가 부활의 중요한 증거라고는 생각하지 않습니다. 왜냐하면 먼저 그것은 현대의 학자들 사이에서 크게 논란이 되는 내용이기 때문입니다. 대다수의 학자들이 인정하는 증거를 토대로 제 주장을 펼치는 것이 현명한 태도라는 것을 저는 알고 있습니다. 따라서 파수꾼 이야기는 일단 제쳐 두는 편이 낫다고 생각합니다."

나는 그의 접근 방식에 놀라서 "그렇게 되면 교수님 주장이 불리하지 않습니까?" 하고 질문했다.

그는 머리를 흔들면서 이렇게 대답했다. "솔직히, 비평가들이 제자들이 예수의 시체를 훔쳤다고 주장했던 18세기에는 파수꾼 이야기가 중요했을지도 모릅니다. 그러나 오늘날은 아무도 그 이론을 지지하지 않습니다. 신약성경을 읽어 보면, 분명히 제자들은 신실하게 부활의 진리를 믿었습니다. 빈 무덤은 속임수나 음모였다는 주장이나 시체를 훔쳐 갔다는 주장은 오늘날 받아들여지지 않습니다. 따라서 파수꾼 이야기는 별로 중요하지 않습니다."

실제로 군병들이 무덤을 지켰는가

그렇다 치더라도 나는 파수꾼들이 무덤을 지키고 있었다고 말하는 마태의 주장이 사실인지 알고 싶었다. 크레이그 교수의 의도를 이해할 수는 있었지만 나는 이 문제를 분명하게 하고 싶었다. 그래서 파수꾼 이야기에 대한 어떤 역사적 증거가 있는지 물어보았다.

"예, 있습니다." 그가 말했다. "1세기 당시 유대인과 그리스도인들 사이에 있었던 부활에 관한 논쟁을 한번 생각해 보십시오. 그리스도인들은 먼저 이렇게 선포했습니다. '예수께서 부활하셨다.' 그러면 유대인들은 이렇게 응수했습니다. '제자들이 그의 시체를 훔친 것이다.' 여기에 대해 그리스도인들은 '그래? 하지만 무덤을 지키고 있던 파수꾼들이 있었는데 어떻게 시체를 훔쳐 갈 수 있지?' 하고 말합니다. 유대인들은 '파수꾼들이 잠들었기 때문에 시체를 훔쳐 갈 수 있었다'라고 응수합니다. 그리스도인들은 다시 이렇게 응답했습니다. '아니다. 유대인들이 파수꾼들에게 뇌물을 주고서 잠들었다 말하라고 시킨 것이다.'

한번 생각해 보십시오. 만약 무덤을 지키는 파수꾼이 처음부터 존재하지 않았다면, 논쟁은 이런 식으로 진행되었을 겁니다. 예수께서 부활하셨다는 주장에 대해 유대인들은 이런 식으로 대답했을 겁니다. '아니다. 제자들이 시체를 훔쳐 갔다.' 그리스도인들은 이렇게 대답하겠죠. '파수꾼들이 무덤을 지키고 있는데 어떻게 시체를 훔쳐 가겠어?' 그러면 유대인들은 이렇게 말했을 겁니다. '파수꾼이라고? 미쳤어? 파수꾼은 없었어!' 그렇지만 역사를 보면 유대인들이 그렇게 말했다는 기록은 없습니다.

여기에서 알 수 있는 사실은 실제로 무덤을 지키는 파수꾼들이 존재했다는 것입니다. 유대인들도 그것을 알고 있었습니다. 그래서 파수꾼들이 잠들었을 때 제자들이 예수의 시체를 훔쳐 갔다는 황당한 이야기를 꾸며내야 했던 거구요."

나는 교수를 성가시게 만들 질문이 또 생각났다. "여기에도 한 가지 문제되는 것이 있습니다." 나는 가능한 간결하게 말하려고 애쓰면서 그의 말을 중단시켰다. "왜 유대인 지도자들은 애당초 무덤에 파수꾼을 두었을까요? 예수가 부활할 것이라고 생각했다든지 혹은 제자들이 예수가 부활했다고 거짓말을 꾸며낼 것이라고 생각했다는 것은 그들이 부활에 대한 예수의 예언에 대해 제자들보다 더 잘 이해하고 있었다는 사실을 의미합니다! 어쨌든 제자들은 그 모든 일들을 보고 놀랐습니다."

"좋은 지적입니다. 그들이 무덤을 지킨 이유는 아마도 무덤이 도굴되지 않도록 지키기 위해서거나 유월절 기간 동안 일어날 어떤 소동으로부터 무덤을 보호하기 위해서였을 겁니다. 무슨 이유 때문이었는지는 모르죠. 참 좋은 지적을 해 주셨다는 사실은 인정하겠습니다. 그렇지만 대답하기 어려운 문제는 아닙니다."

그렇다. 하지만 그와 관련해서 파수꾼 이야기에 대한 몇 가지 의문점들이 생겨났다. 게다가 또 다른 문제가 생각났다. "마태는 로마 군병들이 유대인 지도자들에게 보고했다고 기록하고 있습니다. 하지만 그것은 불합리하지 않습니까? 로마 군인은 빌라도에게 보고해야 하잖아요?"

크레이그 교수가 알 듯 말 듯한 미소를 지으면서 말했다. "본문을 잘 살펴보면, 마태는 파수꾼들이 로마인이라고 말하지 않습니다. 유대인들이 빌라도를 찾아가서 파수꾼을 달라고 요청하자 빌라도는 '이미 너희에게 파수꾼이 있지 않느냐?'라고 말합니다. 이 말이 어떤 의미라고 생각하십니까? '좋다, 내 부하들을 데리고 가라.' 이런 의미일까요? 아니면 '너희는 성전을 지키는 파수꾼을 거느리고 있지 않느냐? 그들을 이용해서 무덤을 지켜라.' 이런 의미일까요?

학자들은 그 파수꾼들이 유대인 군병인지 아닌지로 논쟁했습니다. 저는 당신이 언급한 이유 때문에 파수꾼들이 유대인이었을 것이라고 생각했습니다. 그런데 다시 생각해 보면, 마태가 파수꾼이라는 말을 사용하는 경우는 성전을 지키는 군병들보다는 로마 군병들을 가리키는 경우가 더 많았습니다.

그리고 요한복음에는 로마의 백부장이 유대인 지도자들의 명령을 받고서 부하들을 이끌고 예수님을 체포했다고 나옵니다. 따라서 로마 군병인 파수꾼들이 유대 종교 지도자들에게 보고하는 일의 선례가 있는 셈입니다. 따라서 무덤을 지켰던 파수꾼들은 로마 군인이었을 가능성도 있습니다."

나는 크레이그 교수와 파수꾼에 대해 이야기할수록 왠지 파수꾼들이 존재했다고 믿도록 설득당하는 느낌이 들었다. 그렇지만 어쨌든 크레이그 교수가 파수꾼 이야기를 부수적인 문제로 취급하기 때문에 나 역시도 일단 이 문제는 제쳐 두기로 마음먹었다. 그러면서 나는 예수의 무덤이 부활절 아침에 비어 있었다는 의견에 반대하는 사람들이 가장 많이 내세우는 주장에 대해 물었다.

빈 무덤에 대한 모순은 없는가

오랫동안 예수의 부활을 공격하는 많은 비평가들은 복음서의 상충되는 내용을 문제로 삼았다. 예를 들어 회의론자인 찰스 템플턴은 이렇게 말했다. "각각의 복음서는 부활 사건을 여러 가지 면에서 너무도 다르게 설명하고 있다. 따라서 아무리 좋게 봐 준다 하더라도 그것들이 서로 조화를 이루지 못한다."[3]

그의 말을 있는 그대로 받아들일 경우 '텅 빈 무덤'에 대한 복음서의 신뢰성은 큰 손상을 입게 된다. 다음은 내가 그날 아침에 크레이그 교수에게 읽어 주었던 보스턴대학의 마이클 마틴(Michael Matin) 교수가 요약한 내용이다.

마태복음에는 막달라 마리아와 또 다른 마리아가 새벽녘에 무덤에 도착했을 때 무덤 앞에 큰 돌이 있었고, 큰 지진이 있었으며, 천사가 하늘에서 내려와 돌을 굴려 내었다고 나온다. 마가복음에는 여자들이 해 돋는 때에 무덤에 도착했고 이미 돌은 굴려져 있었다고 나온다. 누가복음에는 여자들이 이른 새벽에 도착했을 때 이미 돌이 굴려져 있는 것을 그들이 발견했다고 기록되어 있다.

마태복음에는 천사가 무덤 밖에 있는 돌 위에 앉아 있었다고 나오고, 마가복음에는 한 청년이 무덤 안에 있었다고 기록되어 있으며, 누가복음에는 두 사람이 무덤 안에 있었다고 나온다.

마태복음에서 무덤에 있었던 여자들은 막달라 마리아와 또 다른 마리아였다. 그런데 마가복음에는 두 명의 마리아와 살로메가 무덤에 있었다고 나오고, 누가복음에는 막달라 마리아, 야고보의 어머니 마리아, 요안나 그리고 다른 여자들이 무덤에 있었다고 기록되어 있다.

마태복음에는 두 명의 마리아가 무서움과 큰 기쁨으로 제자들에게 달려가서 이야기했고, 도중에 예수를 만났다고 나온다. 마가복음에는 그들이 떨면서 무덤에서 뛰쳐나왔고 아무에게도 이야기하지 않았다고 나온다. 누가복음에는 여자들이 제자들에게 무덤이 비었다고 말했지만 아무도 믿지 않았다고 나오며, 그들이 예수를 만났다는 기록은 나타나지 않는다.[4]

"그리고 마틴은 덧붙여서 요한복음의 내용이 나머지 세 복음서와 상당히 다르다는 점을 이야기합니다. 그는 이렇게 결론을 내리고 있죠. '요약하자면, 무덤에서 일어난 일에 대한 복음서의 내용들은 서로 다르다. 이것들을 서로 일치시키는 것은 억지 해석을 할 때만 가능하다.'"[5]

나는 내 노트에서 눈을 뗐다. 그리고 크레이그 교수의 눈을 쳐다보면서 딱 잘라서 질문했다. "이러한 사실들을 알면서도 교수님은 어떻게 빈 무덤 이야기가 신뢰할 수 있다고 생각하십니까?"

나는 즉시 그의 태도에 변화가 일어났다는 것을 눈치챘다. 격의 없는 대화를 나눌 때나 빈 무덤에 대한 구태의연한 반대 주장들에 대해서 토론할 때 그의 태도는 침착했다. 그러나 점점 질문이 거칠어지고 날카로워질수록 그는 더욱 활기가 생겼고 집중했다. 그러나 이 순간에 이르자 위험해 보이는 물속으로 더 이상 들어가지 않겠다는 표정을 지었다.

그는 목을 가다듬은 후 대답했다. "그럴듯한 말이긴 하지만 마이클 마틴은 철학자일 뿐 역사가는 아닙니다. 제 생각에 그는 '역사가의 기교'(historian's craft)를 이해하지 못하고 있습니다. 만약 무엇인가가 일치하지 않으면 철학자는 모순의 법칙에 근거해서 이렇게 말합니다. '이것은 사실일 수 없어. 그러니까 필요 없어!' 그렇지만 역사가는 서로 다른 복음서의 내용들을 보면서 이렇게 말합니다. '서로 불일치하는 내용들이 있군. 그렇지만 무슨 이유가 있을 것 같은데…. 그래 맞아, 보충적인 세부 묘사가 틀릴 뿐이야.'

이야기의 핵심은 같습니다. 곧 아리마대 요셉이 예수님의 시체를 가져다가 무덤에 장사 지냅니다. 그리고 예수께서 십자가에 달리신 후 첫 주일 아침에 그를 따르던 몇몇 여자들이 무덤을 찾아왔습니다. 그렇지만 무덤이 비어 있다는 것을 발견합니다. 그리고 천사들이 예수께서 살아나셨다고 그들에게 말해 줍니다. '사려 깊은 역사가는 철학자처럼 행동하지 않습니다. 결코 목욕통과 함께 아이를 버리지 않습니다. 역사가는 이렇게 말하죠. 부수적인 세부 묘사가 좀 틀리긴 해도 이야기의 핵심은 믿을 만하고 신뢰할 만한 내용이다.'

그러므로 설령 여자들의 이름이 무엇인지, 정확한 시간이 언제였는지, 천사들이 몇 명이었는지 등에 대해서 조금씩 차이를 보인다 할지라도, 우리는 본문의 핵심은 동일하다고 자신 있게 말할 수 있습니다. 그리고 오늘날의 신약학자들 대부분도 거기에 동의하는 바입니다. 역사가들은 세부적인 부분에서 조금씩 차이가 있더라도 별로 개의치 않습니다."

마이클 그랜트(Michal Grant)는 크레이그 교수와 트리니티대학 동창이고, 케임브리지를 나와 에딘버그대학에서 교수로 재직 중이다. 다분히 회의적인 역사가인 마이클 그랜트도 그의 책 *Jesus : An Historian's Review of the Gospels*(예수: 역사학자가 본 복음서)에서 다음과 같이 인정했다. "분명히 빈 무덤에 대한 복음서의 묘사는 각각 다르다. 그러나 만약 우리가 고대 문헌을 연구할 때 적용하는 기준과 똑같은 기준을 복음서에 적용해 본다면, 무덤이 실제로 비어 있었다는 결론을 내리기에 충분한 증거들이 있음을 알 수 있다."[6]

모순들이 이루는 조화

나는 형사 재판을 취재하면서 가끔씩 두 증인이 사건 핵심의 세부 사항에 이르기까지 완벽하게 똑같은 증언을 하는 것을 본 적이 있다. 그런 경우 피고인 측 변호인은 두 사람을 따로 떼어놓고서 혹시 두 사람이 사전에 결탁하지 않았는지 조사한다. 나는 그와 같은 사실을 염두에 두고서 "제 생각으로는 만약 복음서가 세세한 부분까지 똑같은 내용이었다면, 표절이라는 의심을 샀을 것입니다" 하고 교수에게 말했다.

"정말 좋은 지적입니다. 빈 무덤에 대한 복음서의 진술이 차이를 보인다는 것은 우리가 빈 무덤 이야기에 관한 여러 개의 독립적인 증거를 갖고 있다는 사실을 보여 줍니다. 때로는 사람들이 이렇게 말합니다. '마태와 누가는 마가의 글을 표절했어.' 그렇지만 각각의 본문들을 자세히 살펴보면, 설령 마태와 누가가 마가복음에 대해서 알고 있었다 하더라도, 각각의 내용들이 분리되어 있고 독립되어 있다는 사실을 발견할 수 있습니다.

따라서 빈 무덤 이야기가 여러 개의 독립적인 이야기들로 존재하기 때문에, 어떤 역사가도 단지 부수적인 모순들을 이유로 무덤이 비어 있었다는 사실 자체를 무시할 수는 없습니다. 예를 들어 보죠. 한니발이 알프스를 넘어가서 로마를 공격한 이야기는 두 종류가 있습니다. 그리고 그 둘은 독립적이고 조화를 이루지도 않습니다. 그렇지만 어떤 역사가도 한니발이 알프스를 넘어갔다는 사실을 의심하지 않습니다. 세부적인 내용이 다르다 해도 이야기의 핵심이 손상되지는 않음을 보여 주는 좋은 예죠."

나는 그의 주장이 옳다고 인정했다. 그리고 나서 마틴의 비판을 생각해 보니, 그가 강력히 주장했던 복음서의 모순들은 쉽게 조화를 이룰 수 있을 것 같았다. 나는 그것을 교수에게 물어보았다. "복음서 사이에 존재하는 이 차이점들을 조화시킬 수 있는 방법은 없을까요?"

"있습니다. 무덤을 찾아갔던 시간을 예로 들어 보죠. 한 사람은 아직 어두웠다고 말하고, 또 한 사람은 동틀 무렵이라고 말하고 있습니다. 그것은 마치 낙관론자는 컵 속에 물이 반이나 들었다고 말하고 비관론자는 물이 반밖에 안 들었다고 말하는 것과 같습니다. 무덤을 찾아갔던 시간은 새벽녘이었습니다. 단지 두 사람이 다른 말로 그것을 표현하고 있을 뿐입니다.

무덤을 찾아갔던 여인들의 수와 이름에 관해서는, 어떤 복음서도 그에 대한 완벽한 목록을 제공하지 않습니다. 막달라 마리아와 다른 여인들의 이름은 복음서 모두에 걸쳐서 등장합니다. 따라서 복음서 저자들은 무덤을 찾아갔던 여인들 중 몇몇에게서 이야기를 들었으며 직접 대화를 나누었던 여인들의 이름만 기록해 놓았다고 볼 수 있습니다. 함께 무덤에 찾아갔지만 이름이 기록되지 않은 여인들도 있을 수 있다는 겁니다. 무엇을 잘 모르면서 아는 체하는 사람이나 그것을 모순이라고 말할 겁니다."

"복음서 저자들은 그 다음에 일어난 일에 대해서도 서로 다르게 이야기합니다. 여기에 대해서는 어떻게 생각하십니까? 마가는 여자들이 아무에게도 말하지 않았다고 기록하고 있고, 다른 복음서들은 말했다고 기록하고 있는데요" 하고 내가 묻자 그는 이렇게 설명했다.

"마가의 신학을 살펴보면, 그는 하나님을 향한 경외, 놀라움, 두려움, 하나님께 경배하는 것을 강조합니다. 따라서 여자들의 반응 - 두려움에 떨면서 도망치고 두려웠기 때문에 아무에게도 말하지 않은 것 - 은 마가의 문체와 신학 스타일에 속한 것입니다.

아마도 그것은 일시적인 침묵이었을 것입니다. 여인들은 돌아간 후에 일어난 일을 다른 사람들에게 말했을 겁니다." 그는 씩 웃으면서 이렇게 결론을 내렸다. "사실, 여인들의 침묵은 일시적인 침묵이어야만 했습니다. 그렇지 않았다면, 어떻게 마가가 그 이야기를 기록할 수 있었겠어요!"

나는 사람들이 흔히 모순이라고 주장하는 또 다른 경우에 대해 묻고 싶었다. "예수는 마태복음 12장 40절에서 이렇게 말씀하셨습니다. '요나가 밤낮 사흘 동안 큰 물고기 뱃속에 있었던 것 같이 인자도 밤낮 사흘 동안 땅 속에 있으리라.' 그렇지만 복음서의 기록을 보면 예수는 실제로는 하루만 꼬박 무덤 속에 계셨고 나머지 이틀은 하루 중 일부 시간에만 무덤 속에 계셨습니다. 이것은 예수가 자신의 예언을 성취하는 데 실패했다는 것을 보여 주는 예가 아닐까요?"

그가 말했다. "몇몇 그리스도인들은 그 구절을 근거로 예수님이 금요일이 아니라 수요일에 십자가에 달리셨다고 주장하는 호의를 보였습니다. 꼬박 사흘을 채우기 위해서 말이죠! 그러나 대부분의 학자들은 그것이 유대인의 날짜 계산법에 따른 것이라고 말합니다. 당시 유대인들은 부분적인 하루일지라도 온전한 하루로 계산했습니다. 예수님은 금요일 오후와 토요일 그리고 주일 아침을 무덤에 계셨습니다. 당시 유대인들의 시간관념을 따르자면, 이것은 꼬박 삼 일로 계산됩니다."[7]

이어서 그는 다음과 같이 결론을 내렸다. "약간의 배경 지식을 가지고 있다면 혹은 열린 마음으로 잘 생각해 본다면 그와 같은 모순들을 해결할 수 있다는, 혹은 최소화시킬 수 있다는 것을 다시 한 번 확인할 수 있습니다."

무덤을 찾은 여인들

복음서들은 예수의 친구이자 추종자들이었던 여인들이 빈 무덤을 발견했다고 말하고 있다. 그렇지만 마틴은 그 점 때문에 그들의 증언을 의심한다. 왜냐하면 그 여인들은 '객관적인 목격자들'이 아니라는 것이다. 나는 그 질문을 크레이그 교수에게 던졌다. "여인들과 예수의 관계 때문에 그들의 증언이 신빙성이 없다고 말할 수 있을까요?"

크레이그 교수가 대답했다. "사실상 그 주장은 오히려 그것을 말하는 사람들을 불리하게 만듭니다. 분명히 이 여인들은 예수님의 친구들이었습니다. 그렇지만 1세기 유대인 사회에서 여성의 역할을 고려해 볼 때, 복음서가 무덤이 비어 있다는 것을 가장 먼저 발견한 사람들이 다름아닌 여인들이었다고 기록하고 있는 것은 매우 이상한 일입니다.

1세기 당시 팔레스타인 지역에서 여성의 지위는 매우 낮았습니다. 매우 천하게 여겼습니다. 이것을 잘 보여 주는 랍비의 격언들이 남아 있습니다. '율법의 말씀을 여자들에게 전해 줄 바에는 차라리 불태워 버려라.' '아들들을 자녀로 가진 사람은 복이 있느니라. 그러나 화 있도다, 딸을 자녀로 둔 자들이여.' 여성의 증언은 무익한 것으로 여겨졌기 때문에 여자들은 유대 법정에서 법적인 증인들이 될 수 없었습니다.

그와 같은 사실에 비추어 볼 때, 빈 무덤을 목격한 주요 증인들이 여인들이라는 것은 매우 놀라운 사실입니다. 만약 이것이 후대에 만들어진 전설이었다면, 틀림없이 남성 제자들 곧 베드로나 요한 같은 사람들이 무덤을 발견했다고 기록되었을 것입니다. 빈 무덤을 처음 목격한 증인들이 여인들이었다는 사실은 그들이 빈 무덤을 발견했던 것이 진짜라는 것을 말해 준다고 볼 수 있습니다. 이것을 통해서 우리는 복음서의 저자들이, 설령 뒤엉켜 있는 사실이라 할지라도 일어난 일을 있는 그대로 정직하게 기록했음을 알 수 있습니다. 여기에서 다시 한 번 무덤 이야기가 단지 전설이 아니라 역사적 사실임이 입증됩니다."

여인들이 무덤을 찾은 이유

그렇지만 크레이그 교수의 설명은 또 다른 문제를 남겨 놓고 있다. 왜 여인들은 무덤이 완전히 봉인되어 있다는 사실을 알면서도 예수의 시체에 향유를 바르러 갔던 것일까? "왜 그런 행동을 했을까요?"

그는 잠깐 동안 생각하더니, 논쟁할 때의 목소리가 아닌 부드러운 목소리로 대답했다. "예수님을 향한 그 여인들의 사랑과 헌신을 이해하지 못하는 학자는 여인들이 무엇을 하고자 했는지 판단할 권리가 없다고 저는 생각합니다. 여인들은 몹시도 사랑하는 사람을 잃고서 슬퍼하고 있었습니다. 그들이 무덤에 가고자 했던 이유는 시체에 향유를 바르고자 하는 절망적인 희망 때문이었습니다. 어떤 비평가들은 슬픔을 안고 있는 그 여인들을 마치 로봇처럼 취급하면서 '가지 말았어야 했어'라고 말했겠지만, 저는 그것이 옳지 않다고 생각합니다."

그는 어깨를 으쓱거리며 말했다. "아마도 그런 비평가들은 돌을 옮길 수 있는 남자들이 있을 것이라고 생각했을 것입니다. 만약 파수꾼들이 있었다면, 파수꾼들이 돌을 옮길 거라고 생각했겠지요. 저는 잘 모르겠습니다.

하지만 분명한 것은, 무덤을 찾아가서 시체에 기름을 붓는 행위는 유대인의 관습이었다는 것입니다. 그러므로 문제가 되는 것은 단 한 가지, 누가 여인들을 위해서 돌을 옮겨 주었는가 하는 질문뿐입니다. '그들이 무덤에 가지 말고 그냥 집에 있어야 했다'라고 단정 지을 권리가 우리에게는 없다고 생각합니다."

왜 그리스도인들은 빈 무덤을 인용하지 않았나?

나는 크레이그 교수와의 인터뷰를 준비하면서, 몇몇 회의론자들이 빈 무덤에 대한 주요 반대 주장은 베드로를 포함한 사도들은 설교할 때 빈 무덤을 애써 지적하지 않았다고 주장하는 얘기를 들었다. 하지만 내가 그에게 이 문제에 대해 질문하자, 그의 눈은 휘둥그레졌다.

"그것은 사실이 아니라고 생각합니다." 그는 다소 놀란 듯한 목소리로 대답하면서 성경을 집어 들고 오순절에 베드로가 한 설교를 기록하고 있는 사도행전 2장을 폈다. 그리고 이렇게 주장했다. "베드로의 설교 속에서 빈 무덤에 대한 내용을 찾을 수 있습니다. 그는 24절에서 이렇게 선포합니다. '하나님께서 사망의 고통을 풀어 살리셨으니 이는 그가 사망에게 매여 있을 수 없었음이라.'

그 다음에 베드로는 시편을 인용해서 어떻게 하나님이 그의 거룩한 자의 몸이 썩지 않도록 했는지 설명합니다. 이 부분은 다윗의 기록이고 베드로는 이렇게 말합니다. '형제들아 내가 조상 다윗에 대하여 담대히 말할 수 있노니 다윗이 죽어 장사되어 그 묘가 오늘까지 우리 중에 있도다.' 그러나 그리스도는 '죽은 자들이 있는 곳에 버림이 되지 않고 육신이 썩음을 당하지 아니하시리라 하더니 이 예수를 하나님이 살리신지라 우리가 다 이 일에 증인이로다.'"

그는 성경에서 눈을 떼고서 이렇게 말했다. "이 설교는 그때까지 남아 있던 다윗의 무덤과 그리스도의 몸이 썩지 않고 살아날 것이라는 다윗의 예언을 대조시키고 있습니다. 여기에는 무덤이 비어 있었다는 암시가 분명히 담겨 있습니다."

그 다음에 그는 사도행전의 다른 곳을 찾았다. "사도행전 13장 29-31절에서 사도 바울은 말합니다. '성경에 저를 가리켜 기록한 말씀을 다응하게 한 것이라 후에 십자가에서 내려다가 무덤에 두었으나 하나님이 죽은 자 가운데서 저를 살리신지라 갈릴리로부터 예루살렘에 함께 올라간 사람들에게 여러 날 보이셨으니 저희가 이제 백성 앞에 그의 증인이라.' 여기에도 빈 무덤에 대한 암시가 분명히 나옵니다."

그는 성경을 덮은 다음에 이렇게 덧붙였다. "초대 교회의 설교자들이 빈 무덤을 언급하지 않았다고 주장하는 것은 융통성 없고 비합리적인 태도라고 생각합니다. 왜냐하면 그들이 '빈'과 '무덤'이라는 두 단어를 그대로 사용한 것은 아니기 때문이죠. 당시의 설교자들과 그 설교를 듣는 청중들은 예수의 무덤이 비어 있었다는 사실을 알고 있었습니다. 여기에는 어떠한 의심의 여지도 없습니다."

왜 예수 부활을 믿는가

나는 예수의 부활을 의심하고 반대하는 부정적인 증거를 그에게 말하는 데 인터뷰의 절반을 보냈다. 그러다가 갑자기 그에게 긍정적인 경우를 설명할 수 있는 기회를 주지 않았다는 사실을 깨달았다. 왜 그가 예수의 부활을 믿는지에 대해 이미 몇 가지 이유를 넌지시 말하기는 했지만, 나는 다시금 그 이유를 물어보았다. "빈 무덤이 역사적 사실이라는 것을 4-5개의 이유로 설명해 주실 수 있으십니까? 제가 확실하게 믿을 수 있도록 말씀해 주십시오."

그는 내 도전을 받아들였다. 그는 간결하고 설득력 있게 그리고 명쾌하게 자신의 주장을 하나씩 설명해 나갔다. "먼저, 빈 무덤은 고린도전서 15장에 나오는 초기의 전승에 분명하게 암시되어 있습니다. 고린도전서 15장은 예수님에 대한 역사적 증거를 살펴볼 수 있는 가장 오래되고 믿을 만한 출처입니다.

그리스도인들과 유대인들은 똑같이 예수님 무덤의 위치를 알고 있었습니다. 따라서 만약 무덤이 비어 있지 않았다면, 부활 신앙에 기초하고 있는 기독교가 예수께서 십자가에 달리시고 묻히신 바로 그 도시에서 생겨나는 것은 불가능한 일입니다.

우리는 마가가 빈 무덤 이야기 - 실제로 그가 심혈을 기울여서 쓰고 있는 이야기 - 를 그 이전의 어떤 출처에서 인용하고 있다는 사실을 마가복음의 언어, 문법 그리고 문체로부터 알아챌 수 있습니다. 여러 증거들을 살펴볼 때, 빈 무덤 이야기는 AD 37년 이전에 쓰였습니다. 원래의 이야기가 전설에 의해 손상되기에는 너무 이른 시기죠. 옥스퍼드대학 출신의 존경받는 그리스 · 로마 역사가인 A. N. 서윈 화이트(Sherwin-White)는 역사를 통해서 볼 때 복음서의 내용을 그토록 빠르게 완전히 왜곡시킬 정도로 전설이 발전했을 가능성은 전혀 없다고 말했습니다.

마가의 빈 무덤 이야기는 단순합니다. 2세기에 만들어진 외경은 온갖 미사여구를 사용하고 있습니다. 외경에는 예수님이 영광과 권능으로 무덤에서 부활하셨고, 제사장들, 유대 관원들, 로마 군병들을 포함한 모든 사람들이 그를 보았다고 나옵니다. 전설은 항상 그런 식이죠. 그리고 실제 사건이 일어난 후 상당한 시간이 흐를 때까지는 나타나지 않습니다. 그러다가 목격자들이 다 죽고 난 다음에 나타나죠. 그와 대조적으로 마가의 이야기는 있는 그대로의 단순한 내용이고 신학적 사고가 반영되지 않은 순수한 내용입니다.

또 무덤이 비었다는 사실을 여인들이 처음으로 발견했다는 공통된 증언이 이야기의 진실성을 말해 줍니다. 여인들이 빈 무덤을 발견했다는 것은 제자들로서는 인정하기 어려운 내용이기 때문입니다. 만약 그 이야기가 전설이라면 십중팔구 여인들이 발견했다는 내용을 삭제했을 것입니다.

1세기의 유대인 논객들은 빈 무덤의 역사성을 전제하고 있습니다. 다시 말해 무덤 속에 아직도 예수의 시체가 놓여 있다고 주장하는 사람은 아무도 없다는 말입니다. 언제나 문제가 되는 것은 '시체는 어떻게 된 것인가?'라는 질문이었습니다. 이에 대해 유대인들은 파수꾼들이 잠들었다는 우스꽝스러운 의견을 내놓았습니다. 분명히 그들은 지푸라기라도 잡는 심정으로 그런 말을 한 것입니다. 그러나 중요한 점은 이것입니다. 그들은 무덤이 비어 있었다는 것을 전제하고 있었습니다! 왜 그랬겠습니까? 이미 그것을 알고 있었다는 뜻이죠!"

다른 이론은 없는가?

나는 그의 조리 있는 설명을 주의 깊게 잘 들었다. 나는 그의 논증에 깊은 인상을 받았다. 그러나 완벽한 논증이었다고 결론짓기 전에 혹시 어떤 허점은 없는지 살펴보고 싶었기에 물었다. "1907년에 커섭 레이크(Kirsopp Lake)는 여인들이 다른 무덤을 찾아갔다고 주장했습니다. 그는 여인들이 길을 잃었고 빈 무덤 앞에 있던 묘지 관리인이 그들에게 이렇게 말했다고 합니다. '당신들은 나사렛 예수를 찾고 있군요. 그는 여기에 없습니다.' 이 말을 듣고 여인들이 두려워하며 도망쳤다는 것입니다. 가능성이 있는 해석이라고 생각하십니까?"[8]

크레이그 교수는 한숨을 쉬면서 대답했다. "당시 레이크의 주장을 따르는 사람은 아무도 없었습니다. 왜냐하면 유대인 권력자들은 예수의 무덤의 위치를 이미 알고 있었기 때문이죠. 설령 여인들이 그와 같은 실수를 저질렀다고 해도, 그들이 예수가 살아났다고 선포할 때 유대인 권력자들은 기뻐서 어쩔 줄을 모르면서 무덤의 위치를 가르쳐 주었을 것이고 제자들의 실수를 지적했을 것입니다. 오늘날 과연 레이크의 이론을 따를 사람이 있을지 궁금합니다."

솔직히, 다른 반대 이론들은 별로 설득력이 없었다. 제자들이 예수의 시체를 훔친 후에 그 결과로서 궁핍과 고난을 감수할 이유는 없었고 분명히 유대인 권력자들이 예수의 시체를 치울 필요도 없기 때문이다. 나는 이렇게 말했다. "이제 마지막으로 빈 무덤은 후대에 만들어진 전설이고 이미 그때에는 무덤의 위치가 잊혀 버렸기 때문에 그것을 반증할 사람이 없었다는 이론이 남아 있습니다."

그가 대답했다. "1835년 데이빗 스트라우스(David Strauss)가 빈 무덤 이야기는 전설이라고 주장한 이래로 지금까지 그 이론을 주장하는 사람들이 있습니다. 제가 빈 무덤 이야기는 부활 사건 이후 불과 몇 년 안에 기록되었다고 강조했던 것도 바로 그 때문입니다. 부활 사건이 발생한 때와 그 이야기가 기록된 때 사이에 큰 시간차가 없다면 '전설 이론'은 의미가 없어집니다. 비록 빈 무덤 이야기의 세부적인 부분에서는 다소 전설적인 요소가 있다고 할지라도 역사적인 핵심은 결코 흔들리지 않습니다."

그렇다. 다른 이론들에 대한 해답도 있었다. 하나씩 분석해 보았을 때 명백한 논리적 증거 앞에서 그와 같은 이론들은 잘못된 이론임이 입증되었다. 남아 있는 유일한 선택은 십자가에 못 박혔던 예수가 부활했다는 사실을 믿는 것 - 사람들이 그토록 받아들이기 어려워하는 결론 - 뿐이었다.

나는 이것을 어떤 식으로 그에게 질문할 수 있을까 하고 잠시 동안 생각하다가 입을 열었다. "그러한 이론들이 허점을 가지고 있다고 인정한

다손 치더라도, 예수가 죽은 자 가운데서 부활하였고 성육신한 하나님이라는 믿을 수 없는 주장보다는 더 믿을 만하지 않습니까?"

그는 앞으로 몸을 숙이면서 말했다. "제 생각으로는 다음과 같은 문제가 있습니다. 부활을 부인하는 사람들은 이렇게 말할 겁니다. '그래, 우리 이론에도 받아들이기 어려운 부분이 있다. 그렇지만 예수가 부활했다는 주장만큼 황당한 이론은 아니다.' 그러나 그러한 주장은 번지수가 좀 잘못되었습니다. 왜냐하면 우리가 논의하고 있는 것은 역사적인 문제거든요. 기적이 가능한가 불가능한가의 문제는 역사적인 문제가 아니라 철학적인 문제입니다."

"그렇다면 교수님께서는 거기에 대해 어떻게 말씀하시겠습니까?"라고 물었다.

"저는 하나님이 예수를 죽은 자 가운데서 살리셨다는 가정이 불가능한 것은 아니라고 말하겠습니다. 사실 주어진 증거를 살펴보면, 그렇게 말하는 것이 가장 합당한 설명입니다. 예수께서 자연적으로 소생했다고 주장하는 것은 더욱 말이 안됩니다. 예수의 시체가 자연적으로 살아났다고 말하는 것만큼 말이 안 되는 이론도 없을 겁니다.

그러나 하나님이 예수님을 죽은 자 가운데서 살리셨다는 가정은 과학이나 또는 우리에게 알려진 어떤 경험적 사실과도 상충되지 않습니다. 단 한 가지, 하나님이 존재하신다는 가정이 필요할 뿐입니다. 그리고 제 생각으로는, 하나님의 존재를 믿을 만한 충분한 증거들이 있습니다."[9]

그는 마지막으로 이렇게 말했다. "하나님이 존재하실 가능성이 있는 한, 예수님을 죽은 자 가운데서 살릴 수 있습니다."

무덤은 비어 있었다!

크레이그 교수는 여러 증거들을 살펴볼 때 무덤은 비어 있었다고 확신 했다. 그러나 빈 무덤은 부활의 증거 가운데 일부일 뿐이었다. 나는 애틀랜타에 있는 그의 집에서 버지니아 주로, 부활하신 예수의 나타나심에 대한 전문가를 인터뷰하러 막 떠날 참이었고, 그 다음에는 캘리포니아로 가서 정황 증거에 대해 다른 학자와 대담할 예정이었다.

나는 크레이그 교수와 그의 부인 잔(Jan)의 따뜻한 환대에 감사를 전했다. 청바지와 흰색 양말 차림의 크레이그 교수를 바라보고 있자니 내 앞에 서 있는 사람이 탁월한 부활 비판가들의 비판을 잠재울 수 있는 탁월한 논객이라는 생각이 들지 않았다. 그러나 그가 토론한 내용이 담긴 녹음들을 직접 들어 본 나로서는 그 점을 인정하지 않을 수 없었다.

그가 제시하는 증거들 앞에서 예수가 부활하지 않았다는 비판가들의 주장은 무력했다. 그들은 더듬거렸고, 허둥댔으며, 지푸라기라도 잡으려고 했다. 또한 자가당착적인 주장을 했고, 말도 안 되는 이론을 필사적으로 주장했다. 그러나 결국에는 부활의 증거를 논박하는 데는 매번 실패했다.

나는 모든 시대를 통틀어 가장 뛰어난 법학자 중의 한 명이었던 노먼 앤더슨(Norman Anderson) 경의 말이 생각났다. 그는 케임브리지에서 수학했으며 하버드대학교의 종신 교수였고 런던대학교에서 학장으로 재직했다. 그는 평생 동안 법률적 관점에서 이 주제를 연구한 끝에 한 문장으로 결론을 내렸다. "빈 무덤은 부활을 논박하는 모든 이론들을 단숨에 파괴해 버리는 단단한 바위와도 같다."[10]

Chapter 13

출현 증거

예수는 부활 후에
정말로 사람들 앞에
나타나셨다

게리 하버마스 교수와 인터뷰

1963년도에 애디 메이 콜린스(Addie Mae Collins)라는 이름의 14살 소녀가 앨라배마 주 버밍햄에 묻혔다. 그 소녀는 악랄한 백인 인종차별주의자들이 교회에 던진 폭탄에 의해 희생된 네 명의 흑인 소녀들 중 한 명이었다. 그 뒤로 매년마다 가족들은 애디의 무덤을 찾아가서 헌화하면서 기도했다.

1998년에 가족들은 애디의 유골을 다른 묘지로 이장하기로 결정했다. 그러나 인부들이 애디의 무덤을 파헤쳤을 때, 놀랍게도 무덤은 비어있었다. 당연히 가족들은 넋을 잃었다. 묘지 관리들은 허겁지겁 얼마 남아 있지 않은 자료들을 모아서 자초지종을 파악하려고 했다. 몇 가지 가능성들이 제기되었고 묘비가 잘못 세워졌다는 쪽으로 의견이 모아졌다.[1]

그러나 무덤이 비어 있는 이유에 대해서 감히 어느 누구도 제기하지 않는 의견이 한 가지 있었다. 그것은 어린 애디가 부활해서 무덤 밖으로 걸어 나왔다는 의견이었다. 어느 누구도 그런 주장을 하지 않았다. 왜 그런가? 무덤이 비어 있다는 자체가 부활을 의미하지는 않기 때문이다.

나는 윌리엄 레인 크레이그 교수와 나눈 대화를 통해, 십자가 사건이 있은 후 첫 일요일에 예수의 무덤이 비어 있었다는 결정적인 증거를 이미 독자들에게 제시했다. 나는 그것이 예수 부활의 중요하고 필수적인 증거라는 사실을 알았지만, 시체가 없다는 사실 자체만으로는 결정적인 증거가 될 수 없음도 알고 있었다. 예수의 부활을 증명하기 위해서는 더 많은 증거가 필요했다.

그런 이유 때문에 나는 버지니아 주로 향했다. 내가 탄 비행기가 수목

이 우거진 낮은 산위로 기웃하게 날아가고 있을 때, 보스턴대학의 교수로서 지금껏 기독교를 비판하는 일을 해 오고 있는 마이클 마틴의 책을 거의 다 읽어 가고 있었다. 책을 읽던 중 나는 이런 구절을 발견하고서 미소를 지었다. "아마도 지금까지 부활에 대해 가장 정교한 변론을 펼쳤던 사람은 게리 하버마스(Gary Habermas)일 것이다."[2]

나는 힐끗 시계를 쳐다보았다. 차를 빌린 다음 하버마스와의 약속 시간인 두 시까지 린치버그에 도착하는 데는 아직 충분한 시간이 남아 있었다.

열두 번째 인터뷰: 게리 하버마스 교수

게리 하버마스(Gary Habermas) 교수의 단출한 연구실 벽에는 아이스링크에서 전력을 다해 경기하는 선수의 모습이 담긴 두 장의 사진이 있었다. 각각의 사진에는 자필 사인이 있었는데, 한 사람은 시카고 블랙 호크스의 전설적인 선수인 바비 헐(Bobby Hull)이었고, 또 한 사람은 쇠망치라는 별명을 가지고 있는 필라델피아 플라이어스의 포워드인 데이브 슐츠(Dave Schultz)였다. "헐은 제가 가장 좋아하는 하키 선수입니다"라고 그는 설명했다. 그리고 웃으면서 이렇게 덧붙였다. "슐츠는 제가 가장 좋아하는 공격수죠. 둘은 차이점이 있습니다."

턱수염이 난 얼굴에 직설적이고 투박한 말투를 사용하는 하버마스 교수 역시 공격수이며 싸움소 같은 학자라고 할 수 있다. 그의 외모는 상아탑의 지식인보다는 마치 나이트클럽 경비원처럼 생겼다. 두려움을 모르는 그는 면도날같이 날카로운 이론과 역사적 증거를 무기로 삼고서 싸움에 임한다.

오늘날 가장 탁월한 철학적 무신론자 중의 한 명인 앤터니 플루(Antony Flew)와 하버마스 교수가 "예수는 부활했는가?"라는 주제로 논쟁을 벌인 적이 있었다. 그 결과는 완전히 일방적이었다. 여러 대학에서 참석한 다섯 명의 교수들이 중립적인 입장에서 그 논쟁을 심사했었다. 그런데 다섯 명 중 네 명이 하버마스 교수의 손을 들어 주었다. 그리고 나머지 한 명은 비긴 것으로 심사했다. 어느 누구도 앤터니 플루의 손을 들어 주지 않았다. 심사 위원 중 한 사람은 이렇게 논평했다. "나는 플루 박사의 접근법이 매우 취약하다는 사실에 놀랐습니다(충격을 받았다는 말이 더 정확한 말일 것 같다). … 내가 내린 결론은 이렇습니다. 앤터니 플루 박사가 제시한 주장이 부활을 반박하는 주장 가운데서 가장 설득력 있는 것이라면 나는 지금부터 부활에 대하여 심각하게 생각해 보려고 합니다."[3]

두 사람의 토론 기술을 평가했던 교수는 다음과 같이 썼다. "다소 약점이 있기는 해도, 합리적인 사람이라면 예수가 실제로 부활했다는 결론을 내리기에 충분한 역사적 증거들이 제시되었다. … 하버마스 교수는 부활의 역사성을 증명하기 위해 '매우 가능성 있는 증거'를 제시했으며 그것을 반박할 만한 그럴듯한 사실적 증거는 없었다. 따라서 내 의견으로는 하버마스 교수가 논쟁에서 이겼다."[4]

하버마스 교수는 부활을 주제로 학위 논문을 썼던 미시간주립대학에서 박사 학위를 받은 후에, 영국 옥스퍼드의 임마누엘대학(Emmanuel College)에서 신학 박사 학위를 받았다. 부활을 주제로한 7권의 책을 저술했다. 그의 저서 중에는 *The Resurrection of Jesus: A Rational Inquiry*(예수의 부활에 관한 합리적 연구), *The Resurrection of Jesus: An Apologetic*(예수의 부활에 대한 변증), *The Historical Jesus*(역사적 예수), 그리고 앤터니 플루와의 논쟁이 담겨져 있는 *Did Jesus Rise from the Dead? The Resurrection Debate*(부활 논쟁) 등이 있다. 그리고 그의 다른 저서로는 *Dealing with Doubt*(회의론에 부쳐서), 모어랜드(J. P. Moreland)와 공저한 《죽음을 넘어서: 인간 불멸에 관한 연구》(*Beyond Death: Exploring the Evidence for Immortaliy*) 등이 있다.

또한 그는 *In Defense of Miracles*(기적에 대한 변론)을 공저했으며 *Jesus under Fire*(공격받는 예수), *Living Your Faith*(살아 있는 신앙)의 공저자로도 참여했다. 100여 편에 이르는 그의 논문들은 대중 출판물과 학술 저널(그중에는 〈신앙과 철학과 종교 연구〉도 포함된다), 그리고 참고 도서들(〈복음주의 신학 사전〉)에 실렸다. 그리고 그는 복음주의 철학회의 회장직을 맡기도 했다.

내가 글 서두에서 그를 공격수로 묘사했다고 해서 그가 쓸데없이 싸움만 하는 사람이라고 생각하면 안 된다. 그는 일상적인 대화를 나눌 때는 다정다감하고 겸손한 사람이다. 나는 그의 상대팀 하키 선수 - 혹은 논쟁 상대 - 가 되고 싶지 않았다. 그는 상대방의 취약점을 조준하는 천부적인 능력을 소유하고 있다. 그리고 인터뷰 도중에 예기치 않게 발견한 사실이지만, 그에게는 부드러운 면도 있었다.

나는 그를 리버티대학에 있는 사무적인 냄새를 풍기는 그의 연구실에서 만났다. 현재 그는 리버티대학에서 변증학과 철학의 석좌 연구 교수이다. 검은색 자료 보관용 캐비닛, 모조 나무가 깔린 철재책상, 너덜너덜해진 카펫과 손님용 접이의자들이 놓여 있는 그의 연구실은 분명 명소는 아니었다. 연구실 주인을 닮아서인지 연구실도 수수한 모습이었다.

죽은 사람은 사람들 앞에 나타날 수 없다

내가 인터뷰를 시작하자 그는 책상 앞에 앉은 채로 푸른색 버튼다운 셔츠의 소매를 걸어 올렸다. 나는 검사가 취조할 때나 쓸 법한 무뚝뚝한 말투로 물었다. "예수의 부활을 목격한 증인이 단 한 사람도 없다는 것이 사실입니까?"

그는 부활에 대해서 평범한 지식을 갖고 있는 사람들을 놀라게 할 만한 대답을 했다. "그렇습니다. 부활에 대한 묘사는 어디에도 없습니다. 제가 어렸을 때 C. S. 루이스의 책을 읽은 적이 있습니다. 그 책에서 루이스는 이런 말을 했습니다. '신약성경은 예수님의 부활에 대해서 아무것도 말해 주고 있지 않다.' 그 구절을 보고 저는 책 여백에다 '틀렸어!'라고 적어 놓았죠. 그런데 나중에서야 그의 말이 무슨 뜻인지를 깨달았습니다. 어느 누구도 무덤 속에 들어가서 예수님의 시체에 생기가 도는 모습, 일어나는 모습, 세마포를 푼 후에 그것을 접는 모습, 돌을 치우고 파수꾼들을 놀라게 한 후에 무덤을 떠나는 모습을 보지 못했다는 겁니다."

내가 보기에 거기에는 몇 가지 문제점이 있었다. "그렇다면 부활이 실제로 일어난 역사적인 사실임을 입증하고자 하는 교수님의 입장이 곤란해지지 않습니까?"

그는 의자 등받이에 몸을 기대면서 좀 더 편안한 자세를 취했다. "전혀 그렇지 않습니다. 왜냐하면 과학은 전적으로 원인과 결과에 관한 학문이기 때문입니다. 공룡을 연구할 때는 살아 있는 공룡이 아니라 공룡의 화석을 통해 연구합니다. 질병이 어떻게 발생했는지는 모를 수 있지만 과학은 질병의 증상을 연구합니다. 범죄 현장을 목격한 사람이 아무도 없어도 경찰은 증거들을 수집해서 상황을 구성해 나갑니다. 따라서 저는 이런 식으로 부활에 대한 증거들을 연구합니다. 첫째, 예수님은 십자가에서 죽었는가? 둘째, 예수님은 그 후에 사람들에게 나타나셨는가? 이 두 가지를 입증할 수 있다면 예수님이 정말로 부활하셨다는 것이 증명되는 겁니다. 왜냐하면 죽은 사람이라면 사람들 앞에 나타날 수 없을 테니까요."

역사학자들은 예수께서 십자가에 달리셨음을 보여 주는 많은 증거들이 있다는 것에 동의한다. 그리고 앞서 알렉산더 메드럴 박사는 예수가 십자가에서 살아남을 수 없었음을 보여 주었다. 그렇다면 두 번째 질문만이 남게 된다. 그 후에 예수는 정말로 사람들 앞에 나타났는가? "사람들이 예수를 보았다는 증거가 있습니까?"

그는 자신의 성경을 펼치면서 말했다. "비평가들도 인정할 수밖에 없는 증거부터 말씀드리죠. 고린도전서의 저자가 사도 바울이라는 데 이의를 제기하는 사람은 아무도 없습니다. 그런데 고린도전서에는 바울이 부활하신 예수님을 만났다는 내용이 두 군데 나옵니다. 9장 1절을 보면 '내가 … 사도가 아니냐 예수 우리 주를 보지 못하였느냐'라는 구절이 나옵니다. 그리고 15장 8절에서는 '맨 나중에 … 내게도 보이셨느니라'고 나옵니다."

나는 두 번째 구절이 크레이그 블롬버그 교수와 함께 토론했던 초기 교회의 신경에 포함된 구절임을 알았다. 그가 말했던 것처럼 신경의 전반부(3-4절)는 예수의 처형, 장사 지냄 그리고 부활에 대한 것이다. 신경의 후반부(5-8절)는 부활 이후에 나타난 예수에 대해 말하고 있다. "게바에게 보이시고 후에 열두 제자에게와 그 후에 오백 여 형제에게 일시에 보이셨나니 그중에 지금까지 태반이나 살아 있고 어떤 이는 잠들었으며 그 후에 야고보에게 보이셨으며 그 후에 모든 사도에게와." 그리고 마지막 절에서 바울은 이렇게 덧붙였다. "맨 나중에 만삭되지 못하여 난 자 같은 내게도 보이셨느니라."

나는 이 구절들이야말로 죽었던 예수가 다시 살아서 사람들 앞에 나타났음을 보여 주는 가장 강력한 증거임을 깨달았다. 여기에는 예수를 목격한 구체적인 개인들의 이름과 그룹이 등장한다. 그런데 이 본문은 만약 사람들이 바울의 글이 사실인지를 알려고 하면 얼마든지 확인해 볼 수 있던 때에 쓰였다. 곧 목격자들이 아직 생존해 있었다는 말이다. 나는 부활을 입증함에 있어서 고린도전서 15장에 나오는 초기 교회의 신경이 매우 중요한 위치를 차지하고 있다는 사실을 알았기 때문에 다음과 같은 질문을 통해 철저하게 파헤쳐 보기로 결심했다. 역사학자들이 고린도전서 15장 3-8절까지를 신경(creed)이라고 확신하는 이유는 무엇인가? 언제부터 그 본문이 신경으로 받아들여졌는가?

"제가 이 신경에 대해 반대되는 질문을 던져도 괜찮겠습니까?"라고 묻자, 그는 기꺼이 질문을 받아들이겠다는 듯 손을 뻗으면서 정중하게 말했다. "예, 물론입니다."

신경으로 확신하는 이유

먼저 나는 하버마스 교수, 크레이그 교수, 블롬버그 교수를 포함한 많은 학자들이 이 구절을 단지 바울이 고린도 교회에 쓴 편지 글이 아니라 초기 교회의 신경이라고 확신하는 이유에 대해서 알고 싶었다. 나는 간단하면서도 직설적인 말로 하버마스 교수에게 말했다. "그것이 왜 신경인지 저에게 납득시켜 주십시오."

"음, 몇 가지 근거를 말씀드릴 수 있습니다. 첫째, 바울은 서두에서 '받았다'(received)와 '전한다'(delivered(passed on, NIV))라는 단어를 사용하고 있습니다. 이 단어들은 랍비들이 사용하는 전문 용어로 거룩한 구전을 회중에게 전수해 줄 때 사용하는 말입니다."

그는 각각의 요점들을 강조할 때마다 손가락을 하나씩 움켜잡았다.

"둘째, 본문의 병행적 구성과 일정한 양식이 그것이 신경임을 말해 줍니다. 셋째, 원문은 베드로를 그의 아람어 이름인 게바로 지칭하고 있습니다. 아람어가 사용되었다는 것은 본문이 매우 이른 시기에 기록되었음을 알려 줍니다. 넷째, 본문에는 사도 바울이 흔히 사용하지 않는 원시적 용어, 예를 들어 '열두 제자', '사흘', '다시 살아나셨다' 등의 말들이 등장합니다. 다섯째, 어떤 단어들의 용법은 아람어적 히브리어나 미쉬나에서 사용되는 히브리어와 비슷합니다."

그는 손가락을 다섯 개 모두 잡고 나더니 나를 쳐다보았다. 그리고 나에게 물었다. "계속할까요?"

"네, 좋습니다. 교수님은 단지 그런 사실들을 통해서 본문이 신경이라는 확신을 갖게 되었다고 말씀하시는군요. 보수적인 기독교인들이 흔히 그러하듯 말이죠."

하버마스 교수는 나의 가시 돋친 말에 조금 기분이 상한 듯 보였다. "보수적인 기독교인들만이 아닙니다"라고 그는 분연히 주장했다. "이것은 다양한 계열의 많은 신학자들이 공감하는 내용입니다. 저명한 학자인 요아킴 예레미아스(Joachim Jeremias)도 이 신경을 '가장 오래된 전승'이라고 일컬었습니다. 그리고 울리히 윌킨스(Ulrich Wilckens)도 '이것은 원시 기독교 역사에서 가장 이른 시기에 쓰였음에 틀림없다'라고 말했습니다."

그 말을 듣고서 나는 이 신경이 얼마나 오래된 것인지가 궁금해졌다. "교수님께서는 이 신경이 언제 쓰인 것으로 보십니까?"

"우리가 알기로, 바울이 고린도전서를 기록한 시기는 AD 55년에서 57년 사이입니다. 그런데 고린도전서 15장 1-4절에서 바울은 이미 이 신경을 고린도 교회에 전달해 주었다고 말하고 있습니다. 그 말은 그가 고린도를 방문했던 AD 51년 이전에 기록되었다는 의미입니다. 따라서 이 신경은 부활 사건 후 채 20년이 되기 전부터 이미 사용되고 있었습니다. 매우 이른 시기죠.

그렇지만 그보다 더 이른 시기로 보는 학자들도 많습니다. 저도 같은 견해인데, 부활 사건 후 2년에서 8년, 혹은 AD 32년에서 38년경에 바울이 다메섹이나 예루살렘 중 한 곳에서 이 신경을 받았다고 보는 거죠. 따라서 이것은 믿을 수 없을 정도로 오래된 자료이며, 살아나신 예수께서 베드로와 나머지 제자들뿐만 아니라 야고보나 바울 같은 회의론자들에게도 나타나셨음을 보여 주는 기독교 초창기의 순수한 증언입니다."[5]

사실 나는 더럼대학의 저명한 신약성경 학자이자 영국학사회의 연구원인 제임스 던(James D. G. Dunn)이 "이 전통은 예수님의 죽음 이후에 몇 달 안에 전통으로 확립되었다고 분명히 확신합니다"라고 말했다는 것을 나중에 알게 되었다.[6]

나는 이의를 제기했다. "그러나 사실 이 신경은 1차 자료가 아니지 않습니까? 바울은 다른 사람을 통해서, 혹은 두 사람의 매개자를 거쳐서 입수한 자료를 기록한 것입니다. 이 점을 고려한다면 이 본문은 증거로서의 가치가 떨어지지 않나요?"

그는 내 주장에 동의하지 않았다. "바울이 예수께서 자신에게도 직접 나타나셨다고 말하고 있음을 기억하십시오. 따라서 본문은 직접적인 증언을 제공하고 있습니다. 그리고 이 신경은 바울이 길거리에 서 있는 아무에게나 가서 받아 온 것이 아닙니다. 대부분의 학자들은 바울이 목격자인 베드로와 야고보에게 직접 받은 후에 면밀하게 검토했다고 봅니다."

그것은 매우 설득력 있는 주장이었다. "어떻게 그것을 알 수 있죠?"

"많은 학자들은 바울이 회심 후 삼 년째에 예루살렘으로 가서 베드로와 야고보를 만났을 때 이 자료를 넘겨받았다고 믿고 있습니다. 저 역시도 그렇게 생각합니다. 바울은 갈라디아서 1장 18-19절에서 그 여행을 설명하고 있는데, 거기에서 그는 '히스토레오'(historeo; 찾아가다, 방문하다)라는 매우 흥미로운 헬라어 단어를 사용하고 있습니다."

나는 그 단어가 무슨 뜻인지 몰랐다. "왜 그 단어가 중요합니까?"

"왜냐하면 이 단어는 바울이 베드로와 야고보를 만났을 때 단순히 잡담이나 하고 있었던 것이 아니라는 사실을 보여 주고 있기 때문입니다. 이 단어는 바울이 무엇인가를 주의 깊게 조사하기 위해 두 사람을 만났음을 알려 줍니다. 바울은 일종의 검사관의 역할을 하고 있었던 거죠. 바울이 개인적으로 신경에 특별히 등장하는 두 사람의 증인, 즉 베드로와 야고보를 만나서 사실 관계를 확인했다는 점이 그것을 뒷받침해 줍니다. 몇 안 되는 유대인 신약학자 중의 한 명인 핀차스 라피드(Pinchas Lapide)는 이렇게 말했습니다. '이 신경은 목격자들의 진술임이 틀림없다. 그것을 지지하는 확고한 증거가 있다.'[7] 캠브리지의 리들리 홀 신학교의 원로 학자인 리처드 보컴(Richard Bauckham)도 이렇게 말했다. "바울이 예수님이 부활한 후에 나타난 것을 본 목격자들의 증언을 인용하고 있는 것은 의심의 여지가 없다."[8]

내가 끼어들기 전에 하버마스 교수가 덧붙였다. "그리고 다음으로, 고린도전서 15장 11절에서 바울은 다른 사도들이 부활에 대한 동일한 복음, 동일한 메시지를 전하는 데 동의했다고 강조하고 있습니다. 이 말은 목격자 바울이 말하는 내용과 목격자 베드로와 야고보가 말하는 내용이 정확히 일치한다는 뜻입니다."

그의 주장은 매우 설득력 있게 들렸다. 그러나 여전히 나는 몇 가지 의문점을 품고 있었다. 그리고 그의 확신 있는 주장에 마냥 설복당하고 싶지도 않았다.

오백 명의 미스터리

예수가 오백 명의 군중 앞에 나타났다는 내용은 고대 문헌을 통틀어서 오직 고린도전서 15장의 신경에만 나온다. 복음서들은 그것에 대해 침묵하고 있다. 세속 역사가들 가운데 어느 누구도 그 사실을 언급하지 않는다. 그래서 나는 거기에 대해 짚고 넘어가고자 했다.

나는 그에게 물었다. "만약 정말로 예수가 오백 명 앞에 나타났다면, 왜 아무도 그 사실을 말하고 있지 않을까요? 교수님은 사도들이 가는 곳마다 이 신경을 증거로 인용했다고 생각하실 겁니다. 그러나 무신론자였던 마이클 마틴이 말한 것처럼 '예수가 오백 명의 군중 앞에 나타났다는 것은 거의 믿기 어려운 사실임에 틀림없고' 따라서 이것은 '바울의 증거가 믿을 만한 것이 못 된다는 사실을 간접적으로 보여 주고 있'는 것이 아닌가요?"[9]

내 주장은 그를 귀찮게 괴롭혔던 것 같다. "글쎄요, 그것 때문에 못 믿겠다는 것은 매우 단순하고 어리석은 생각입니다." 그는 그런 주장에 놀라기도 하고 화도 나는 듯했다.

"거기에 대해 답변해 드리죠. 첫째, 오백 명에 관한 내용이 오직 고린도전서 15장에서만 나온다 치더라도 가장 오래되고 가장 믿을 만한 자료 속에 등장합니다. 따라서 그것만으로도 충분한 가치가 있습니다. 둘째, 본문에서 바울이 '그중에 지금까지 태반이나 살아 있고 어떤 이는 잠들었으며'라고 말하는 걸로 봐서 바울은 그들과 가까운 관계에 있었음을 알수 있습니다. 아마도 바울은 그들 중 몇몇을 알고 있었든지 아니면 그들을 알고 있는 누군가에게 그들이 아직도 살아 있고 또 원한다면 직접 만날 수도 있다는 이야기를 들었을 겁니다.

여기에서 잠깐 생각해 볼 게 있습니다. 당신이 바울의 입장에 놓여 있다고 해 보죠. 만약 사람들이 부활한 예수를 실제로 목격했다는 확신이 생기지 않는다면, 당신은 절대로 그 구절을 본문 속에 집어넣지 않았을 것입니다. 지금 바울은 예수님이 정말로 부활했는지에 대해 그 사람들 스스로가 점검해 볼 수 있도록 배려해 주고 있다는 뜻입니다. 오백 명에 관한 구절이 부활을 논증하는 데 도움이 안 된다고 생각했다면 바울은 그것을 기록하지 않았을 겁니다.

셋째, 유일하게 한 곳에만 나오는 내용이 있을 때 '다른 곳에는 왜 나오지 않느냐?'라고 질문할 수는 있습니다. 그렇지만 '다른 곳에 나오지 않는 걸로 봐서 이 내용은 별로 믿을 게 못 돼'라고 말할 수는 없습니다. 출처가 유일무이하다고 해서 그런 식으로 낮춰 볼 수는 없습니다. 그러므로 다른 곳에 나오지 않는 내용이라는 점 때문에 바울을 의심할 수는 없습니다. 제 말을 믿으십시오. 마틴은 그런 식으로 말하는 것을 즐기겠지만 자신의 말을 합리적으로 증명할 수는 없을 겁니다.

마틴의 주장은 몇몇 비평가들이 어떻게 자기들 편리한 대로 주장하는지를 보여 주는 좋은 본보기입니다. 보통 그들은 바울을 최고의 권위로 내세우면서 복음서에 나오는 부활 기사들을 헐뜯습니다. 그러나 이 주제에 관해서는, 본문의 내용을 못 믿겠으니까 자신들이 그렇게 추어올리던 바울을 헐뜯습니다. 세상에 이런 방법론이 어디에 있습니까?"

그렇지만 아직도 나는 예수가 그렇게 많은 사람들 앞에 나타난 장면을 마음속에 그려 보기가 어려웠다. 그래서 나는 그에게 질문했다. "예수가 오백여 명의 사람들 앞에 나타난 장소는 어디일까요?"

"글쎄요, 아마도 갈릴리 지방이 아니었을까요? 예수께서 그곳에서 오천명을 먹이실 수 있었다면 오백 명에게 설교할 수도 있었을 겁니다. 마태는 예수께서 갈릴리에 있는 산 중턱에 나타나셨다고 기록하고 있는데, 아마도 거기에는 열한 제자 외에도 다른 사람들이 있었다고 생각됩니다."

나는 그 장면을 마음속에 그려 보면서도 왜 바울 외에 다른 누군가가 이 사건에 대해서 기록하지 않았는지 의문을 떨칠 수가 없었다. "이 중요한 사건에 대해서 역사가 요세푸스가 무엇인가를 기록해 놓았을 가능성은 없을까요?"

"저는 그렇지 않다고 생각합니다. 요세푸스는 그로부터 60년이 지난 후에 역사를 기록했습니다. 예수께서 사람들 앞에 나타났다는 이야기가 그 지역에서 과연 몇 년 동안이나 사람들 입에 오르내렸을 것 같습니까? … 그러므로 아마도 요세푸스는 예수께서 오백여 명 앞에 나타난 이야기에 대해 알지 못했을 겁니다. 그게 아니라면 기록하지 않기로 마음먹었을 테죠. 요세푸스는 예수님을 믿는 사람이 아니었기 때문에 그럴 가능성도 있습니다. 어느 경우든 그가 예수님을 위한 기록을 남겼다고 볼 수 없습니다."

내가 별다른 대꾸를 하지 않자 그는 계속했다. "보십시오. 저는 본문이 신경이라는 것에 대해서 다섯 가지 증거를 즐겨 말하곤 합니다. 그렇지만 그렇게 하지 않겠습니다. 대신 확실한 증거만 말씀드리죠. 독일의 역사가인 한스 폰 캄펜하우젠(Hans von Campenhausen)은 이 신경이 얼마나 믿을 만한 것인지에 대해 이렇게 말했습니다. '이것은 매우 신뢰할 만한 본문으로 이루어진, 역사적 신뢰성을 완전히 충족시켜 주는 기사이다.' 게다가 예수님의 부활을 증명하기 위해서는 오백 명에 관한 구절을 언급할 필요도 없습니다. 제가 부활을 논증할 때는 그 구절을 사용하지 않습니다."

그의 대답은 논리적으로 설득력 있는 대답이었다. 그렇지만 아직도 나를 짓누르는 문제가 남아 있었다. 신경에는 예수가 베드로에게 처음으로 나타났다고 나오는 반면에, 요한복음에는 막달라 마리아에게 처음 나타났다고 나온다. 사실상 복음서에는 여자들의 이름이 두드러지게 기록되어 있음에도 불구하고 신경에는 여자의 이름이 전혀 나오지 않는다. "이러한 모순점들이 신경의 진실성에 손상을 입히지는 않습니까?"

"아, 그렇지 않습니다. 신경을 주의 깊게 읽어 보십시오. 거기에는 예수께서 베드로에게 '처음으로' 나타나셨다고 나오지 않습니다. 단지 베드로의 이름이 제일 먼저 등장할 뿐입니다. 그리고 1세기 유대 문화에서는 여자들은 증인으로 인정받지 못했습니다. 따라서 여자들의 이름이 나오지 않는다고 해서 놀랄 일은 못 됩니다. 1세기 상황에서 여인들의 증언은 별로 비중 있게 취급되지 않았을 테니까요. 따라서 베드로의 이름을 첫머리에 둔 것은 우연이 아니라 논리적인 이유가 있었음을 암시합니다."

그러고 나서 그는 결론적으로 이렇게 말했다. "다시 한 번 말씀드리지만 신경의 진실성은 손상되지 않습니다. 지금까지 당신은 의심이 섞인 몇 가지 질문들을 던졌지만 그것들은 신경이 매우 이른 시기의 자료라는 것과 후대의 설화가 첨가되었을 가능성이 없고, 매우 명백한 내용의 자료이며, 궁극적으로 목격자의 증언에 기초하고 있음을 부정하지 못합니다. 제 말을 인정하시겠습니까?"

나는 그가 옳다고 인정할 수밖에 없었다. 신경이 예수의 부활 후 출현을 말하는 강력한 증거라는 것은 명백한 사실이었다. 거기에는 분명하고 설득력 있는 증거들이 있다. 앞 장에서 내가 인터뷰했던 부활 전문가인 윌리엄 레인 크레이그 교수는 다음과 같이 힘 있게 주장한다. "현재 살아 있는 조직신학자 중 가장 위대한 볼프하르트 판넨베르크(Wolfhart Pannenberg)는 바울이 고린도전서 15장에 기록한 신경에 나오는 예수 부활의 역사적 증거 위에 자신의 신학 체계를 세웠다. 그리고 그 신학을 가지고 현대의 회의주의적인 독일 신학을 무너뜨렸다."[10]

나는 고린도전서 15장에 나오는 신경의 신뢰성에 대해 만족스러운 대답을 들었다. 이제는 부활한 예수의 출현을 좀 더 세부적으로 설명하고 있는 사복음서를 살펴볼 차례였다.

복음서의 증언

나는 그에게 사복음서에 나오는 예수의 부활 후 출현을 설명해 달라고 부탁했다.

"복음서와 사도행전을 보면 예수님은 여러 다른 모습으로 나타나셨습니다. 때로는 개인들 앞에, 때로는 무리 앞에, 때로는 실내에서, 때로는 바깥에서. 그리고 요한처럼 부드러운 마음을 가진 사람들뿐만 아니라 도마와 같은 회의적인 사람들 앞에도 나타나셨습니다.

이따금씩 그들은 예수님을 만지기도 했고 함께 식사도 했습니다. 복음서는 예수께서 육체를 가지고 사람들 앞에 나타나셨다고 가르치고 있습니다. 또한 몇 주간에 걸쳐서 나타나셨다고 기록하고 있습니다. 그리고 이러한 복음서의 기록이 사실이라는 증거들이 있습니다. 예를 들면, 복음서가 전형적인 신화적 경향과는 동떨어져 있다는 것이 한 증거입니다."

"예수의 부활 후 출현에 관한 내용이 복음서 어느 부분에 나오는지 말씀해 주시겠습니까?"

그는 기억력만 가지고 단번에 설명해 나갔다.

- 막달라 마리아에게 나타나심(요 20:10-18).
- 다른 여자들에게 나타나심(마 28:8-10).
- 엠마오 도상에서 글로바를 포함한 두 제자에게 나타나심(눅 24:13-32).
- 열한 제자를 포함한 여러 사람들에게 나타나심(눅 24:33-49).
- 도마를 제외한 열 사도와 여러 사람들 앞에 나타나심(요 20:19-23).
- 도마와 다른 사도들에게 나타나심(요 20:26-30).
- 제자들에게 나타나심(마 28:16-20).
- 승천하기 전 감람산에서 사도들과 함께 계심(눅 24:50-52, 행 1:4-9).

그러고 나서 그는 덧붙여 말했다. "매우 흥미로운 사실이 하나 있습니다. 케임브리지대학 신학자인 C. H. 도드(Dodd)는 이 모든 출현 기사들을 주의 깊게 분석하고서는 그 가운데 몇몇이 아주 초기의 자료에 뿌리 내리고 있다고 결론지었습니다. 그중 예수님과 여인들의 만남(마 28:8-10), 지상 명령을 주시면서 제자들과 만난 사건(마 28:16-20), 자신의 손과 발을 보여주시면서 제자들과 만난 사건(요 20:19-23)이 포함되어 있습니다."

예수를 목격한 다량의 예들이 또 등장했다. 그리고 그것들은 두어 사람이 스쳐 지나가는 어슴푸레한 인물을 목격한 것이 아니었다. 예수는 수많은 사람들 앞에 여러 번 나타났고, 몇몇 경우는 서로 다른 복음서에 반복적으로 기록되어 있거나 고린도전서 15장의 신경이 내용을 재차 확인해 주고 있었다. "또 다른 보강 증거가 있습니까?"

"사도행전을 한번 보십시오." 그는 신약성경 가운데서 교회의 시작을 기록하고 있는 사도행전을 언급했다. 사도행전 곳곳에는 예수의 출현이 주기적으로 언급되어 있을 뿐 아니라 상세하게 묘사되어 있다. 그리고 사도들이 이 모든 일의 목격자라는 주제가 거의 모든 문맥 속에 나타나고 있다.

"중요한 사실은 고린도전서 15장에 있는 신경과 비슷한 종류의 여러 신경들이 사도행전 1-5장, 10장, 13장에 포함되어 있는데, 이것들이 예수의 죽음과 부활에 관한 초창기 자료들에 대해 알려 주고 있습니다." 그는 존 드레인(John Drane) 교수의 책 한 권을 꺼내서 결론 부분을 읽어 주었다.

> 우리가 부활의 증거로 삼고 있는 초기 증거들의 연대는 부활 사건이 일어난 직후로 거슬러 올라간다. 이에 대한 근거를 사도행전에 나오는 사도들의 초창기 설교에서 찾아볼 수 있다. … 사도행전의 저자가 사도행전의 처음 몇 장 속에 매우 이른 시기의 원시 자료들을 담아 놓고 있다는 데는 의심의 여지가 없다.[11]

사실 사도행전 곳곳에는 예수의 출현과 관련된 내용이 나온다. 특히 사도 베드로는 단호하게 그것을 주장한다. 그는 사도행전 2장 32절에서 다음과 같이 말한다. "이 예수를 하나님이 살리신지라 우리가 다 이 일에 증인이로다." 사도행전 3장 15절에서 그는 다시 반복해서 말한다. "생명의 주를 죽였도다 그러나 하나님이 죽은 자 가운데서 살리셨으니 우리가 이 일에 증인이라." 그리고 사도행전 10장 41절에서는 고넬료에게 자신과 다른 사람들이 "죽은 자 가운데서 부활하신 후 그를 모시고 음식을 먹었다"고 확신 있게 말한다.

바울도 그에 뒤지지 않는다. 그는 사도행전 13장 31절에서 "갈릴리로부터 예루살렘에 함께 올라간 사람들에게 여러 날 보이셨으니 저희가 이제 백성 앞에 그의 증인이라"라고 말한다.

그는 단호하게 말했다. "애초부터 부활은 초기 교회가 선포한 메시지의 핵심이었습니다. 여기에는 의심의 여지가 없습니다. 최초의 그리스도인들은 단순히 예수님의 가르침을 확신하는 정도가 아니라 자신들이 직접 부활한 예수님을 목격했음을 확신했습니다. 그것이 그들의 삶을 변화시켰고 교회의 출발을 가져왔습니다. 그리고 그들의 온 마음을 사로잡았습니다."

복음서와 사도행전의 모든 증거들 - 여러 사건들, 수많은 증인들, 상세한 묘사들, 많은 증거들 - 을 통해 나는 깊은 인상을 받았다. 내가 아무리 애써 봐도 고대 역사에서 그보다 더 철저하게 입증된 사건을 생각해낼 수가 없었다. 그러나 또 다른 문제가 남아 있다. 그것은 대다수 학자들이 예수의 행적을 가장 먼저 기록한 책이라고 믿고 있는 복음서에 관한 문제다.

마가의 숨겨진 결론

내가 처음 부활에 관한 조사를 시작할 때였다. 나는 내 성경에 있는 주석을 읽다가 다음과 같은 글을 읽고서 혼란에 빠졌다. "가장 신빙성 있는 사본들과 다른 고대의 증언 속에는 마가복음 16장 9-20절까지의 내용이 나오지 않는다." 다시 말해 대부분의 학자들은 마가복음이 16장 8절, 곧 여인들이 무덤이 비어 있다는 사실을 발견한 것으로 끝난다고 믿는다는 것이다. 그것은 읽는 이들을 당황케 만드는 글이었다.

"교수님은 가장 초기에 기록된 복음서에 예수의 부활 후 출현 기사가 나오지 않는다는 사실이 혼란스럽지 않으십니까?"

그러나 그는 전혀 혼란스럽지 않은 것 같았다. "제가 보기에는 전혀 문제가 없습니다. 물론 마가가 예수의 출현 기록을 포함시켰더라면 금상첨화였겠지요. 그렇지만 몇 가지 생각해 볼 게 있습니다.

마가가 16장 8절에서 글을 끝냈다 할지라도 - 모든 사람이 그렇게 생각하는 것은 아닙니다 - 그는 무덤이 비어 있었다는 사실을 기록하고 있고 또 한 청년이 '그는 살아나셨다!'라고 선포하는 장면을 기록했습니다. 따라서 마가복음에는 부활이 일어났다는 선포가 남겨져 있고, 본문을 통해서 부활하신 예수께서 사람들 앞에 나타날 것이라고 충분히 예측할 수 있습니다.

좋아하는 소설책을 덮으면서 당신이 이렇게 말할 수는 있습니다. '믿을 수 없어. 왜 작가가 다음 이야기를 써 놓지 않았지?' 그렇지만 책을 덮으면서 '작가는 다음 이야기를 믿지 않고 있어'라고 말할 수는 없습니다. 분명히 마가는 부활이 일어났음을 믿고 있었습니다. 여인들은 청년으로부터 예수께서 갈릴리에 나타나실 거라고 들었습니다. 마가는 거기에서 끝을 맺습니다. 그리고 다른 복음서들은 예수께서 갈릴리에 나타나셨다고 확인시켜 줍니다."

교회 전승에 따르면 마가는 부활하신 예수를 직접 목격했던 베드로의 동역자였다. "부활한 예수가 정말로 사람들 앞에 나타났다면, 왜 마가는 예수가 베드로에게 나타난 것에 대해서 기록하지 않았을까요? 좀 이상하지 않습니까?" 하고 내가 물었다.

"마가는 예수의 출현을 전혀 기록해 놓지 않았습니다. 따라서 베드로의 경우도 이상할 게 없죠. 그렇지만 마가가 베드로를 부각시키고 있음을 유념하십시오. 마가복음 16장 7절에 이렇게 나옵니다. '가서 그의 제

자들과 베드로에게 이르기를 예수께서 너희보다 먼저 갈릴리로 가시나
니 전에 너희에게 말씀하신 대로 너희가 거기서 뵈오리라.'

이것은 고린도전서 15장 5절과도 일치합니다. 거기에 보면 예수께서
베드로에게 나타나셨다고 나옵니다. 그리고 초기 신경 중의 하나인 누가
복음 24장 34절에도 '주께서 과연 살아나시고 시몬(베드로)에게 나타나셨
다'라고 나옵니다. 따라서 마가가 베드로에 대해 예견해 놓은 것이 사도
행전에 가서 베드로 자신에 의해서 성취되었고, 또한 가장 신뢰할 만한
초기 신경 두 곳에서 성취되었음을 알 수 있습니다."

다른 가능성은 없는가?

물어볼 필요도 없이 예수의 부활 후 출현에 대한 증언과 증거의 수량
은 압도적으로 많다. 그 양이 어느 정도냐 하면, 만약 당신이 예수의 부
활 후 출현을 목격한 증인들을 한 사람씩 법정에 세우고서 각 사람마다
15분씩 시간을 들여 반대 심문을 한다고 해 보자. 하루 종일 쉬지 않고
심문하면 월요일 아침에 시작해서 금요일 저녁까지 그들의 증언을 들어
야 할 것이다. 연이어 129시간 동안 목격자의 증언을 들은 후에도 믿지
않을 사람이 과연 있을까?

법률 사건 담당 기자로서 수많은 민사 · 형사 재판들을 취재했던 나
는, 영국 대법원 판사였던 에드워드 클라크(Edward Clarke) 경의 평가에 동의
할 수밖에 없었다. 그는 예수의 부활을 법률적으로 철저하게 분석한 다
음에 이렇게 말했다. "내가 볼 때 부활은 의심의 여지가 없다. 대법원에
서 많은 판결을 내려 봤지만 그만큼 확고한 증거를 갖고 있는 경우는 없
었다. 나는 법률가로서 복음서의 증거를 기탄없이 받아들인다. 그것은

자신들의 증언을 스스로 증명할 수 있는 신실한 사람들의 증언이다."[12]

그렇다 하더라도 예수의 부활 후 출현을 다르게 설명할 방법은 없을까? 혹시 이 이야기들은 전설이 아닐까? 아니면 목격자들이 환각에 빠졌던 것은 아닐까? 나는 그에게 이러한 질문들에 대한 대답을 들어 보기로 결심했다.

첫 번째 가능성, 전설이다

원래의 마가복음이 예수의 출현에 대해서 침묵한 채로 끝난다는 것이 사실이라면, 복음서들이 진화적인 발전 과정을 거쳤을 것이라는 주장이 제기될 수도 있다. 마가복음은 예수의 출현에 대해 전혀 기록하고 있지 않고, 마태복음은 조금, 누가복음은 조금 더 많이 그리고 요한복음은 거의 모든 출현 기사들을 기록하고 있다. "이와 같은 사실에 비추어 볼 때 예수의 출현은 시간이 지나면서 살이 덧붙여진 단순한 전설이라고 볼 수 있지 않을까요?"

"그렇지 않습니다. 거기에는 여러 가지 이유가 있습니다. 첫째, 모든 학자들이 마가복음이 최초의 복음서라고 믿는 것은 아닙니다. 소수이긴 하지만 마태복음이 가장 먼저 쓰였다고 믿는 학자들도 있습니다.

둘째, 당신의 의견을 제가 받아들인다 하더라도, 그 이론은 전설은 시간이 지나면서 발전한다는 사실을 증명할 뿐이지 예수께서 죽은 자 가운데서 부활했다고 하는 최초의 신앙을 해명해 주지는 못합니다. 사도들로 하여금 예수님의 부활을 초대 교회의 중심 신앙으로 선포하게 만든 '어떤 사건'이 있었습니다. 그러나 전설 이론은 그 사건에 대한 초기 목격자들의 이야기를 설명해 주지 못합니다. 다시 말하면, 전설 이론은 어떻게 이야기가 발전해 갔는가에 대해서는 말해 줄 수 있어도, 어떻게 그 이야기가 시작되었는지에 대해서는 말해 주지 못합니다.

셋째, 지금 당신은 고린도전서 15장에 나오는 신경이 다른 어떤 복음서보다도 연대적으로 앞서 있다는 사실을, 그리고 거기에는 예수님의 출현에 대한 많은 주장들이 나온다는 사실을 놓치고 있습니다. 사실 가장 큰 수와 관련된 바울의 주장 - 예수께서 동시에 오백여 명 앞에 나타났다는 - 에 관한 출처는 연대적으로 가장 앞선 것입니다. 이것은 전설 이론을 주장하는 사람들에게 여러 문제들을 안겨 줍니다. 무엇보다도 고린도전서 15장과 사도행전에 나오는 신경 기사들은 전설 이론을 논박하는 데 최고의 근거가 됩니다. 두 가지 모두가 복음서 자료보다 연대적으로 앞서 있기 때문이죠.

넷째, 빈 무덤이 있지 않습니까? 부활이 전설에 불과하다면, 무덤에는 시체가 남아 있을 겁니다. 그러나 부활절 아침에 무덤은 비어 있었습니다. 전설 이론은 여기에 대해서도 설명할 수 있어야 합니다."

두 번째 가능성, 환상이다

복음서에 등장하는 증인들은 자신들이 본 것이 예수임에 틀림없다고 믿고 있었을 것이다. 그리고 아마도 그들은 그것을 정확하게 기록해 놓았을 것이다. 그러나 실제로는 환상을 본 것이었는데도 진짜로 예수를 만났다고 착각하고 있었던 것은 아닐까? 그는 내 질문에 빙그레 웃으면서 이렇게 물었다. "게리 콜린스 교수를 아십니까?" 그의 질문은 나의 방어적인 자세를 누그러뜨렸다. "예, 물론입니다. 최근에 인터뷰를 했습니다" 하고 대답했다.

그는 "당신은 심리학자로서의 그의 자질을 믿습니까?" 하고 물었다. 그가 무엇인가를 나에게 제시하려고 하는 것 같았기 때문에 나는 조심스럽게 대답했다. "예, 그렇습니다. 심리학 박사인 그는 20년 동안 교수로 있으면서 심리학과 관련된 수십 권의 책을 썼고, 전국 심리학자 협회 의장을 맡고 있죠. 그럼요, 저는 그가 충분한 자격을 갖추고 있다고 확신합니다."

그는 나에게 종이 한 장을 건네주면서 말했다. "저는 게리 콜린스 교수에게 예수의 부활 후 출현이 환상일 가능성은 없는지 물었습니다. 그리고 이것은 그의 전문가적 견해입니다." 나는 그 내용을 살펴보았다.

> 환상은 매우 개인적인 것입니다. 그 본질상 한 번에 한 사람만이 볼 수 있습니다. 집단적으로 목격하는 것은 환상이 될 수 없죠. 한 사람이 어떤 식으로든 영향을 주어서 다른 사람으로 하여금 환상을 보게 유도하는 일은 불가능합니다. 환상은 오직 주관적이고 개인적인 의미에서만 존재하기 때문에 다른 사람은 절대로 볼 수 없습니다.[13]

그가 말했다. "그 점이 환상 이론의 큰 걸림돌입니다. 왜냐하면 예수께서 여러 사람 앞에 나타나셨으며 그들은 동시에 똑같이 예수님을 목격했다는 기록이 여러 군데 나오기 때문이죠. 그리고 왜 환상 이론이 예수님의 출현을 설명해 주는 이론이 못 되는가에 대한 여러 주장들이 있습니다."

그는 연이어서 말했다. "사람들이 환상을 보기 위해서는 무엇인가를 바라는 마음 혹은 기대하는 마음이 있어야 하죠. 그렇지만 제자들은 예수께서 십자가에 못 박히신 후에 두려워했고, 의심하고 있었고, 절망 가운데 있었습니다. 게다가 베드로는 고집이 셌고, 야고보는 회의적인 사람이었습니다. 이들은 절대로 환상을 볼 만한 조건을 갖추고 있지 않았어요.

또한 환상은 아주 드물게 일어납니다. 마약을 했거나 육체적으로 어려움에 처해 있을 때 흔히 일어나죠. 환상을 체험해 본 사람을 알고 계신지 모르겠지만, 1-2가지 조건만으로는 환상을 경험할 수 없습니다. 그렇지만 환상 이론이 주장하는 바는 다양한 배경과 다양한 기질을 가진 사람들이 몇 주 동안 여러 장소에서 모두 한꺼번에 환상을 경험했다는 것 아닙니까? 너무 무리한 주장이라고 생각하지 않으십니까?

게다가 만약 복음서의 기록을 신뢰할 수 있다고 한다면, 제자들이 예수님과 함께 식사를 나누고 예수님을 만진 내용은 어떻게 설명할까요? 예수께서 엠마오로 가던 두 제자를 만나서 함께 길을 걸어가신 것은요? 그리고 빈 무덤에 대해서는요? 만약 사람들이 환상을 본 것이라면 예수님의 시체는 무덤 속에 남아 있어야 했습니다."

나는 '오케이. 만약 그것이 환상이 아니었다면 아마도 훨씬 더 불가사의한 일이었겠지' 하고 생각하면서 이렇게 물었다. "그렇다면 집단사고 (group-think)의 한 예는 아닐까요? 사람들이 서로 이야기하는 가운데 존재하지 않는 무엇인가를 보는 것 말입니다. '종교적인 열심으로 가득 차 있는 사람은 실제로 존재하지 않는 것도 자신이 보고자 하면 볼 수 있다'라고 주장한 마이클 마틴의 말처럼 말이죠."[14]

그는 웃음을 터뜨렸다. "당신도 아시겠지만, 저와 논쟁을 벌인 무신론자들 가운데 한 사람인 앤터니 플루는 다른 무신론자들이 그렇게 주장하는 것을 좋아하지 않는데 그것은 양쪽 다 통하는 것이기 때문이라고 말했습니다. 플루의 말처럼 '그리스도인은 자신이 원하기 때문에 믿지만 무신론자도 자신이 원하지 않기 때문에 믿지 않는다!'는 것이죠.

제자들이 서로 이야기를 나누다가 예수를 목격하게 되었다는 주장은 분명히 잘못되었습니다. 거기에는 몇 가지 이유가 있어요. 예수님의 부활은 그들 신앙의 핵심적인 문제였고, 제자들은 너무 많은 위험을 감수했습니다. 만약 그것이 집단 사고였다면 제자들 중 일부는 나중에 다시 생각해 보고서 자신의 주장을 철회한다든지 그냥 조용히 떠나지 않았겠습니까? 그리고 야고보를 생각해 보십시오. 야고보는 예수님을 믿지 않았던 사람입니다. 또 바울의 경우는 어떻습니까? 그는 그리스도인을 박해하던 사람이 아닙니까? 그런데 어떻게 그들이 서로 대화를 나누다가 무엇인가를 목격할 수 있었겠습니까? 더구나 무덤은 비어 있었지 않습니까?

무엇보다도 그 견해를 따르자면 고린도전서 15장의 신경과 그 외 여러 곳에 나오는 목격에 대한 솔직한 표현들을 설명할 수 없습니다. 목격자들은 자신들이 살아 계신 예수님을 보았음을 어쨌든 확신하고 있었습니다. 집단사고라면 이 부분이 설명이 안 됩니다."

그는 이야기를 멈추고서 책 한 권을 꺼내 들었다. 그리고 저명한 신학자이자 역사가인 칼 브라튼(Carl Braaten)의 글을 인용해서 자신의 주장을 보충했다. "아무리 회의적인 역사가라 할지라도 다음과 같은 사실에 동의한다. 초기 기독교에 있어서 부활은 실제로 일어난 역사적 사건이었고, 신앙의 근본이었으며, 신자들의 상상력에 의해서 만들어진 신화가 아니었다."[15]

그는 이렇게 결론지었다. "때때로 사람들은 예수님의 출현을 설명하기 위해서 지푸라기라도 잡을 기세로 온갖 방법을 다 동원합니다. 그러나 예수께서 살아나셨기 때문이라는 설명보다 더 나은 설명은 없습니다."

의심의 여지가 없다

알렉산더 메드럴 박사는 예수가 십자가에서 죽었다는 사실을 생생하게 보여 주었다. 윌리엄 레인 크레이그 교수는 부활절 아침에 무덤은 틀림없이 비어 있었음을 증명했다. 그리고 게리 하버마스 교수는 예수의 제자들을 포함한 많은 사람들이 예수를 목격했고, 직접 만졌고, 함께 식사를 나누었음을 여러 증거들을 통해서 입증했다. 영국의 저명한 신학자인 마이클 그린(Michael Green)은 이렇게 말했다. "예수님의 출현은 고대의 어떤 사건보다도 믿을 수 있는 사건이다. … 합리적으로 볼 때 예수께서 출현하셨다는 데는 의심의 여지가 없다. 초기 그리스도인들이 예수님의 부활을 확신했던 이유는 바로 이것이다. '우리가 살아나신 주를 보았노라.' 그들은 확신을 가지고 그렇게 고백했다. 그들은 바로 그가 예수님이라는 사실을 알고 있었다."[16]

이외에도 수많은 증거들이 있다. 나는 부활이 실제로 일어난 역사적 사건이었음을 증명할 수 있는 마지막 증거에 대한 전문가를 만나기 위해서 비행기 좌석을 이미 예약해 놓았다. 그러나 그의 연구실을 떠나기에 앞서 나는 한 가지 질문을 남겨 두고 있었다. 솔직히 나는 그것을 물어보기 전에 망설였다. 왜냐하면 너무 뻔한 질문이었고 따라서 대답 역시 뻔할 거라고 생각했기 때문이다.

내 질문은 부활의 중요성에 관한 것이었다. 내가 이 질문을 던지면 그는 전형적인 답변, 곧 부활은 기독교 교리의 핵심이고, 기독교 신앙의 지축과도 같다는 대답을 할 거라고 생각했다. 그리고 내 생각이 맞았다. 그는 그런 식으로 대답했다.

그러나 내가 놀란 이유는 그것이 전부가 아니었기 때문이다. 치밀한 학자이자 억세고 공정한 논쟁가인, 그리고 언제든지 싸울 준비가 되어 있는 신앙의 옹호자인 그는, 깊은 절망의 골짜기를 통과하면서 자신이 발견했던 해답을 들려주었고 나는 그것을 통해 그의 내면을 자세히 들여다볼 수 있었다.

주님, 왜 하필 내 아내입니까

그는 자신의 턱수염을 문질렀다. 그의 말에 깃들여 있던 속사포 같은 억양과 토론가다운 날카로움은 어느새 사라졌다. 그는 더 이상 학자들의 말이나 성경을 인용하지 않았고, 자신의 주장을 내세우지도 않았다. 나는 부활의 중요성에 대해 질문했고 그는 1995년도의 경험, 그의 아내였던 데비 여사가 위암으로 서서히 죽어가던 당시의 힘들었던 체험을 들려주었다. 그 순간 나는 숙연한 마음이 되었고 그의 말을 묵묵히 들어 주는 일밖에 할 수 없었다.

그는 딴 곳으로 눈을 돌리면서 이야기를 시작했다. "저는 우리 집 현관에 앉아 있었죠." 그리고 깊은 한숨을 쉬더니 말을 이어 나갔다. "제 집사람은 위층에서 죽어가고 있었습니다. 몇 주만 빼놓고는 대부분 집에서 누워 있었죠. 정말 견디기 힘든 시간이었습니다. 절대로 일어나지 말아야 할 일이 저에게 닥쳤던 겁니다."

그는 다시 고개를 돌려서 나를 똑바로 쳐다보았다. "그러나 어떤 놀라운 일이 생겼는지 아십니까? 제 학생들이 저에게 전화를 했어요. 여러 명이 전화를 해서 말하는 겁니다. '교수님, 이런 때에 부활이 있다는 것이 기쁘지 않으십니까?' 저는 그 말에 냉정을 되찾았고 두 가지 이유 때문에 미소를 지을 수 있었어요. 첫째는 학생들이 제가 가르쳤던 그 내용으로 저를 격려해 주고 있었기 때문이고, 둘째는 학생들의 격려가 제게 위로가 되었기 때문입니다.

저는 앉은 채로 욥을 생각해 봤습니다. 욥은 온갖 어려운 일들을 겪고 나서 하나님께 질문을 던졌습니다. 그러나 하나님은 거꾸로 욥에게 질문하셨죠. 만약 하나님이 저에게 오신다면 저는 오직 한 가지 질문만을 여쭈었을 겁니다. '주님, 왜 하필 데비입니까? 왜 아내가 죽을병에 걸려야 하는 거죠?' 그러면 하나님은 부드러운 목소리로 이렇게 물으실 거라는 생각이 들었습니다. '게리야, 내가 내 아들을 죽은 자 가운데서 살려 낸 것을 알고 있니?'

'아무렴요, 주님. 그 주제로 7권의 책을 쓴 걸요. 물론 예수님은 살아나셨지요. 그렇지만 제가 알고 싶은 건 데비가 어떻게 되느냐는 겁니다!'

하나님은 제 마음속에서 다시 똑같은 질문을 던지셨습니다. '내가 내 아들을 죽은 자 가운데서 살려 내지 않았느냐?' '내가 내 아들을 죽은 자 가운데서 살려 내지 않았느냐?'

제가 그 뜻을 이해할 때까지 그 질문은 반복되어서 제 마음에 메아리쳤습니다. 그리고 저는 그 질문의 뜻을 이해하게 되었습니다. 만약 예수께서 이천 년 전에 부활하셨다면 1995년에 죽은 제 아내도 부활할 것이라는 말씀이었습니다. 그리고 어떻게 되었는지 아십니까? 그 자리에 앉아 있던 저는 그 사실을 믿게 되었습니다. 그리고 지금까지도 마찬가지입니다.

아내가 죽어 가는 것을 지켜보는 일은 정말 견디기 힘들었습니다. 그러나 부활이 그녀의 고통을 해결해 줄 것이라는 사실을 받아들이지 않을 수 없었습니다. 저는 근심하고 있었고 네 명의 자녀를 잘 키울 수 있을지 걱정되었습니다. 하지만 저는 부활의 진리로부터 위로를 받았습니다.

집사람을 잃은 일은 두 번 다시 경험하고 싶지 않은 가장 고통스러운 경험이었습니다. 그러나 부활이 저로 하여금 그 고통을 극복하게 했습니다. 그리고 앞으로 어떤 일도 극복할 수 있게 만들어 줄 겁니다. 부활은 AD 30년에 유효했습니다. 그리고 1995년에도 유효하고 지금도 유효하며 앞으로도 계속 유효할 겁니다."

하버마스 교수는 나를 응시하면서 조용히 말했다. "부활은 단순한 설교거리가 아닙니다. 저는 전심으로 부활을 믿습니다. 부활이 있다면 천국도 있습니다. 예수께서 부활하셨다면, 제 아내 데비도 부활합니다. 그리고 저 역시도 언젠가는 부활할 것입니다. 그때에 저는 예수님과 데비, 두 사람 모두를 만나 볼 수 있을 겁니다."

Chapter 14

정황 증거

제자들의 삶에 일어난 혁명들, 기꺼이 자신의 목숨을 내놓다

J. P. 모어랜드 교수와 인터뷰

티모시 맥베이(Timothy McVeigh)가 임대한 라이더 트럭에 화학 비료로 만든 2톤가량의 폭발물을 싣는 것을 목격한 사람은 아무도 없었다. 그는 그 트럭을 오클라호마 시에 있는 연방청사 앞으로 몰고 간 후에 폭발시켜서 168명을 죽게 했다. 그러나 그를 본 사람은 아무도 없었다. 어떤 비디오 카메라에도 그가 도망가는 모습이 포착되지 않았다.

그러나 배심원단은 미국 내에서 발생했던 테러 사건 중 최악의 사건으로 기록될 오클라호마 연방청사 폭발 사건을 일으킨 혐의로 맥베이에게 유죄를 선고했다. 맥베이의 유죄에 대해 배심원들은 전혀 의심하지 않았다. 왜 그랬을까? 검사들은 진상과 증거를 하나씩 하나씩, 그리고 목격자들을 한 명씩 한 명씩 조사한 후 정황 증거를 이용해서 완벽하게 그를 기소했기 때문이다.

증인대 앞에 선 137명 중 맥베이가 범행을 저지르는 것을 직접 본 사람은 없었지만, 그들의 증언은 그의 유죄를 간접적으로 증명했다. 예를 들어, 한 자영업자는 맥베이가 라이더 트럭을 빌렸다고 증언했고, 한 친구는 맥베이가 정부에 대한 분노의 표시로 정부 건물에 폭탄 테러를 하겠다고 말한 것을 들었으며, 한 과학자는 맥베이가 체포될 당시 입고 있던 옷에 폭발물 성분이 남아 있었다고 증언했다.

검사들은 여기에다 모텔과 택시 요금 영수증에서 통화 기록, 트럭 열쇠, 중국 음식점 요금 청구서에 이르기까지 7백 가지 이상의 증거들을 보강했다. 검사들은 18일 간에 걸쳐 맥베이가 결코 빠져 나가지 못할 정도로 치밀하게 증거들을 짜 맞추었다.

목격자는 재판정에서 손을 들고 선서한 후 자신이 목격한 피고인의 범죄 사실에 대해 설명한다. 이 때문에 목격 증언은 직접 증거라고 불려진다. 목격 증언은 흔히 결정적인 증거가 되기도 하지만 때때로 희미한 기억, 편견, 심지어는 노골적인 거짓말 때문에 증거로서 제구실을 못 할 수도 있다. 이와 대조적으로 정황 증거는 이성적인 추론으로부터 이끌어 낸 간접 사실들로 이루어진다. 정황 증거의 누적 효과는 어느 모로 보나 목격자의 증언만큼 강력할 수 있다.[1] 그리고 많은 경우에는 목격자의 증언보다 더 강력한 증거가 되기도 한다.

티모시 맥베이는 목격자들을 피함으로써 완전 범죄를 저질렀다고 생각했을지도 모른다. 그러나 정황 증거는 직접 증언 못지않은 통렬함으로 그를 범인으로 지목했고 그는 결국 사형수 감방에 수감되었다.

나는 무덤이 비어 있었다는 사실에 대한 결정적인 증거들과 부활한 예수에 대한 목격 기사들을 이미 살펴보았다. 따라서 이제는 예수의 부활이 사실임을 뒷받침해 주는 정황 증거들이 있는지 살펴볼 참이었다. 만약 예수의 부활 사건과도 같은 특별한 사건이 실제로 일어났다면, 그것을 뒷받침해 주는 간접 증거들이 역사 속에 산재해 있을 것이다. 나는 그것을 조사하기 위해 한 번 더 남부 캘리포니아로 가서 역사와 철학, 과학에 대해 높은 식견을 갖고 있는 학자를 만났다.

열세 번째 인터뷰: J. P. 모어랜드 교수

J. P. 모어랜드(Moreland) 교수는 기운이 넘치는 사람이었고, 활기차고 열정적인 목소리로 이야기했다. 그리고 자주 회전의자에서 몸을 앞으로 빼면서 자신의 논점을 강조했는데, 실제로 몇 번은 의자에서 튀어나와서

내 목을 조를 것처럼 자신의 주장을 펼치기도 했다. 우리가 토론 도중 잠깐 휴식 시간을 가질 때 그는 이렇게 외쳤다. "저는 이런 논쟁이 좋아요."

그의 사고 체계는 매우 조직적이고 논리적이었기 때문에 그는 전혀 힘들지 않게 완벽한 문장을 사용해서 자신의 주장을 펼쳤다. 그의 말은 곧바로 책으로 출판해도 될 정도로 군더더기 없이 깔끔했다. 내 녹음기가 다 될 때마다 그는 잠깐 이야기를 멈추었다. 그리고 인터뷰가 다시 시작되면 한 치의 오차도 없이 말이 끊겼던 곳에서 정확하게 시작했다.

그는 유명한 철학자(서던캘리포니아대학교에서 박사 학위를 받았다)이며, 칸트와 키에르케고르의 관념 세계를 다루는 데 익숙한 사람이지만 추상 세계에만 안주하는 사람은 아니다. 그는 미주리대학에서 화학을 전공했고, 그의 탁월한 저서인 《세속적 도시 확장》(Scaling the Secular City)에서도 알 수 있듯 역사학 박사 학위자답게 현실 감각을 갖춘 사람이었다. 달라스신학교에서 신학 석사학위도 받았으며, 현재 탈봇신학대학의 철학과 석좌 교수로서 철학과 윤리학의 석사 과정에서 교편을 잡고 있다.

그의 논문은 30여 개가 넘는 전문 저널에 실렸는데 그중 〈미국 철학 계간〉, 〈형이상학〉, 〈철학과 현상학 연구〉 등이 있다. 또한 그가 저술하고 공저하고 편집한 책에는 Christianity and the Nature of Science(과학의 본질과 기독교), 카이 닐슨과의 논쟁을 담은 Does God Exist?(신은 존재하는가?), The Life and Death Debate(삶과 죽음에 대한 토론), The Creation Hypothesis(창조론), Beyond Death(죽음을 넘어서), Exploring the Evidence for Immortality(영생의 증거), Jesus under Fire(공격받는 예수), 《그리스도인을 위한 지성 활용법》(Love Your God with All Your Mind) 등이 있다.

그의 연구실을 찾아가기 전부터 나는 정황 증거가 단순하지 않은 복합적인 성질을 갖고 있음을 알고 있었다. 다른 말로 하자면, 확실한 결론을 도출할 수 있는 튼튼한 기초가 세워질 때까지 차곡차곡 쌓여 가는 것이 정황 증거라는 말이다. 그래서 나는 직설적이고 도전적인 질문으로 인터뷰를 시작했다. "예수가 부활했음을 제가 확신할 수 있도록 정황 증거를 이루고 있는 다섯 가지 사실을 알려 주시겠습니까?"

그는 내 질문을 주의 깊게 들었다. "다섯 가지 사실이라고요?"라고 그가 물었다. "어느 누구도 시비 걸지 않는 확실한 다섯 가지말입니까?"

내가 고개를 끄덕이자 그는 책상 뒤로 의자를 빼더니 첫 번째 사실을 말하기 시작했다. 첫 번째는, 제자들의 변화된 삶과 그들이 예수가 부활했다는 확신을 위해서 기꺼이 목숨을 내어 놓았다는 것이었다.

증거1: 제자들은 죽기까지 믿음을 지켰다

모어랜드 교수가 말했다. "예수께서 십자가에 못 박히자 그의 제자들은 낙담했고 절망에 빠졌습니다. 그들은 더 이상 예수님이 하나님이 보내신 분이라는 사실을 확신하지 못했습니다. 왜냐하면 십자가에 달린 자는 하나님의 저주를 받은 자라고 믿었기 때문이죠. 또한 그들이 배운 바로는, 하나님은 자신이 보낸 메시아를 고통 가운데 죽도록 내버려두시는 분이 아니었습니다. 그래서 제자들은 뿔뿔이 흩어졌습니다. 예수 운동(Jesus movement)은 거의 멈춰 서고 말았죠.

그런데 얼마 지나지 않아 그들은 자신의 직업을 버리고서 다시 뭉쳤고 매우 특별한 메시지 - 예수 그리스도는 하나님의 메시아로서 십자가에서 죽으셨지만 다시 살아나셨고 제자들 앞에 나타나셨다 - 를 전파하는 일에 헌신했습니다. 그리고 그들은 남은 생애를 그 메시지를 선포하는 일에 바쳤습니다. 인간적인 관점에서 볼 때 아무런 이익이 남지 않는 일인데도 말입니다. 물론 지중해에 그들을 기다리고 있는 대저택이 있는 것도 아니었습니다. 오히려 그들은 힘들고 어려운 삶을 살았습니다. 자주 굶었고, 비바람 속에서 잠을 잤고, 조롱당했고, 맞았고, 감옥에 갇히기까지 했습니다. 결국 대다수의 제자들은 고통스러운 방법으로 처형당했습니다.

무엇 때문이었을까요? 어떤 선한 의도가 있었기 때문일까요? 아닙니다. 그 이유는 그들이 죽은 자 가운데서 살아나신 예수 그리스도를 만났기 때문입니다. 여러 사람으로 이루어진 이 특별한 그룹이 부활하신 그리스도를 체험하지 않고서 어떻게 그런 특별한 신앙을 가질 수 있었겠습니까? 이것 외에 다른 설명은 없습니다."

"예, 제자들은 자신이 믿는 바를 위해서 기꺼이 목숨을 내어 놓았습니다"라고 나는 동의했다. 그러나 이렇게 덧붙였다. "하지만 이슬람교도들이나 몰몬교도, 이단 추종자들도 마찬가지 아닙니까? 제자들이 목숨을 내어 놓았다는 것은 그들이 광신도라는 사실을 말해 줄 뿐이지 그들이 믿는 바가 진리라는 것을 증명할 수는 없습니다."

"잠깐만요. 양자의 차이점에 대해 한번 신중하게 생각해 보죠." 그는 두 발을 바닥에 고정시킨 채로 의자를 회전시켜서 내 얼굴을 정면으로 보면서 말했다. "이슬람교도들도 알라가 마호메트에게 자신을 계시했다는 믿음을 위해서 기꺼이 죽을 수 있습니다. 그러나 그 계시는 공개적인 계시가 아니었습니다. 따라서 이슬람교도들은 틀릴 수도 있습니다. 자신들은 그것이 진리라고 생각하겠지만 사실 여부는 알 수 없습니다. 그들이 그 계시를 직접 목격하지 않기 때문이죠.

그러나 사도들은 자신들의 눈으로 직접 보고 자신들의 손으로 직접 만진 무엇인가를 위해서 죽음조차도 기꺼이 감수했습니다. 그들은 예수님이 살아나셨음을 막연히 믿는 정도가 아니라 그것을 두 손과 두 눈으로 직접 확인했습니다.

당신이 신뢰할 수 있는 열한 명의 사람들이 있다고 가정해 봅시다. 마음속에 딴 동기도 없고, 잃을 것도 얻을 것도 없는 사람들인데, 자신들 눈으로 무엇인가를 보았다고 이구동성으로 말한다고 생각해 보십시오. 여기에는 당신이 말한 식으로 설명하기에는 어려운 점이 있습니다."

나는 미소를 지었다. 왜냐하면 '반대를 위한 반대'를 했기 때문이다. 실은 나도 그가 옳다는 것을 알고 있었다. 사실 이렇게 비판적으로 구분하는 것은 내 영적 여행에서 중추적인 것이었다.

나는 그의 말을 이런 식으로 이해했다. 사람들은 자신이 진리라고 믿는 종교적 신앙을 위해서 죽을 수도 있다. 하지만 자신의 믿음이 잘못되었음을 알게 된다면 죽으려고 하지 않을 것이다.

대다수의 사람들은 자신의 믿음이 진리일 것이라고 믿을 수 있겠지만, 제자들은 예수의 부활 여부에 대해 확실히 알 수 있었다. 제자들은 예수를 보았고, 그와 이야기했고, 식사를 나누었다고 주장했다. 만약 그들이 절대적인 확신을 품고 있지 않았다면, 고통스럽게 죽으면서까지 예수가 부활했음을 선포하지는 않았을 것이다.[2]

"좋습니다. 그것에 대해서는 확신이 생겼습니다. 이제 다른 것을 말씀해 주시겠습니까?"

증거2: 회의론자들의 회심

그는 계속해서 말했다. "정황 증거의 다른 부분을 말씀드리죠. 예수께서 십자가에 달리시기 전에는 그를 믿지 않던 강퍅한 회의론자들이 있었습니다. 그런데 그들이 예수님 사후에 완전히 바뀌어서 기독교 신앙을 받아들였습니다. 여기에 대해서는 그들이 부활하신 그리스도를 직접 만났다고 설명할 수밖에 없습니다."

"교수님은 지금 예수의 형제인 야고보와 사도 바울이 되기 전의 다소의 사울에 대해서 말씀하고 계신 것 같은데, 야고보가 예수를 믿지 않았다는 증거가 있습니까?"

"물론입니다. 복음서는 예수님의 가족들 - 야고보도 포함해서 - 이 예수님의 주장에 당황했다고 기록하고 있습니다. 그들은 예수님을 믿지 않았을 뿐만 아니라 예수님과 맞섰습니다. 고대 유대교에서는 랍비가 가족들에게 인정받지 못하는 것은 매우 난처한 일이었습니다. 따라서 복음서 저자들이 사실이 아닌데도 마치 예수님의 가족들이 예수님을 믿지 않는 것처럼 허위로 기록할 이유가 없습니다.

후대의 역사가인 요세푸스는 예수님의 형제 야고보가 예루살렘 교회의 지도자가 되었고 돌에 맞아 죽었다고 기록했습니다. 왜 야고보의 삶이 변했을까요? 바울은 부활하신 예수께서 그에게 나타나셨다고 말해 줍니다. 그것 외에 다르게 설명할 방법은 없습니다."

"그러면 사울의 경우는요?"

"사울은 바리새인이었기 때문에 유대인의 전통을 깨뜨리는 것이라면 모두 증오했습니다. 그가 보기에 기독교라고 불리는 반유대 운동은 더할 나위 없이 이단적이었을 겁니다. 그래서 그는 기회만 되면 기독교인들을 처형시키려고 했습니다. 그런 사울이 기독교인에 대한 태도를 누그러뜨리기만 해도 놀라운 일이었을 텐데, 한술 더 떠서 기독교에 동참했습니다. 어떻게 이런 일이 일어날 수 있죠? 아마 대부분의 사람들은 바울이 갈라디아서를 썼다는 데 동의할 겁니다. 그런데 바로 그 갈라디아서에서 바울은 자신이 180도 달라져서 기독교 신앙의 옹호자가 된 이유를 말해 줍니다. 그는 자신이 부활하신 그리스도를 보았고 그리스도께서 자신을 택하셨다는 음성을 직접 들었다고 말합니다."

나는 기독교 비평가인 마이클 마틴의 주장을 사용하기 위해서 모어랜드 교수가 그 말을 하기만을 기다리고 있었다. 마이클 마틴은 "만약 바울의 회심이 예수 부활의 근거가 된다면, 마호메트가 이슬람교로 귀의한 것은 예수는 부활하지 않았다는 사실에 대한 근거가 된다. 왜냐하면 이슬람교도들은 예수의 부활을 부인하기 때문이다"라고 말했다.

나는 그에게 말했다. "마이클 마틴의 말은 바울의 회심이 중요한 증거라면 마호메트의 회심도 똑같이 중요한 증거라는 겁니다. 따라서 두 증거는 서로 상쇄된다는 뜻입니다. 맞는 말 같지 않습니까?"

그러나 그는 내 말에 넘어가지 않았다. "마호메트의 회심을 한번 살펴보죠." 그는 자신감 넘치는 목소리로 말했다. "마호메트의 회심에 대해 알고 있는 사람은 아무도 없습니다. 그는 자신이 동굴 속에 있을 때 알라로부터 코란의 계시를 받았다고 말합니다. 하지만 그 장면을 목격한 사람은 아무도 없습니다. 마호메트가 사람들 앞에서 기적을 행해서 자신의 말을 증명한 적도 한 번도 없습니다.

그리고 추종자들로서는 마호메트를 따를 만한 충분한 동기가 있었습니다. 초창기 이슬람은 대부분 전쟁을 통해서 교세를 확장했기 때문이죠. 마호메트의 추종자들은 마을을 정복해서 무력을 통해 사람들을 이슬람으로 개종시켰습니다. 그것을 통해 권력과 힘을 얻을 수가 있었죠.

이에 반해, 사울을 위시한 초기 그리스도인들은 다른 사람들과 함께 목격했습니다. 단지 마음속에서 일어나는 일들이 아니라, 공개적으로 사람들 앞에서 일어나는 일이었죠.

게다가 바울은 자신이 직접 기록한 고린도후서에서 고린도교회 성도들에게 자신이 기적을 행했던 일을 상기시켜 줍니다. 고린도교회 성도들이 뻔히 알고 있는데도 거짓말을 한다는 것은 있을 수 없는 일이죠."

"그렇다면 교수님 말씀의 핵심은 무엇입니까?"

"바울의 회심은 간단한 사건이 아님을 기억하십시오. 바울의 회심과 마호메트의 회심을 동일선상에 놓으려면, 먼저 바울이 어떻게 자신이 지금까지 배워 온 것들을 완전히 뒤엎을 수 있었는지 설명할 수 있어야 합니다. 또 공개적인 장소에서 어떻게 그가 부활하신 예수를 보게 되었는지도 설명할 수 있어야 합니다. 그리고 바울이 자신의 사도성을 증명하기 위해서 기적을 행했던 일도 설명해야 합니다."

"좋아요, 좋습니다. 무슨 말씀인지 알겠습니다. 교수님의 주장이 옳다고 인정하겠습니다." 나는 그렇게 말하면서 다음으로 넘어가 달라는 제스처를 했다.

증거3: 핵심 사회 구조의 변화

그는 정황 증거의 다음 부분을 설명하기에 앞서 유대인의 문화에 관한 중요한 배경 지식을 먼저 설명했다. "예수님 당시에 유대인들은 바벨론, 앗시리아, 페르시아, 그리스 그리고 로마에 의해서 7백 년 동안 박해를 받고 있었습니다. 많은 유대인들이 뿔뿔이 흩어져서 각국에 포로로 잡혀 있었습니다. 그럼에도 불구하고 오늘날 우리는 유대인들을 만날 수 있습니다. 하지만 그 당시 살고 있었던 히타이트인, 암몬인, 앗시리아인, 페르시아인, 바빌론인 등의 여러 민족들은 흔적도 없습니다. 왜 그럴까요? 이들은 다른 나라에 포로로 잡혀 가고 다른 민족과 결혼하여 자기 민족의 정체성을 잃어버렸기 때문입니다.

그렇다면 왜 유대인들은 그대로 남아 있을까요? 그 이유는 그들에게 민족적 정체성을 부여해 준 그들의 사회 구조 때문입니다. 유대인들은 놀라울 만큼 사회 구조를 중요하게 생각했습니다. 유대인들은 이런 구조를 자손들에게 그대로 전수해 주고서 매 안식일마다 회당에 모여서 그것을 기념합니다. 그리고 여러 가지 의식들을 통해 그것을 강화시켜 나갑니다. 그렇게 하지 않으면 유대인이 남아 있지 않을 것이라는 사실을 잘 알고 있기 때문이죠. 유대인들은 그들을 사로잡고 있는 그 문화 속에서 하나가 되었습니다.

그리고 이러한 사회 제도들이 그토록 중요했던 이유가 또 하나 있습니다. 그들은 그 제도를 하나님이 주셨다고 믿었습니다. 만약 그 제도들을 버릴 경우에는 저주를 받아 지옥에 가게 될 거라고 믿었습니다.

그런데 예수라고 불리는 한 랍비가 매우 천시되던 고장에서 나타났습니다. 그는 삼 년 동안 가르치면서 하류층과 중류층의 사람들을 추종자로 끌어 모았습니다. 그러다가 지배 계층과 마찰을 일으켰고 당시 처형되었던 삼만 명의 유대인들과 마찬가지로 십자가에 못 박혔습니다.

그러나 5주 후에 1만 명이 넘는 유대인들이 예수가 새로운 종교의 창시자라고 주장했습니다. 그리고 중요한 사실은, 그들이 어렸을 적부터 사회적으로나 신학적으로 매우 중요하다고 배워 왔던 다섯 가지 사회 제도를 모두 바꾸거나 포기해 버렸다는 것입니다."

"어떤 중대한 일이 일어났다는 암시가 담겨 있군요"라고 내가 말하자 그는 맞장구를 쳤다. "그렇습니다. 너무나 중대한 일이 일어났습니다!"

유대인의 삶에 일어난 다섯 가지 혁명

나는 그에게 어떻게 예수의 제자들이 유대인의 다섯 가지 사회 제도를 바꾸거나 포기할 수 있었는지 설명해 달라고 요청했다.

"첫째, 그들은 아브라함과 모세 시대 이후로 죄를 용서받고자 하는 사람은 매년마다 동물 희생 제사를 드려야 한다고 배웠습니다. 그러면 하나님이 그들의 죄를 그 동물에게 전가시키기 때문에 제사를 드린 사람은 죄를 용서받게 되고 하나님과 바른 관계를 누리게 된다는 것입니다. 그런데 갑자기 나사렛에서 온 한 목수가 죽고 나서 그를 따르는 유대인들이 더 이상 희생 제사를 드리지 않았습니다.

둘째, 유대인들은 하나님이 모세를 통해서 주신 율법을 지킬 것을 강조했습니다. 유대인의 관점에서 볼 때, 그것은 이방 나라들로부터 자신을 구별시키는 방법이었습니다. 그러나 예수께서 죽은 지 얼마 지나지 않아서, 그를 따르던 유대인들은 모세의 율법을 지키는 것만으로는 자신들의 공동체 멤버가 될 수 없다고 주장하기 시작했습니다.

셋째, 유대인들은 매주 토요일이 되면 종교적 행위 외에는 아무 일도 하지 않는 안식일을 철저하게 지켰습니다. 그럼으로써 하나님과 올바른 관계를 누릴 수 있고, 가족의 구원을 보장받았으며, 민족과 바른 관계를 맺을 수 있다고 믿었습니다. 그런데 이 나사렛의 목수가 죽은 다음에 1500년 동안 이어져 온 그 전통이 갑자기 바뀌었습니다. 그리스도인들은 일요일에 예배를 드렸습니다. 예수가 부활한 날이었기 때문이죠.

넷째, 유대인들은 유일신론, 곧 한 분이신 하나님을 믿었습니다. 그런데 그리스도인들은 유일신을 가르치면서도 아버지와 아들과 성령이 하나라고 가르쳤습니다. 이것은 유대인들이 믿는 것과 근본적으로 달랐습니다. 하나님인 동시에 사람인 누군가를 말하는 것은, 유대인들이 보기에는 이단 중의 이단이었을 겁니다. 그러나 그들은 기독교가 시작된 지 채 10년이 지나기도 전에 예수를 하나님으로 경배하기 시작했습니다.

다섯째, 그리스도인들은 온 세상의 죄로 인하여 고통 받고 죽는 메시아를 말했습니다. 반면에 유대인들은 로마 군대를 쳐부수는 메시아, 곧 정치 지도자로서의 메시아를 믿도록 교육받았습니다."

모어랜드 교수는 그런 맥락을 확립하더니 강하고 분명한 눈빛으로 나를 뚫어지게 쳐다보면서 수사학적인 말로 나를 공격하기 시작했다. "한 명도 아니고 최소한 1만 명이 넘는 유대인 공동체가 사회적으로나 신학적으로 수 세기 동안 자신들을 지탱시켜 오던 다섯 가지 핵심 제도들을 기꺼이 포기한 것에 대해 어떻게 설명하시겠습니까? 제 대답은 간단합니다. 그 이유는 그들이 부활하신 예수님을 만났기 때문입니다."

그의 주장은 매우 인상적이었다. 하지만 나는 그에게 20세기의 미국인들이 그 변화가 얼마나 혁명적인 것이었는지 이해하기는 어렵다고 말했다.

"우리는 기술적, 사회적 변화를 환영하는 서구 개인주의자들입니다. 우리에게 전통은 별로 중요하지 않죠"라고 내가 대꾸했다.

"그 점은 저도 인정합니다. 하지만 옛날 사람들은 전통을 가치 있게 여겼습니다. 그들은 오래된 것일수록 더 가치 있다고 생각했습니다. 오래된 사상일수록 진리일 가능성이 더 많았습니다. 따라서 새로운 사상에 대한 태도가 오늘날의 현대인들과는 정반대였죠."

그리고 나서 그는 결론적으로 말했다. "정말 그랬습니다. 유대인 사회 제도에 일어났던 그 변화들은 일상적이고 사소한 일이 아니었습니다. 그야말로 엄청난 사건이었습니다. 사회적 지각 변동이라고 불러도 마땅한 사건이었죠. 아무런 이유 없이 그런 대변동이 일어나지는 않습니다."

증거4: 성찬과 세례

그는 네 번째 사실로 초대 교회 당시 등장한 성찬과 세례 의식을 지적했다. 그러나 나는 거기에 대해 약간의 의심을 품고 있었다. "종교들마다 독특한 의식과 관습을 갖고 있는 것은 당연한 것 아닙니까? 모든 종교들은 저마다의 예전을 갖고 있습니다. 그런데 어떻게 그것들이 부활의 증거가 될 수 있습니까?"

"물론 그렇게 생각할 수도 있죠. 하지만 성찬에 대해서 잠깐 생각해 봅시다. 이상한 것은 처음 예수님을 따르던 사람들은 그의 가르침이나 인격을 찬양하기 위해서 모이지 않았다는 사실입니다. 그들이 주기적으로 모여서 성찬을 나눴던 이유는 단 한 가지, 예수께서 많은 사람이 보는 앞에서 끔찍하고 굴욕적인 방법으로 죽임 당했음을 기억하기 위해서였습니다.

현대인의 관점에서 그것을 생각해 보십시오. 존 F. 케네디(John F. Kennedy)를 사랑하는 일단의 사람들이 있다고 하면, 그들은 정기적으로 만나서 케네디가 러시아와 대결했던 일, 시민의 권리를 증진시켰던 일, 그의 카리스마적인 성격 등을 기억할 것입니다. 하지만 리 하비 오스왈드(Lee Harvey Oswald)가 케네디를 살해한 사실은 절대로 기념하지 않을 겁니다. 그런데 그리스도인들은 예수님의 죽음을 기념합니다. 여기에 대해 어떻게 설명하시겠습니까?

제가 보기에는 이렇습니다. 그들은 예수님이 더 큰 영광으로 나아가기 위해서는 반드시 죽음의 길을 걸어야만 했다고 생각했습니다. 그의 죽음은 마지막이 아니었습니다. 예수께서 우리 모두를 위해서 죽음을 이기고 부활하셨다는 것이 마지막입니다. 그들이 예수님의 죽음을 기념할 수 있었던 까닭은 무덤에서 부활하신 예수님을 직접 만났다고 확신했기 때문입니다."

"세례의 경우는 어떻습니까?"

"초기 교회는 자신들이 배웠던 유대 전통에서 세례의 형식을 빌려 왔습니다. 이방인들이 모세의 율법을 따르고자 하면, 유대인들은 이스라엘의 하나님의 권위로 이방인들에게 세례를 베풀었습니다. 그러나 신약성경에서는 사람들이 성부와 성자와 성령의 이름으로 세례를 받았습니다. 그 말은 결국 초기 그리스도인들이 예수님을 하나님과 동등시했다는 의미입니다. 그뿐만이 아닙니다. 성찬과 마찬가지로 세례도 예수님의 죽음을 기념하는 의식입니다. 물속에 들어가는 것은 예수님의 죽음을 기념하고, 물 밖으로 나오는 것은 예수님의 부활을 기념하는 의미입니다."

나는 그의 말을 가로막았다. "교수님은 두 예식이 소위 신비 종교에서 나온 것이라고 생각하지는 않는 것 같군요."

"그럴 만한 까닭이 있습니다. 첫 번째, 신약 시대 이후까지 죽었다가 살아난 신을 믿는 신비 종교가 있었다는 증거가 없습니다. 따라서 굳이 빌려 왔다고 말한다면 그쪽에서 빌어 갔겠죠.

두 번째, 세례 의식은 유대인의 전통에서 유래된 것입니다. 유대인들은 자신들의 종교가 이방 사상과 헬라 사상의 영향을 받는 것을 극도로 경계했습니다.

세 번째, 두 예식은 최초의 기독교 공동체가 세워지던 때부터 거행되었습니다. 다른 종교가 당시 그리스도인들이 이해하고 있었던 예수님의 죽음의 의미에 영향을 줄 만한 시간적 여유가 없었죠."

증거5: 교회의 출현

모어랜드 교수는 다음과 같은 말로 시작했다. "역사가들은 큰 문화적 변동이 일어날 경우에 항상 그와 같은 변화를 초래한 원인이 무엇인지를 밝혀내려고 합니다."

"무슨 뜻인지 알겠습니다" 하고 내가 말했다.

"좋습니다. 그렇다면 이제 교회의 시작에 관해 살펴보죠. 교회가 생겨난 것은 예수께서 돌아가신 직후였고 생겨난 지 채 20년이 되기도 전에 로마 황실까지 들어갔을 정도로 급속하게 성장했다는 데는 의심의 여지가 없습니다. 그뿐 아니라 기독교는 수많은 경쟁 사상들을 물리치고 로마 제국 전체를 압도했습니다.

만약 당신이 1세기를 내려다보는 화성인이라면 기독교와 로마 제국 중 어느 쪽이 살아남을 것이라고 생각하겠습니까? 모르긴 몰라도, 당신은 비천한 마을에서 태어난 목수가 십자가에 못 박혔다가 다시 살아났다는 메시지를 선포하는 하층민 집단에 돈을 걸지는 않을 겁니다. 그러나 기독교가 로마 제국을 이겼다는 것은 우리가 아이들에게는 베드로나 바울이란 이름을 붙이지만 개들에게는 시저나 네로라는 이름을 붙이는 것만 봐도 알 수 있죠!

저는 케임브리지대학의 신약학자인 C. F. D. 모울(Moule)의 말을 좋아합니다. '신약성경이 명백하게 증거하고 있는 인물인 나사렛 예수의 등장으로 역사 속에 부활이라는 형태의 큰 구멍이 뚫렸다면, 세속학자들은 그 구멍을 메우기 위해 어떤 의견을 내놓을 것인가?'"[3]

그는 교회의 출현이 부활의 가장 강력한 증거라고 주장하지는 않았다. 왜냐하면 다른 종교들도 갑자기 나타나서 성장하는 경우가 있기 때문이다. 한 가지 사실만 가지고는 정황 증거로서의 힘이 없다. 그보다는 몇 가지 사실들이 축적될 때 정황 증거는 증거로서 높은 가치를 갖게 된다. 그리고 그러한 정황 증거를 바탕으로 내린 결론은 큰 설득력을 갖고 있다. 이제 그의 결론은 명확했다. "보십시오. 만약 누군가가 이 정황 증거를 참작하려고 하는데 그 점이 배심원들에게 영향을 미쳐서 예수는 부활하지 않았다는 평결을 내리게 했다고 가정하죠. 그렇지만 그런 평결을 내리려면 먼저 다섯 가지 사실 모두를 반박해야 합니다.

제가 말씀드린 다섯 가지 사실들은 틀림없이 진실이라는 점을 기억하십시오. 문제는 이 다섯 가지 사실들을 어떻게 설명하느냐는 것인데, 제가 보기에 예수님의 부활보다 더 나은 대답은 없습니다."

나는 마음속으로 우리의 대화를 녹음하고 있던 테이프를 앞으로 돌렸다. 다섯 가지 사실들이 모여서 정황 증거를 이루고 있었다. 자신들이 체험한 것을 위해서 고난과 죽음마저도 불사했던 제자들, 야고보나 사울 같은 회의론자들의 삶이 완전히 바뀐 것, 유대인들이 수세기 동안 소중하게 간직했던 사회 제도의 혁명적인 변화, 성찬과 세례의 갑작스러운 등장, 교회의 출현과 놀라운 성장이었다.

논쟁의 여지가 없는 이 다섯 가지 사실들을 생각해 볼 때 나는 부활이, 아니 부활만이 그 사실들을 설명해 줄 수 있다고 말한 모어랜드 교수의 주장에 동의하지 않을 수 없었다. 더 이상 다른 대답은 없었다. 정황 증거는 간접 증거이다. 따라서 나는 거기에다가 부활에 대한 유력한 증거와 예수의 부활 후 출현에 대한 설득력 있는 증언들을 덧붙였다. 그러자 결정적인 결론이 나왔다. 그 결론은 라이오넬 럭후(Sir Lionel Luckhoo) 경이 내린 결론이기도 하다. 그는 총명하고 재치 있는 변호사로서 245명의 살인 용의자를 연속으로 무죄 방면시킨 놀라운 기록을 갖고 있는데,[4] 그 기록 때문에 기네스북에 세계에서 가장 성공한 법률가로 이름이 실렸다.

또한 그는 엘리자베스 영국 여왕에게서 두 번이나 기사 작위를 받았으며 판사와 외교관으로 일하기도 했다. 그는 혼자서 수년 동안 부활에 관한 역사적 사실들을 엄밀하게 분석한 후에 이렇게 말했다. "내가 분명히 말할 수 있는 것은, 예수 그리스도의 부활의 증거는 티끌만큼도 의심할 수 없는 증거라는 것이다. 그것은 너무나도 분명해서 나는 불가항력적으로 그것을 받아들일 수밖에 없다."[5]

그러나 잠깐만, 아직 한 가지가 더 남아 있다.

부활을 경험하려면, 증거를 받아들이라!

인터뷰가 끝나자, 나는 녹음기를 끄고 취재 노트를 챙기면서 모어랜드 교수와 미식축구에 대해 환담을 나누었다. 시카고로 가는 비행기를 놓치지 않으려면 서둘러야만 했다. 그런데 그가 그런 나를 붙잡아 두는 말을 꺼냈다. "아직 한 가지 사실이 더 남아 있습니다."

나는 지금까지 나누었던 대화를 생각하면서 이렇게 말했다. "대단하군요. 무엇입니까?"

"그것은 부활하신 그리스도를 만나는 사건이 지금도 계속해서 일어나고 있다는 사실입니다. 배운 사람, 못 배운 사람, 부자, 가난한 자, 사색적인 사람, 감정적인 사람, 남자, 여자 등등 세계 각국의 다양한 문화 속에 살고 있는 다양한 배경과 다양한 개성을 가진 사람들이 부활하신 그리스도를 만나고 있습니다. 그들 모두는 자신의 인생에서 가장 중요한 사건이 예수 그리스도가 자신의 삶을 변화시킨 사건이라고 증언합니다."

모어랜드 교수는 몸을 앞으로 숙이면서 이렇게 강조했다. "이 마지막 증거 - 유일한 증거가 아니라 마지막 쐐기를 박는 증거 - 를 통해서 알 수 있는 사실은 이것입니다. 예수님의 메시지는 부활하신 그리스도를 만날 수 있는 직접적인 길을 활짝 열어 준다는 사실입니다."

"제 생각엔 교수님도 그런 경험을 하셨을 것 같은데요. 거기에 대해 말씀해 주시겠습니까?"

"1968년에 저는 미주리대학에서 화학을 전공하고 있었습니다. 당시 만 해도 저는 냉소주의자였죠. 그런데 예수 그리스도의 메시지들을 비판적으로, 그러나 열린 마음을 가지고 검토해 본다면 믿음을 갖기에 충분한 증거가 그 안에 담겨 있다는 사실을 깨닫게 되었습니다.

그래서 그 증거가 가리키고 있는 방향으로 믿음의 발걸음을 한 발자국 내디뎠습니다. 예수님을 나의 죄를 용서하신 분이자 나의 인생을 인도하시는 분으로 받아들였던 거죠. 그리고 저는 부활하신 예수 그리스도와 매우 실제적이고 지속적인 관계를 맺기 시작했습니다.

30년 동안 저는 수백 가지의 구체적인 기도 응답을 받았습니다. 그리고 상식적으로는 설명할 수 없는 일들을 체험하기도 했습니다. 그리고 제 자신이 상상할 수 없을 정도로 변화된 삶을 살아오고 있습니다."

그러나 기독교와 다른 종교를 믿는 사람들도 자신의 삶이 변화되는 경험을 한다고 나는 주장했다. "주관적인 경험을 토대로 결정하는 것은 위험하지 않습니까?"

"두 가지를 분명하게 해 두죠. 첫째, 저는 '당신의 경험만을 신뢰하십시오'라고 말하지 않았습니다. 제 말은 '마음을 가라앉힌 다음에 증거를 살펴보십시오. 그리고 당신의 경험이 그 증거를 뒷받침하는지 보십시오'라는 뜻입니다.

둘째, 그 증거가 사실이라면, 곧 이 모든 증거들이 정말로 예수님의 부활을 가리키고 있다면 증거 자체가 경험적 테스트(experiential test)를 요구하고 있다는 것입니다."

"경험적 테스트가 무엇인가요?"

"경험적 테스트란 '예수께서 지금도 살아 계시며, 나는 그분과 관계를 맺음으로써 그 사실을 알아낼 수 있다'는 것입니다. 만약 당신이 배심원단에 속해 있는데, 피고인이 유죄라는 확신을 갖기에 충분한 증거들이 있다고 칩시다. 이미 피고인이 유죄라는 결론은 내려졌습니다. 그런데 마지막 단계, 곧 피고인에게 유죄를 선고하는 단계를 생략한다면 어떻게 되겠습니까? 그것은 말도 안 됩니다. 마찬가지로 예수님의 부활의 증거를 사실로 받아들이는 사람들이 그것을 경험적으로 검사해 보는 마지막 단계를 밟지 않는다는 것은 그 증거가 가리키고 있는 가장 중요한 것을 놓치는 것입니다."

"그러니까 증거가 어떤 특정한 방향을 가리키고 있다면, 그것을 따라서 경험의 영역으로 들어가는 것만이 합리적인 행동이라는 뜻이군요."

모어랜드 교수는 동의의 표시로 고개를 끄덕였다. "예, 정확합니다. 경험을 통해서 그 증거를 확인해야 합니다. 그게 마지막 단계죠. 한 마디로 말하면 이렇습니다. '증거는 반드시 경험적 테스트를 통과해야 합니다.'"

역사의 평결

역사적 예수가
나의 예수가 되다

1981년 11월 어느 오후, 나는 침실에 꼭 틀어박힌 채 지난 21개월 동안의 영적 여행을 돌이켜보면서 시간을 보냈다. 결코 나의 경험에 대해 쓸 생각이 없었다. 사실 이 책을 쓰기 위해 전국을 다니며 학자들을 인터뷰하면서 애당초 조사한 내용을 되짚고 확장하기로 마음먹은 것은 몇 년이 지난 뒤였다. 그렇지만 1980년 1월 20일부터 1981년 11월 8일까지의 나의 조사는 철저하면서도 아주 신나는 일이었다. 최대한 열린 마음으로 역사를 공부하고, 고고학을 살피고, 질문을 하고 해답을 분석했다. 이제 나는 바라는 결과에 도달했다. 증거는 명확해 보였다. 한 가지 남은 문제는 그것으로 내가 무엇을 하느냐는 것이었다.

나는 법률 용지를 꺼내어 조사에 착수하면서 제기한 질문들과 내가 발견한 중요 사실들의 목록을 작성해 보았다. 나는 유사한 방식으로 본서에 등장한 전문가들을 통해 증거를 조사하면서 알아낸 핵심 내용을 요약할 수 있다.

예수의 전기는 신뢰할 만한가?

나는 한때, 복음서가 단지 종교적 선전물로서 절망적일 정도로 과장된 상상력과 복음주의자들의 열정에 의해 왜곡되었다고 생각했다. 그러나 그 문제에 관해 국내에서 가장 뛰어난 권위자 중의 한 명인 크레이그 블롬버그 교수는 복음서에 목격자들의 직간접적인 증언이 반영되어 있으며, 오해의 여지가 없는 정확성의 특징이 드러나 있다는 설득력 있는 주장을 확립했다. 이 전기들은 매우 초기의 것으로서 단지 꾸며 낸 전설이라고 설명할 수 없다. 사실 예수의 기적, 부활, 그리고 신성에 대한 근본주의적 신앙은 기독교 운동의 가장 초기까지 거슬러 올라간다.

예수의 전기는 면밀한 검토를 견뎌낼 것인가?

블롬버그 교수는 복음서 저자들이 신뢰할 만한 역사를 보존할 의도를 가지고 있었고, 그렇게 할 만한 능력도 가졌으며, 설명하기 곤란한 자료도 기꺼이 포함시킬 정도로 정직했고, 편견 때문에 왜곡 보도를 하지도 않았다는 납득할 만한 주장을 했다. 핵심적 사실에 대한 복음서들 간의 일치와 세부 사항에서 드러나는 약간의 차이는 오히려 이야기에 역사적 신뢰성을 부여한다.

게다가 초대 교회에서 가르친 예수에 관한 사실들이 동시대 사람들이 보기에 과장되었거나 틀렸다고 알려졌다면, 초대 교회는 예루살렘에서 뿌리를 내리고 발전할 수 없었을 것이다. 간단히 말해, 복음서는 여덟 가지 증거 검사를 모두 통과했다.

예수의 전기는 신뢰할 만한 상태로 보존되었는가?

세계적인 학자인 브루스 메츠거 교수는 다른 고대의 문서와 비교해 볼 때 신약성경의 사본이 전례가 없을 정도로 많으며, 기록 연대도 원본과 상당히 가깝다고 말했다. 대개 사소한 철자 및 문법적 차이가 있게 마련인 사본들 중 어느 것도 기독교의 핵심 교리를 의심하게 할 정도는 아니다. 초대 교회가 어떤 책을 권위 있는 책으로 볼 것인가를 결정하기 위해 사용한 기준에 비추어 볼 때, 우리가 가지고 있는 성경은 예수에 관한 가장 훌륭한 기록이다.

예수의 전기 이외에 신뢰할 만한 증거가 있는가?

에드윈 야마우치 교수는 "우리에게 있는 예수에 관한 역사적 문서는 고대의 다른 어떤 종교 문서보다 뛰어나다"라고 말했다. 성경 외부의 자료는 많은 사람들이 예수가 치유 사역을 한 메시아이고, 십자가에 못 박혔고, 이 수치스런 죽음에도 불구하고 그가 여전히 살아 있다고 믿은 그의 추종자들이 그를 하나님으로서 경배했다는 것을 확증해 준다. 어떤 전문가는 예수의 생애, 가르침, 십자가에서의 죽음과 부활에 관한 1백여 가지 이상의 사실을 확증해 주는 39개의 고대 자료를 증거 서류로 제시했다. 게리 하버마스라는 학자에 의하면, 7개의 세속 자료와 여러 개의 초기 신경이 바로 '가장 초기의 교회에 분명히 존재했던' 교리인 예수의 신성과 관련된 것들이다.

고고학은 예수의 전기를 확증하는가 아니면 반박하는가?

고고학자 존 맥레이 교수는 고고학적 발견이 신약성경의 신뢰도를 높였다는 것은 의심할 여지가 없다고 말했다. 일찍이 어떤 발견도 성경적 언급이 틀렸다는 것을 증명하지 못했다. 게다가 고고학은 신약성경의 약 4분의 1을 기록한 누가가 특히 신중한 역사가라는 것을 입증했다. 한 전문가는 다음과 같은 결론을 내렸다. "누가가 많은 수고와 노력으로 역사적 사실을 (세부 사항에까지) 보고하는 데 정확성을 기했다면, 어떤 논리적 근거로 자신뿐만 아니라 다른 사람에게도 훨씬 더 중요한 문제, 예를 들면 예수의 부활과 같은 사건을 기록할 때 경솔하다거나 부정확했다고 가정할 수 있는가?"

역사적 예수는 신앙의 대상인 예수와 동일한가?

그레고리 보이드 교수는 예수가 직접 말했다고 알려진 대부분의 말을 의심하는 대중에게 널리 알려진 '예수 세미나'가 "신약성경을 바라보는 사고의 관점에서 볼 때, 극좌파에 해당하는 극소수의 급진적 주변 학자들"로 구성되어 있다고 말했다. 그 세미나는 처음부터 기적의 가능성을 배제하고, 의심스러운 기준을 채택하고, 몇몇 참가자들은 매우 의심스럽고 신화적 성격을 지닌 문서들을 높이 평가했다. 예수에 관한 이야기가 죽었다가 다시 살아나는 신들에 관한 신화로부터 출현했다는 생각은 면밀한 검토 결과 무너지고 말았다. 보이드 교수는 다음과 같이 말했다. "예수가 제자들이 말한 바로 그 사람이라는 증거는 예수 세미나의 좌파 학자들이 옳다고 생각하는 이유보다 엄청나게 빠른 시기의 것이다." 요컨대 신앙의 대상으로서의 예수는 역사적 예수와 동일하다.

예수는 자신이 하나님의 아들이라는 사실을 정말로 확신했는가?

벤 위더링턴 3세 교수는 확실히 전설의 발달로부터 안전한 가장 초기의 전통으로 되돌아감으로써 예수가 뛰어난 자기이해를 했다는 점을 보여 줄 수 있었다. 교수는 증거에 기초해서 말했다. "예수님은 자신이 하나님의 기름 부음 받은 자, 곧 하나님의 아들이라고 믿었을까요? 그에 대한 답은 예입니다. 그리고 스스로를 하나님의 아들이라고 여겼을까요? 그 대답도 예입니다. 스스로를 마지막 메시아라고 보았을까요? 예, 그렇습니다. 그렇다면 하나님보다 못한 사람이 세상을 구할 수 있다고 믿었을까요? 아니오, 그렇지 않습니다."

예수가 하나님의 아들이라고 주장한 것은 그가 미쳤기 때문인가?

유명한 심리학자 게리 콜린스 교수는 예수가 어떤 부적절한 감정을 보인 적이 없으며, 현실 세계와 접촉했고, 영리했으며, 인간성에 대한 놀라운 통찰력을 가졌고, 깊고도 지속적인 관계를 누렸다고 말했다. 그는 "예수님이 어떤 정신질환을 겪었다는 흔적은 결코 찾아볼 수 없습니다"라고 결론을 내렸다. 게다가 예수는 기적을 통한 치유, 자연을 다스리는 놀랄 만한 능력의 입증, 비할 데 없는 가르침, 사람들에 대한 신적인 이해, 그리고 자신의 정체성에 대한 최후의 입증인 부활을 통해 자신이 하나님이라는 주장을 뒷받침했다.

예수는 하나님의 속성들을 가지고 있었는가?

성육신, 곧 하나님이 인간이 되고 완전한 존재가 유한한 존재가 된 사건은 우리의 상상력에 날개를 달아 준다. 하지만 뛰어난 신학자인 D. A. 카슨 교수는 예수가 신성의 특징을 보여 준 많은 증거가 있음을 지적했다. 많은 신학자들은 빌립보서 2장에 기초해서 예수가 인간의 구속이라는 사명을 성취하기 위해 자발적으로 이런 하나님의 속성을 독립적으로 사용하는 권한을 버렸다고 믿는다. 그렇다 하더라도 신약성경은 예수가 궁극적으로는 전지, 전능, 무소부재, 영원성 그리고 불변성을 포함한 모든 신적 자질을 소유했음을 명확히 한다.

예수는 (예수만이) 메시아의 정체성과 조화를 이루었는가?

예수가 태어나기 수백 년 전에 선지자들은 하나님의 백성들을 구속할 기름 부음 받은 자, 곧 메시아의 도래를 예언했다. 사실 십여 권의 구약성경의 예언들은 진정한 메시아만이 꼭 들어맞을 지문을 남겼다. 이것은 이스라엘에게 사기꾼을 배제하고 진짜 메시아의 자격을 확인할 수 있는 방법을 제공했다. 예수만이 전 역사를 통해 이 예언적인 지문에 정확히 들어맞았는데, 이는 가히 천문학적인 가능성을 뚫은 것이다. 1조의 13승 분의 1의 확률을 맞춘 것이다. 이런 사실은 바로 예수의 정체성이 믿을 수 없을 정도로 확실함을 확증해 준다.

예수의 죽음과 부활은 속임수였는가?

알렉산더 메드럴 박사는 의학적ㆍ역사적 자료를 분석함으로써, 예수가 십자가에 못 박히는 끔찍한 고통과 폐와 심장을 꿰뚫은 상처를 견디고서 살아날 수 없었다고 결론을 내렸다. 어쨌든 그가 십자가 위에서 기절하고 죽은 체했다는 생각은 기초적 증거가 빈약하다. 로마의 사형 집행인들은 희생자 중 한 사람도 십자가에서 살아 내려오지 못했다고 한다. 만약 예수가 십자가의 고통에서도 살아남았더라도, 죽은 자나 다름없는 상태로 내려왔을 것이다. 무덤을 나와 영광스럽게 승리했다는 전제를 가지거나, 수많은 사람들을 움직이는 운동은 일어날 수 없었을 것이다.

예수의 시체가 무덤 속에서 사라졌다는 것은 사실인가?

윌리엄 레인 크레이그 교수는 부활절의 영원한 표시인 예수의 텅 빈 무덤이 역사적인 사실이었다는 놀랄 만한 증거를 제시했다. 빈 무덤은 매우 초기의 자료, 예를 들어 마가복음과 고린도전서 15장의 교리에 그대로 기록되거나 암시되어 있다. 그리고 그 자료들은 그 사건과 기록 연대가 너무 가까워서 전설의 부산물이었다고 볼 수 없다. 복음서에서 여자들이 텅 빈 무덤을 발견했다고 기록한 것은 그 이야기의 진실성을 뒷받침해 준다.

예수의 무덤 위치는 그리스도인과 유대인 모두에게 알려져 있었다. 그래서 회의론자들도 조사해 볼 수 있었다. 사실 로마의 당국자들과 유대인 지도자들을 포함해서 그 무덤 속에 아직도 예수의 시체가 있었다고 주장한 사람은 아무도 없었다. 대신 그들은 그런 행동을 할 아무런 동기나 기회가 전혀 없는 제자들이 시체를 훔쳐갔다고 이야기를 꾸며 낼 수밖에 없었다. 그런 설은 심지어 오늘날 가장 회의적인 비평가조차도 믿지 않는 이야기이다.

예수가 십자가에서 죽은 후에 부활한 것이 목격되었는가?

예수의 부활 이후의 출현에 대한 증거는 그의 생애에 대한 기억이 왜곡되어 수년간에 걸쳐서 신화로 점차 발전하지 않았다. 그보다는 오히려 부활에 관한 전문가인 게리 하버마스 교수가 말했듯이 "부활은 매우 초기부터 교회의 중심적 선포 내용이었다." 고린도전서 15장의 고대 신경에 보면, 부활한 그리스도를 만난 개인 및 집단이 언급되어 있다. 그리고 바울은 1세기의 회의론자들이 스스로 그 문제의 진실성을 결정하기 위해 이 증인들과 직접 얘기해 보라고 도전했다. 사도행전에는 예수의 부활에 대한 매우 초기의 확증들이 곳곳에 널려 있다.

반면에, 복음서에는 예수를 만난 사람들이 상세히 묘사되어 있다. 영국의 신학자 마이클 그린은 "예수의 출현은 고대의 어떤 사건보다도 믿을 수 있는 사건이다. 합리적으로 볼 때 예수가 다시 나타났다는 데는 의심의 여지가 없다"라고 결론지었다.

부활을 뒷받침하는 사실들이 있는가?

모어랜드 교수의 정황 증거는 부활에 대한 최종 증거 서류를 첨부했다. 첫째, 제자들은 부활이 일어났는지를 알 만한 특수한 입장에 처해 있었고, 부활이 사실이라고 선포하다가 고난과 궁핍을 기꺼이 감내하고자 죽음을 맞이했다.

둘째, 부활을 제쳐놓고서는 회의론자인 바울과 야고보가 왜 개종을 해서 신앙을 지키기 위해 죽었는지 설명할 만한 충분한 이유가 없다. 거짓말 때문에 기꺼이 죽는 사람은 아무도 없다.

셋째, 십자가 사건이 일어난 지 몇 주 이내에 수천 명의 유대인들이 수세기 동안 사회적, 종교적으로 매우 중요했던 사회적 관습을 포기하기 시작했다. 그들은 자신들이 잘못했다면 기꺼이 저주를 받겠다고 믿었다.

넷째, 초대 교회 성례 의식인 성찬과 세례가 예수의 부활과 신성을 확증했다.

다섯째, 로마의 가혹한 박해에도 불구하고 교회가 기적적으로 출현했다는 사실은 모울이 얘기했듯이 "엄청난 크기와 모양을 가진 부활이라는 구멍을 역사 속에 남긴 것이다."

율리우스 뮐러의 도전에 답하지 못하다

나는 예수가 하나님의 독생자라는 증거의 양과 질에 갑자기 부딪쳤다는 사실을 인정한다. 일요일 오후 책상에 앉아 충격 속에서 머리를 가로저었다. 나는 그보다 훨씬 설득력이 없는 증거 때문에 피고인들이 사형실로 끌려가는 것을 본 적이 있었다! 중복되는 사실과 자료들이 분명히 내가 마음 편히 받아들일 수 없는 결론을 가리키고 있었다.

솔직히 말해서 나는 예수의 신격화가 전설이 발달한 결과로, 곧 의도는 좋지만 잘못 알고 있는 사람들이 한 슬기로운 현자를 신비로운 하나님의 아들로 천천히 바꾸어 버렸다고 믿고 싶었다. 그런 생각이 안전하고 위안이 되어 보였다. 왜냐하면 그래야지 결국 1세기의 떠돌아다니는 묵시적 전도자가 나에게 어떤 요구도 하지 않을 것이기 때문이다. 그러나 이 전설에 기초한 설명이 직관적으로 명백히 옳다고 생각하면서 조사했을 때, 완전히 근거 없는 설명이라는 것을 확신하게 되었다.

나의 생각을 사로잡은 것은 윌리엄 레인 크레이그 교수가 인터뷰 도중 언급한 옥스퍼드대학교의 위대한 고전 역사가인 셔윈 - 화이트의 논평이었다. 셔윈 - 화이트는 고대 세계에서 전설이 확립되는 속도를 이해했다. 그의 결론은 총 2세대에 걸친 시간은 전설이 발달하고 역사적 진실의 핵심을 완전히 지워버리기에는 충분하지 않다는 것이다.[1]

이제 예수의 경우를 살펴보자. 역사적으로 말해서 그의 텅 빈 무덤에 관한 소식, 부활 후 출현했다는 목격자들의 이야기, 그리고 그가 정말로 하나님의 독생자였다는 확신은 실질적으로 동시에 출현했다.

예수님이 우리 죄를 위해 죽었다는 것을 확증하며 부활 후에 나타내 보인 목격자들의 이름을 나열한 고린도전서 15장은 십자가 처형 이후 수개월 안에 기록되었다. 텅 빈 무덤에 관한 마가의 이야기는 그 사건이 일어난 지 몇 년이 안 된 것으로 보이는 자료에서 추출한 것이었다.

예수의 가르침, 기적, 부활을 확증해 주는 복음서는 예수와 동일한 시대에 살았던 사람들의 생애 동안 여기저기 확산되고 있었다. 그런데 그 사람들은 이야기 안에 날조하거나 허위 내용이 있다면 바르게 수정할 사람들이었다. 가장 초기의 기독교의 찬송가는 예수의 신성을 확증해 준다.

블룸버그 교수는 이렇게 요약했다. "예수의 죽음 후 곧바로 2년 이내에 많은 추종자들이 구속의 교리를 만든 것처럼 보인다. 그리고 그들은 예수가 육체의 형태로 죽은 자 가운데서 다시 살아났다는 것을 확신했으며, 예수를 하나님과 연관시켰고, 그리고 구약성경에서 이 모든 확신에 대한 증거를 찾았다고 믿었다."[2]

윌리엄 레인 크레이그 교수는 다음과 같은 결론을 내렸다. "복음서의 사건에 관한 중요한 전설이 발생하는 데 필요한 시간을 고려하면 AD 2세기경이 될 것이다. 그런데 그 시기는 사실상 전설적인 외경 복음서가 만들어진 바로 그 시기이다. 이것은 비평가들이 추구하는 전설에 기초한 설명이다."[3]

특히 예수를 개인적으로 알고 있었던 사람들이 여전히 생존한 가운데서 예수에 관한 역사적 기록이 완전히 왜곡될 정도의 충분한 시간은 전혀 없었다. 1844년 독일의 신학자 율리우스 뮐러(Julius Müller)가 역사상 전설이 그렇게 빨리 발달한 한 가지 예만이라도 찾아보라고 도전했을 때, 그 시대와 오늘날까지 있었던 학자들의 대답은 침묵뿐이었다.[4]

1981년 11월 8일, 예수에 대한 나의 가장 큰 반대가 역사에 의해 해결되었다는 것을 알았다. 나는 형세가 어떻게 역전되었는지를 생각하면서 혼자서 싱긋이 웃고 있는 자신을 발견했다.

내가 연구하면서 알게 된 설득력 있는 사실들을 놓고 볼 때, 예수 사건에서 이처럼 압도적으로 많은 증거에 직면하여 큰 아이러니가 생겼다. 곧 나사렛 예수를 신뢰하는 것보다 무신론을 주장하기 위해 훨씬 더 많은 믿음이 필요하다는 것이었다.

증거의 함축적 의미

이 책의 서두에 나오는 제임스 딕슨의 이야기를 기억하는가? 그 증거를 보면 그가 시카고 경찰을 쏘았다는 쪽으로 강하게 기울었다. 그는 심지어 자기가 저질렀다고 자백까지 했다!

그러나 더 철저하게 조사했을 때, 갑자기 사건의 흐름이 바뀌었다. 사실과 가장 완벽하게 조화를 이룬 시나리오는 경사가 실수로 총을 쏜 후 딕슨에게 누명을 씌웠다는 것이다. 그래서 딕슨은 풀려났고 경찰관은 유죄 판결을 받았다. 예수 사건의 조사를 마무리할 때, 그 이야기로부터 두 가지 중요한 교훈을 다시 살펴볼 필요가 있다.

증거 수집이 정말로 철저했는가?

'예'라고 대답할 수 있다. 나는 교차 검토할 수 있는 역사적 증거를 가지고 자신의 입장을 진술하고 옹호할 수 있는 전문가들을 선택했다. 그들의 의견에 흥미가 있었을 뿐만 아니라 사실을 알기 원했다. 무신론자들과 자유주의적 교수들의 이론을 가지고 그들에게 도전했다. 그들의 배경, 자격, 경험 그리고 성격을 고려한다면 이 학자들은 예수에 관한 신뢰할 만한 역사적 자료를 제시하기에 충분한 자격을 구비했다.

어떤 설명이 총체적 증거에 가장 적합한가?

1981년 11월 8일, 내가 수년 동안 끈질기게 달라붙어 씨름했던 신화적 설명은 완전히 해체되고야 말았다. 게다가 초자연적인 것에 대한 신문 기자로서의 회의주의는 예수의 부활이 실제 일어났던 역사적 사건이라는 놀랄 만한 역사적 증거의 빛 앞에서 녹아 버렸다. 사실 예수가 자신이 주장한 대로 하나님의 독생자라는 결론만큼 역사적 증거에 잘 부합되는 설명은 아무리 생각해도 만들어 낼 수 없었다.

그렇게 오랫동안 품어왔던 무신론은 역사적 진실의 무게 앞에서 굴복하고 말았다. 그것은 놀랍고도 급진적인 결과였다. 분명히 이 조사 과정에 착수했을 때 기대한 바는 아니었다. 그러나 사실에 의해 도출된 결정이었다.

이상의 모든 사실은 나에게 "그래서 어떻다는 것인가?"라는 질문을 제기했다. 만약에 이것이 사실이라면 나와 무슨 상관이 있는가? 다음과 같은 몇 가지 분명한 함축적 의미가 있었다.

- 예수가 하나님의 아들이라면 그의 가르침은 단지 현명한 선생의 좋은 생각 이상의 것이다. 내 인생을 확고하게 세울 수 있는 신적인 통찰력이다.
- 예수가 도덕의 표준을 정한다면, 기초가 끊임없이 변하는 불안정한 편의주의와 자기중심성이 아니라 예수가 정한 바를 나의 선택과 결정의 기초로 삼을 수 있다.
- 예수가 죽은 자 가운데서 살아났다면 여전히 오늘날에도 살아 있기 때문에 내가 개인적으로 만날 수 있다.
- 예수가 죽음을 이겼다면 나를 위한 영생의 문도 열려 있다.
- 예수가 신적인 능력을 가지고 있다면 내가 그를 따를 때, 나를 인도해 주고 도와줄 것이다. 나의 삶을 변화시킬 초자연적인 능력도 있다.
- 예수가 몸소 사망과 고통의 아픔을 안다면 자신이 직접 경고한 바, 죄로 타락한 이 세계의 피할 수 없는 혼란 속에서 나를 위로하고 격려할 수 있다.
- 예수가 자신이 말한 대로 나를 사랑한다면, 그는 마음속에 나에게 줄 가장 좋은 것을 간직하고 있다. 그 말은 이제 내 자신을 그와 그의 목적에 헌신할 때, 잃어버릴 것은 아무것도 없으며 오직 유익뿐임을 의미한다.

- 예수가 자신이 주장한 대로라면(다른 어떤 종교 지도자도 자신을 하나님이라고 말한 적이 없다), 그는 나의 창조주로서 마땅히 나의 충성과 순종, 그리고 경배를 받아야 한다.

나의 법률 서류철에 이런 함축적 의미를 쓰고 나서 의자에 기대던 기억이 난다. 거의 2년간 이어진 여행의 절정에 도달했다. 드디어 가장 절박한 문제를 다루어야 할 때가 되었다. "그렇다면 이제 무엇을 할 것인가?"

믿음의 공식

600일이 넘는 무수한 시간을 끌었던 개인적인 조사가 끝난 후에, 예수에 대한 나 자신의 판결은 명백했다. 그러나 책상에 앉았을 때, 지적인 결단 이상의 것이 필요하다고 생각되었다. 모어랜드 교수가 마지막 인터뷰에서 묘사했던 경험적 단계를 밟고 싶었다.

그래서 그 방법을 찾다가 성경책을 집어 들고 조사할 때 우연히 본 적이 있는 요한복음 1장 12절을 폈다. "영접하는 자 곧 그 이름을 믿는 자들에게는 하나님의 자녀가 되는 권세를 주셨으니."

그 구절은 예수의 신성에 대한 단순한 지적 동의를 넘어서 하나님의 가족으로 그와 지속적인 관계에 들어가려면 무엇이 필요한지 수학적으로 정확하게 설명하고 있었다. 믿다(believe) + 영접하다(receive) = 되다(become).

믿다(believe)

보통 사람들이 언론과 법률 분야에서 교육받는 것처럼, 나 또한 사실 관계가 어느 쪽으로 흘러가든지 사실에 반응하도록 훈련받았다. 내가 가진 자료는 예수가 하나님의 아들로서 내가 저지른 잘못에 대해 받을 형벌을 대신 받았다는 것을 설득력 있게 증명했다.

사실 나는 많은 죄를 범했다. 세세한 부분까지 언급하는 창피함을 감수하겠지만, 나는 세속적이고, 술에 빠져 있었고, 자신에게만 몰두했으며, 비도덕적인 생활을 해왔다. 나의 경력을 보면 개인적인 이익 때문에 친구들을 배신한 적도 있고, 신문 기사를 만들려고 법이나 윤리도 일상적으로 어겼다. 개인적인 면을 보더라도 성공이라는 제단 위에 아내와 자식들을 희생시키고 있었다. 나는 거짓말쟁이고 사기꾼이고 협잡꾼이었다. 나의 마음은 다른 사람을 걸려 넘어지게 하는 딱딱한 암초가 되어 있었다. 행동의 주요 동기는 개인적인 쾌락이었다. 게다가 아이러니컬하게도 그것을 추구하면 할수록 더 자기 파괴적이 되었다.

이런 죄 때문에 거룩하고 도덕적으로 깨끗한 하나님과 분리되었다는 것을 성경에서 읽었을 때, 그 말은 진리처럼 마음속에 울려 퍼졌다. 수년 동안 부인했던 하나님은 확실히 매우 멀리 떨어져 있는 것처럼 보였다. 그 큰 틈새를 메우기 위해 예수의 십자가가 필요하다는 것이 명백해졌다. 사도 바울은 "그리스도께서도 한 번 죄를 위하여 죽으사 의인으로서 불의한 자를 대신하셨으니 이는 우리를 하나님 앞으로 인도하려 하심이라"(벧전 3:18)라고 말했다.

이제 나는 이 모든 것을 믿었다. 역사적 증거와 나 자신의 체험은 무시할 수 없을 만큼 강력했다.

영접하다 [receive]

조사할 때 배운 모든 신앙 체계는 '행위'라는 계획에 기초를 두었다.

다시 말해서 사람들이 무엇인가를 행하도록 요구했다. 예를 들어 하나님께 돌아가기 위해서 티베트의 기도 바퀴를 사용하거나, 자선 기부금을 내거나, 윤회를 체험하거나, 과거의 나쁜 짓으로부터 업보를 벗어 버리거나, 성격을 바꿔야만 했다. 많은 진실된 사람들은 최선의 노력을 했음에도 불구하고 성공하지 못했다.

기독교는 독특하다. 그것은 '이미 이루어진' 계획에 기초를 두고 있다. 곧 예수께서 우리 혼자 힘으로 할 수 없는 것을 십자가 위에서 이루셨다. 그는 우리의 반역과 범죄 때문에 우리가 받아야 할 죽음의 대가를 치르셨다. 그래서 우리는 하나님과 화목할 수 있다.

나는 스스로를 가치 있는 존재로 만드는 불가능한 일을 하려고 몸부림치거나 노력할 필요가 없었다. 성경은 반복해서 말한다. 예수님이 우리의 행위로써 얻을 수 없는 죄 사함과 영생을 선물로 주신다고(롬 6:23; 엡 2:8-9: 딛 3:5). 그것을 은혜라고 부른다. 놀라운 은혜, 공로 없이 받은 은혜, 그것은 진실된 회개의 기도를 통해 누구든지 받을 수 있다. 심지어 나 같은 사람조차도 받을 수 있다.

그렇다. 우리 생활에서 어떤 결단을 내릴 때처럼 믿음의 방법을 취해야만 했다. 그러나 중요한 차이점이 있다. 더 이상 강력한 증거의 흐름에 대항하여 거슬러 헤엄치려고 노력하지 않았다. 그 대신에 사실이 도도히 흘러가는 방향으로 가기로 선택할 뿐이었다. 그것은 이성적이고 합리적이며 논리적이었다. 게다가 영적이고 설명할 수 없는 방법이지만 하나님의 성령이 나를 움직여 믿음을 갖게 함을 느꼈다.

1981년 11월 8일, 진심에서 우러나오는 있는 그대로의 기도를 하면서 하나님과 이야기를 나누었다. 그리고 죄를 시인하고, 죄로부터 돌이키고, 예수님을 통한 죄 사함과 영생의 선물을 받았다. 나는 그때부터 계속 예수님의 도움으로 그와 그의 삶의 방식을 따르고 싶다고 얘기했다.

번개도 없었고, 응답도 들리지 않았고, 마음을 설레게 하는 흥분도 없었다. 어떤 사람들은 그 순간에 엄청난 감정의 소용돌이에 휘말린다고 하는데, 나에게는 똑같이 흥분되는 다른 무언가가 있었다. 바로 이성의 분출이었다.

되다(become)

그 단계를 거친 후에 요한복음 1장 12절에서 내가 새로운 경험을 시작했다는 것을 알았다. 나는 이전과는 다른 존재가 되었다. 부활하신 역사적 예수님을 통해 영원히 하나님의 가족으로 입양되었고 하나님의 아들로 받아들여진 것이다. 사도 바울은 "그런즉 누구든지 그리스도 안에 있으면 새로운 피조물이라 이전 것은 지나갔으니 보라 새것이 되었도다"(고후 5:17)라고 말했다.

확실히 시간이 흐르는 동안 예수님의 가르침을 따르고 그분의 변화시키는 능력에 자신을 맡기려고 노력했을 때, 나의 우선순위, 가치관, 성품이 점차 바뀌었고, 지금도 계속 바뀌고 있다. 예수님의 동기와 관점이 나의 것이 되기를 원한다. 마틴 루터 킹(Martin Luther King Jr.)의 표현을 빌리자면 나는 아직은 마땅히 되어야만 하는 그런 그리스도인이 아닐 수도 있고, 그리스도의 도움으로 언젠가 변할 그 사람이 아닐지도 모른다. 그러나 하나님께 감사드린다. 왜냐하면 더 이상 과거의 내가 아니기 때문에!

이 말이 독자들에게 신비하게 들릴 것 같다. 얼마 전까지는 나 스스로에게도 그랬던 것 같다. 그러나 지금의 나와 내 주변 사람들에게 그것은 사실이다. 사실 내 인생의 변화는 너무 급진적이어서, 내가 그리스도의 추종자가 된 지 몇 달 후에 다섯 살짜리 딸 앨리슨(Alison)은 아내에게 다음과 같이 말하기도 했다. "엄마, 하나님이 아빠에게 하신 것처럼 저에게도 같은 일을 하셨으면 좋겠어요."

이 꼬마 소녀가 알고 있었던 아빠는 단지 세속적이고 화를 잘 내고, 거친 말을 쏟아 붓고, 종종 집에도 안 들어오는 아빠였다. 앨리슨은 학자와 인터뷰를 한 적도 없고, 자료를 분석하지도 않았고, 역사적 증거를 조사한 적도 없지만 예수님이 한 사람의 인생에 미친 영향을 아주 가까이서 지켜보았다. 사실 그 아이는 이렇게 말했다. "하나님이 한 사람에게 이런 일을 하신다면 저에게도 그렇게 해 주셨으면 좋겠어요."

거의 20년을 되돌아보면, 예수 사건을 통해서 개인적으로 결단한 그 날은 전 인생에서 가장 중요한 사건이었음을 분명히 알게 된다.

스스로 평결 내리기

이제 당신 차례이다. 처음에 나는 당신이 가능한 한 공정하고 공평한 배심원으로서 이 책에 나온 증거를 살펴보고, 그 증거의 경중에 근거해서 결론을 내리도록 부탁했다. 결국 당신은 혼자서 평결을 내려야 한다. 아무도 당신 대신 투표할 수 없다. 아마도 당신은 여러 전문가들의 의견을 읽고, 많은 주장들에 귀를 기울이고, 다양한 질문들에 대한 대답을 살펴보고, 논리와 상식에 근거해서 증거를 검사해 본 후에 나처럼 그리스도를 위한 변론이 확정적이라는 것을 알았을 것이다.

요한복음 1장 12절의 '믿는다'는 구절은 분명히 적절한 곳에 배치되어 있다. 이제 남아 있는 일은 예수님의 은혜를 받아들이는 것뿐이다. 그러면 당신은 하나님의 자녀가 될 것이다. 그래서 나머지 인생 동안 영원히 형통하는 영적인 모험을 하게 될 것이다. 이제 경험할 때가 왔다. 그 길에 들어서라고 강력하게 권고하고 싶다.

다른 한편으로, 아마 당신에게 많은 질문이 좀처럼 사라지지 않고 남아 있을 수도 있다. 아마도 당신 마음속에 있는 가장 큰 반대 의견을 말하지 않았는지도 모르겠다. 충분히 그럴 수 있다. 책 한 권으로는 모든 미묘한 차이를 다 설명할 수 없다. 그러나 이 책에 기록된 정보의 양으로 볼 때, 적어도 당신이 계속 조사해 보는 것이 합리적이며 사실상 필요하다는 것을 납득했을 것이라고 믿는다.

좀 더 보강할 필요가 있다고 생각하는 증거를 정확히 지적한 다음에, 뛰어난 전문가에게 답변을 구하라. 당신이 사실을 설명하는 더 좋은 시나리오를 제안한다면 기꺼이 끈질기게 검토하라. 더 깊이 연구하려면 이 책에 제시된 자료를 이용하라. 성경을 직접 연구해 보라. 성경이 하나님의 말씀이라는 것을 아직도 믿지 못하는 사람들을 위해서 특별히 성경을 편집한 *The Journey*(여정)이라는 책을 읽어 볼 것을 제안한다.[5]

모든 문제에 대해 완전한 결단을 결코 내릴 수 없다는 사실을 안다면, 충분한 정보를 수집했을 때 평결을 내리겠다고 결정하라. 당신은 하나님이 존재한다고 확신하지 않지만 그분에 관한 진리를 알게 해 달라고 부탁하는 기도를 하고 싶을지도 모른다. 당신이 영적인 탐구를 계속할 때, 이 모든 과정에서 나의 성실한 격려를 받을 것이다.

동시에, 당신의 인생에서 이 문제를 최우선으로 삼도록 권고하고 싶은 강한 의무감을 느낀다. 그 문제를 아무 생각 없이 경솔하게 접근하지 않아야 한다. 왜냐하면 많은 일들이 당신이 결론을 어떻게 내리는가에 의해 결정되기 때문이다. 마이클 머피(Michael Murphy)가 이에 대해 적절히 언급했다. "진리에 대한 주장뿐만 아니라 우리 자신도 조사를 함에 있어서 중대한 갈림길에 놓여 있다."[6] 다시 말해서 예수 사건에 대한 나의 결론이 옳다면 당신의 미래와 영원은 그리스도에게 어떻게 반응하는가에 따라 결정된다. 예수님은 다음과 같이 선포하셨다. "너희가 만일 내가 그인 줄 믿지 아니하면 너희 죄 가운데서 죽으리라"(요 8:24).

그 말씀은 진실하고 사랑하는 마음에서 우러나온 진지한 말씀이다. 그 말씀을 인용하는 것은, 이 문제의 중요성을 강조하고 당신이 예수 사건을 활발히 그리고 철저히 조사하도록 격려하려는 바람 때문이다.

그러나 어떤 선택 사항은 전혀 적절하지 않다는 것을 기억해야 한다. 지금까지 쌓아 온 증거로 볼 때 그것들은 이미 해결되었다. 뛰어난 재능을 갖고 있었고 한때는 회의론자였던 케임브리지대학교 교수였던 C. S. 루이스는 예수님에 대한 증거 때문에 마침내 신앙을 가지게 되었다. 그의 말을 들어 보라.

나는 여기서 사람들이 종종 그분에 관해 다음과 같은 정말 어리석은 말을 하는 것을 막아 보려고 노력하고 있다. "나는 예수를 단지 위대한 도덕 선생으로 받아들입니다. 하지만 하나님이라는 그의 주장은 받아들이지 않아요." 우리는 그와 같은 말을 해서는 안 된다. 단지 한 인간에 불과한데 예수님이 말씀하신 그런 종류의 말을 했다면 단지 위대한 도덕 선생은 아닐 것이다. 그는 미치광이거나 … 그렇지 않으면 지옥의 마귀일 것이다. 당신은 선택해야만 한다. 이 사람은 하나님의 아들이었고 지금도 그렇다든지, 아니면 미치광이나 더 악한 존재든지 말이다. 당신은 그를 바보 취급하고 무시하고 그에게 침을 뱉고 귀신으로 여기거나 죽일 수 있다. 그렇지 않으면 그 발 앞에 엎드려 주와 하나님으로 부를 수 있다. 그러나 그를 위대한 인간 스승이라고 보는 오만하고도 어리석은 생각에 매여서는 안 된다. 그분은 우리에게 그런 여지를 남기지 않았다. 그것은 그분이 의도한 바가 아니었다.[7]

《예수는 역사다》의 출간 20주년을 맞이하여 베스트셀러 작가인 마크 미텔버그(Mark Mittelberg)는 책이 남긴 유산과 비평가들의 도전 및 리 스트로벨 자신의 인생이 어떻게 변했는지에 대해 인터뷰를 함으로써 작가가 인터뷰 대상이 되는 정반대 상황을 연출했다. *The Questions Christians Hope No One Will Ask*(그리스도인들이 아무도 물어보지 않기를 바라는 질문들)과 *Confident Faith*(확실한 믿음)의 저자인 미텔버그는 1987년부터 리 스트로벨과 막역한 동료 사역자였다.

Q 1998년 《예수는 역사다》가 출간된 이후로 책의 영향력을 보고 어느 정도 놀라셨나요? 다양한 형태로 거의 천만 부나 팔리고 20개 국어로 번역될 거라고는 전혀 기대하지 않았을 줄 압니다.

A 저도 정말 놀랐습니다. 제가 시카고 컵스 팬으로 자랐기 때문에 리글리 구장과 관련된 비유를 들어보겠습니다. 종종 타자가 뜬

공을 치면 중견수가 잡습니다. 그런데 가끔 바람이 불게 되면 미풍이 공을 담장 너머로 넘겨 버립니다. 타자는 공을 절대 세게 치지 않았지만, 주변 상황이 홈런으로 만들어 버린 겁니다. 《예수는 역사다》도 바로 그런 느낌입니다. 저는 공에 갖다 대기만 했습니다. 다시 말해서, 조사를 한 후에 할 수 있는 최상의 방법으로 책을 썼을 뿐이었는데, 하나님이 그 책을 높이 들어올려서 저의 미약한 노력으로는 도저히 도달할 수 없는 저 멀리까지 날려버린 거죠.

Q 이 책의 영향을 받은 사람들에 관한 놀라운 사연들이 있다고 들었습니다. 특별히 기억나는 게 있습니까?

A 네, 그런 경험 덕택에 겸허하게 되고 격려를 받았습니다. 지난 수년간 이 책을 읽고 예수를 믿게 되었다는 사람들로부터 이메일, 트윗, 편지, 전화를 상당히 많이 받았습니다. 또 신학교에 가서 목회를 시작한 경우도 들었습니다. 몇몇 분들한테는 이 책이 기독교 변증론에 대한 관심을 불러일으킨 최초의 책이었기에 영향력 있는 신앙의 수호자가 되기도 했답니다.

책이 출간된 직후에, 천문학 잡지를 사러 서점에 들른 한 무신론자한테서 편지를 받은 적이 있습니다. 그는 서점 안에 있는 벤치에 앉아서 책을 보다가, 문득 그게 이 책이라는 것을 알게 되었답니다. 그래서 책을 황급히 훑어 본 후에, "믿을 수 없는 내용이네"라는 생각이 들어 한쪽으로 치웠습니다. 그런데 그 책을 읽으면 좋겠다는 내적 음성 같은 것이 들려왔다고 말했습니다. 그래서 책을 사서 읽고 난 후 그리스도를 믿게 되었죠! 사실 며칠 전에 그에게서 편지를 받았는데 여전히 예수님을 따르고 있더군요.

최근에 한 그리스도인은 온라인 서점에서 이 책을 주문했는데, 책이 집에 배달되었을 때에, 마침 회의론자인 아버지가 초인종에 문을 열어 줬고, 본인한테 배달된 소포인 줄 알고 개봉했습니다. 책을 보고는 한쪽으로 치우려고 하다가 제목에 흥미가 끌렸습니다. 그래서 처음부터 끝까지 읽게 되었고 결국에는 그리스도를 믿게 되었다고 합니다!

콜로라도 주에 사는 한 무신론자인 컴퓨터 기사는 책의 신뢰도를 깎아내릴 심산으로 책을 읽었습니다. 모든 주석을 검토하고 참고문헌을 모조리 독학한 후에 결국 기독교의 정당성을 입증하는 것은 설득력이 있다는 결론을 내리게 되었습니다. 그래서 예수님을 신뢰하게 된 그는 다음 주일에 한 대형 교회에 나가게 되었습니다. 예배 도중에 교회 목사님이 서로에게 인사하라고 독려한 순간, 몸을 돌려 손을 내밀었을 때 만난 사람이 저였습니다. 제가 최근에 콜로라도로 이사해 그 교회를 방문하게 되었는데, 때마침 그분의 바로 뒷자리에 앉았던 겁니다. 그분이 자기 사연을 나누자 우리는 둘 다 '우연의 일치'에 놀랐습니다. 그때부터 덕(Dough)과 저는 절친한 사이가 되었죠.

이런 이야기들은 얼마든지 더 할 수 있습니다. 제가 강연하러 갈 때마다 사람들은 하나님이 자기 삶, 아버지의 삶, 또는 친구의 삶 속에서 어떻게 그 책을 사용했는지에 대해 사연 보따리를 풀어 놓습니다. 진한 감동을 받습니다. 제가 밤에 잠든 순간에도 중국, 인도, 혹은 인도네시아에 있는 누군가가 그 책을 읽으면서 기독교를 지지하게 된다는 생각을 하니 좋습니다.

Q ─ 이블 크니블(Evel Knievel) 같은 분도 있죠.

A ─ 미국의 스턴트 배우인 그는 방탕하고 자기도취적인 삶을 산 난폭한 오토바이 운전자이자 문화적 아이콘이었죠. 그가 하루는 해변가에 있었는데 갑자기 하나님이 자기에게 말한다고 생각했습니다. "내가 네가 아는 것보다 더 많이 너의 목숨을 구했다. 이제는 나의 아들 예수를 통해 나에게로 오라." 그래서 지인들 중에서 그리스도인만 불러다가 예수에 대해 물어 보았는데 그들은 이 책을 읽어 보라고 추천했습니다. 그래서 책을 읽게 되었고 그 후 하나님이 책을 사용해서 예수에 대한 새로운 믿음을 견고하게 하셨다고 고백했습니다.

하나님은 그의 가치관, 성격, 도덕성까지 근본적으로 변화시켰습니다. 그가 세례를 받은 후에 간증을 하자, 수백 명이 그리스도를 영접하고 즉석에서 세례를 받을 정도로 반응이 컸습니다. 우리는 친구가 되었죠. 그는 종종 나한테 전화를 걸어 역사적이고 신학적인 질문을 했습니다. 그가 몇 년 후에 죽었을 때, 그의 묘비에는 그의 요청에 따라 '예수를 믿으라'(Believe in Jesus)는 문구가 새겨졌습니다.

Q ─ 이 책은 남녀, 회의론자 뿐만 아니라 종교적인 사람들, 그리고 다양한 인종과 문화적 배경을 지닌 사람들까지, 광범위한 독자들로부터 상당한 호응을 받았는데요. 젊은 층들의 반응은 어땠나요?

A ─ 가히 놀랄 만한 반응이었죠. 책을 집필하기 위해 학자 한 분과 인터뷰를 진행했습니다.

Q ─ 누구 말입니까?

A ᐟ 그건 말씀드리기 곤란한데요. 대화 도중 휴식 시간에 녹음기에 새 테이프를 끼우고 있었는데 그가 이렇게 말했습니다. "유감이 지만 아무도 당신 책을 읽지 않을 것 같은데요." 저는 당황스런 마음에 그에게 이유를 묻자 그는 이렇게 대답했습니다. "우리 는 현재 포스트모던 문화에 살고 있어요. 기독교에 대한 역사적 증거에는 아무도 관심이 없답니다. 특히 젊은 사람들은요." 그 래서 저는 풀이 죽어 아내 레슬리에게 한탄을 늘어놓으려 집으 로 돌아간 기억이 납니다. "여보, 아무도 내 책을 읽지 않을 거래 요."

Q ᐟ 그래서 어떻게 되었나요?

A ᐟ 책이 출간되었을 때 깜짝 놀랐어요. 왜냐하면 16세에서 24세 사 이의 청년들이 가장 큰 호응을 보여 주었거든요. 그들 중 대부 분이 책을 읽고 난 후에 그리스도를 영접했다고 했습니다. 결국 그들이 신앙에 대한 증거에 관심이 많다는 게 드러난 거죠. 사 실 그 때문에 동기부여가 되어 제인 보겔(Jane Vogel)과 협력하여 그 책의 청소년판을 집필하게 된 겁니다.

Q ᐟ 우리의 동료인 클리프 크네클리(Cliffe Knechtle)의 말에 의하면 "신 앙을 갖게 되는 사람은 많은 고리가 달린 사슬과 같다. 시작 고 리가 있고, 중간 고리가 있으며 마지막 고리가 있다"고 합니다. 영적 여정에서 출발 단계이거나 또는 한 걸음을 내딛은 독자들 에게 조언하고 싶은 말이 있나요?

A ᐟ 영적인 탐험 과정을 거치는 것이 어떤 것인지 압니다. 그것은 아주 신나는 것이고, 흥미진진하고, 도전적이며, 좌절을 맛보 며, 때로는 혼란스러운 것이지만, 궁극적으로 해 볼 만한 가치

가 있습니다. 저의 조언은 인내하고 가능한 편견과 선입견을 떨쳐 버리고 증거가 가리키는 대로 따라가며, 끊임없이 질문을 하라는 것입니다. 설령 하나님이 존재한다는 확신이 없더라도 당신을 진리로 인도해 달라고 하나님께 구하면 됩니다. 그 후에 증거를 발견하면, 즉시 용기 있게 결단을 내리면 됩니다.

Q ― 이 책이 출간된 이후에 어떤 면이 더 견고하게 되었나요?

A ― 한 가지 경향은 학자들이 요즘 신약성경을 훨씬 더 진지하게 다루고 있다는 겁니다. 하버드대학교에서 신약성경학으로 박사학위를 받은 마크 D. 로버츠(Mark D. Roberts)는 이런 말을 했습니다. "가장 영리하고 영향력 있는 신약성경 학자들에 따르면, 신약성경의 복음서야말로 예수에 관한 역사적 정보를 얻을 수 있는 신뢰할 만한 출처이다." 그는 또한 덧붙이기를, "널리 받아들여지는 그대로의 사실을 직시하며, 경멸적 편견이나 무신론적 전제로 사실을 왜곡하지 않는다면, 복음서들을 신뢰하는 것이 합리적임을 깨닫게 될 것이다."

가장 존경받는 신약성경 학자 중 한 명이 크레이그 A. 에반스(Craig A. Evans)인데, 50권의 서적을 집필 또는 편찬하고, 캠브리지대학, 옥스퍼드대학 및 예일대학에서 강의했습니다. 그가 저에게 말했어요. "복음서는 근본적으로 신뢰할 만하다고 말할 수 있으며, 제 의견에 동의하는 학자들도 아주 많습니다. 복음서가 예수의 가르침, 생애, 죽음 및 부활에 관련된 핵심적 요소를 상당히 그리고 정확하게 보고했다고 결론 지을 근거가 충분합니다. 복음서는 상당히 초기의 작품이며, 예수와 당시 살았던 사람들에 관한 것으로 추적할 수 있는 올바른 시대적 흐름에 근거를 두고 있으며, 연속성 및 근접성이 있고, 고고학과 다른 문서들을 통해 어떤 특정한 시점들에 대해 검증이 가능하며, 게다가 내적 논리도 갖추고 있습니다."[2]

부활에 관한 연구에도 진척이 있었습니다. 몇 년 전에 마이클 리코나(Michael Licona)가 《예수의 부활》(The Resurrection of Jesu)이라는 718쪽 분량의 획기적 저서를 집필했고, N. T. 라이트(Wright)는 《하나님의 아들의 부활》(The Resurrection of the Son of God)이라는 야심작을 저술했습니다. 이 분야에서 학문적 성과가 증가하면서 기독교에 대한 변증의 힘도 덩달아 강해졌습니다.

Q ─ 확실히 기독교 변증론 분야, 즉 신앙에 대한 변호가 당신의 책이 출간된 이후로 달라졌군요.

A ─ 네, 엄청나게 변했습니다. 제가 《예수는 역사다》를 집필할 당시에는 신앙에 관한 증거를 다룬 인기있는 책들이 많지 않았습니다. 오늘날에는 훌륭한 저서, 학문적 프로그램, 웹사이트, 블로그, 비디오와 커리큘럼 등이 넘쳐납니다. 더불어 교회에서도 이 주제에 관한 설교가 훨씬 더 많아졌습니다.

Q ─ 당신의 저서가 그런 유의 책을 양산하는 데 촉매 역할을 했다고 생각하나요?

A ─ 네, 기독교 변증론에서 제시하는 답변을 얻으려는 요구가 점점 더 증가하고 있는 문화가 주된 원인인 것 같아요. 기독교를 지지하는 증거가 증가하는 상황이지만, 의심하는 사람들도 많습니다. 2014년 제가 전국 단위의 여론조사를 의뢰한 적이 있는데, 베이비부머(50-68세)의 82퍼센트는 하나님이 존재한다고 확신하지만, 밀레니엄 세대(18-30세)는 62퍼센트만 동일한 응답을

했습니다.[3] 데이빗 키너먼(David Kinnaman)이란 연구자는 젊은이들이 교회를 떠나는 6가지 이유 중에서 3가지가 지적인 의문과 염려와 관련되어 있다는 것을 알게 되었습니다.[4] 그래서 변증론에 대한 필요가 크다는 것이죠. 그러한 수요를 만족시키기 위해 더 많은 자료들이 생산되고 있는 걸 보니 기쁩니다.

Q 이 책은 명확한 주장 덕택에 비평가들을 포함해서 많은 세간의 주목을 받았는데요.

A 저는 사실 대부분의 회의론자들이 제기한 반응 때문에 오히려 격려를 받았습니다. 왜냐하면 그들의 반대가 저한테는 상당히 설득력이 없는 것처럼 보이거든요. 한 비평가는 제가 인터뷰한 학자들을 "유사 전문가들"이라고 불렀습니다. 브루스 메츠거, 윌리엄 레인 크레이그, D. A. 카슨, 벤 위더링턴 3세, 에드윈 야마우치, J. P. 모어랜드와 그 외의 모든 분들이 캠브리지, 프린스턴, 브랜다이스, 그리고 기타 대학에서 박사학위를 받았고 수백 편의 학문적 출판물을 내셨는데도, 그들을 마치 자격 미달인 양 취급했던 겁니다. 더 사려 깊은 비평가들도 있었지만, 그들이 제시한 비판이 대개 너무 쉽게 답변할 수 있는 것들이어서 늘 안도하는 편입니다.

Q 어떤 비평가들은 당신이 그 책을 집필할 당시 실제로는 무신론자가 아니었다고 주장하던데요.

A 그들의 말이 옳습니다! 제가 그렇게 주장한 적은 없습니다. 아내 레슬리가 기독교로 개종한 사건이 촉매제가 되어, 저의 언론인으로서의 자질과 법률 교육을 활용해 기독교와 세상의 다른 종교들이 신뢰성이 있는지 조사하게 될 때까지 저의 인생의 많

은 시간은 무신론자였다는 게 사실입니다. 그렇게 1년 9개월 동안 조사를 했습니다.

Q ー 그 다음에는 어떤 일이 일어났습니까?

A ー 1981년 11월 8일, 침실에서 혼자 황색 용지에 기독교를 지지하는 증거와 반대하는 증거를 정리했습니다. 기독교의 진실성을 매우 강력하게 입증하는 엄청난 증거 앞에서, 나의 무신론을 유지하는 것이 기독교인이 되는 것보다 더 많은 믿음을 요구한다는 결론을 내리게 되었습니다. 그때 예수님을 나의 죄를 용서해 주신 주님으로 받아들이는 기도를 했습니다. 제가 이 책을 집필한 것은 1990년대 말이 되어서였죠. 책의 프롤로그에서 밝혔듯이, 그 책은 저의 독창적인 조사를 통해 추적되고 확장된 것입니다.

Q ー 왜 집필 작업의 필요성을 느끼게 되셨나요?

A ー 개인적으로 조사했을 당시에는 결과에 대해 기록할 의도는 전혀 없었어요. 기록을 잘 한 것도 아니었고요. 사실 지금까지도 그때 기록한 메모를 찾을 수가 없을 정도로 말이죠! 단지 기독교에 찬성하거나 반대하는 책들을 섭렵하고, 전문가들에게 질문을 하며, 고대 역사와 고고학을 철저히 탐구했는데, 이 모든 일들은 그저 개인적인 호기심 때문에 한 겁니다. 그 후 몇 년이 지나 이 책을 쓰기로 결심했을 때, 이용할 수 있는 가장 최첨단의 최신 증거를 확보하기 위해, 이 문제를 보다 체계적으로 접근하고 세계적인 명성을 지닌 학자들과의 인터뷰를 전부 기록된 문서로 만드는 작업을 하고 싶어졌습니다. 그런 방식으로 가장 논리적이면서 접근 가능성이 높은 형식으로 사실들을 체계화할 수 있었습니다.

Q ⎯ 개인적인 조사를 수행할 당시에 책을 집필할 계획이 전혀 없었다면, 어떤 계기로 책을 집필하게 되었나요?

A ⎯ 1981년 그리스도를 믿고 난 후, 한동안 언론계에 몸을 담고 있던 중에 윌로우크릭커뮤니티교회의 직원으로 봉사하였고, 결국 언론계를 떠나게 되었고, 그곳에서 마크 미텔버그 당신을 처음 만나게 되었죠. 저는 교회에서 신학 교육을 받고 목사 임명을 받아서 교육 목사가 되었습니다. 어느 날 3주간의 설교 시리즈를 담당하는 업무를 받게 되었는데, 설교 시리즈 제목을 "예수 사건"(The Case for Christ)이라고 부르기로 마음먹었습니다. 법정처럼 보이도록 연단을 만들고 전문가들을 증인석으로 불러서 그들과 진행한 인터뷰를 찍은 비디오를 보여 주었죠.

그로부터 몇 달 후에 아내 레슬리와 산책을 하던 중에, 아내는 그 설교 시리즈를 책으로 출간하자는 제안을 했습니다. 처음에는 그 아이디어를 대수롭지 않게 여겼어요. 그런데 문득 가던 길을 멈추고 - 지금도 그곳이 어딘지 정확히 기억나요 - 제가 말했습니다. "잠깐만! 그렇게 해도 좋을 것 같은데." 그때 그 책을 출판사에 제안해 보기로 마음먹었어요. 사실 그 당시 변증론 관련 책들은 거의 팔리지 않고 있었기에 그들이 출간 제안을 거절할 것이라고 생각했습니다. 그러나 놀랍게도 그들은 그 프로젝트를 승인해 주었죠.

Q ⎯ 출판사 측에서 승인한 이유를 말해 주었나요?

A ⎯ 그 프로젝트에 대한 나의 분명한 열정을 보았기 때문이었다고 했어요. 무신론자인 동시에 언론인으로서의 나의 배경 때문에 그 책이 독특한 관점을 담을 수 있을 거라고 믿었던 것 같아요.

Q ⌐ 학자들과 인터뷰를 하는 일은 어렵지 않았나요?

A ⌐ 정말로 굉장한 작업이었어요. 전혀 어렵지 않았습니다. 제가 전화한 모든 학자들이 제가 누군지 전혀 몰랐지만, 즉시 인터뷰에 응하겠다고 동의했습니다. 그분들은 학문적 연구의 세밀한 분야에 파묻혀 생애를 보내기에, 솔직히 누군가가 자신들의 책을 주의깊게 읽고 난 후에 그들이 쓴 내용에 대해 이야기를 하고 싶어한다면 흥분하곤 합니다. 결국 《예수는 역사다》를 완성하는 데 주말, 저녁, 휴가 기간을 모조리 사용하여 5개월이 걸렸습니다.

Q ⌐ 굉장히 빨리 하셨네요!

A ⌐ 되돌아보면, 그랬기 때문에 저는 그 프로젝트에 관여한 하나님의 손길을 느낄 수 있었습니다. 어떻게 그렇게 빨리 끝낼 수 있었는지 이해가 되지 않아요.

Q ⌐ 그 책을 집필하는 동안에 어떤 어려움이 있었나요?

A ⌐ 네, 아주 심각한 문제가 있었죠. 원래는 책을 서술하듯 쓰지 않고, 이런 질의 및 응답식으로 만들 생각이었어요. 그런데 편집자인 존 슬로안(John Sloan)이 책을 서술식으로 써서 제가 학자들과 인터뷰를 할 때 독자들이 동행하는 형식으로 하자고 설득했어요. 그는 내가 배경을 서술하고, 내 감정에 대해 표현하고, 이 모험이 어떻게 전개되는지에 대해 그림을 그리길 원했죠.

Q ⌐ 멋진 생각이네요! 그 생각이 마음에 들었나요?

A ⌐ 물론 아니었죠. 저는 이미 1장을 정확히 질의 및 응답 형식으로 써놓은 상태여서 동일한 형식으로 밀고 나가고 싶었습니다. 그런데 편집자는 그 부분을 서술체로 다시 썼습니다. 제가 두 형

식을 아내에게 모두 보여 주며 물어보았죠. "어느 쪽이 더 좋아요?" 아내는 "슬로안이 쓴 거요"라고 말했어요. 저는 마음 속으로 그녀의 말이 옳다고 생각했지만, 작가로서 그 일을 해낼 기술이 저한테 있는지 의심스러웠어요. 슬로안은 제가 그 일을 끝까지 해낼 수 있도록 도와주었고 전 그에게 감사했죠.

Q ⌐ 당신은 그 책을 반박하는 회의론자들과는 인터뷰를 하지 않았고, 그로 인해 몇몇은 그 점에 대해 당신을 비난했죠.

A ⌐ 그들이 저의 접근법에 대해 오해하고 있다고 생각해요. 사실 저는 회의론자의 입장에서 책을 썼거든요. 이 책은 "예수의 증거에 대해 한 언론인의 개인적인 조사"였고, 제가 무신론자였을 때 품었던 질문들을 던졌습니다. 각주와 제가 던진 많은 질문에서 보다시피, 분명히 저는 회의론자 학자들의 글들을 온전히 이해했습니다. 그 후에 회의론자들이 던질 수 있는 가장 강력한 반대 의견이라고 생각한 질문, 곧 저 개인적으로 씨름한 질문을 가지고 기독교인 전문가들이 과연 타당하고 설득력 있는 답변을 제시할 수 있는지를 알아보기 위해, 정면으로 마주했습니다. 그 다음에 그들의 답변을 독자들이 자신의 최종 평결에 도달하도록 하기 위해 보고했죠.

Q ⌐ 이번에는 당신의 책에 대한 공통된 이의 사항에 집중해서 당신을 압박하겠습니다. "반증"이란 제목을 단 6장에서, 예수 세미나 (the Jesus Seminar)에 반박하는 비평가를 인터뷰하셨죠. 그런데 정작 예수 세미나 소속의 회원들한테는 그 누구에게도 질문하지 않았습니다. 혹자는 이 점이 불공평하다고 지적했습니다.

A ⌐ 예수 세미나가 믿고 있는 내용에 대해서는 어떤 비밀도 없기 때

문에 굳이 질문할 필요가 없었습니다. 그들은 저작물을 통해서 자신들의 방법론을 명확하게 제시해 놓았습니다. 아시다시피 그 세미나는 자유주의 신약 학자인 고(故) 로버트 펑크(Robert Funk)가 창시했는데, 복음서에서 예수가 말했다고 보고하는 부분 중 82퍼센트는 실제 예수가 한 말이 아니라는 주장을 펼쳐서 유명해졌습니다. 그 세미나는 자신들이 예수에 대해 편견 없는 조사를 했다고 주장하는 좌파 학자들과 비전문가들로 구성되어 있습니다. 하지만 그들이 자신들의 책에서 보수주의 학자들한테는 그들의 주장을 반박할 만한 어떤 여지도 주지 않았는데도 이 점에 대해서는 그 누구도 비난하지 않았습니다.

Q 당신은 예수 세미나에 대한 비평가인 그레고리 보이드 교수를 인터뷰했습니다. 그는 세미나가 모든 사건에는 자연적 원인이 있다는 믿음을 채택했고 초자연적인 것의 가능성은 애초부터 배제했다고 말했습니다. 그러나 비평가들은 펑크가 "정사각형 원과 같은 논리적으로 불가능한 것을 배제하지 않는 한, 불가능한 것은 아무것도 없다"라고 말한 사실을 지적합니다.[5] 또한 예수 세미나의 공동 의장인 존 도미닉 크로산(John Dominic Crossan)도 "하나님이 할 수 있는 가능성을 절대적으로 열어 둔다"고 말했습니다.[6]

A 나머지 이야기를 해 드리겠습니다. 우선, 펑크는 자신의 기본 믿음에 대해 명확하게 진술했습니다. 그는 "형이상학적 시대의 하나님은 죽었다. 인간과 물질 세계의 외부에는 개인적인 신이 없다"라고 했습니다. 또 이런 말도 덧붙였습니다. "하나님이 도움을 주거나 벌을 내리기 위해 가끔 자연의 질서에 간섭한다는

개념은 더 이상 신뢰할 수 없다. … 기적은 단지 설명할 수 없는 현상으로만 치부된다. 그렇지 않다면 기적은 물리적 우주의 질서라는 규칙성에 모순된다." 게다가 펑크는 "예수를 강등해야 한다. 예수를 신성을 가진 존재로 생각하는 것은 더 이상 신뢰할 수 없다"라고 말했습니다.[7]

크로산은 윌리엄 레인 크레이그 교수와 벌인 논쟁에서, 자기가 자연주의자라는 점을 극구 부인했습니다.[8] 그러나 그는 자기가 하나님이 세상 문제에 직접적으로 관여하지 않는다는 "신학적 추정"을 한다는 입장에 동의했습니다.[9] 또한 "초자연적인 현상은 항상 (적어도 이 점을 제가 반박할 때까지는) 자연적인 것의 보호막을 통해 작동한다"[10]고 했죠. 그런데 크레이그가 지적했듯이, "그것이 바로 자연주의", 즉 하나님은 자연적 원인을 통해서 간접적으로만 행동한다는 신념입니다.[11] 사실 크레이그의 일침에도 불구하고 크로산은 하나님이 우리의 상상 밖에서 실제로 존재한다는 것을 인정하기를 거부했습니다.[12]

초자연적인 것에 대한 크로산의 전제는 중대한 함의를 내포합니다. "아주 간단히 말해서," 크레이그가 말했습니다. "그의 전제는 부활같은 사건의 역사성을 사전에 배제합니다."[13]

좀 더 분명하게 말씀드리겠습니다. 예수 세미나가 펴낸 책인 The Five Gospels(5복음서)의 서문에 보면, "오늘날 과학의 시대에서 … 신조와 교리로 무장한 그리스도는 … 갈릴레오의 망원경을 통해 하늘을 보아온 사람들의 동의를 더 이상 강요할 수 없다"[14]라고 되어 있습니다. 그 세미나가 내세우는 "학문적 지혜의 으뜸이 되는 기초"는 역사적 예수와 신앙의 그리스도 사이의 구별입니다. 다시 말해서, 독일 학자인 D. F. 스트라우스(Strauss)가 언급한 자연적 예수와 초자연적 예수 사이의 구별을 인용한 것입니다.[15] 세미나는 "복음서의 예수는 신학적 구성물의 상상력이다"라고 말합니다.[16]

윌리엄 레인 크레이그는 크로산과의 논쟁 이후에 쓴 학술 논문에서 직설적으로 말했습니다. "예수 세미나는 자신들의 자연주의의 가정에 대해 상당히 솔직하게 드러낸다. 자연주의를 가정한다면, 물론 완전히 자연적인 예수밖에 남지 않는다! 이와 같이 재구성된 자연주의적 예수는 증거에 기초한 것이 아니라, 정의에 기반을 두고 있다. 놀라운 점은 예수 세미나가 이 자연주의를 방어하려는 어떤 노력도 하지 않는다는 것이다. 그냥 전제로 깔고 있을 뿐이다. 그러나 이 전제는 완전히 근거가 없다. 이 전제를 거절하면 모든 구성이 무너지고 만다."[17]

학자인 마크 로버츠(Mark Roberts)는 하버드대학에서 7명의 예수 세미나 참가자들의 동료였습니다. 그는 이렇게 기록했습니다. "몇몇 동료들은 뛰어난 성경 학자들이었지만, 세미나 자체는 정말로 학문적 활동이 아니었다. 사실 세미나는 고전적인 기독교 신앙을 약화시키려고 세심하게 기획된 활동이었다. … 펑크는 반기독교 의제를 매우 명확하게 표명했다. … 예수 세미나에 설정한 펑크의 의제가 고전적 기독교와 일치하지 않은 것은 명백히 초창기 때부터였다."[18]

의심할 여지 없이 세미나의 다양한 회원들이 지닌 신념들은 차이가 있었습니다. 예수가 생존했다는 증거는 불충분하다고까지 주장하는 한 사람을 알고 있는데, 제 생각에는 터무니없는 주장입니다.[19] 그러나 하나의 단체로서 예수 세미나는 자신들의 입장을 매우 명확하게 표명했기 때문에, 여타 저술들과 마찬가지로 비평에 열려 있어야 한다고 봅니다.

Q ― 몇몇 사람들은 당신이 인터뷰한 사람들한테 너무 쉽게 설득당했다고 비판합니다. 확실히 당신은 그들이 해 주었으면 하고 바라는 후속 질문을 하지 않았죠.

A ― 누구나 자신이 설정한 질문과 더불어 반대 의견도 염두에 두고 예수라는 주제에 접근합니다. 책 한 권에서 모든 가능한 문제를 다 다룰 수는 없습니다. 누구라도 "이런 저런 주제에 대해 좀 더 깊이 들어가야 했는데"라고 말할 수 있지만, 《예수는 역사다》의 보급판은 이미 400쪽 분량이었습니다. 그래서 저한테 가장 중요하다고 생각한 주제에 초점을 맞추기로 마음먹었습니다. 바라건대, 그 주제가 대부분의 독자들도 마음에 두고 있는 동일한 주제라면 좋겠지만, 어떤 사람들은 다른 주제에 관심이 있을 수도 있는데 그래도 전 좋습니다.

더 많은 정보를 원하시는 분들을 위해 각 장의 주제에 적합한 참고문헌을 새롭게 실어놓았습니다. 또한 《리 스트로벨의 예수 그리스도》(The Case for the Real Jesus)라는 책이 부활, 신화, 신약성경 본문의 신뢰성, 성취된 예언 및 대안 복음에 관한 주장같은 논제에 대해 좀더 심도 있게 다루고 있습니다.

Q ― 사람들이 자신들의 다른 삶의 영역에서는 일반적으로 쌓지 않는 저항의 벽을 유독 기독교에 쌓는다고 생각지 않으세요?

A ― 제가 만난 대부분의 영적 구도자들은 진실하고 해답을 찾는데 진정으로 관심이 있습니다. 아주 좋은 일이지요. 그런데 어떤

사람들은 회의주의를 고의로 강화시키는 것 같습니다. 가끔 누군가가 저에게 과도하게 날선 질문을 던질 때면 이렇게 말하고 싶습니다. "먼저 당신이 누구인지 밝혀 주세요. 운전면허증은 안 보여 주어도 됩니다. 그런 것들은 위조 가능하니까요. 출생증명서도 보여 주지 마세요. 그게 원본이라는 것을 어떻게 압니까? 당신의 신분에 대해 친구나 배우자한테 증명하라고 하지도 마세요. 사람들이 거짓말할 수도 있으니까요."

알다시피, 팔짱을 끼고 방어자세를 취하거나 터무니없이 과한 의심의 눈초리로 바라보기는 아주 쉽습니다. 그러나 우리는 삶의 다른 분야에서는 그렇게 살지 않습니다. 우리가 다른 일을 할 때처럼, 기독교를 지지하기 위해 상식에 근거해 증거를 평가할 때 비로소 설득력이 있다고 생각합니다.

Q 《예수는 역사다》가 아랍어로 드디어 번역되었다는 뉴스에 흥분되지 않으세요?

A 예, 제 소망은 이 책이 이전보다 더 많은 무슬림 청중에게 도달하는 겁니다. 결국 이 책은 이슬람교가 부인하는 몇 가지 핵심 사항을 지지하는 강력한 증거를 제시합니다. 가령 예수는 유일한 하나님의 아들이다, 예수는 십자가 처형으로 죽임을 당했다, 예수는 죽은 자들 가운데서 살아났다 같은 사실 말이죠. 아마 이 책은 무슬림들이 역사가 정말로 어디를 가리키는지를 탐구하도록 동기부여를 할 겁니다.

Q 제 친구인 페이즈(Fayz)를 통해서 이 책이 무슬림이 실제 예수를 발견하는 데 도움을 줄 수 있음을 목도하게 되었습니다. 더 많은 책을 쓰실 계획이 있으신가요?

A ― 아시다시피 이미 몇 권의 책이 시리즈로 나와 있습니다.《창조 설계의 비밀》(The Case for a Creator)은 성경의 하나님과 많이 유사한 창조주를 가리키는 과학적 증거를 다룹니다. 노골적인 영적 회의론자와 진행한 인터뷰로 시작하는《특종 믿음 사건》(The Case for Faith)은 기독교에 대한 가장 중대한 여덟 가지 반대 의견을 심도 있게 다룬 책입니다. 앞서 언급한《리 스트로벨의 예수 그리스도》(The Case for Real Jesus)는 그리스도의 주장을 반박하는 현재의 반대 의견들을 다루고 있습니다.《은혜, 은혜, 하나님의 은혜》(The Case for Grace)는 근본적으로 변화된 삶에 대한 간증을 통해 하나님이 최상의 설명이라는 점에 관한 체험적 증거를 제시합니다. 저는 The Case for Christ Study Bible을 비롯해서,《불변의 소망》(The Case for Hope)과 The Case for Christianity Answer Book 같은 책도 저술했습니다. 현재 몇 가지 다른 프로젝트도 수행하고 있지만, 아직 언급할 단계는 아닙니다.

Q ― 이 책이 출간된 후 당신의 삶은 어떻게 변했습니까?

A ― 마크 미텔버그 당신과 함께《전도, 그 뜻밖의 모험》(The Unexpected Adventures)이라는 책도 공동 집필했는데요. 그 책은 저의 삶의 변화를 아주 잘 기술한 책입니다. 또한 Faith Under Fire라는 전국적 방송 텔레비전 쇼를 진행하는 즐거움도 맛보았습니다. 그때 저는 기독교인, 무신론자, 무슬림, 힌두교도, 바하이교도 및 기타 다른 종교인들이 다양한 종교적 사회적 주제를 놓고 벌이는 토론의 사회를 보았습니다. 그리고 전 세계의 학회, 세미나 및 교회에서 강연을 했습니다. 지금은 휴스턴침례교대학교에서 기독교 사상을 가르치는 교수가 되었습니다.

Q ― 강연할 때 보면, 자녀들이 어렸을 때 무신론자로서의 당신의 삶이 그들에게 부정적인 영향을 미쳤다는 점에 대해 굉장히 솔직하게 표현하셨는데요. 부도덕하고 술에 찌든 자기도취적인 생활 방식을 인정했습니다.

A ― 영적인 회의론자들이 모두 그런 식으로 산다는 뜻은 아닙니다. 확실히 그렇지는 않습니다. 그러나 제 의견으로는 하나님이나 궁극적 책임감이 없다면, 제 인생의 당연한 방식은 그저 쾌락만을 좇는 쾌락주의자였을 겁니다. 실제로 그렇게 살았습니다. 저의 가족과 자신에게 해악을 끼친 삶 말이죠.

Q ― 당신이 예수님을 따르게 된 이후로, 자녀들은 당신의 삶의 변화 때문에 어떤 영향을 받았습니까?

A ― 아이들은 저의 성격, 가치관 및 도덕성에 하나님이 만드신 변화를 보았고, 저는 현재 두 아이들 모두 헌신된 예수의 추종자가 된 것에 감사드립니다. 앨리슨은 기독교적 주제와 관련된 여러 권의 소설을 썼고, 변증학 분야에서 대학원 학위를 가진 남편 댄(Dan)과 함께 하나님에 관한 두 권의 아동 도서를 집필했습니다. 카일(Kyle)은 애버딘대학교에서 신학 박사 학위를 받은 후에 지금은 바이올라대학교의 탈봇신학교에서 교수로 재직 중입니다. 그는 인기 있는 학술 서적들을 집필했고 그의 학문적 저작들을 하버드 신학 리뷰와 다른 학술지에 발표했습니다. 게다가 저는 세 명의 훌륭한 손녀와 한 명의 손자, 올리버 리 스트로벨(Oliver Lee Strobel)을 둔 복을 받았습니다.

Q ― 손자의 성명 전체를 언급하셨네요.

A ― 네, 제 이름을 손자의 중간 이름으로 넣었습니다. 아주 자랑스

럽습니다.

Q ― 이 책에서 조사가 다 끝난 후에는, 기독교인이 되는 것보다 무신론을 그대로 유지하는 데 더 큰 믿음이 필요할 것 같다고 언급하셨는데요. 요즘도 의심과 씨름을 합니까?

A ― 물론입니다. 제 신앙의 여러 가지 면에 대해 의심을 하는 힘든 시기가 있지만, 일시적일 뿐입니다. 그때마다 과학의 증거로 다시 돌아갑니다. 우주론, 물리학, 생화학, 유전학 및 인간의 사고는 창조주의 존재를 강력하게 가리킵니다. 역사도 다시 생각해 봅니다. 예수님은 자신이 하나님이라고 주장하셨고 죽음에서 부활하심으로써 그 주장을 뒷받침했습니다. 그 외에도 저의 신앙에는 더 많은 요소가 있습니다.

Q ― 무슨 말씀이지요?

A ― 윌리엄 레인 크레이그 교수가 저를 위해 그 문제를 명확히 깨닫게 해 주었습니다. 그가 저에게 이렇게 말했습니다. "궁극적으로 그리스도인이 기독교가 진리라고 정말로 아는 방법은 자기 입증적 증인인 하나님의 성령을 통한 방법밖에 없습니다. 성령이 우리 영에게 우리가 하나님께 속했다고 말씀합니다. 그것이 성령의 한 가지 역할입니다. 다른 증거들도 타당하기는 하지만 기본적으로 보강적 성격이 강합니다."

그는 핵심을 이렇게 설명했습니다. "당신이 직장 상사가 사무실에 있는지 알아보기 위해 사무실로 간다고 생각해 봅시다. 주차장에 그의 차가 보입니다. 비서한테 상사가 안에 있는지 물어보니, '네, 방금 그분과 얘기를 나누었습니다'라고 말합니다. 사무실 문 아래로 불빛이 보입니다. 귀를 쫑긋해 보니 통화 중인 그의 목소리가 들립니다. 이 모든 증거를 토대로, 상사가 사무실에 있다고 결론을 내릴 만한 충분한 근거를 확보했습니다.

그러나 사뭇 다른 방법을 쓸 수도 있습니다. 문가로 가서 노크를 한 다음 상사를 직접 대면합니다. 그 순간, 주차장에 있는 차라든지, 비서의 증언이라든지, 문 아래로 새어나온 불빛이라든지, 전화기의 목소리같은 모든 증거는 여전히 효력이 있지만, 부차적 역할을 할 뿐입니다. 왜냐하면 상사를 대면해서 만났기 때문이죠.

마찬가지로 우리가 하나님을 대면해서 만났을 때도 그분의 존재를 뒷받침하는 모든 주장과 증거가 여전히 완전히 타당함에도 불구하고 부차적 역할을 합니다. 그것들은 이제 하나님 자신이 우리 마음속에 성령의 증인을 통해 초자연적으로 보여 주신 것을 확증합니다.[20]

그래서《예수는 역사다》에 기술한 증거가 예수님과 저 사이에 가로놓인 장애물을 무너뜨리는 데 중요한 역할을 한 것에 대해 감사드립니다. 그러나 예수님이 지금 살아 계시고 하나님의 아들이라는 것을 어떻게 확실히 아느냐고 지금 저에게 묻는다면, 이렇게 말하겠습니다. "제가 그를 개인적으로 알고 있기 때문입니다. 그리고 그분이 현재 저의 친구이기 때문입니다."

그것은 우리 모두가 회개하고 예수님을 믿을 때 체험하는 것입니다. 진짜로 저의 속내를 말씀드리겠습니다. 그것이 바로 이 책을 읽는 모든 사람들에 대한 저의 바람입니다.

Chapter 1

1. 어떤 사건에서 누군가의 증언이 당신의 생각에 영향을 미친 적이 있습니까? 어떤 사람의 이야기가 정직하고 정확한지 평가하기 위해 평소에 어떤 요소들을 사용합니까? 복음서가 그러한 종류의 검토를 견뎌낼 수 있다고 생각합니까?

2. 복음서에 신학적인 의제가 담겨 있으면서 동시에 기록된 내용이 신뢰할 만하다고 믿을 수 있습니까? 그 이유는 무엇입니까? 블룸버그 교수가 제시한 유대인 대학살의 비유가 이 논점을 고려하는 데 도움이 됩니까?

3. 예수에 관한 초기 정보에 대해 블룸버그 교수가 기술한 내용이 복음서의 신뢰성에 대한 당신의 의견에 어떤 영향을 미칩니까? 영향을 미친다면 이유는 무엇입니까?

Chapter 2

1. 전체적으로 볼 때 여덟 가지 증거 검사가 복음서의 신뢰성에 대한 당신의 확신에 어떤 영향을 미쳤습니까?

2. 여덟 가지 검사 중에서 가장 설득력 있는 것은 무엇이며 그 이유는 무엇입니까?

3. 당신이 신뢰하는 사람들이 똑같은 사건에 대하여 미세한 세부적인 차이를 보일 때 자동적으로 그들의 신뢰성을 의심합니까, 아니면 그들의 설명을 조화시킬 합리적인 이유가 있는지를 알아보려고 합니까? 복음서에서 보이는 표면상의 모순점에 대한 블룸버그의 분석이 어느 정도 설득력이 있습니까?

Chapter 3

1. 메츠거 교수와의 인터뷰를 읽고 난 후 신약성경이 전해 내려온 과정의 신뢰성에 대해 어떤 평가를 할 수 있습니까? 그 과정이 신뢰할 만하다면 그 이유는 무엇입니까?

2. 신약성경의 사본 하나를 대강 훑어보고 다양한 해석을 제공하는 주석을 조사해 보십시오. 어떤 예를 찾을 수 있습니까? 그 주해가 본문의 해석에 어떤 영향을 미칩니까?

3. 어떤 문서를 신약성경에 포함시킬 것인가를 결정하는 기준은 합리적입니까? 그 이유는 무엇입니까? 첨가해야 한다고 생각하는 다른 기준이 있습니까? 현대의 학자들이 어떤 문서를 성경에 포함시켜야 할 것인지에 대한 초기 교회의 결정을 미리 예측하는 경우 어떤 단점이 있습니까?

Chapter 4

1. 당신의 인생에서 누군가가 확증적 증거를 제시하기 전까지 그의 이야기를 의심해 본 적이 있습니까? 그런 경험은 야마우치가 제시한 확증적인 증거와 유사합니까?

2. 야마우치가 얘기한 것 중에서 가장 설득력 있는 확증적 증거는 무엇이라고 생각합니까? 그 이유는 또 무엇입니까?

3. 고대 기록에 의하면 초기 그리스도인들은 고문에 맞서 자신들의 신앙을 부인하기보다는 끝까지 고수했습니다. 그들이 왜 그렇게 강한 확신을 가졌다고 생각합니까?

Chapter 5

1. 신약성경을 확증하기 위해 고고학을 사용하는 방법의 장점과 단점은 무엇이라고 생각합니까?

2. 누가와 다른 신약성경의 저자들이 사건의 세부 사항을 정확히 기록했다는 것이 밝혀졌다면, 이 사실 때문에 그들이 보다 더 중요한 사건을 기록할 때도 똑같이 신중했다는 확신이 더 강하게 듭니까? 그에 대한 대답과 이유는 무엇입니까?

3. 인구 조사, 나사렛의 존재 그리고 베들레헴에서의 학살과 관련된 문제를 바라보는 맥레이 교수의 분석이 일반적으로 그럴듯합니까, 아니면 받아들이기 힘듭니까? 그 이유는 무엇입니까?

4. 예수 사건에 있어서 목격자의 증거, 기록상의 증거, 확증적인 증거 그리고 과학적 증거를 살펴본 후, 잠시 멈추고 지금까지의 당신의 결론을 평가해 보십시오. 0에서 10까지 등급을 정하고 0을 복음서에 대한 본질적 신뢰성 측면에서 '확신이 전혀 없는 상태'라고 보고 10을 '완전한 확신'의 상태로 본다면 어떤 등급을 매기겠습니까? 이유는 무엇입니까?

Chapter 6

1. '예수 세미나'의 의견에 관해 읽어 본 적이 있습니까? 보도 기록에 대해 어떻게 반응했습니까? 기사 내용을 보고 세미나의 발견 내용들이 대다수의 학자들의 의견

을 나타낸다는 인상을 받았습니까? 이런 종류의 논쟁에 관한 뉴스 매체의 보도를 믿는 것에는 어떤 위험이 있다고 생각합니까?

2. 예수에 관한 조사를 수행할 때, 처음부터 초자연적인 것의 가능성을 배제해야 한다고 생각합니까? 아니면 모든 증거를 고려해야 한다고 생각합니까? 심지어 역사상의 모든 증거가 기적이 일어났다는 쪽을 뒷받침할 때도 그렇습니까?

3. 보이드 교수는 "나는 어떤 상징 위에 믿음의 기초를 세우고 싶지는 않습니다. 실재를 원합니다…"라고 말했습니다. 이 의견에 동의합니까, 아니면 반대합니까? 예수님이 단지 희망의 상징이라는 충분한 증거가 있습니까, 아니면 그의 생애, 가르침, 그리고 부활이 역사에 뿌리를 두고 있다고 확신하는 것이 중요합니까? 그 이유는 무엇입니까?

Chapter 7

1. 예수가 자신을 군중에게 드러내는 일에 소극적이었던 이유가 무엇이라고 생각하십니까? 만약 그분이 자신이 하나님이라는 사실을 일찍 선포했더라면 자신의 사역에 어떠한 부정적 영향을 미쳤을지 생각해 보십시오.

2. 역사상 유명한 인물들이 자신에 대해서 어떻게 생각했는지 알고자 할 때 어려운 점은 무엇입니까? 당신이 그것을 알게 되는 데 가장 결정적이었던 단서들은 무엇입니까? 위더링턴 3세 교수는 여러 가지 증거를 제시하면서 예수가 자신을 하나님이요 메시아로 생각했다고 말했습니다. 이 주장에 동의하거나 동의하지 않는 이유를 말씀해 보십시오.

3. 예수는 기도할 때 '아바'나 '사랑하는 아버지'라는 말을 사용하라고 제자들에게 가르쳤습니다. 우리는 이를 통해서 예수님과 성부 하나님과의 관계에 대해 무엇을 알 수 있습니까? 그와 같은 관계에 대해 관심이 있습니까? 왜 그렇습니까? 아니라면 왜 그렇지 않습니까?

Chapter 8

1. 자신이 하나님이라고 주장하는 정신병자와 그와 똑같은 주장을 하는 예수님 사이에는 어떤 차이점들이 있습니까?

2. 마태복음 5장 1-12절에는, 예수님이 가르친 팔복이 나옵니다. 먼저 본문을 읽어 보십시오. 당신은 거기에서 예수님의 지성, 말솜씨, 연민, 인간 본성에 대한 통찰력, 심오한 진리들을 가르치시는 능력, 그리고 전체적인 정신 건강 상태 등에 대해 무엇을 깨달을 수 있습니까?

3. 최면술이 예수님의 기적을 설명해 준다는 주장에 대한 콜린스 교수의 반응이 타당하다고 생각합니까? 그 이유를 설명해 보십시오.

Chapter 9

1. 빌립보서 2장 5-8절을 읽으십시오. 거기에는 예수께서 자신을 비우고 비천한 환경에 태어나 십자가를 지신 일이 그분의 생의 목적이라고 말하고 있습니다. 예수는 어떤 동기에서 그런 일을 하실 수 있었을까요? 그 다음에 9-11절을 읽으십시오. 예수님의 사명 성취로 인해 어떤 일이 발생했습니까? 언젠가 모두가 예수를 주님이라고 결론내릴 수 있다면 무엇이 그것을 가능하게 할까요?

2. 지옥이라는 개념은 당신이 신앙생활을 하는 데 방해가 됩니까? 지옥에 대한 카슨 교수의 설명을 어떻게 생각하십니까?

3. 카슨 교수는 언뜻 보기에 예수님은 피조물이거나 작은 하나님이라고 말하는 것처럼 보이는 구절들에 대해 설명했습니다. 그의 설명은 설득력이 있습니까? 왜 그렇습니까? 성경을 해석할 때 적절한 배경 지식이 필요하다는 것에 대해 당신은 무엇을 배웠습니까?

Chapter 10

1. 비록 유대인은 아니지만, 라피데스 목사의 신앙 여정 가운데 당신의 경험과 비슷한 면이 있습니까? 어떻게 신앙생활을 해나가야 할 것인지 라피데스 목사로부터 배운 것이 있습니까?

2. 라피데스 목사는 자신의 혈통과 비성경적인 삶의 스타일이 예수님을 따르는 데 장애가 된다고 여겼습니다. 당신의 삶 속에도 그리스도인이 되는 데 어려움을 주는 장애물이 있습니까? 만약 당신이 그리스도인이 된다면 어떤 대가를 치러야 하는지 알고 있습니까? 그리스도인이 되었을 때 얻게 되는 유익과 치러야 하는 대가를 어떻게 비교할 수 있습니까?

3. 라피데스는 기독교인들을 반유대주의자들이라고 생각했습니다. 최근에 이스트코스트 대학에서 있었던 단어 연상 실험에서, '그리스도인'이라는 말을 들었을 때 가장 먼저 연상되는 말이 '편협한'이었습니다. 당신은 그리스도인에 대해 부정적으로 생각하십니까? 그렇다면 부정적으로 생각하게 된 원인이 무엇입니까? 그 생각이 예수님에 대한 증거들을 받아들이는 데 어떤 영향을 끼쳤습니까?

Chapter 11

1. 메드럴 박사의 설명을 들어 본 후에도 여전히 기절 이론이 옳다고 생각합니까? 그 이유에 대해 설명해 보십시오.

2. 2천 년 동안 십자가는 기독교의 상징이었습니다. 미래에는 그 상징이 어떻게 될 것이라고 생각합니까? 앞으로도 여전히 기독교의 상징이 될까요?

3. 당신은 다른 사람을 위해서 기꺼이 고통당할 수 있습니까? 누구를 위해서, 그리고 무엇 때문입니까? 당신이 다른 사람을 대신해서 고통을 당할 수 있는 이유는 무엇입니까?

4. 만약 군인들이 당신을 욕하고 모욕하고 때린다면 당신은 어떻게 반응하겠습니

까? 어떻게 예수님은 고통 가운데서도 "아버지여, 저들을 용서하옵소서"라고 말할 수 있었을까요?

Chapter 12

1. 당신은 부활절 아침에 예수의 무덤이 비어 있었다는 것에 대해 어떤 결론을 내렸습니까? 어떤 증거를 통해 그와 같은 결론을 내리게 되었습니까?

2. 크레이그 교수가 지적한 것처럼, 예수님 당시의 모든 사람들은 무덤이 비어 있었다고 생각했습니다. 문제는 어떻게 해서 시체가 사라지게 되었느냐는 것입니다. 예수께서 부활하셨다는 설명 외에 당신이 생각하고 있는 또 다른 논리적인 설명이 있습니까? 만약 그렇다면 크레이그 교수가 당신의 생각에 어떻게 반응할지 생각해 보셨습니까?

3. 예수께서 장사되신 일과 빈 무덤에 대한 초기 기록인 마가복음 15장 42절에서 16장 8절까지를 읽으십시오. 당신은 그 본문이 '단순하며 신학적 사고가 반영되지 않은 순수한 내용'이라는 크레이그 교수의 주장에 동의하십니까? 그 이유는 무엇입니까?

Chapter 13

1. 하버마스 교수는 부활에 대한 여러 이슈들을 두 가지 질문으로 요약했습니다. 예수는 죽으셨는가? 그리고 그는 부활하셔서 사람들 앞에 나타나셨는가? 지금까지의 여러 증거들을 토대로 이 질문들에 대해서 어떻게 대답하겠습니까? 그 이유는 무엇입니까?

2. 고린도전서 15장에 나오는 신경은 당신이 예수께서 사람들 앞에 출현하셨는가에 대한 결론을 내리는 데 어떤 영향을 미쳤습니까? 고린도전서 15장의 신경이 중요하거나 중요하지 않다고 결론을 내린 이유는 무엇입니까?

3. 하버마스 교수가 인용했던 부활 후 출현 기사들을 복음서에서 읽어 보십시오. 거기에 진실성이 담겨 있다고 생각하십니까? 그 기사들이 부활에 대한 증거로 가치가 있다고 생각하십니까?

4. 하버마스 교수는 부활이 자신에게 어떤 의미를 갖고 있는지 이야기했습니다. 당신은 살아오면서 누군가를 잃은 경험이 있습니까? 부활은 그러한 일을 대하는 당신의 관점에 어떤 영향을 미칠까요?

Chapter 14

1. 제자들은 예수께서 부활했는지 확실히 알 수 있는 특별한 위치에 있었습니다. 그리고 그들은 부활 믿음을 위해서 기꺼이 고난과 죽음조차도 감수했습니다. 역사 속에서 거짓말인 줄 알면서도 그것을 위해 기꺼이 죽었던 사람을 알고 있습니까? 당신이 믿음을 위해서 목숨을 내놓으려면 어느 정도의 확신이 있어야 할까요? 만약 그 믿음에 생명을 건다고 치면 거기에 대해 얼마나 철저히 조사하겠습니까?

2. 당신이 가장 소중하게 생각하는 믿음은 어떤 것입니까? 만약 당신이 틀렸을 경우 당신의 영혼이 저주를 받을 수도 있다는 사실을 정말로 믿는다면, 당신이 소중하게 생각하는 것들을 버린다든지 근본적으로 다시 생각해 볼 마음이 있습니까? 예수께서 십자가에서 죽으신 직후에 수많은 유대인들이 갑자기 다섯 가지 핵심적인 사회적, 종교적 제도를 버렸습니다. 그 이유가 무엇이라고 생각하십니까?

3. 예수님의 부활 외에 모어랜드 교수가 주장한 다섯 가지 범주의 증거를 설명해 줄수 있는 다른 대답이 있다고 생각하십니까? 모어랜드 교수라면 당신의 생각에 대해 어떻게 대답할까요?

4 모어랜드 교수는 인터뷰 마지막에 경험적 검사에 대해 이야기했습니다. 당신은 체험보다 선행되어야 할 일이 무엇이라고 생각합니까?

Chapter 1

Barnett, Paul. *Is the New Testament Reliable?* Second edition. Downers Grove, IL: InterVarsity Academic, 2005.

Baukham, Richard. *Jesus and the Eyewitnesses.* Grand Rapids: Eerdmans, 2008.

Blomberg, Craig L. *Can We Still Believe the Bible?* Grand Rapids: Brazos Press, 2014.

_____. *The Historical Reliability of the Gospels.* Second edition. Doners Grove, IL: InterVarsity Academic. 2007.

_____. *The Historical Reliability of John's Gospel.* Downers Grove, IL: InterVarsity Press, 2001.

Bruce, F. F. *The New Testament Documents: Art They Reliable?* Grand Rapids: Eerdmans, 1960.

Cowan, Stephen B., and Terry L. Wilder. *In Defense of the Bible.* Nashville, TN. Broadman & Holman, 2013.

Eddy, Paul Rhodes, and Gregory A. Boyd. *The Jesus Legend: A Case for the Historical Reliability of the Synoptic Jesus Tradition.* Grand Rapids: Baker Academic, 2007.

Keener, Craig S. *The Historical Jesus of the Gospels.* Reprint edition. Grand Rapids: Eerdmans, 2012.

Roberts, Mark D. *Can We Trust the Gospel?* Wheaton, IL: Crossway, 2007.

Strein, Robert H. "Criteria for the Gospels' Authenticity." In *Contending With Christianity's Critics,* Paul Copan and William Lane Craig, eds., 88-103. Nashville, TN: B & H Academic, 2009.

Chapter 2

Archer, Gleason L. *New International Encyclopedia of Bible Difficulties.* Grand Rapids: Zondervan, 2001.

Beilby, James K., and Paul Rhodes Eddy, eds. *The Historical Jesus: Five View.s* Donwers Grove, IL: InterVarsity Academic, 2009.

Köstenberger, Anderas J., Darrell L. Block, and Josh Chatraw. *Truth in a Culture of Doubt: Engaging Skeptical Challenges to the Bible*. Nashville, TN: B & H Academic, 2014.

Komoszewski, J. Ed, M. James Sawyer, and Daniel B. Wallace. *Reinventing Jesus*. Grand Rapids: Kregel, 2006.

Marshall, I. Howard. *I Believe in the Historical Jesus*. Grand Rapids: Eerdams, 1977.

Morrow, Jonathan. *Questioning the Bible*. Chicago: Moody, 2014.

Strobel, Lee. *The Case for the Real Jesus*. Grand Rapids: Zondervan, 2007.

Wallace, J. Warner. *Cold-Case Christianity*. Colorado Springs, CO: David C. Cook, 2013.

Chapter 3

Bruce, F. F. *The Canon of Scripture*. Downers Grove, IL: InterVarsity Press, 1996.

Evans, Craig, and Emanuel Tov, eds. *Exploring the Origins of the Bible*. Grand Rapids: Baker Academic, 2008.

Evans, Craig A. *Fabricating Jesus: How Modern Scholars Distort the Gospels*. Downers Grove, IL: InterVarsity Press, 2008.

Geisler, Norman L., and William E. Nix. *From God to Us*. New edition. Chicago: Moody Press, 2012.

Jones, Timothy Paul. *Misquoting Truth*. Annotated Edition. Downers Grove, IL: InterVarsity Press, 2007.

Kruger, Michael J. *Canon Revisited*. Wheaton, IL: Crossway, 2012.

————————. *The Question of Canon*. Downers Grove, IL: IVP Academic, 2013.

Lightfoot, Neil R. *How We Got the Bible*. Third edition. Grand Rapids: Baker, 2010.

Metzger, Bruce M., and Bart D. Ehrman. *The Text of the New Testament: Its Transmission, Corruption, and Restoration*. Fourth edition. New York and Oxfor: Oxford University Press, 2005.

Metzger, Bruce M. *The Canon of the New Testament*. Reprint edition. Oxford: Oxford Unversity Press, 1997.

Patzia, Arthur G. *The Making of the New Testament*. Downers Grove, IL: InterVarsity Press, 1995.

Perrin, Nicholas. *Lost in Transmission?* Nashville, TN: Nelson, 2007.

Porter, Stanley E. *How We Got the New Testament*. Grand Rapids: Baker Academic, 2013.

Wallace, Daniel B. *Revisiting the Corruption of the New Testament*. Grand Rapids: Kregel Academic and Professional, 2011.

Wegner, Paul D. *The Journey from Texts to Translation*. Grand Rapids: Baker, 1999.

Chapter 4

Bruce, F. F. *Jesus and Christian Origins Outside the New Testament*. Grand Rapids: Eerdamns, 1974.

France, R. T. *The Evidence for Jesus*. Vancouver, Canada: Regent College Publishing, 2006.

Habermas, Gary. *The Historical Jesus: Ancient Evidence for the Life of Christ*. Joplin, MO: College Press, 1996.

McDowell, Josh, and Bill Wilson. *He Walked Among Us*. Nashville: Thomas Nelson, 1994.

Schäfer, Peter, *Jesus in the Talmud*. Princeton, JNJ: Princeton University Press, 2009.

Van Voorst, Robert E. *Jesus Outside the New Testament*. Grand Rapids: Eerdmans, 2000.

Yamauchi, Edwin M. "Jesus Outside the New Testament: What is the Evidence?" in *Jesus Under Fire*, Michael J. Wilkins and J. P. Moreland, eds., 207-230. Grand Rapids: Zondervan, 1995.

Chapter 5

Evans, Craig A. *Jesus and His World: The Archaeological Evidence*. Louisville, KY: Westminster John Knox Press, 2012.

Free, Joseph P., and Howard F. Vos. *Archaeology and Bible History*. Revised edition, Grand Rapids: Zondervan, 1992.

Hoerth, Alfred, and John McRay. *Bible Archaeology*. Grand Rapids: Baker, 2006.

Holden, Joseph M., and Norman Geisler. *The Popular Handbook of Archaeology and the Bible*. Eugene, OR: Harvest House, 2013.

Kaiser, Walter C. Jr., and Duane Garrett, eds. *NIV Archaeological Study Bible*. Grand Rapids.: Zondervan, 2006.

McRay, John. Archaeology and the *New Testament*. Grand Rapids: Baker Academic, 2008.

Chapter 6

Bock, Darrell L. *Studying the Historical Jesus: A Guide to Sources and Methods*. Grand Rapids: Baker Academic, 2002.

Boyd, Gregory A. *Cynic Sage or Son of God? Recovering the Real Jesus in an Age of Revisionist Replies*. Wheaton, IL: BridgePoint, 1995.

Boyd, Gregory A., and Paul Rhodes Eddy. *The Jesus Legend: A Case for the Historical Reliability of the Synoptic Jesus Tradition*. Grand Rapids: Baker Academic, 2007.

_____. *Lord or Legend: Wrestling with the Jesus Dilemma*. Grand Rapids: Baker, 2007.

Evans, Craig A. *Fabricating Jesus: How Modern Scholars Distort the Gospels.* Expanded Edition. Downers Grove, IL: InterVarsity Press, 2006.

Johnson, Luke Timothy. *The Real Jesus.* San Francisco: HarperSanFrancisco, 1996.

Wilkins, Michael J., and J. P. Moreland, eds. *Jesus Under Fire.* Grand Rapids: Zondervan, 1995.

Witherington, Ben III. *What Have They Done With Jesus?* Reprint Edition. New York: HarperOne, 2007.

Chapter 7

Bauckham, Richard. *Jesus and the God of Israel: God Crucified and Other Studeies on the New Testament's Christology of Divine Identity.* Grand rapids: Eerdmans, 2008.

Bird, Michael F. "Did Jesus Think He was God?" In *How God Became Jesus: The Real Origins of Belief in Jesus' Divine Nature,* by Michael F. Bird, Craig A. Evans, Simon J. Gathercole, Charles Hill, and Chris Tilling, 45-70. Grand Rapids: Zondervan, 2014.

Bock, Darrell L. *Who is Jesus? Linking the Historical Jesus with the Christ of Faith.* New York: Howard Books, 2012.

Craig, William lane. "The Self-Understanding of Jesus." In Reasonable Faith, Third edition, by William Lane Craig, 287-332. Wheaton, IL: Crossway, 2008.

Hurtado, Larry W. *How on Earth Did Jesus Become a God? Historical Questions about Earliest Devotion to Jesus.* Grand Rapids: Eerdmans, 2005.

Marshall, Howard I. *The Origins of New Testament Christology.* Downers Grove, IL: InterVarsity press, 1976.

Moule, C. F. D. . Cambridge: Cambridge University Press, 1977. The Origins of Christology

Witherington III. Ben. *The Christology of Jesus.* Minneapolis: Fortress Press, 1990.

Wright, N. T. *Christian Origins and the Question of God.* 3 vols. Minneapolis: Fortress Press, 1992, 1996, 2003.

Chapter 8

Collins, Gary R. *Can You Trust Psychology?* Downers Grove, IL: InterVarsity Press, 1988.

Cramer, Raymond L. Psychology of *Jesus and Mental Health.* Grand Rapids: Zondervan, 1987.

Keener, Craig S. *Miracles: The Credibility of New Testament Accounts.* 2 volumes. Grand Rapids. : Baker Academic, 2011.

Twelftree, Graham H. *Jesus the Exorcist: A contribution to the Study of the Historical Jesus.*

Reprint edition. Eugen, OR: Wipf & Stock, 2011.

_____. *Jesus the Miracle Worker: A Historical and Theological Study.* Downers Grove, IL: InterVarsity Academic, 1999.

Chapter 9

Bauckham, Richard. *God Crucified: Monotheism and Christology in the New Testament.* Grand Rapids: Eerdmans, 1999.

Bowman, Robert M. Jr., and J. Ed Komoszweski. *Putting Jesus in His Place.* Grand Rapids: Kregel, 2007.

Gathercole, Simon J. *The Preexistent Son: Recovering the Christologies of Matthew,* Mark, and Luke. Grand Rapids: Eerdmans, 2006.

Harris, Murray J. *Jesus as God.* Grand Rapids: Baker, 1993.

Longnecker, Richard N., ed. *Contours of Christology in the New Testament.* Grand Rapids: Eerdmans, 2005.

Morgan, Christopher W., and Robert A. Peterson. *The Deity of Christ.* Wheaton, IL: Crossway, 2011.

Ware, Bruce A. *The Man Christ Jesus.* Wheaton, IL: Crosssway, 2012.

Witherington III, Ben. *The many Faces of the Christ: The Christologies of the New Testament and Beyond.* New York: Crossroad, 1998.

_____. *The Christology of Jesus.* Minneapolis: Augsburg Fortress, 1990.

Chapter 10

Bock, Darrell L., and Mitch Glaser, eds. *The Gospel According to Isaiah* 53. Grand Rapids: Kregel, 2012.

Brown, Michael L. *Answering Jewish Objections to Jesus.* Vol. 1-5. Grand Rapids: Baker, 2000, 2003, 2006, 2010.

Kaiser, Walter C., Jr. *The Messiah in the Old Testament.* Grand Rapids: Zondervan, 1995.

Porter, Stanley E. *The Messiah in the Old and New Testaments.* Grand Rapids: Eerdmans, 2007.

Rydelnik, Michael. *The Messianic Hope: Is the Hebrew Bible Really Messianic?* Nashville, TN: B & H Academic, 2010.

Strobel, Lee, "Challenge #5: Jesus Was an imposter Who Failed to Fulfill the Messianic Prophecies," *The Case for the real Jesus.* Grand Rapids: Zondervan, 2007), 189-226.

Telchin, Stan. *Betrayed!* Grand Rapids: Chosen, 1982.

Wright, Christopher J.H. *Knowing Jesus through the Old Testament.* Downers Grove, IL:

InterVarsity, 1995.

Chapter 11

Cook, John Granger. *Crucifixion in the mediterranean World.* Tuebingen, Germany: Mohr Siebeck, 2015.

Edwards, William D., et al. "On the Physical Death of Jesus Christ." Journal of the American Medical Association (March 21, 1986), 1455-63.

Evans, Craig A., and N. T. Wright. *Jesus, the Final Days: What Really Happened.* Louisville, KY: Westminster john Knox Press, 2009.

Foreman, Dale. *Crucify Him.* Grand Rapids: Zondervan, 1990.

Gibson, Shimon. *The Final Days of Jesus: The Archaeological Evidence.* Reprint edition. New York: HarperOne, 2010.

Hengel, M. *Crucifixion in the Ancient World.* Philadelphia: Fortress, 1977.

Köstenberger, Andreas J., and Justin Taylor. *The Final Days of Jesus.* whaton, IL: Crossway, 2014.

Chapter 12

Copan, Paul, and Ronald K. Tacelli, eds. *Jesus' Resurrection: Fact or Figment?* A Debate Between William Lane Craig and Gerd Lüdemann. *Donwers Grove,* IL: InterVarsit Academic, 2000.

Craig, William Lane. "The Empty Tomb of jesus." In R. Douglas Beivett and Gary R. Harbermas, eds., In Defense of Miracles, 247-61. *Downers Grove,* IL: InterVarsity Press, 1997.

_____. "Did Jesus Rise from the Dead?" In Michael J. Wilkins and J. P. Moreland, eds., *Jesus Under Fire,* 147-82. Grand Rapids: Zondervan, 1995.

_____. "The Resurrection of Jesus." *In Reasonable Faith,* Third edition, ed. William lane Craig, 333-400. Wheaton, IL: Crossway, 2008.

_____. The Son Rises: Historical Evidence for the *Resurrection of Jesus.* Reprint edition. Eugene, OR: Wipf & Stock, 2000.

_____. "Objection #2: Since Miracles Contradict Science, They Cannot Be True." In Lee Strobel, *The Case for Faith,* 57-86. Grand Rapids: Zondervan, 2000.

Evans, Craig A. "Getting the Burial Traditions and Evidences Right." in Michael F. Bird, Craig A. Evans, Simon J. Gathercole, Charles Hill, and Chris Tilling, *How God Became Jesus: The Real Origins of Belief in Jesus' Divine Nature,* 71-93. Grand Rapids: Zondervan, 2014.

Morison, Frank. *Who Moved the Stone?* Reprint edition. Grand Rapids: Zondervan, 1987.

435

Chapter 13

Habermas, Gary R., and Michael R. Licona. *The Case for the Resurrection of Jesus*. Grand Rapids; Kregel, 2004.

Habermas, Gary R., and Antony Flew. Did the Resurrection Happen? A Conversation with Gary Habermas and Antony Flew. Downers Grove, IL: InterVarsity Press, 2009.

Habermas, Gary R. *The Risen Jesus and Future Hope*. Lanham, MD: Rowman and Littlefield, 2003.

_____. "The Resurrection Appearances of Jesus." In R. Douglas Geivett and Gary R. Habermas, eds., *In Defense of Miracles*, 262-275. Downers Gove, IL: InterVarsity Press, 1997.

_____. "The Resurrection of Jesus Time Line." In Paul Copan and Wiliam Lane Craig, eds., *Contending With Christianity's Critics*, 113-125. Nashville, TN: B&H Academic, 2009.

Licona, Michael R. *The Resurrection of Jesus: A New Historiogoraphical Approach*. Downers Grove, IL: InterVarsity Press, 2010.

Swinburne, Richard. *The Resurrection of God Incarnate*. Oxford: Oxford Press, 2003.

Wright, N. T. *The Resurrection of the Son of God*. Minneapolis: Fortress, 2003.

Chapter 14

Groothuis, Douglas. "The Resurrection of Jesus." In *Christian Apologetics: A Comprehensive Case or the Christian Faith*, 527-563. Downers Grove, IL: InterVarsity Academic, 2011.

Licona, Michael R. "New Explanations Have Refuted Jesus' Resurrection" and "The Cross-Examination." In Lee Strobel, *The Case for the Real Jesus*, 101-155. Grand Rapids: Zondervan, 2007.

McDowel,, Josh, and Sean McDowell. *Evidence for the Resurrection*. Ventura, CA: Rega, 2009.

Moreland, J. P. "The Resurrection of Jesus." In *Scaling the Secular City*, 159-183. Grand Raids: Baker, 1987.

Mettinger, Tryggve N.D. *The Riddle of the Resurrection*. Stockholm, Sweden: Almqvist & Wiksell International, 2001.

프롤로그

1. Lee Strobel, "Four Years in Jail-and Innocent," *Chicago Tribune* (August 22, 1976) and "Did Justice Close Her Eyes?" *Chicago Tribune* (August 21, 1977).

PART 1

CHAPTER 1

1. Lee Strobel, "Youth's Testimony Convicts Killers, but Death Stays Near," Chicago Tribune (October 25, 1976).

2. Irenaeus, *Adversus Haereses* 3.3.4.

3. Arthur G. Patzia, *The Making of the New Testament* (Downers Grove, IL: InterVarsity Press, 1995), 164.

4. Ibid., 49.

5. Karen Armstrong, *A History of God* (New York: Ballantine/Epiphany, 1993), 82.

6. William Lane Craig, *The Son Rises: Historical Evidence for the Resurrection of Jesus* (Chicago: Moody Press, 1981), 140.

7. Armstrong, *A History of God*, 79.

CHAPTER 2

1. Lee Strobel, "Jury in Makeshift Courtroom Hears Dying Boy Tell of Attack," *Chicago Tribune* (February 24, 1976).

2. Seven ancient sources report the willingness of the disciples to suffer for their conviction that Jesus rose from the dead: Acts, Clement of Rome, Polycarp, Ignatius, Dionysius of Corinth (quote found in Eusebius), Tertullian, and Origen. If the martyrdoms of Paul and Jesus' half-brother James are included, there are eleven sources. See the interview with resurrection scholar Michael Licona in: *The Case for the Real Jesus*, by Lee Strobel (Grand Rapids: Zondervan, 2007), 118.

3. Simon Greenleaf, *The Testimony of the Evangelists* (Grand Rapids: Baker, 1984), vii.

4. Cited in Craig Blomberg, "Where Do We Start Studying Jesus?" in Michael J. Wilkins and J. P. Moreland, eds., *Jesus under Fire* (Grand Rapids: Zondervan, 1995), 34.

5. See Gleason L. Archer, *The Encyclopedia of Bible Difficulties* (Grand Rapids: Zondervan, 1982) and Norman Geisler and Thomas Howe, When Critics Ask (Wheaton, IL: Victor, 1992).

CHAPTER 3

1. See Lee Patrick Strobel, *Reckless Homicide: Ford's Pinto Trial* (South Bend, IN: And Books, 1980), 75–92, and Lee Strobel, *God's Outrageous Claims* (Grand Rapids: Zondervan, 1997), 43–58. Ford was ultimately acquitted of criminal charges after the judge withheld key documents from the jury, though the automaker was successfully sued in civil cases. Allegations about the Pinto were first reported in *Mother Jones* magazine.

2. Bruce M. Metzger died in 2007.

3. According to Daniel B. Wallace of the Center for the Study of New Testament Manuscripts, the official total of New Testament Greek manuscripts as of mid-2015 was 5,843. Included were 129 Papyri, 323 Majuscules, 2,928 Minuscules, and 2,463 Lectionaries. However, because of various factors in counting, Wallace said he believed the totals were closer to 5,600.

4. F. F. Bruce, *The Books and the Parchments* (Old Tappan, NJ: Revell, 1963), 178, cited in Josh McDowell, *Evidence That Demands a Verdict* (1972; reprint, San Bernardino, CA: Here's Life, 1986), 42.

5. Frederic Kenyon, *Handbook to the Textual Criticism of the New Testament* (New York: Macmillan, 1912), 5, cited in Ross Clifford, *The Case for the Empty Tomb* (Claremont, CA: Albatross, 1991), 33.

6. Frederic Kenyon, *The Bible and Archaeology* (New York: Harper, 1940), 288.

7. For more on variants between New Testament manuscripts, estimated to number between 200,000 and 400,000, see: Lee Strobel, *The Case for the Real Jesus* (Grand Rapids: Zondervan,

2007), 65-100. In an interview, Daniel B. Wallace, one of the world's foremost authorities on textual criticism, explained how variants are counted: "If there's any manuscript or church father who has a different word in one place, that counts as a textual variant···. If a single fourteenth-century manuscript misspells a word, that counts as a variant." He added: "Only one percent of variants are both meaningful, which means they affect the meaning of the text to some degree, and viable, which means they go back to the original text." Most of those are insignificant issues. He emphasized: "No cardinal or essential doctrine of altered by any textual variant that has plausibility of going back to the original."

8. Patzia, *The Making of the New Testament*, 158.

9. Subsequent analysis by scholars puts the dating of Thomas at no earlier than AD 175 and probably closer to 200. See interview with New Testament scholar Craig A. Evans in *The Case for the Real Jesus*, by Lee Strobel (Grand Rapids: Zondervan, 2007), 35-43.

10. Benjamin B. Warfield, *Introduction to Textual Criticism of the New Testament* (London: Hodder & Stoughton, 1907), 12-13.

11. Geisler and Nix, *A General Introduction to the Bible*, 195. They note that some include Philemon, 1 Peter, and 1 John among the disputed books, but "it is probably better to refer to these as omitted rather than disputed books."

12. Ibid., 207.

13. Ibid., 199. This does not include the Apocrypha, which were accepted by particular churches for a particular period of time and today are considered valuable though not canonical. Examples: Shepherd of Hermas, Epistle to the Corinthians, Epistle of Pseudo-Barnabas, Didache, Apocalypse of Peter, The Acts of Paul and Thecla, and Ancient Homily or the Second Epistle of Clement.

14. Ibid.

CHAPTER 4

1. *Webster's Encyclopedic Unabridged Dictionary of the English Language* (New York: Gramercy, 1989), 328.

2. Maurice Possley, "Mob Hit Man Aleman Gets One Hundred to Three Hundred Years," *Chicago Tribune* (November 26, 1997).

3. Charles Templeton, *Act of God* (New York: Bantam, 1979), 152.

4. Josephus, *The Antiquities* 20.200. See also Edwin Yamauchi, "Josephus and the Scriptures," *Fides et Historia* 13 (1980), 42-63.

5. Josephus, *The Antiquities* 18.63-64.

6. Michael Martin, *The Case against Christianity* (Philadelphia: Temple

University Press, 1991), 49.

7. Tacitus, *Annals* 15.44.

8. Pliny the Younger, *Letters* 10.96.

9. Gary Habermas, *The Historical Jesus* (Joplin, MO: College Press, 1996), 196–97.

10. Paul L. Maier, *Pontius Pilate* (Wheaton, IL: Tyndale House, 1968), 366, citing a fragment from Phlegon, *Olympiades he Chronika* 13, ed. Otto Keller, *Rerum Naturalium Scriptores Graeci Minores*, 1 (Leipzig: Teurber, 1877), 101. Translation by Maier.

11. See P. Maier, "Sejanus, Pilate, and the Date of the Crucifixion," *Church History* 37 (1968), 1–11.

12. M. Wilcox, "Jesus in the Light of His Jewish Environment," *Aufstieg und Niedergang der römischen Welt* 2, no. 25.1 (1982), 133.

13. Luke Timothy Johnson, *The Real Jesus* (San Francisco: HarperSanFrancisco, 1996), 120.

14. Ignatius, *Trallians* 9.

15. *The Verdict of History* was later retitled: *The Historical Jesus: Ancient Evidence for the Life of Christ*, by Gary Habermas (Joplin, MO: College Press, 1996).

16. See Gary Habermas, *The Verdict of History* (Nashville: Thomas Nelson, 1988).

17. Ibid, 169.

CHAPTER 5

1. For the full story, see Joe McGinniss, *Fatal Vision* (New York: New American Library, 1989). For a description of the scientific evidence, see Colin Evans, *The Casebook of Forensic Detection* (New York: John Wiley & Sons, 1996), 277–80.

2. Luke 18:35, Mark 10:46.

3. Norman Geisler and Thomas Howe, *When Critics Ask* (Wheaton, IL: Victor, 1992), 385.

4. John Ankerberg and John Weldon, *Ready with an Answer* (Eugene, OR: Harvest House, 1997), 272.

5. Michael Martin, *The Case against* Christianity (Philadelphia: Temple University Press, 1991), 69, emphasis added.

6. John McRay, *Archaeology and the New Testament* (Grand Rapids: Baker, 1991), 155, emphasis added.

7. See: Darrell L. Bock, *Luke* 1:1–9:50: *Baker Exegetical Commentary on the* New Testament (Grand Rapids: Baker, 1994), 905.

8. William Mitchell Ramsay, *The Bearing of Recent Discovery on the Trustworthiness of the New Testament* (London: Forgotten Books, 2012, reprint of 1909 edition), 277.

9. For examples, see: Harold W. Hoehner, *Chronological Aspects of the Life of Christ* (Grand Rapids: Zondervan, 1977), 16.

10. Ibid., 22, 23.

11. Darrell L. Bock, *Luke* 1:1-9:50: *Baker Exegetical Commentary on the New Testament* (Grand Rapids: Baker Academic, 1994), 906.

12. Norman Geisler and Thomas Howe, *When Critics Ask* (Wheaton, IL: Victor, 1992), 386.

13. Harold W. Hoehner, *Chronological Aspects of the Life of Christ*, 22. See also: A. J. B. Higgins, "Sidelights on Christian Beginnings in the Greco-Roman World," *The Evangelical Quarterly* 41 (October, 1969), 200-201.

14. Darrell L. Bock, *Luke* 1:1-9:50: *Baker Exegetical Commentary on the New Testament*, 909.

15. Josephus also mentions the AD 6 census in *Antiquities of the Jews*.

16. Harold W. Hoehner, *Chronological Aspects of the Life of Christ*, 19.

17. Ibid.

18. Darrell L. Bock, *Luke* 1:1-9:50: *Baker Exegetical Commentary on the New Testament*, 909. For a thorough discussion of issues related to the census, see 903-909, and Harold W. Hoehner, *Chronological Aspects of the Life of*

Christ, 11-23.

19. Frank Zindler, "Where Jesus Never Walked," *American Atheist* (Winter 1996-1997), 34.

20. Ibid.

21. See: Eric M. Meyers and James F. Strange, *Archaeology , the Rabbis, and Early Christianity* (Nashville: Abington, 1981) and article on "Nazareth" in *The Anchor Bible Dictionary* (New York: Doubleday, 1992).

22. Jack Finegan, *The Archaeology of the New Testament* (Princeton, NJ: Princeton University Press, 1992), 46.

23. See: Ken Dark, "Has Jesus' Nazareth House Been Found?" *Biblical* Archaeology Review 41.2 (March/April 2015).

24. See: Ken Dark, "Early Roman-Period Nazareth and the Sisters of Nazareth Convent," *The Antiquaries Journal* 92 (2012)

25. See: Y. Alexandre, "Mary's Well, Nazareth: The Late Hellenistic to the Ottoman Periods" *Israel Antiquities Authority Report* 49 (2012).

26. Wilkins and Moreland, *Jesus under Fire*, 209.

27. Ibid., 211.

28. Kevin D. Miller, "The War of the Scrolls," *Christianity Today* (October 6, 1997), 44, emphasis added.

29. Joseph Smith, *History of the Church*, 8 vols. (Salt Lake City: Deseret, 1978), 4:461, cited in Donald S. Tingle, *Mormonism* (Downers Grove, IL: InterVarsity Press, 1981), 17.

30. John Ankerberg and John Weldon, *The Facts on the Mormon Church* (Eugene, OR: Harvest House, 1991), 30, emphasis in original.

31. Clifford Wilson, *Rocks, Relics and Biblical Reliability* (Grand Rapids: Zondervan; Richardson, TX: Probe, 1977), 120, cited in Ankerberg and Weldon, *Ready with an Answer*, 272.

CHAPTER 6

1. Henry Campbell Black, Black's Law Dictionary, 5th ed. (St. Paul: West, 1979), 1139.

2. Lee Strobel, "His 'I Shot Him' Stuns Courtroom," Chicago Tribune (June 20, 1975) and "Pal's Confession Fails; Defendant Ruled Guilty," Chicago Tribune (June 21, 1975).

3. Gregory A. Boyd, *Jesus under Siege* (Wheaton, IL: Victor, 1995), 88.

4. Boyd later became well-known as a proponent of "open theism," which says that while God is omniscient, he does not know what we will freely decide to do in the future. I do not embrace this theology.

5. For more on this issue, see the interview with me in the back of this book.

6. See: "Challenge #4: Christianity's Beliefs About Jesus Were Copied From Pagan Religions," in: Lee Strobel, The Case for the Real Jesus (Grand Rapids: Zondervan, 2007), 157-187.

7. John Dominic Crossan, The Historical Jesus (San Francisco: HarperSanFrancisco, 1991), 329.

8. See: 1 Corinthians 15:17.

9. Johnson, The Real Jesus, 3, 5, 8.

10. Ibid, 26.

11. Ibid.

PART 2

CHAPTER 7

1. Marjorie Rosen, "Getting Inside the Mind of a Serial Killer," *Biography* (October 1997), 62-65.

2. Ibid., 64.

3. R. E. Brown, "Did Jesus Know He Was God?" *Biblical Theology Bulletin* 15 (1985), 78, cited in Ben Witherington III, *The Christology of Jesus* (Minneapolis: Fortress, 1990), 277.

4. Jaroslav Pelikan, *The Christian Tradition: A History of the Development of Doctrine*, vol. 1, *The Emergence of the Catholic Tradition* (100-600) (Chicago: University of Chicago Press, 1971), 173, cited in William Lane Craig, *Reasonable Faith* (Westchester, IL: Crossway, 1994), 243.

5. See John 10:30.

6. Craig, *Reasonable Faith*, 252.

7. Ibid., 244.

8. Royce Gordon Gruenler, *New Approaches to Jesus and the Gospels* (Grand Rapids: Baker, 1982), 74.

9. James D. G. Dunn, *Jesus and the Spirit* (London: SCM Press, 1975), 60, cited in Craig, *Reasonable Faith*, 252, emphasis added.

CHAPTER 8

1. Leland H. Gregory III, "Top Ten Government Bloopers," *George* (November 1997), 78.

2. Charles Templeton, *Farewell to God* (Toronto: McClelland & Stewart, 1996), 112.

3. Wilson, *Jesus: The Evidence*, 141.

4. Ibid., 109, emphasis in original.

5. "A Case of Congenital Ichthyosiform Erythrodermia of Brocq Treated by Hypnosis," *British Medical Journal* 2 (1952), 996, cited in Wilson, Jesus: The Evidence, 103.

6. M. Scott Peck, *People of the Lie* (New York: Touchstone, 1997).

7. Wilson, *Jesus: The Evidence*, 107.

8. C. S. Lewis, *The Screwtape Letters* (London: Collins-Fontana, 1942), 9.

9. Philip Schaff, *The Person of Christ* (New York: American Tract Society, 1918), 97, cited in McDowell, Evidence That Demands a Verdict, 107, emphasis added.

CHAPTER 9

1. Marla Donato, "That Guilty Look," *Chicago Tribune* (April 1, 1994).

2. Denny Johnson, "Police Add Electronic 'Sketch Artist' to Their Bag of Tricks," *Chicago Tribune* (June 22, 1997).

3. See John 8:46.

4. Templeton, *Farewell to God*, 230.

5. Morton Smith, "Biblical Arguments for Slavery," *Free Inquiry* (Spring 1987), 30.

6. Thomas Sowell, *Race and Culture* (New York: Basic, 1995).

7. Josh McDowell and Bart Larson, *Jesus: A Biblical Defense of His Deity* (San Bernardino, CA: Here's Life, 1983), 62-64.

CHAPTER 10

1. Evans, *The Casebook of Forensic Detection*, 98-100.

2. Lee Strobel, "'Textbook' Thumbprint Aids Conviction in Coed's Killing," *Chicago Tribune* (June 29, 1976).

3. See Darrell L. Bock, Darrell and Mitch Glaser, eds. *The Gospel According to Isaiah 53* (Grand Rapids: Kregel, 2012).

4. For basic details on fulfilled prophecies, see McDowell, *Evidence That Demands a Verdict*, 141-77.

5. Peter W. Stoner, *Science Speaks* (Chicago: Moody Press, 1969), 109.

6. For a discussion of the Daniel prophecy, see Robert C. Newman, "Fulfilled Prophecy As Miracle," in R. Douglas Geivett and Gary R. Habermas, eds., *In Defense of Miracles* (Downers Grove, IL: InterVarsity Press, 1997), 214-25.

7. Stan Telchin, *Betrayed!* (Grand Rapids: Chosen, 1982).

8. Ruth Rosen, ed., *Jewish Doctors Meet the Great Physician* (San Francisco: Purple Pomegranate, 1997), 9-23.

9. Ibid., 34-35.

PART 3

CHAPTER 11

1. Surah IV: 156-57.

2. Wilson, *Jesus: The Evidence*, 140.

3. Craig, *Reasonable Faith*, 234.

4. D. H. Lawrence, *Love among the Haystacks and Other Stories* (New York: Penguin, 1960), 125.

5. Hugh Schonfield, *The Passover Plot* (New York: Bantam, 1965), 165.

6. Habermas, *The Verdict of History*, 56.

7. Michael Baigent, Richard Leigh, and Henry Lincoln, *Holy Blood, Holy Grail* (New York: Delacorte, 1982), 372.

8. Johnson, *The Real Jesus*, 30.

9. An article in the *Journal of Medicine* analyzed 76 cases of *hematidrosis* and concluded that the most common causes were acute fear and intense mental contemplation. See: J. E. Holoubek and A. E. Holoubek, "Blood, Seat and Fear: 'A Classification of Hematidrosis," *Journal of Medicine* 1996, 27 (3-4): 115-33.

10. J. W. Hewitt, "The Use of Nails in the Crucifixion," *Harvard Theological Review* 25 (1932), 29-45, cited in Josh McDowell, *The Resurrection Factor* (San Bernardino, CA: Here's Life, 1981), 45.

11. William D. Edwards et al., "On the Physical Death of Jesus Christ," *Journal of the American Medical Association* (March 21, 1986), 1455-63.

CHAPTER 12

1. Gerald O'Collins, *The Easter Jesus* (London: Darton, Longman & Todd, 1973), 134, cited in Craig, *The Son Rises*, 136.

2. For a tape of the debate, see William Lane Craig and Frank Zindler, *Atheism vs. Christianity: Where Does the Evidence Point?* (Grand Rapids, MI: Zondervan, 1993), videocassette.

3. Templeton, *Farewell to God*, 120.

4. Martin, *The Case against Christianity*, 78-79.

5. Ibid., 81.

6. Michael Grant, *Jesus: An Historian's Review of the Gospels* (New York: Charles Scribner's Sons, 1977), 176.

7. Researcher Glenn Miller's study of the rabbinical literature supports this. He pointed out: "Rabbi Eleazar ben Azariah, tenth in the descent from Ezra, was very specific: 'A day and a night are an *Onah* ['a portion of time'] and the portion of an *Onah* is as the whole of it" (J. Talmud, Shabbath 9.3 and b. Talmud, Pesahim 4a).

8. Kirsopp Lake, *The Historical Evidence for the Resurrection of Jesus Christ* (London: Williams & Norgate, 1907), 247-79, cited in William Lane Craig, *Knowing the Truth about the Resurrection* (Ann Arbor, MI.: Servant, 1988), 35-36.

9. For the scientific evidence for the existence of God, see: Lee Strobel, *The Case for a Creator* (Grand Rapids: Zondervan, 2005).

10. J. N. D. Anderson, *The Evidence for the Resurrection* (Downers Grove, IL: InterVarsity Press, 1966), 20.

CHAPTER 13

1. "Bomb Victim's Body Not in Grave," *Chicago Tribune* (January 14, 1998).

2. Martin, *The Case against Christianity*, 87.

3. Gary Habermas and Antony Flew, *Did Jesus Rise from the Dead? The Resurrection Debate* (San Francisco: Harper & Row, 1987), xiv.

4. Ibid., xv. Flew renounced his atheism in 2004 after he became convinced there is a Creator. See: Antony Flew and Roy Abraham Varghese, *There Is a God: How the World's Most Notorious Atheist Changed His Mind* (New York: HarperOne, 2008). He died in 2010.

5. See: Gary Habermas, "The Resurrection of Jesus Time Line." In *Contending With Christianity's Critics*, edited by Paul Copan and William Lane Craig, 113-125 (Nashville, Tenn.: B&H Academic, 2009).

6. James D.G. Dunn, *Jesus Remembered*, volume 1 of *Christianity in the Making* (Grand Rapids: Eerdmans, 2003), 825 (emphasis in original).

7. Pinchas Lapide, *The Resurrection of Jesus: A Jewish Perspective* (Minneapolis: Augsburg, 1983), 99.

8. Richard Bauckham, *Jesus and the Eyewitnesses* (Grand Rapids: Eerdmans, 2006), 308.

9. Martin, *The Case against Christianity*, 90.

10. Craig, *The Son Rises*, 125.

11. John Drane, *Introducing the New Testament* (San Francisco: Harper & Row, 1986), 99.

12. Michael Green, *Christ Is Risen: So What?* (Kent, England: Sovereign World, 1995), 34.

13. Also cited in Gary Habermas and J. P. Moreland, *Immortality: The Other Side of Death* (Nashville: Thomas Nelson, 1992), 60.

14. Martin, *The Case against Christianity*, 75.

15. Carl Braaten, *History and Hermeneutics*, vol. 2 of *New Directions in Theology Today*, ed. William Hordern (Philadelphia: Westminster Press, 1966), 78, cited in Habermas and Flew, *Did Jesus Rise from the Dead?* 24.

16. Michael Green, *The Empty Cross of Jesus* (Downers Grove, IL: InterVarsity Press, 1984), 97, cited in Ankerberg and Weldon, *Knowing the Truth about the Resurrection*, 22, emphasis in original.

CHAPTER 14

1. Black, *Black's Law Dictionary*, 221.

2. See Josh McDowell, *More Than a Carpenter* (Wheaton, IL: Living Books, 1977), 60-71.

3. C. F. D. Moule, *The Phenomenon of the New Testament* (London: SCM Press, 1967), 3.

4. Donald McFarlan, ed., *The Guinness Book of World Records* (New York: Bantam, 1991), 547.

5. Clifford, *The Case for the Empty Tomb*, 112.

에필로그

1. A. N. Sherwin-White, *Roman Society and Roman Law in the New Testament* (Oxford: Clarendon Press, 1963), 188-91.

2. Blomberg, "Where Do We Start Studying Jesus?" in Wilkins and Moreland, *Jesus under Fire*, 43, emphasis added.

3. Craig, *The Son Rises*, 102, emphasis added.

4. Julius Muller, *The Theory of Myths, in Its Application to the Gospel History, Examined and Confuted* (London: John Chapman, 1844), 26, cited in Craig, *The Son Rises*, 101.

5. *The Journey Bible* (Grand Rapids: Zondervan, 1996).

6. Michael Murphy, "The Two-Sided Game of Christian Faith," in John Warwick Montgomery, ed., *Christianity for the Tough-Minded* (Minneapolis: Bethany House, 1973), 125, cited in Ankerberg and Weldon, *Knowing the Truth about the Resurrection*, 44.

7. C. S. Lewis, *Mere Christianity* (New York: Macmillan-Collier, 1960), 55-56.

저자와의 인터뷰

1. Mark D. Roberts, *Can We Trust the Gospels?* (Wheaton, IL: Crossway, 2007), 20.

2. Lee Strobel, *The Case for the Real Jesus: A Journalist Investigates Current Attacks in the Identity of Christ* (Grand Rapids, MI: Zondervan, 2007), 58.

3. The poll by the Barna Group included 1,001 telephone interviews conducted among a representative, nationwide sample of adults ages eighteen and older. The interviews were conducted from August 25 through September 10, 2014. The sampling error is plus or minus 3.1 percentage points at the 95 percent confidence level. The cooperation rate was 78 percent.

4. See: David Kinnaman, You Lost Me: Why Young Christians are Leaving Church . . . and Rethinking Faith (Grand Rapids, MI: Baker, 2011).

5. Robert Funk, *Honest to Jesus* (San Francisco: HarperCollins, 1996), 60.

6. John Dominic Crossan, *Who Is Jesus?* (New York: HarperCollins, 1996), 96.

7. Robert W. Funk, "The Coming Radical Reformation: Twenty-One Theses." *The Fourth R*, Volume 11-4 (July-August 1998).

8. William Lane Craig and John Dominic Crossan, *Will the Real Jesus Please Stand Up?*, (Grand Rapids, MI: Baker, 1999), 45.

9. Ibid., 61. Also, in a radio dialogue in March 1995 on *The Milt Rosenberg Show* on WGN in Chicago, Crossan said: "God does not act directly . . . physically, in the world in the same sense in which the miracles taken literally would seem."

10. William Lane Craig and John Dominic Crossan, *Will the Real Jesus Please Stand Up?*, 45.

11. Ibid., 169.

12. Ibid., 49-51. Also, Craig asked at one point: "What about the statement that God exists? Is that a statement of faith or fact?" Crossan replied: "It is a statement of faith for all those who make it." See p. 49.

13. Ibid., 169. Craig added: "Thus his antisupernaturalism determines his skepticism concerning the historicity of the New Testament witness to the resurrection of Jesus." See p. 170.

14. Robert W. Funk, Roy W. Hoover, and The Jesus Seminar, *The Five Gospels* (San Francisco: HarperSanFrancisco, 1997), 2.

15. Strauss is not only cited in support of the Jesus Seminar's first pillar, but *The Five Gospels* is dedicated to him, Galileo Galilei, and Thomas Jefferson, "who took scissors and paste to the gospels."

16. Robert W. Funk, Roy W. Hoover, and the Jesus Seminar, *The Five Gospels* (San Francisco: HarperSanFrancisco, 1997), 4.

17. William Lane Craig, "Rediscovering the Historical Jesus: The Presuppositions and Presumptions of the Jesus Seminar." *Faith and Mission* 15 (1998): 3-15.

18. Mark D. Roberts, "Unmasking the Jesus Seminar: A Critique of Its Methods and Conclusions," *Patheos,* http://www.patheos.com/blogs/markdroberts/series/unmasking-the-jesus-seminar/.

19. Even agnostic scholar Bart Ehrman said, "The claim that Jesus was simply made up falters on every ground. . . . Whether we like it or not, Jesus certainly existed." See Bart D. Ehrman, "Did Jesus Exist?" *HuffPost Religion,* http://www.huffingtonpost.com/bart-d-ehrman/did-jesus-exist_b_1349544.html.

20. Craig credits apologist and speaker Peter Grant for this illustration. See Lee Strobel, *The Case for Faith: A Journalist Investigates the Toughest Objections to Christianity* (Grand Rapids, MI: Zondervan, 1998), 84-85.